방송문화진흥회 번역지원사업 최종보고서

디지털 공공외교

Ilan Manor 지음

채영길, 이효복, 전창영 옮김

한경사

이 저서의 일부는 2019년 대한민국 교육부와
한국연구재단의 지원을 받아 수행된 연구임
(NRF-2019S1A5C2A03083114)

디지털 공공외교

역자 채영길, 이효복, 전창영
발행일 2022년 4월 15일
발행처 **한경사**
발행인 이계남
등록사항 제10-1951호. 2000년 4월 14일
주소 서울시 마포구 신수로 59-1 (3층)
전화 02_717_7264~5
팩스 02_717_7226
홈페이지 hankyungsa.co.kr
이메일 hankyungsa@hanmail.net
ISBN 978-89-6844-408-1 93320
가격 26,000원

차례

■ 저자 머리말

이 책은 4명의 공공외교 학자의 지원과 통찰력, 연구에 기반하여 완성할 수 있었다. 그들이 없었다면 이 책은 결실을 보지 못했을 것이다. 첫 번째는 코넬류 브욜라(Corneliu Bjola)다. 멘토링을 통해 학술 연구를 수행하는 데 필요한 기술과 격려를 얻을 수 있었다. 두 번째는 제임스 팸먼트(James Pamment)이다. 학술 협력과 외교에 관한 대화는 연구 노력에 상당한 영향을 미쳤다. 세 번째는 처음으로 저에게 공공외교의 세계를 소개하고 항상 친절하게 제 작업을 검토하고 필요한 피드백을 제공한 얀 멜리센(Jan Melissen)이다. 네 번째는 실시간 외교에 관한 연구로 이 책에 영감을 준 필립 세이브(Philip Seib)이다.

그리고 이 책의 다른 부분을 각각 검토하여 엄청난 공헌을 한 다섯 명의 동료에게도 감사한다. 그 가운데 엘러드 세게브(Elad Segev)에게 가장 큰 마음을 갖고 있다. 엘러드를 만나고, 계속해서 많은 것을 배울 수 있었던 기회로 인해서는 나는 매우 운이 좋은 사람이라 생각하게 되었다. 추가 검토자로는 연구 협력자인 에페 세빈(Efe Sevin), 친구 수잔 잭슨(Susan Jackson) 및 시각적 가이드를 해준 리스 크릴리(Rhys Crilley)에게 감사의 마음을 전한다. 또한 이 책의 거의 모든 페이지에서 역사, 예술 및 영어에 관해서 열정을 찾아볼 수 있는 자일스 스트라찬(Giles Strachan)에게 고맙다.

아버지가 외교를 시작하기로 하지 않았다면 외교에 관심이 없었을 것이다. 그는 삶에서 날개가 뿌리만큼 중요하다는 것을 가르쳐 주었다. 또한 그는 수석 카피 에디터, 사운드보드로서 역할, 그리고 이 책의 여러 장에서 찾을 수 있는 외교 이야기를 통해서 많은 도움을 주었다.

통계자료를 제네바, 그리스, 그리고 그 이후까지 애정 어린 마음으로 가져갔던 올리 마노르(Orly Manor) 수석 통계학자의 안내가 없었다면 이 책에서 발견된 정량적 분석을 수행할 수 없었을 것이다. 또한, 이 책의 편집을 도왔을 뿐만 아니라 오늘날 세계 상황과 관련된 기사와 비디오의 꾸준한 흐름을 제공한 상주 작가인 마이클 카핀(Michael Karpin)에게도 고마운 마음을 전한다. 이 책은 2018년 여름과 가을에 옥스포드에서 쓰였다. 아미르 만델(Amir Mandel), 요나탄 페스(Yonatan Pesses), 야아라 로솔리오(Yaara Rosolio), 바이덴펠트-호프만 트러스트(Weidenfeld-Hoffmann Trust)가 없었다면 이 책은 말할 것도 없고, 옥스포드에 가지도 못했을 것이다. 그래서 이 책은 나의 책인 동시에 그들의 책이기도 하다.

이 책을 위해 인터뷰에 친절하게 응해준 외교관에게도 감사의 빚을 졌다. 알렉산더 루티엔즈(Alexadra Lutyens), 엘러드 랏슨(Elad Ratson), 그래험 램프(Graham Lampe), 로렌스 소에넨(Laurens Soenen) 및 리티스 파울라우스카스(Rytis Paulauskas)가 포함된다. 글을 쓰는 일이 너무 힘들 때마다 나는 옥스퍼드 대학교의 패트릭 더윌스(Patrick Thewlis)와 축구 팀 동료의 지원에 의지할 수 있었다. 한 챕터에서 다음 챕터로 넘어가도록 도와준 것이 바로 그들이다.

마지막으로 공공외교에 관한 생각과 연구를 공유할 수 있도록 이 시리즈의 편집자들에게 고마운 마음을 전한다. 무엇보다 3개월 동안 공공외교 외에는 아무 말도 하지 않은 가족—오렌(Oren), 쉬리(Shiri), 이타이(Itay), 길라드(Gilad)와 내 인생의 기쁨인 아밋(Amit)—에게도 감사하다.

■저자 한국어판 머리말

지난 2018년 10월, 제네바 유엔 본부에서 열린 디지털 외교 컨퍼런스에 초청받았다. 가을의 황금빛 단풍으로 물든 도시는 외교 수행에 대한 디지털 기술의 영향을 논의하기에 적절한 곳이었다. 제네바는 UN의 전신인 국제 연맹의 발상지이자 적십자와 같은 국제기구의 본거지이다. 다른 컨퍼런스 참석자들로는 제네바 주재 대사를 비롯해 여러 외교부의 고위 정책 입안자와 디지털 외교 부서의 국장들이 포함되었다. 이번 컨퍼런스 동안 이 책의 집필을 이끈 두 가지 깨달음을 얻었다. 첫째, 외교부는 하루아침에 '디지털화' 되지 않는다. 오히려 전 세계의 외교부는 디지털 기술이 외교관의 규범과 가치, 업무 방식을 재편하는 장기적인 디지털화 과정 중에 있다. 둘째, '디지털 외교'라는 용어가 '공공외교'와 동의어가 되었고, 서구 외교부의 활동과 밀접한 관련이 있음을 알게 됐다. 컨퍼런스에는 여러 국가에서 온 외교관들이 참여했지만 아프리카나 남미 외교부에서 온 외교관은 없었다. 그러나 서구 외교관들만이 디지털화 과정을 고심하는 유일한 사람들은 아니다.

그래서 디지털 커뮤니케이션에 대한 정부의 전반적인 접근 방식이나 고위 정책 입안자들의 디지털 열망 등 디지털화의 과정과 디지털화를 형성하는 변수를 분석하는 책을 쓰기 시작했다. 아프리카, 중동, 동유럽, 동남아시아를 포함한 다양한 외교부와 대사관의 샘플을 조사하고자 했다. 다음으로 이 새로운 책은 정치적 불안정이나 위기와 같은 외부 사건이 외교부의 디지털화에 어떤 영향을 미치는지 지도화했다.

마지막으로 공공외교 활동에서 디지털 기술의 활용에만 집중하기로 결정하였다. 6개월 후, 「공공외교의 디지털화」라는 책이 완성되었다.

이 책은 출판된 지 2년이 지났지만, 오늘날에도 여전히 유의미하다. 오히려, Covid19 전염병, 우크라이나 국경을 따른 러시아의 군사력 증강, 그리고 이란의 핵무기 프로그램에 대한 새로운 협상과 같은 최근 사건들은 이 책의 주된 주장에 신빙성을 부여한다. 2019년에 논의된 바와 같이, 디지털 기술은 외교관들이 온라인으로 참여하고자 하는 국가와 대중의 경계를 모호하게 한다. 팬데믹의 초기 단계에서 외교관은 외국으로부터 시민을 송환해야 할 필요성을 고려할 때 외국인이 아닌 자국 국민들과 소통하기 위해 디지털 기술을 사용했다. 외교부는 해외에 발이 묶인 시민들을 구조하는 특별 전세기를 마련하는 등 성공 사례를 널리 알리기 위해 소셜 미디어를 적극적으로 활용했다. 2019년에 처음 파악한 '국내 공공외교' 관행이 2021년에야 실현된 것이다.

우크라이나 국경을 따라 러시아가 군사력을 증강하는 상황은 국가에 의한 허위 정보, 특히 현실을 이해하지 못하는 무능력의 위험성을 더욱 잘 보여준다. 다양한 소셜 미디어 사용자는 현재 각기 다른 현실에 노출되어 있다. 일부 외교부의 트윗에 따르면, 러시아는 40만 명의 병력으로 우크라이나를 포위했다고 하지만 다른 정부 부처에 따르면 우크라이나 국경 근처에 러시아군이 없다고 하거나, 또 다른 곳에 따르면 그 수는 훨씬 적다. 이러한 현실의 서로 다른 내러티브의 영향은 디지털 대중이 절대 자신의 세계를 형성하는 사건을 이해할 수 없게 하고 높은 수준의 글로벌 불확실성을 초래하기 때문에 아무리 강조해도 지나치지 않는다. 디지털 불확실성은 오프라인 정치 불안정에서 나타난다. 따라서 외교관의 디지털 기술 채택은 외교적 활동을 용이하게 하기도 방해하게 하기도 하는 과정인 양날의 검인 것이다.

마지막으로 재개된 이란 협상은 외교관들이 디지털 대중들의 관심과 지지를 놓고 경쟁함에 따라 디지털 플랫폼이 경쟁의 장이 되었음을 보여준다. 이란, 러시아, 미국 및 이스라엘 외교관들은 모두 온라인에서 활발하게 활동하고 있으며 디지털 대중이 새로운 이란 협정에 어떻게 바라볼지에 영향을 미치기를 바라고 있다. 종종 이스라엘 외교관들은 이란 트윗을 비난하는 반면 러시아 외교관들은 미국의 트윗을 비난한다. 디지털 대중들의 시선을 사로잡는 사람이 누구든지 간에 이 모든 외교관이 그들의 세계관과 이란 협정에 대한 지지 또는 반대를 형성할 수 있을 것임은 분명하다.

따라서 이 책의 사례 연구와 결론은 시간의 시험을 견뎌냈다. 그런데도, 새로운 책이 필요한 것은 분명하다. 메타버스의 전망, 가상·증강현실(VR)의 발전, 외교관의 인공지능 활용 등을 포함해 최근 디지털 발전이 공공외교에 어떤 영향을 미치는지 다룰 것이다. 이는 공공외교의 디지털화 과정이 결코 정체된 것이 아님을 시사하며, 공공외교의 디지털화를 연구하고 연구하는 사람들이 계속해서 디지털 분야를 조사하고, 이 분야가 공공외교 관행을 어떻게 재구성할 것인지 평가해야 한다는 의미이다.

이번 한국어판 서문을 발간하는 데 있어서 한국외대 미디어외교센터와의 협업은 흥미로운 경험이었다. 한국에서 공공외교와 미디어외교의 선도적인 역할을 하는 한국외대 미디어외교센터의 번역을 통해서 이 책이 한국 독자에게 선보일 기회가 주어짐에 감사한다. 이 책이 한국의 독자에게 공공외교의 디지털화 과정에 있어서 많은 흥미와 도움이 될 수 있기를 바란다.

2022. 2.
일란 매너(Ilan Manor)

■옮긴이의 글

미디어화(Mediatization)는 사회의 모든 관계와 질서, 가치가 미디어의 논리에 의해 재구성되는 과정을 일컫는다. 단순히 미디어 기술이 사회에 미치는 영향력의 크기를 과장되고 단순화한 개념이 아니다. 미디어화는 우리 사회의 특성을 표현하는 모든 개념 속에 미디어가 작동하는 방식과 미디어를 통해 형성되는 의미와 내용이 반영된다는 사실을 강조한다. 지금으로부터 200여 년 전 1814년 빈에서 개최된 빈 의회 소식이 당시 베를린에 도착하는 데에는 며칠이 걸렸으나 2015년 미국을 중심으로 하는 서방국가들과 이란과의 협상 소식이 예루살렘에 도착하는 데에는 단지 몇 초만이 필요했다. 2022년 2월, 러시아가 우크라이나를 침공한 사실이 전달되는 데에도 그 정도의 시간이면 충분했다.

하지만 미디어화가 단순히 정보의 확산 속도를 의미하는 것이었다면 이는 인류의 기술 발전의 또 하나의 최근 업적뿐일 것이다. 미디어화는 그러한 시공간의 효율화 증가를 훨씬 넘어서는 본질적인 변화의 변곡점을 강조한다. 이란과의 협상 결과가 실시간으로 전달되면서 촉발된 것은 외교관들과 정치인, 언론인, 그리고 지식인들과 같은 전통적인 외교생태계 주인공들의 대화만이 아니다. 예루살렘과 워싱턴을 넘어 서울과 베이징을 거친 일반 시민들의 각양각색 주장이 언론을 거치지 않고, 외교의 수사로 정화되지 않은 채 서로에게 날 것으로 보여진다. 그리고 이는 외교부(MFA) 사무실로 보고서 파일이 아니라 디지털 플랫폼으로 즉각 전달된다. 그리고 디지털 플랫폼의 거주민들이 세계의 질서와 가치를 제시하면서 역으로 기존 외교의 전략과 전술을 조정하게 하였다. 엘리트의 관념 속에 머물던 '세계시민(Transnational Citizenship)'은 이렇게 세계의 시민들에 의해 아래로부터 조직되고 있는 과정을 확인시켜 준다. '디지털 공중'을 대상으로 하는 '디지털 DOT(Digital Outreach Team)'가 전통적인 외교부(MFA)의 주요 '외교'적 실천이 되면서 국제 정치의 민중화가 진행되고 있다.

우크라이나-러시아의 전쟁은 미디어화가 전쟁이라는 가장 격화된 형태의 외교가 오늘날 어떠한 환경에 놓여 있는지를 보여주는 사례로 넘쳐난다. 러시아가 우크라이나를 침공하자 전통적 외교부(MFA)는 디지털 플랫폼들을 동원하여 미디어 프로파간다 전쟁을 즉각 수행하였다. 이는 전혀 새로운 것이 아니다. 미디어 공공외교가 1차 세계대전 동안 라디오, 팸플릿, 신문 등 레거시 미디어를 통해 탄생하였듯이 21세기에는 디지털 플랫폼으로 수행하는 것은 당연하다. 새로운 것은 국경을 초월한 시민들이 그들의 목소리를 평화와 연대라는 시민들의 정치적 언어로 러시아만을 대상으로 하는 외교가 아니라 자국을 포함한 모든 국가 및 그들의 국민을 의식한 외교적 행위를 일상적으로 수행하고 있다는 사실이다. 그러한 미디어 행위가 '공공외교'적 의미를 창출하는 현상, 즉, 미디어가 조직하는 우리의 소통 환경이 기존의 전통적 정치 행위의 개념과 의미를 전면적으로 재구성하고 있는 이 과정, 이것이 외교의 미디어화이다. 현실이 우리의 상상을 넘어서는 변곡점의 한 가운데를 우리는 지나고 있다.

이 책의 저자인 일란 매너(Ilan Manor) 박사는 이를 외교의 패러다임 전환이라고 단언한다. 상투적이지만 정확하다. 한 국가의 국내 정치적 결정이 이제는 국내 정치적 맥락에만 머물지 않고 순식간에 국제적 맥락 속에 위치하게 된다. 이웃 국가의 시민들이 제작한 콘텐츠가 얼마나 쉽게 외교적 갈등과 화해의 단초를 제공하고 있는지를 우리는 매일 확인할 수 있다. 패러다임의 전환은 모든 관계를 새로운 언어로 규정할 것을 강요한다. 우리가 이 책을 번역하기로 한 이유이다. 패러다임의 전환과정에 서 있는 사람들은 아이러니하게도 그 내용과 변화의 양상을 무의식적으로 수용함으로써 실질적인 변화를 파악하기 어렵게 한다. 그 이유는 그러한 변화를 의식하게 하는 언어를 갖지 못한 상태이기 때문이다. 디지털 공공외교를 여전히 홍보와 PR, 선전과 프로파간다로 인식하는 문화적 이해 수준을 설득과 협상, 대안적 질서와 가치의 구성이라는 정치적 수준으로 격상시키기 위해서는 현재 진행되고 있는 외교 전경을 디지털 언어로 재해석해야 한다. 이 책의 원저자가 시도하듯이 우리에게는 '새로운 책'이 필요하다. 한국외국어대학교 미디어외교센터는 이 책의 번역을 통해 외교의 미디어화가 자극하는 디지털 공공외교의 언어를 발견하고 공유하여 한국 외교의 패러다임을 전환하는데 선도할 수 있는 계기를 마련했으면 하는 바람이 있다. 이러한 계기의 구체화는 방송문화진흥회의 저술지원으로 인해서 가능하게 되었다. 한국의 미디어공공외교의 진화와 성과를 위한 전환의 기회를 만들어준 방송문화진흥회 지원에 감사의 마음을 더한다.

모쪼록 이 책이 한국에서 소개되는 의도가 현실화 되기를 기대한다. 나와 한국외대 미디어외교센터의 책임연구원인 이효복 박사님 그리고 이제는 정부 산하 기관에서 미디어화를 실천하고 있는 전창영 박사님이 이 책을 번역하면서 가진 유일한 소망도 바로 거기에 있었다.

2022년, 봄

대표 역자 채영길(Young-Gil Chae)

1장 서론

외교는 아마도 '열린 정부'에 대한 요구의 대상이 되어서는 안 되는 미국 정부의 한 요소이다. 외교의 작동은 밀실에서 수행되기 때문이다. 그러나 트위터를 하는 관료들의 시대에 있어서는 그러한 은밀한 방식은 점차 향후 성취하기 어렵다.

에브게니 모조로프(Evegeny Morozov)

서론

1814년 9월은 당시 비엔나 제국의 기준에서 보더라도 이전과는 다르게 매우 요란하였다. 초가을의 금빛의 잎들로 한껏 꾸며진 그 당시의 비엔나에는, 비엔나 의회에 참석하기 위해 모인 200명 이상의 외교관이 있었다. 그리고 이 대사들과 함께하는 보좌관, 참모, 기자, 그리고 지식인 등으로 인해 당시 도시 거주민의 인구수가 33%나 증가한 상태였다. 그러나 유럽의 엘리트들에 의한 이러한 큰 요란함도 그 달의 메인 행사의 배경일 뿐이었다. 그 행사란 다름이 아닌 황제와 함께 그 도시에 도착한 동맹국 군주들의 행렬이다.

호프부르크(the Hofburg) 황궁은 유럽의 군주들을 영접하느라 순식간에 넘쳐났다. 러시아 짜르와 프러시아, 덴마크, 그리고 바바리아 왕들도 그 오스트리아인 황제의 개인적 친분의 손님으로 올 예정이었으며, 그리고 이들을 기리기 위한 연회에는 1,400마리의 말이 끄는 300여 개의 마차가 동원되었다. 또 다른 귀족들로, 통치권을 가진 11명의 왕자는 비엔나에서 제공해야 하는 궁전과 호텔에 머물렀는데 이들도 각각 일군의 하인과 일꾼, 그리고 대리인을 대동하였다(Jarrett, 2013).

비엔나 회의는 전통적인 외교의 모범이다. 같은 생각을 가진 유럽의 중년 남성 귀족들이 약 2,300만 명의 유럽인의 운명을 결정하기 위해 제국 수도로 소집되었다. 나폴레옹은 이미 패배했고, 평화협상이 이루어졌으며, 프랑스에서는 왕정이 부활했다. 따라서 의회의 목적은 평화를 협상하기 위한 것이 아니라 유럽 제국 각각의 힘의 균형을 유지함으로써 평화를 유지하는 것이었다. 의회에 수반된 사회 활동들은 외교관들에게 협상을 조율할 수 있는 충분한 시간을 제공했다. 여기에는 호화로운 연회, 가면무도회, 전통 마상 내결, 작곡가 베토벤(ibid.)이 지휘하는 제7번 교향곡 연주 등이 포함됐다. 호프부르크 무도회장의 웅장한 샹들리에 아래에서나 또는 레드 벨벳 카펫이 모든 소음을 흡수하는 사적인 공간에서 프랑스 및 연합 외교관들은 매일의 연설을 준비하기 위해 작은 무리로 옹기종기 모여들었다. 그러나 그들조차도 유럽 주권국들이 대륙을 나누는 협상을 비밀리에 진행하지 않았는데, 그

협상이 진행되는 뒤로는 현악 4중주단의 애정 어린 모차르트가 연주되고 있었다. 이 장면들은 제1차 세계대전 이후 존재하지 않게 된 전통외교의 세계였다. 스테판 츠바이그(Stefan Zweig)가 소위 '어제의 세계'라고 언급했던 때의 모습이다(Zweig, 1953).

거의 2세기 후, 이란의 핵무기 프로그램을 둘러싼 위기를 평화적으로 해결하기 위해 오늘날 6개국 외교관들이 비엔나로 모여들었다. 빈은 그 무렵에 현존했던 외교관들과 마찬가지로 눈에 띄게 변했다. 협상은 더 이상 호프부르크(현재 세계적으로 인기 있는 박물관 중 하나)가 아닌 코부르크(Coburg) 호텔에서 이루어졌다. 협상단은 미국, 중국, 이란의 외무장관을 포함, 더 이상 같은 생각, 귀족, 심지어 유럽인이 아니었다. 유럽인들은 신이 임명한 군주가 아니라 유럽 의회가 임명한 페데리카 모게리니(Mrs. Federica Mogherini)가 지명한 외교관이었으며 호화로운 가면무도회는 너무나 익숙한 연어 만찬으로 대체되었다.

그러나 이란 협상과 비엔나 의회의 가장 큰 차이점은 디지털 기술의 영향일 것이다. 세계 정상들은 이번 회담에 참석하지 않았지만, 원격회의, 스카이프 대화, 문자메시지 등을 통해 실시간으로 진척 상황을 파악했다. 노트북을 무릎 위에 얹은 채 호텔 로비에 앉아 있는 기자들은 주요 협상가들의 분위기를 묘사하는 뉴스 기사를 계속 실었다. 이 이야기들은 WWW을 통해 전 세계, 디지털 공중에게 전달되었다. 심지어 협상 과정에서 소셜미디어까지 동원되어 한쪽이 양보하도록 강요하고 주요 돌파구를 발표하기도 했다(Duncombe, 2017).

사실 트위터는 이란의 초기 미진한 협상의 시작부터 함께했다. 비엔나 여행은 2년 전 제네바 호수에서 시작되었다. 유엔 안전보장이사회 5개 상임이사국과 독일의 대표들이 이란 외교관들과 만나 이슬람 공화국의 핵 야망에 관한 첫 직접 회담을 가졌다. 이러한 치열한 협상

그림 1.1 이란 외무장관, 협상 타결 발표(출처: https://twitter.com/JZarif/status/404430013488852993)

은 이란이 특정 경제 제재를 해제하는 대가로 핵 프로그램의 개발을 부분적으로 중단하기로 합의한 예비 합의로 마무리되었다. 이란 외무장관 자바드 자리프(Javad Zarif)가 트위터를 통해 이 트윗을 발표하면서 중간 합의가 먼저 이뤄졌다는 소식이 트윗 **그림** 1.1에 전해졌다.

이란 외무장관의 트윗은 외교관과 외교기관, 언론인, 신문 편집자, 블로거, 비정부기구(NGO)와 그들의 세계를 변화시키는 사건들에 대해 알려고 하는 연결된 개인들로 구성된 다양한 세계 공중에게 전달하기 위한 것이었다. 이 책이 보여주듯, 이 모든 공중은 이제 공공외교의 영역을 이루고 있다.

그러므로 Zarif의 트윗은 무례나 장난이 아니라 외무장관이 협상 결과를 어떻게, 언제 알게 되었는지 결정할 수 있는 적절한 시기에 나온 발표였다. 더 중요한 것은, 미국 국무장관이 아닌 이란 외무장관이 협상이 타결됐음을 확인했다고 전 세계 신문들이 발표하면서 Zarif 장관이 이 트윗을 통해 언론의 협정 보도를 통제할 수 있었다는 점이다. 그러므로 Zarif는 협상의 승리자로 묘사될 수 있고, 승리자에게는 전리품이 될 수 있었다.

트위터로 눈을 돌림으로써, 이란 외교관은 또한 그의 나라에 대한 새로운 이미지를 만들고 있었다. 2013년에도 페이스북, 트위터 등 소셜미디어 사이트는 여전히 사회적으로 긍정적인 힘이자 민주주의 혁명의 무기로 여겨졌다. 페이스북은 이집트 타흐리르 광장에서 대규모 시위를 촉진시켰으며 트위터는 이란의 녹색혁명을 가능하게 했다는 주장이 나왔다(Arsenault, 2013). Zarif는 소셜미디어를 활용, 종교적 열성과 대량살상무기와는 달리 이란을 민주주의와 아랍의 봄의 희망 정신과 결부시켰다. 트위터를 통해 바라본 Zarif의 프로필 이미지조차 이란이 '매력 공세(the Charm Offensive)'라는 애칭을 가진 세계적인 브랜드화 시도의 일부였다(The Economist, 2013).

덴마크와 프로이센의 왕들이 호프부르크 궁전 내에서 게시된 유사한 트윗에 어떻게 반응했을지 우리는 상상만 할 수 있을 뿐이다. 포퓰리즘의 천박한 전시라고 생각했을까? 원로 정치가가 평범한 사람과 교감함으로써 "민중적"인 것처럼 보이려는 헛된 시도? 아니면 그들은 그것을 터무니없는 의례 위반으로 보았을까? 1814년, 국제 정상회담의 공식 요약본은 일련의 공무원들과 협상 테이블에 앉은 여러 당사자에 의해 읽고, 편집하고, 다시 읽고, 승인한 문서 초안을 꼼꼼히 작성하였다. 그러므로 Zarif의 트윗은 모욕이나 신뢰 위반으로 여겨졌을 수 있다. 아마도 유럽 주권자들은 외교가 더 이상 비밀이 아니며, 외교관들이 더 이상 국민의 눈에 띄지 않으며, 이제 조약이 여론의 법정에서 비준되어야 한다는 사실을 깨닫고 이 트윗에 겁을 먹었을 것이다. 애정 어린 모차르트를 연주하는 현악 4중주단조차도 21세기 공공외교를 하도록 강요된 1814년 외교관의 걱정을 덜어줄 수 없었을 것이다.

이란 협정 팔기

일단 2015년 비엔나 핵회담에서 돌파구가 마련되자 7개국 외무장관들은 오랜 외교 전통인 사진 촬영 기회에 참여했다. 합의문을 만든 이들은 국기 맞은편에 선 채 카메라 불빛에 가려진 대형 무대에 나란히 섰다. 그러나 이번에는 웃는 외교관의 모습이 언론사와 통신사에 의해서만 전파된 것은 아니다. EU, 영국, 미국, 프랑스, 독일, 러시아, 이란의 외무부(MFA)는 모두 소셜미디어에 출연해 이란 위기가 평화적으로 해결되었음을 알렸다. EU의 해외 서비스는 Zarif와 페데리카 모게리니(Federica Mogherini)가 가진 기자회견을 실시간 트윗으로 올리면서 합의, 양측의 양보, 그리고 이란과 세계 간의 새로운 관계에 대한 내용을 팔로워들에게 실시간으로 업데이트했다. 이날까지 EU의 해외 서비스는 전 세계 디지털 공중이 읽고, 토론하고, 공유할 수 있게 전체 이란 협정을 발표했다(**그림** 1.2).

그러나 비엔나의 사진 촬영 기회는 이들 외교관들이 직면해야 하는 국내 의회에서의 이란 협정 비준과 같은 고된 임무에서 잠시 벗어나 있는 것이었다. 오바마 행정부로서는 공화당 의원들의 지지를 모으고 중동 동맹국들의 우려를 잠재워야 한다는 점에서 비준 절차가 특히 복잡할 것이다. 공화당이 장악한 의회는 2013년 이란 협상 시작부터 반대 목소리를 냈다. 일부 의원들은 '이란 협상'이 사우디와 이스라엘 등 중동의 오랜 우방국들에 대한 배신이라고 주장했다. 다른 의원들은 이 계약을 1938년 뮌헨 협정의 히틀러에 대한 네빌 체임벌린(Neville Chamberlain)의 회유에 비유했다(Bjola & Manor, 2018).

미국 의원들은 이란 협상과 이란에 대한 양보를 진심으로 우려했을 수도 있다. 다른 사람들은 그것을 그들의 정치 경력의 다음 단계

그림 1.2 이란 핵협정 발표 기자회견(출처: https://twitter.com/eu_eeas/status/620905968046604288)

를 시작하기 위한 발판으로 보았을지도 모른다. 미래의 대통령 후보인 테드 크루즈, 도널드 트럼프, 마르코 루비오는 오프라인과 트위터 모두에서 이란 협정의 열렬한 반대자들이었다(**그림** 1.3).

국내 반대가 오바마 백악관을 가로막는 유일한 장애물은 아니었다. 이란 협상 내내, 이스라엘의 벤자민 네타냐후(Benjamin Netanyahu) 총리는 언론에 이란이 이스라엘에 대한 실존적 위협이라고 거듭 말했다. 그는 이란이 과거 국제사회를 기만했으며 앞으로도 그럴

그림 1.3 트위터상에서 이란과의 협성을 반대하는 대통령 후보들(출처: https://twitter.com/tedcruz/status/637244524352278529)

것이라고 주장했다. 네타냐후 총리는 또 이스라엘이나 유대인 국가를 공공연하게 파괴하는 국가와는 어떤 거래도 해서는 안 된다고 밝혔는데 이는 과거의 실수를 되풀이하는 것과 다름없기 때문이다.

오바마 대통령이 네타냐후 총리에게 백악관에서의 국빈 만찬이나 새로운 군사 지원책을 통해 묵인할 시간을 갖기를 바란다면 그는 착각한 것이다. 네타냐후 총리는 빈에서 발표한 지 몇 시간 만에 트위터를 통해 이란을 달래고, 이란을 위해 이루어진 많은 타협안을 강조하며 세계 열강들에 의해 이스라엘의 안보를 다시 한 번 저버린 사실에 탄식했다. 이스라엘 총리는 이스라엘이 자국의 존립에 위협을 가하는 어떤 국가에도 군사 행동을 취할 권리를 가지고 있다고 덧붙였다(**그림** 1.4, 1.5).

그림 1.4 이란 협정을 비난하는 네타냐후 총리(1)(출처: https://twitter.com/IsraeliPM/status/620975954291064833)

그림 1.5 이란 협정을 반대하는 네타냐후 총리(2)(출처: https://twitter.com/IsraeliPM/status/620976500158771200)

이란 협상 발표에 대한 세계 정상들의 즉각적인 반응은 현재 외교가 실천되고 있는 속도를 보여준다. 1814년 빈 의회 소식은 베를린에 도착하는 데 며칠이 걸렸으며 2015년 이란 협상 소식은 예루살렘에 도착하는 데 몇 초가 걸렸다. 이란 협정에 대한 네타냐후 총리의 질책은 디지털 플랫폼이 이제는 디지털 공중의 관심과 지지를 놓고 서로 다른 주체들, 국가, 외교관들이 글로벌 행사에 대한 이야기들을 홍보하는 경쟁적인 공간임을 보여준다.

이란 협정은 오바마 행정부에 쉽지 않은 과제로 작용했으며, 이는 국내뿐 아니라 외국의 공중을 상대로도 지지를 이끌어 내야 할 것이었다. 결정된 커뮤니케이션 전략에는 @theIranDeal이라는 전용 트위터 채널을 개설하는 것이 포함되었는데, 이 채널은 미국 공중과 회의적인 외국 국민들에게 이란 협정의 조건을 설명하고 전쟁에 대한 적절한 대안으로 묘사할 것이다(Tosi, 2015). 국내외에서 대외 정책 성과를 확보하기 위해 트위터를 사용하는 것은 디지털 기술이 공공외교에 미치는 영향의 한 예에 불과하다. 트위터와 같은 소셜미디어 사이트는 글로벌과 로컬의 구분을 모호하게 한다. 동일한 소셜미디어 프로필이 국내외 청중을 끌어들이고 국내외 선거구와의 상호작용을 촉진하기 때문이다. 이는 오바마 백악관이 @theIranDeal 트위터 채널(**그림** 1.6)을 개설했을 때와 마찬가지로 외교 정책 실무자들이 국내외 공중을 모두 겨냥하는 '글로컬화된' 공공외교 형태로 이어진다.

그림 1.6 이란 협상 트위터 채널(The Iran Deal Twitter page. Source https://twitter.com/TheIranDeal)

이란 협상 발표에 대한 세계 정상들의 즉각적인 반응은 현재 외교가 실천되고 있는 속도를 보여준다. 1814년 빈 의회 소식은 베를린에 도착하는 데 며칠이 걸렸으며 2015년 이란 협상 소식은 예루살렘에 도착하는 데 몇 초가 걸렸다. 이란 협정에 대한 네타냐후 총리의 질책은 디지털 플랫폼이 이제는 디지털 공중의 관심과 지지를 놓고 서로 다른 주체들, 국가, 외교관들이 글로벌 행사에 관한 이야기들을 홍보하는 경쟁적인 공간임을 보여준다.

7월 21일 화요일 오후 2시 30분에 @theIranDeal 트위터 채널이 개국했다. 그 후 며칠 몇 주 동안 백악관 직원들은 계속해서 트위터를 통해 이란에 대한 제제, 이란이 핵 야욕을 포기했음을 세계가 확인할 수 있는 방법, 이란이 협정을 위반할 경우 경제 제재를 "철저하게" 되돌릴 수 있는 능력, 심지어 에너지부 장관이자 핵물리학자인 어니스트 모니즈(Ernest Moniz)가 국제 사찰단으로부터 우라늄을 숨기는 것은 과학적으로 불가능하다고 청중에게 설명한 증언에 대해서도 언급했다(Bjola & Manor, 2018). 특별한 인포그래픽과 이미지들은 여론의 지지를 얻기 위해 미리 설계되었고, 이는 의회의 합의 비준으로 이어질 것으로 보인다.

게다가 이란 협상 기구는 @theIranDeal에 반대하는 공화당 의원들의 주장을 끊임없이 비난했다. 이러한 활동은 디지털 공중이 사건 발생에 따른 학습을 기대하는 가운데 디지털 기술이 공공외교에 미치는 영향을 보여주는 것이기도 하다. 디지털 시대는 결국 즉각적인 연결의 시대이다. 필립 사이브(Philip Seib)가 주장했듯이, 세계 사건과 글로벌 배우들의 행동에 대한 즉각적인 논평의 필요성은 실시간 공공외교의 형태를 만들었다(Seib, 2012)(**그림** 1.7).

특히 이란 협정은 미국 정부가 국내 언론으로부터 글로벌 언론사,

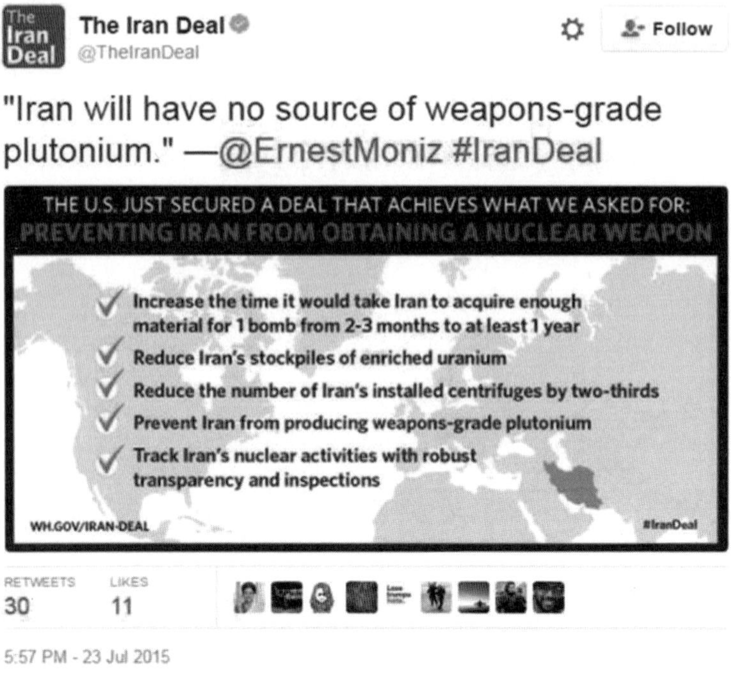

그림 1.7 @theIranDeal 트위터 채널에서 준비한 인포그래픽(출처: https://twitter.com/TheIranDeal/status/624231943362748417)

언론인, 국회의원, 외교계의 다른 구성원, 디지털 공중 등 다수의 구성원에게 접근하기 위하여 글로벌 트위터 캠페인을 추진하게 만들었다. 이란 협정의 성과를 강조하며 오바마 대통령의 포용 정책을 실현하는 것으로 묘사한 트윗은 백악관, 바이든 부통령, 모니즈 에너지부 장관, 존 케리 국무장관, 국무부 공보차관, 국가안보보좌관, 백악관 국가안보보좌관, 유엔 주재 미국대사, 뉴욕과 제네바 주재 미국공관, 전 세계 미국대사관 등이 포스팅 하였다(Manor, 2015). 이러한 활동들은 미국 정부가 지구적 차원에서 하나의 이야기를 홍보할 수 있게 해주었고, 따라서 아마도 전 세계 개개인의 의견과 태도를 형성하게 될 것이다. 국내외 공중간의 경계의 흐릿함이나 '글로컬화된' 공공외교의 등장, 거의 실시간으로 사건에 대한 언급 필요성, 협상의 돌파구를 발표하기 위한 트위터 활용 등은 모두 공공외교의 디지털화의 일환이다.

공공외교의 디지털화란 무엇인가?

제임스 패먼트(James Pamment)는 20세기 대부분 동안 "공공외교"라는 용어는 "선전"이라는 개념과 관련이 있다고 주장해왔다. 공공외교는 의사소통 행위로서 국제적 차원에서 활동하는 당국자의 정책을 외국 인구에 전달하는 것이었다(Pamment, 2013). 기포드 말론(Gifford Malone, 1988)에 따르면, 이러한 의사소통의 목적은 외국 정부의 태도에 영향을 줌으로써 외국 정부의 행동에 영향을 미치는 것이다(Spry, 2018). 윌리엄 로버츠(William Roberts, 2007)가 말한 공공외교는 다른 나라의 대외정책 수용을 촉진하기 위해 외국 국민들 사이에 긍정적 분위기를 조성하려는 활동을 포함한다.

20세기 공공외교는 세 가지 방법으로 영향력을 개념화했다. 첫째, 공공외교는 MFA, 대사관, 국제방송 등 공공외교 행위자가 표적으로 삼아야 할 특정 영향력 있는 집단이 사회 내에 존재한다는 가정하에 전제됐다. 둘째, 공공외교 활동은 이러한 엘리트들의 의견, 신념, 행동에 영향을 미치는 것을 목표로 한다. 셋째, 이러한 엘리트들은 정부의 정책에 영향을 미칠 것으로 예상된다(Pamment, 2013, pp. 6-8).

라디오와 텔레비전 같은 통신 기술은 외국 엘리트들 사이에서 공공외교 메시지가 전파될 수 있는 매체였다. 매체가 메시지인 것처럼, 20세기 공공외교는 전달자와 수신자 사이의 제한된 상호작용을 보고 외교관들이 그들의 메시지를 엄격하게 통제할 수 있도록 하는 일방적인 정보 흐름으로 구성되었다(ibid.). 라디오 방송, 포스터 등 공중매체는 외국 엘리트들에게 공공외교 메시지에 대응하거나 이의를 제기할 기회를 주지 않았다. 따라서 20세기 공공외교는 독백에 의존하는 외교였다. 셰익스피어의 햄릿처럼, 외교관들은 "죽느냐 사느냐"를 묻고 그 질문에 대한 답을 제시하며 삶의 의미를 주장하였다. 그러나 21세기 초에는 "New(새로운)" 공공외교로 불리는 공공외교의 학자들과 실무자들 사이에 개념적인 변화가 있었다. '새로운' 공공외교의 선동자는 9·11 테러, 글로벌 미디어 생태계의 출현, 디지털 사회의 부상이었다. 9.11 테러 이후 부시 행정부는 테러와의 전쟁과 이슬람 세계의 심장과 마음에 전쟁을 선포했다. 미국이 무슬림 공동체와의 관계를 조성해야 한다는 필요성은 전통적이고 독보적인 공공외교의 장점에 대한 전 세계적인 논쟁으로 이어졌다(Manor, 2016). 중요한 것은, 이슬람 공동체는, 지금쯤 디지털 플랫폼으로 이주해 왔고, 알카에다가 서구 제국주의에 대항하는 성스러운 지하드에 대한 디지털 설화의 영향을 받고 있었다는 점이다. 이미 2008년에는 지하드 단체에 고용된 청소년 중 80%가 인터넷으로 접촉한 것으로 추정됐다(Hallams, 2010).

또한, 지구화는 공공외교가 이루어지는 뉴미디어 지형을 창조하였다. 정보통신기술(ICT)과 디지털 기술의 지구적 확산은 상호 연결된 개인의 네트워크 내부와 네트워크 간에 지속적으로 정보가 흐르는 것이 특징인 글로벌 미디어 생태계를 탄생시켰다. 특히, 이러한 정보의 흐름은 공간, 시간, 국경의 제한을 받지 않았다. 이러한 글로벌 미디어 생태는 전통적인 공공외교의 실천에 세 가지 도전과제를 제기했다. 첫째, NGO, 시민사회단체, 활동가, 블로거, 심지어 테러단체까지 공공외교 메시지를 온라인에 전파할 수 있기 때문에 외교관과 MFA는 외교소통에 대한 독점권을 상실했다(Pamment, 2013). 둘째, NGO와 블로거와 같은 "새로운" 공공외교 행위자들은 디지털 세계를 여러 행위자들이 세계 이벤트에 대한 이해에 영향을 미치면서 디지털 공중의 관심을 얻기 위해 경쟁하는 무대로 변화시켰다(Manor, 2016). 셋째, 지구화된 미디어 생태계는 크레이그 헤이든(Craig Hayden)이 훌륭하게 주장했듯이 공공외교의 청중이 "선택적 노출 네트워크(networks of selective exposure)"로 파편화되도록 만들었다(Hayden, 2012). 페이스북을 통해 세상을 알게 된 사람이 있는가 하면 블로거나 전통적인 뉴스 사이트로 눈을 돌리는 사람도 있었다. 외교관들이 소수의 신문이나 뉴스를 통해 외국 공중과 많은 부분에 있어서 소통할 수 있었던 시대는 지나갔다.

마지막으로, 디지털 사회는 독백이 아닌 대화에 의존한다. 이 책이 보여주듯, 디지털 사회의 구성원들은 단순히 정보를 흡수하는 것이 아니라, 그것에 대해 논평하고, 편집하고, 재분배하고, 이용자들과 소통한다(Spry, 2018). 콘텐츠 생성 및 배포는 개별적인 유대 관계, 커뮤니티 또는 네트워크의 형태로 디지털 협업 및 관계를 형성하도록 한다. 따라서 일률적인 공공외교는 디지털 공중과 소통하는 작업에 적합하지 않다. 외교관의 트위터 '죽느냐 사느냐'는 요즘 디지털 공중의 반응과 GIF로 넘쳐날 것이다.

9·11 테러, 글로벌 미디어 생태계의 출현, 디지털 사회의 부상 등은 모두 'New' 공공외교의 정의에서 뚜렷이 드러난다. 얀 멜리센(Jan Melissen, 2005)은 "새로운" 공공외교는 독백에서 대화, 포용, 장기적 관계 구축으로 전환하면서 "연결된" 공중과 교류하는 데 초점을 맞춘 것이라고 정의했다. 니콜라스 컬(Nicholas Cull, 2008)은 "새로운" 공공외교는 국제 행위자들이 외국 공중과 교류함으로써 그들의 외교 정책 목표를 달성하는 과정이라고 정의했다. 제임스 패먼트(James Pamment,

2013)는 “더 이상 엘리트 위주의 외교가 아니라 외국 시민 위주의 대화적이고 협력적이며 포용적인 ‘새로운’ 공공외교의 본질”이라고 밝혔다. 게다가, 소셜미디어 사이트(ibid.)와 같은 새로운 디지털 기술을 활용하는 한편, “새로운” 공공외교는 20세기 방송 모델과의 분명한 결별을 나타내었다. 이제 트윗, 게시물 및 참여를 통해 영향력을 얻을 수 있다.

중요한 것은 멜리센(Melissen, 2005)과 서(Seo, 2013)의 세기로 바뀌면서 공공외교의 의도도 역시 변화했다는 것이다. ‘새로운’ 공공외교는 여전히 외국인을 설득하기 위한 것이었지만 대화를 통해 공중의 의견과 가치, 신념의 중요성을 인정하길 바랐다. 따라서 ‘새로운’ 공공외교의 초점은 다른 나라의 외교 정책에 수용적인 환경을 조성하기 위해 외국 공중과의 관계를 조성하고 활용하는 데 있었다. 다른 학자들은 “새로운” 공공외교는 본질적으로 관계형 외교이거나 관계 창출에 초점을 맞췄으며, 따라서 온라인 대화의 목표는 영향력이 아닌 대화 그 자체였다고 주장했다(Brown, 2013; Cazy & Howard, 2013). 브루스 그레고리(Bruce Gregory)는 “공공외교는 이제 국가, 국가 및 비국가 행위자들이 문화, 태도 및 행동을 이해하고 관계를 구축하고 관리하고 자신의 이익을 증진시키는 행동을 동원하기 위해 사용하는 도구”라고 언급하는 “새로운” 및 관계적 접근의 논리를 충분히 요약했다(Gregory, 2011, p. 353).

달 코플랜드(Daryl Copeland, 2013)는 위기에 노출되기 쉬운 세상에서 새로운 파트너에게 접근하는 것이 안정성을 높이는 핵심이라고 주장했다. 그래서 그는 ‘새로운’ 공공외교는 NGO, 시민사회단체, 네트워크 개인 등 새로운 이해당사자들에게 손을 내밀고 관여하는 것으로 보고 있다. 그러나 코프랜드는 복잡한 세계에서 MFA는 시민들에게 세상에서 무슨 일이 일어나고 있고 국가가 그 대가로 무엇을 하고 있는지를 설명해야 한다고 주장했다. 그러므로 "새로운" 공공외교는 국내외 인구와 교류하는 데 초점을 맞출 수 있다.

공공외교 학자들과 실무자들은 곧 디지털 플랫폼을 "새로운" 공공외교의 매개체로 인식하게 되었으며, 이러한 플랫폼의 조직이 상호작용 중심의 방송 패러다임에서 커뮤니케이션 패러다임으로 전환할 수 있게 되었다(McNutt, 2014). 또한 관계는 소셜미디어 사이트(Waters, Burnett, Lamm, and Lucas, 2009)의 경우와 마찬가지로 디지털 플랫폼 기반이며, 조직으로서 양방향 참여를 위한 이상적인 조건을 제공하며, 공중은 상호 관심사를 논의할 수 있게 한다(Bortree & Seltzer, 2009). 따라서 외교 기관의 디지털 기술 도입은 본질적으로 "새로운" 공공외교의 목표와 논리와 연결되어 있다. 소셜미디어 사이트를 통해 외교관들은 연계된 공중과의 관계를 조성할 수 있고, 가상대사관(virtual embassy)은 공통된 관심사를 토론하는 플랫폼 역할을 할 수 있다. 21세기 디지털 기술이 국제관계에 등장한 것은 공공외교의 영역이었다.

"새로운" 공공외교의 출현은 MFA, 대사관 및 전 세계 외교관들의 디지털 기술 채택과 함께 이루어졌다. 지금까지 학자들은 공공외교에서 디지털 기술의 활용을 개념화하기 위해 수많은 용어를 제시해 왔다. 그중에는 "공공외교 2.0"(Hallams, 2010), "가상 외교(virtual diplomacy)", "넷 외교(net diplomacy)"(Wehrenfennig, 2012), "디지털 외교"(Bjola & Holmes, 2015) 등이 포함된다. 디지털 기술이 공공외교에 미치는 영향을 어느 용어도 충분히 담아내지 못한다는 것이 이 책의 주장이다. 외교기관이 이분법적(디지털·비디지털) 상태로 존재하는 것도 아니고, 공공외교 활동을 디지털화한 기관과 그렇지 않은 기관으로 분리할 수도 없기 때문이다. 또한 "공공외교 2.0", "넷 외교"와 같은 용어는 Wikis, 소셜미디어, 인터넷을 포함한 특정 디지털 기술의 활용과 관련이 있다. 그러나 외교기관은 이제 WhatsApp과 같은 스마트폰 애플리케이션에서 외교관들이 작성한 정서 분석 도구와 알고리즘에 이르기까지 수많은 디지털 기술을 채택하고 있다.

'디지털 외교(Digital Diplomacy)'의 동의어로 자주 쓰이는 "디지털화된 공공외교(Digitalized Public Diplomacy)"라는 용어 역시 디지털 도구의 사용이 외교의 일부분임을 시사한다. 양자외교와 다자외교가 있듯이 외교관은 디지털외교를 실천하는 것이다. 그러나 MFA와 외교관은 공공 또는 다자외교의 영역에서 일정한 외교적 목표를 달성하기 위해 디지털 도구를 사용한다. UN 포럼의 대사들은 WhatsApp 이용자 그룹들을 이용하여 다양한 결의안에 대한 그들의 투표를 조율하는 반면, 이메일에 첨부된 언론사 보도자료들은 트위터 다이렉트 메시지로 대체되어 기자들과 교류한다. 따라서 디지털 기술은 외교를 실천하는 데 사용되며 단순히 외교의 한 형태는 아니다. 마지막으로, MFA는 디지털 도구들을 단숨에 채택하지 않는다. 오히려 디지털 기술은 시행착오의 느린 과정을 거쳐 외교기관에 도입된다.

따라서 앞에서 언급한 용어 중 디지털 기술이 공공외교의 수행에 미치는 영향을 충분히 기술하지 않으며, 이러한 영향을 연구할 수 있는 적절한 개념적 프리즘을 제공하지 않는다는 것이 이 책의 주장이다. 따라서, 이 책은 "공공외교의 디지털화"라는 용어를 소개하고, 디지털화가 외교 기관의 규범, 가치, 업무 일상, 구조뿐만 아니라 자신들만의 서사 방식 또는 외교관들이 자신의 작업을 구상하기 위해 채용하는 은유로서, 장기적인 수행 과정으로 개념화되어야 한다고 주장한다. "공공외교의 디지털화" 과정은 2009년 국무부 디지털 외연화 팀(DOT: Digital Outreach Team)의 활동을 통해 가장 잘 예시될 수 있다. 6월 4일,

오바마 대통령은 카이로 대학에서 이슬람과 미국의 관계에 새로운 시작을 촉구하는 연설을 했고, 연설에 이어, DOT 팀원들은 아랍과 이슬람의 인터넷 사용자들과 대화하고 미국이 새롭게 알게 된 외교 참여 의지를 보여주기 위해 아랍 세계의 인기 웹사이트를 방문했다. 그러나 DOT는 곧 청중의 질문과 의견에 응답할 수 없게 되었다. 실제로 DOT 팀원들은 온라인에 올라온 질문과 댓글들에 응답하는 데 이틀 이상 걸렸다. 각 DOT 응답의 정확성을 연구해 다른 모든 DOT 팀원들(Khatib, Dutton, & Thelwall, 2012)의 승인을 받아야 했기 때문이다.

이러한 업무 일상은 DOT 회원들이 무슬림 인터넷 사용자들과 실시간으로 대화하는 것을 막았다. 또한, DOT가 인터넷을 지속적이고 즉각적인 의사소통을 위한 매체로 사용하는 것에 익숙해진 디지털 공중의 기대를 충족시키지 못하게 했다. DOT의 경험을 따라 국무부는 새로운 업무 일상을 개발하고 디지털 기술의 행위 유도성(Affordance)에 맞춰 기존 업무 일상을 조정하기 시작했다. 디지털 공중과 실시간으로 교류하려면 외교관이 자신의 판단에 따라 온라인 메시지를 게시할 수 있어야 했다. 이를 위해서는 온라인에서 모험을 즐기는 외교관들이 디지털 공중의 요구와 기대를 충족할 수 있도록 디지털 교육이 필요하다. 그러나 외교관들은 또한 트롤(Troll)이나 부정적인 백래쉬(Backlash)를 다루는 디지털 커뮤니케이션이 동반된 훈련을 필요로 할 것이다. 또한 외교관들은 각 디지털 플랫폼을 최대한 활용할 수 있는 일련의 우수 실천 사례(Best practice)가 필요하다. 트위터는 한 국가의 외교 정책을 설명하는 데 가장 유용하게 사용될 수 있지만, 페이스북은 디지털 공중과의 관계를 강화하는 데 도움을 줄 수 있다. 외교관들은 또한 그들의 디지털 활동을 분석하고, 필요할 때 그것을 증강할 수 있는 소프트웨어와 도구들이 필요할 것이다. 마지막으로, 외교관들은 디지털 모욕(faux pas)을 극복하기 위해 여러 대안이 있겠으나 모종의 조치를 규정하는 지침을 요구하였다. DOT의 경험은 국무부가 외교관들에게 디지털 교육을 제공하는 한편, 가이드북과 매뉴얼도 전 세계 대사관에 배포되었다. 다른 MFA에서도 비슷한 경험을 통해 외교관 교육을 관리하고, 디지털 기술을 채용한 대사관에 피드백을 제공하며, 대사관의 소셜미디어 사이트 사용을 감독하는 디지털 부서가 구성되었다. 이어서 서로 다른 MFA들이 다른 디지털 교육 및 감독 모델을 채택했다. 이렇게 디지털화의 과정은 MFA의 일상 작업 과정, 규범, 심지어 구조에 영향을 미치기 시작하였다.

DOT의 예는 디지털 기술이 하루 아침에 채택되는 것이 아니며 디지털화 과정이 지속적이고 안정적인 구조적 변화 과정에 의해 만들어지는 것이 아님을 보여준다. 오히려 디지털화는 기존의 정립되어 있는 작업 과정과 규범에 문제를 제기하고 리스크와 이에 대한 보상을 수용하는 느린 프로세스이다. 이 책에서 알 수 있듯이, 외교관과 그 기관들은 디지털화 과정 전반에 걸쳐 디지털 혁신의 핵심 요소인 위험 요소를 완화하기 위해 노력해 왔다. DOT의 활동은 이슬람 누리꾼들이 외교관들과 온라인 토론 의제를 정하는 개방형 소통 형태였지만, 2013년에 와서는 MFA들은 주로 그 범위와 지속성이 제한된 Q&A 세션을 통해 디지털 공중과 소통하였다. 트위터 Q&A는 외교관들이 온라인 토론의 의제를 정하고, 어떤 이슈를 피하고, 어떤 사용자가 관여하고, 어떤 것을 무시해야 하는지 결정할 수 있도록 하면서 동시에 디지털 공중의 실시간 상호작용 요구를 충족시킬 수 있도록 했다. 따라서 MFA의 다소 리스크를 회피하려는 조직 문화는 소셜미디어 사이트 사용과 디지털 공중의 권한 강화 경향에 스스로 적응하는 방식으로 변화시켰다.

중요한 것은 공공외교의 디지털화가 모든 MFA에 걸쳐 획일적이지 않다는 점이다. 오히려 각 MFA는 고유한 디지털화 과정에 있다. 일부 MFA는 이미 10년 전에 디지털 기술을 채택한 반면, 다른 MFA는 이제 겨우 온라인으로 진입하고 있다. 이와 같이, 일부 MFA는 불규칙하고 예측 불가능하며 자신의 목소리를 들어 주길 바라는 디지털 공중과 소통하는 데 익숙해진 반면, 다른 MFA는 아직도 자신들의 조직 문화를 디지털 플랫폼의 장점과 위험에 적응하는 과정에 있다. 또한, 일부 MFA는 언론인 및 이주민과의 관계 향상을 위해 디지털 자원을 활용하는 반면, 다른 MFA는 국가 브랜드를 관리하기 위해 소셜미디어를 사용하는 데 초점을 맞추고 있다. 디지털의 목적은 또한 MFA의 디지털화 프로세스를 형성한다. 예를 들어, 국가 브랜딩은 멀티미디어 콘텐츠의 제작과 보급에 정통해야 하는 반면, 이주민 공동체와의 관계 구축은 디지털 플랫폼에서 지속적인 쌍방향 상호작용을 요구한다.

특정 MFA에서 공공외교의 디지털화는 또한 무수한 조직적, 국가적 요인에 의해 영향을 받는다. 여기에는 MFA가 해외에서 운영하는 일련의 대사관들이 포함될 수 있는데, 이는 디지털 기술이 공공외교 활동의 범위를 확장하고 그들의 제한된 물리적 환경을 극복하는데 사용될 수 있기 때문이다. 또한, 디지털 원주민(Digital natives: 디지털 사회에 태어난 사람들)이 외교적 실수를 감수하더라도 혁신적인 기술을 실험하고자 할 가능성이 높아짐에 따라 외교관의 평균 연령도 디지털화 과정에 영향을 미칠 수 있다(Prensky, 2001). 공공외교의 디지털화는 MFA 내에서 디지털 관리 부서의 전문가가 가지고 있는 전문성에 의해서도 영향도 받을 수 있다. 브랜딩·홍보 전문가가 책임지는 부서도 있지만 노련한 외교관이 책임지는 부서도 있다. 전자는 언론인, 언론사 등 엘리트와 소통하기 위해 디지털 기술을 활용할 수 있고, 후자는 디지털 공중이 논쟁의 대상으로 여기는 대외 정책을 파악하기 위해 노력할 수 있다. 정부 전반의 디지털 기술 채택, 외교 정책 목표, 국가 내러티브 등과 같은 국가적 요인은 공공외교의 디지털화를 더욱 구체화한다. 예를 들어, 뉴질랜드의 MFA는 다른 정부 부처의 디지털화, 미국과 영국을 포함한 동맹국의 디지털 기술 채택 및 민중 봉기와 같은 충격을 예측하기 위해 디지털 대화를 모니터링하는 외교 정책 목표를 달성하기 위하여 디지털 기술을 처음으로 채택하였다. 폴란드 MFA는 제2차 세계대전에서 폴란드의 나치 잔혹 행위와 거리를 두고, 반대로 폴란드를 나치 독일의 첫 희생자로 규정하는 내러티브를 강화하기 위해 유튜브를 점점 더 많이 사용하고 있다.

그러나 이 책이 보여주듯 공공외교의 디지털화도 디지털 기술의 여유와 디지털 사회의 논리와 문화에 의해 형성된다. 디지털 기술의 인프라나 설계는 종종 MFA의 공공외교 활동을 형성한다. 예를 들어, 트위터와 같은 소셜미디어 사이트는 국경을 초월하고 MFA가 미래의 외교적 돌파구를 위한 기반을 마련하는 적국의 인구와 상호작용할 수 있게 한다. 그러나 트위터 상호작용은 280자로 제한되어 있어 짧은 공공외교(Sengupta, 2013)의 쏠림이 발생하여 의도한 대로 공중과의 관계 형성이 되지 못할 수 있다. 마찬가지로, 소셜미디어 분석은 MFA에게 디지털 활동의 영향을 측정할 수 있는 기능을 제공할 수 있다. 그러나 이러한 분석은 주로 사용자의 디지털 도달에 초점을 맞추고 있기 때문에 외교관과 디지털 공중 간의 상호작용 범위를 평가하기보다는 '공유(share)'와 '좋아함(likes)' 개수를 세는 것으로 귀결되곤 한다.

결정적으로 공공외교의 디지털화는 전적으로 외교관들의 섬이 아니라는 점에서 디지털 사회의 논리와 그 문화의 영향을 받는다. 오히려 그들은 사회적 존재이며, 그렇기 때문에 사회에서 형성되는 과정들은 외교관들에게 항상 영향을 끼친다. 사회가 새로운 규범과 가치를 채택할 때, 이러한 규범과 가치를 MFA에 도입하는 외교관들도 이러한 규범과 가치를 채택할 가능성이 높다. 예를 들어, 디지털 사회는 개방성과 진정성의 가치를 중요하게 생각하는 곳이다. 개방성은 투명한 삶을 영위하려는 의지와 관련이 있다. 실제로 소셜미디어 사이트에서는 사용자들이 자신의 성공과 실패, 승리와 패배, 결혼식과 이혼을 공유하도록 동기를 부여한다. 이러한 동기는 "좋아요"와 "이건 단순하지 않아요" 버튼이 포함된 소셜미디어 사이트의 인프라에서 비롯된다. 개방적인 사용자일수록 더 많은 사랑을 받고 더 많은 관심을 끌 수 있다. 진정성은 다른 모든 페이스북 사용자와 디지털 공중의 관심을 놓고 경쟁하는 사용자 요구와 관련이 있다. 이러한 경쟁은 고유의 외관, 톤, 관심 영역을 가진 독특한 온라인브랜드(iBrand)를 만들 때에 성공할 수 있다. 그러나 이러한 가치들은 본질적으로 알고리즘에 기반한 디지털 사회의 논리와 연결되어 있다. 알고리즘은 공개된 디지털 데이터를 긁어 모아 최고 입찰자에게 판매할 수 있는 지식으로 변환하고자 한다. 페이스북 알고리즘은 예술적 취향, 정치적 이념, 소비 습관, 좋아하는 제품 등 각 사용자에 대한 다양한 개인 정보를 기업에 제공한다. 그리고 이 지식은 사용자의 즐거움에 맞게 조정하는 데 사용된다. 디지털 사회는 디지털 공중이 수익을 창출할 수 있는 데이터 스트림을 통해 알고리즘을 지속적으로 제공할 수 있도록 하기 때문에 개방성과 신뢰성을 인정한다.

사회학자 마뉴엘 카스텔(Manuel Castells, 2006)은 디지털 사회의 조직 구조는 네트워크라고 언급했다. 이와 같이 디지털 사회는 개인, 국가, 기업의 네트워크가 지구적 규모로 행동을 조정하는 네트워크 사회이기도 하다. 카스텔에 따르면, 네트워크 구조는 시공간을 파괴하기 위해 끊임없이 노력하는 사회를 낳았다(Castells, 2013). 물리적 거리에 상관없이 실시간으로 대화하고 정보를 교환할 수 있는 디지털 기술이 그렇다. 지그문트 바우만과 데이비드 라이온(Zygmunt Bauman & David Lyon, 2013) 등 다른 학자들은 디지털 사회는 먼 곳에서 운영되는 사회라고 주장해왔다. 파리의 학생은 뉴욕의 한 대학 과정에 참석할 수 있고, 중동 상공의 드론은 미국 중서부에서 운용할 수 있다. 따라서 사회는 먼 곳에서 활동하거나 공간을 조작하는 데 익숙해진다.

디지털 사회의 가치, 규범, 논리의 MFA로의 확산은 이미 명백하다. 현재 MFA와 대사관이 디지털 공중의 관심을 놓고 경쟁할 수밖에 없는 상황에서 그들 역시 개방성과 진정성의 가치를 채택해야 한다. 외교관들이 디지털 공중을 끌어들이지 못하면 공공외교를 실천할 수 없기 때문이다. 따라서 영국 주재 러시아 대사관은 디지털 플랫폼에서 독특한 어조를 채택했는데, 이는 음모론을 퍼뜨리면서 영국 정부를 조롱하고 질책하는 것이었다. 전통적 공공외교학적 관점에서 보면 러시아 대사관이 러시아 외교 정책에 수용적인 환경을 조성하지 못할 수도 있다. 그러나 디지털 사회의 관점에서 러시아 대사관은 독특한 iBrand를 만들었는데, 이 브랜드는 다른 대사관들과 구분되고 잠재적으로 디지털 도달 범위와 디지털 공중을 끌어들이기 위한 능력을 증가시키고 있다.

디지털 사회가 그렇듯 외교기관도 시간과 공간을 무의미하게 만드는 데 부단한 노력을 기울이고 있다. 외교관들이 거리에 상관없이 실시간으로 먼 사람들과 대화할 수 있는 가상대사관도 그러하다. 가상 세계의 대사관도 물리적 세계와 독립적인 그들만의 시간대에서 발생한다. 마찬가지로 공공외교의 디지털화는 외교관들이 소셜미디어 사이트에 자신의 상태를 위한 셀피(Selfies)를 작성하면서 사이버 공간을 조직하는 것을 보게 되었다. 자국을 위해 소셜미디어 프로필을 운영할 때, 외교관들은 국가가 디지털 정체성을 획득함에 따라 국가를 개인화한다. 소셜미디어 사이트에서는 국가가 다른 사용자와 상호 작용하고, 그들의 의견에 응답하며, 심지어 국가의 콘텐츠를 좋아하고 공유할 수 있다. 이것은 더 이상 상상으로 남아 있지 않으며 오히려 실재로 존재하는 시민과 그들 국가 사이의 거리를 줄인다. 이렇게 공간이 조작되고, 국민 국가는 시민의 일상이 된다.

요약하자면, 이 책은 세 가지 일반적인 목표를 가지고 있다. 첫 번째는 디지털 기술이 공공외교 수행에 미치는 영향을 이해하고 연구할 수 있는 새로운 개념 틀을 제공하는 것이다. 이 틀은 외교 기술을 개념화하기 위해 디지털 기술이 외교 기관의 규범, 가치, 업무 일상에 영향을 미치는 장기적 과정과 더불어 외교관이 사용하는 상징적 표현과 자기 서술과 관련이 있는 '공공외교의 디지털화'라는 용어에 뿌리를 두고 있다. 비유는 공공외교의 디지털화에 매우 중요한데, 이는 Manor(2016)가 주장했듯이 외교를 실천하기 전에 먼저 구상해야 하기 때문이다. 더 나아가 이 책은 각 외교 기관이 조직적, 국가적, 세계적 요인의 영향을 받아 독자적인 디지털화 과정을 만들어 나가고 있다.

이 책의 두 번째 목표는 먼저 디지털 사회를 특징 짓지 않고는 공공외교의 디지털화를 이해할 수 없다는 것을 입증하는 것이다. 공공외교는 디지털 기술의 등장으로 근본적으로 재편된 사회에 속한 사회적 존재들이 실천하고 있기 때문이다. 따라서 공공외교의 디지털화를 이해하는 것은 디지털 사회가 찬양하는 규범과 가치와 그 논리를 이해하는 것이다.

앞의 두 가지에서 비롯된 이 책의 세 번째 목표는 수많은 세계의 MFA에서 공공외교의 디지털화를 검토해 하나의 덩어리로 뭉쳐져 있는 공공외교 연구를 대폭 다각화하는 것이다. 이 책은 전 세계 MFA를 분석해 디지털화가 다양한 MFA에서 각기 다른 속도와 다른 방향으로 발전하는 독특한 과정임을 입증하고자 한다. 이 다양한 표본은 사회가 서로 다르지만, 지리적 위치와 상관없이 디지털 사회의 규범, 가치, 논리가 MFA에 스며들기 시작했다는 것을 보여주기도 한다. 마지막으로 이 자료들은 미국과 서유럽 국가들의 활동에 주로 주목하면서 '서구와 나머지 국가'를 분리하는 경향이 있는 공공외교 연구에 중요한 기여를 한다. 따라서 이 책은 보츠와나, 캐나다, 덴마크, 에티오피아, 프랑스, 인도, 이란, 이스라엘, 케냐, 리투아니아, 팔레스타인, 폴란드, 러시아, 르완다, 스웨덴, 터키, EU, 네덜란드, 영국, 우간다, 뉴질랜드의 공공외교 디지털화를 살펴본다.

이 책은 개념적 명확성을 위해 멜리센(Melissen, 2005)의 '새로운' 공공외교에 대한 개념을 채택했다. 그러나 이 책은 연결된 개인과의 상호작용의 필요성을 강조하기보다는 디지털 기술이 실질적으로 재편한 디지털 사회 구성원 또는 사회 구성원과의 관계를 조성하려는 시도에 초점을 맞추고 있다. 따라서 이 책은 '새로운' 공공외교는 독백에서 대화, 포용, 장기적 관계 구축으로 전환하면서 디지털 사회 구성원들과 교류하는 것을 중심으로 정의한다.

이 책은 MFA, 대사관, 외교관 등으로만 분석이 제한되어 있다는 점에 유의해야 한다. NGO나 시민사회단체 등 '새로운' 공공외교 행위자의 활동을 분석되지 않고 연계된 개인의 공공외교 활동을 탐색하지 않았다. 이는 이러한 행위자들이 공공외교의 디지털화 연구와 관련이 없다는 것을 시사하지 않는다. 반대로, 디지털화는 이러한 행위자들에게 더욱 힘을 실어주고 외교 과정에 더 큰 영향력을 행사할 수 있게 하였다. 다만 이 책은 그동안 진행되어온 외교관과 외교기관의 디지털화에 초점을 맞추고 있다. 실제로 지금까지 디지털 기술이 MFA와 MFA 대사관의 작업 절차, 구조, 규범 및 가치에 어떤 영향을 미치는지 조사한 연구는 거의 없다. 이 책은 이 중요한 공백을 메우는 것을 목표로 하고 있다.

이 책은 학자들이 팔로워 수와 소속 네트워크 수를 분석하기보다는 MFA의 변화 과정을 도상화해야 한다는 파멘트(Pamment)의 지적에 따라 전통적인 방법론을 적용했다. 여기에는 심층 인터뷰, 내용 분석, 프레임 분석 및 주제 분석이 포함된다. 이 책은 아직 학자들에 의해 적절히 다루어지지 않은 근본적인 질문들에 대한 해답을 찾고 있기 때문에 이러한 방법론들은 필요하다. 주요한 질문들은 다음과 같다. MFA는 "참여"라는 용어를 어떻게 정의하는가? 대사가 트위터에 게재하는 콘텐츠는 무엇인가? 외교관들은 어떻게 해외 디아스포라와 접촉을 유지하는가? 외교관들은 경청이라는 용어를 어떻게 개념화 하는가? 그리고 새로운 규범이 MFA의 커뮤니케이션 문화에 어떤 영향을 미치는가?

책의 구성

이 책의 2장은 독자들에게 디지털 사회를 소개한다. 디지털 인류학자, 사회학자, 경제학자들의 연구들을 바탕으로 디지털 사회, 즉 디지털 기술로 근본적으로 재편된 사회에서 사는 것이 무엇을 의미하는지 보여준다. 이를 위해 디지털 사회가 중요시하는 규범과 가치와 디지털 사회 구성원들이 기대하는 행동에 대해 알아본다. 디지털 사회는 네트워크 사회, 정보 사회, 공유 사회의 프리즘을 통해 풀린다. 이 장에서는 또한 이 책을 구성하는 사례 연구에서 디지털 사회가 어떻게 발현되는지 보여준다. 이처럼 이 장은 책의 이론적 토대이자 로드맵의 역할을 한다. 이 책의 특정 장에 관심이 있는 독자들은 우선 디지털 사회에 대한 이해에 집중할 것을 제안한다. 디지털 사회에 대한 이해가 없다면 이 책이 제공하고자 하는 통찰의 상당 부분 상실될 수 있기 때문이다.

3장에서는 MFA, 외교관 및 디지털 공중 간의 디지털 상호 작용에 대한 지난 10년간의 검토 내용을 제공한다. 이 장은 외교관들이 디지털 공중과 교류하기 위해 디지털 기술을 활용하려 했지만 온라인에서 접하게 될 공중의 목소리, 독단성, 그리고 변덕스러운 성격을 설명하지 못했다고 주장한다. 결과적으로, 디지털 상호작용의 각각의 행동은 외교관들로 하여금 새로운 업무 일상을 만들고, 새로운 관행을 채택하고, 새로운 기술을 습득하도록 이끌었다. 이 장에서 살펴본 사례 연구에는 스웨덴의 세컨드라이프(Second Life) 가상대사관, 이스라엘 및 하마스 관계자들과의 온라인 질의응답, 이스라엘에서의 EU 소셜미디어 캠페인, 트위터에서의 미국의 프레이밍 활동이 포함된다. 이 장은 디지털화가 거의 20년에 걸친 장기적 과정임을 증명하기 위해 연대순으로 작성되었다.

4장에서, 우리는 공공외교의 디지털화 과정을 두 개로 구분하는데, 2014년 크림 지역의 위기(Crimean crisis)는 MFA와 외교관들이 공공외교 목표를 달성하기 위해 디지털 기술을 채용하는 방식에 영향을 미친 분수령이었다고 믿는다. 디지털화의 첫 번째와 두 번째 단계 사이의 전환은 선형에서 알고리즘 커뮤니케이션 모델로, 디지털 전술에서 디지털 전략으로, 네트워크의 영향력을 통한 개입에서 네트워크화된 문지기(Gatekeeper) 방식의 개입으로, 논쟁(argument) 기반 외교에서 서술(narrative) 기반 외교로, 가장 중요하게는, 목표(targeted) 중심에서 맞춤형(tailored) 커뮤니케이션으로 전환되었다. 이 장에서 검토한 사례 연구로는 캐나다의 영사 외교, 주런던 러시아 대사관 iBrand, 소셜미디어 사이트에서의 혐오 발언의 흐름을 막기 위한 이스라엘의 알고리즘 시도, 자국의 외교 정책을 서술하기 위한 이란의 지도자들의 트위터 사용, 인도의 외무성이 개발한 스마트폰 앱과 웹 기반의 플랫폼 등이 있다.

5장에서는 필터 버블(filter bubble), 에코 체임버(echo chamber) 및 가짜 정보(disinformation)나 선전을 포함하는 디지털 영향 캠페인의 위협에 대해 설명한다. 이 장에서는 오늘날의 가짜 정보 시대가 현실보다 더 신화일 수 있다고 주장하는 것으로 시작한다. 최근 연구 검토와 역사적 관점을 통해 에코 체임버의 망령이 공공외교의 하늘을 맴돌지 않음을 시사한다. 그런 다음 러시아의 잘못된 정보 전달 목표와 방법을 평가하고 다른 국가의 컴퓨터 선전 활동을 검토한다. 마지막으로, 이 장은 잘못된 정보와 선전에 대응하기 위한 공공외교 활동에 대한 두 가지 사례 연구, 즉 영국 외교 및 영연방 사무국의 블로그 공론장(Blog sphere)과 이스라엘의 새로운 알고리즘 외교 모델을 분석한다.

6장에서는 "새로운" 공공외교가 사실인지 허구인지를 묻는다. 이를 위해 이 장에서는 먼저 외교 기관과 디지털 공중 간의 대화 참여도를 측정하는 새로운 모델을 소개한다. 다음으로, 이 모델은 5개의 아프리카 MFA와 4개의 리투아니아 대사관의 대화 활동을 평가하는 데 사용된다. 이 장에서는 외교관들과 디지털 공중 간의 쌍방향 상호작용에 대한 증거를 거의 발견하지 못했지만, 그럼에도 불구하고 분석 결과는 외교관들이 디지털 공중과 보다 상호작용적인 형태의 커뮤니케이션을 채택하기 위한 추구를 진행중임을 시사한다.

7장은 전통외교의 한계를 극복하려는 욕구가 공공외교의 디지털화 과정을 어떻게 형성해 왔는지를 보여준다. 이 장에서는 양국 관계의 결여, 적대적인 언론 풍경, 제한된 외교 대표성 등 전통적인 한계를 극복하기 위해 스웨덴, 미국, 이스라엘, 팔레스타인이 출범시킨 4개의 가상대사관을 분석한다. 이 장은 또한 디지털 공중의 의견과 태도에 영향을 주기 위한 두 가지 글로벌 공공외교 캠페인을 분석한다. 여기에는 국무부의 미국 동성결혼 합법화 추진, 터키가 2016년 실패한 쿠데타 시도의 서사를 위해 트위터를 사용한 것 등이 포함된다.

8장에서는 국가 브랜드를 관리하기 위해 소셜미디어를 사용하는 것과 관련된 셀피 외교 개념을 소개한다. 이러한 활동은 프로필 페이지와 사진 및 콘텐츠를 좋아하고 공유할 수 있는 국가 상태를 개인화한다. 이 장은 도널드 트럼프 대통령 시대의 미국의 셀피와 폴란드가 제2차 세계대전과 거리를 두고 역사적 셀피의 재패선화를 시도했다는 내용을 담고 있다. 이 장은 디지털화가, 어빙 고프만(Erving Goffman)의 용어를 차용한다면, 일상생활에서 국가의 '자기 연출(self-presentation)'을 용이하게 한다는 주장으로 마무리된다.

9장에서는 대사의 디지털 기술 사용을 분석한다. 이 장에서는 오늘날 대사들이 소셜미디어를 사용하여 개방성과 투명성의 가치를 지지하고, 추종자들을 위한 정보를 선별 취합하고, 동료들과 차별화된 iBrand를 만들 수 있음을 보여준다. 이처럼, 이 장은 공공외교의 디지털화가 MFA의 상위 직급에 영향을 미쳤으며, 디지털 사회에서 성년이 된 하급 외교관들에게만 국한되지 않는다는 것을 보여준다.

10장에서는 이 책의 주요 연구 결과를 요약하고 디지털 기술과 디지털 사회, 공공외교의 디지털화 사이의 관계를 설명한다. 이는 모든 사회와 MFA가 서로 다르지만, 모두 일정한 공통점을 공유하고 있으며, 확립된 작업 루틴, 절차 및 구조에 도전하는 디지털화의 장기 과정을 경험하고 있음을 보여주는 역할을 한다. 이 장에서는 공공외교 연구의 새로운 방법도 파악한다.

결론적으로 이 책은 MFA와 외교관은 역사의 쓰레기통으로 버려질 유물이 아님을 보여줄 것이다. 달 코플랜드(Daryl Copeland, 2013)와 같은 이전 학자들은 MFA를 국내 유권자들도 없으며, 자원도 부족하고 외부로부터 단절된, 변화를 강하게 거부하는 조직으로 규정하였다. 반면 이 책은 MFA와 외교관들이 유연하고 민첩하며 혁신적인 방식으로 디지털 기술을 채택하고 있음을 주장한다. 혁신에 대한 즉각적인 대응은 아니지만, 시간이 지나면서 MFA는 디지털 기술의 경제성, 디지털 사회의 요구 및 목표의 균형을 맞추는 방법을 배우고 있다. 디지털 기술 채택은 MFA 전체가 새로운 플랫폼이나 업무 절차를 통합하는 하방식(Topdown) 프로세스인 반면, 변화는 외교관의 성공적인 기술 실험을 책상이나 부서 전반에 걸쳐 모방하는 상향식(Bottom-up) 프로세스인 경우도 있다. 외교관과 MFA가 동료들과 교류할 때도 변화가 온다. 지난 10년간 외교관들이 사례 연구, 통찰력 및 교훈을 서로 공유하는 수많은 디지털 컨퍼런스, 워크샵, 캠프 및 수련회를 통해 디지털 기술을 총체적으로 활용할 수 있는 능력을 발전시켰다.

이 장의 앞부분에서 에브게니 모로조프(Evgeny Morozov)가 인용한 내용은 디지털화가 둘 중 하나/또는(either/or) 프로세스임 보여준다. 외교관은 외교를 개별적으로 유지하지 않으면 글로벌 이벤트에 영향을 미칠 수 있는 능력을 상실하게 될 것이다. 이 책은 디지털화가 외교의 목적과 디지털의 행위 유동성(affordance)이 서로 균형을 이루어야 한다고 주장하는데, 이는 외교관들이 점점 더 숙달하고 있다. 앞서 언급한 바와 같이 이 책은 세 가지 목표를 달성하고자 한다. 과연 그렇게 할 수 있는지는 이제 페이지를 넘기고 디지털 사회와 같은 토끼굴로 들어오도록 초대된 독자만이 결정할 수 있을 것이다.

참고문헌

Arsenault, A. (2013). Networks of freedom, networks of control: Internet policy as a platform for and an impediment to relational public diplomacy. In R. S. Zaharna, A. Arsenault, & A. Fisher (Eds.), *Relational, networked and collaborative approaches to public diplomacy* (pp. 192-208). New York, NY: Taylor & Francis.

Bauman, Z., & Lyon, D. (2013). *Liquid surveillance: A conversation.* Cambridge: Polity Press.

Bjola, C., & Holmes, M. (2015). *Digital diplomacy: Theory and practice.* Oxon: Routledge.

Bjola, C., & Manor, I. (2018). Revisiting Putnam's two-level game theory in the digital age: Domestic digital diplomacy and the Iran nuclear deal. *Cambridge Review of International Affairs*, 31, 1-30.

Bortree, D. S., & Seltzer, T. (2009). Dialogic strategies and outcomes: An analysis of environmental advocacy groups' Facebook profiles. *Public Relations Review*, 35(3), 317-319.

Brown, R. (2013). Taking diplomacy public: Science, technology and foreign ministries in a heteropolar world. In R. S. Zaharna, A. Arsenault & A. Fisher (Eds.), *Relational, networked and collaborative approaches to public diplomacy* (pp. 44-55). New York, NY: Taylor & Francis.

Castells, M. (2013). *Communication power.* Oxford: Oxford University Press.

Castells, M., & Cardoso, G. (Eds.). (2006). *The network society: From knowledge to policy* (pp. 3-23). Washington, DC: Johns Hopkins Center for Transatlantic Relations.

Causey, C., & Howard, P. N. (2013). Delivering digital public diplomacy. In R. S. Zaharna, A. Arsenault, & A. Fisher (Eds.), *Relational, networked and collaborative approaches to public diplomacy* (pp. 144-156). New York, NY: Taylor & Francis.

Copeland, D. (2013). Taking diplomacy public: Science, technology and foreign ministries in a heteropolar world. In R. S. Zaharna, A. Arsenault, & A. Fisher (Eds.), *Relational, networked and collaborative approaches to public diplomacy* (pp. 56-69). New York, NY: Taylor & Francis.

Cull, N. J. (2008). Public diplomacy: Taxonomies and histories. *The Annals of the American Academy of Political and Social Science*, 616(1), 31-54.

Duncombe, C. (2017). Twitter and transformative diplomacy: Social media and Iran-US relations. *International Affairs*, 93(3), 545-562.

Gregory, B. (2011). American public diplomacy: Enduring characteristics, elusive transformation. *The Hague Journal of Diplomacy*, 6(3-4), 351-372.

Hallams, E. (2010). Digital diplomacy: The internet, the battle for ideas & US foreign policy. *CEU Political Science Journal*, 4, 538-574.

Hayden, C. (2012). Social media at state: Power, practice, and conceptual limits for US public diplomacy. *Global Media Journal*, 11(21), 1-21.

Jarrett, M. (2013). *The Congress of Vienna and its legacy: War and great power diplomacy after Napoleon.* New York, NY: I.B. Tauris.

Khatib, L., Dutton, W., & Thelwall, M. (2012). Public diplomacy 2.0: A case study of the US digital outreach team. *The Middle East Journal*, 66(3), 453-472.

Malone, G. D. (1988). *Political advocacy and cultural communication: Organizing the nation's public diplomacy.* Lanham, MD: University Press of America.

Manor, I. (2015, July 14). *The framing

of #IranDeal on digital diplomacy channels [Blog]. Retrieved from https://digdipblog.com/2015/07/14/the-framing-of-irandeal-on-digital-diplomacy-channels/.

Manor, I. (2016). Are we there yet: Have MFAs realized the potential of digital diplomacy? *Brill Research Perspectives in Diplomacy and Foreign Policy*, 1(2), 1-110.

McNutt, K. (2014). Public engagement in the Web 2.0 era: Social collaborative technologies in a public sector context. *Canadian Public Administration*, 57(1), 49-70.

Melissen, J. (2005). The new public diplomacy: Between theory and practice. In J. Melissen (Ed.), *The new public diplomacy: Soft power in international relations* (pp. 3-27). New York: Palgrave Macmillan.

Pamment, J. (2013). *New public diplomacy in the 21st century: A comparative study of policy and practice*. Abingdon: Routledge.

Prensky, M. (2001). Digital natives, digital immigrants part 1. *On the Horizon*, 9(5), 1-6.

Roberts, W. R. (2007). What is public diplomacy? Past practices, present conduct, possible future. *Mediterranean Quarterly*, 18(4), 36-52.

Seib, P. (2012). *Real-time diplomacy: Politics and power in the social media era*. New York, NY: Palgrave Macmillan.

Sengupta, S. (2013, October). New diplomatic avenue emerges, in 140-character bursts. *The New York Times*. Retrieved from https://www.nytimes.com/2013/10/04/world/new-diplomatic-avenue-emerges-in-140-character-bursts.html.

Seo, H. (2013). The "virtual last three feet": Understanding relationship perspectives in network-based public diplomacy. In R. S. Zaharna, A. Arsenault, & A. Fisher (Eds.), *Relational, networked and collaborative approaches to public diplomacy* (pp. 157-169). New York, NY: Taylor & Francis.

Spry, D. (2018). Facebook diplomacy: A data-driven, user-focused approach to Facebook use by diplomatic missions. *Media International Australia*, 168(1), 62-80.

The Economist. (2013, September). His biggest smile. Retrieved from http://www.economist.com/middle-east-and-africa/2013/09/21/his-biggest-smile.

Toosi, N. (2015, July). White House to engage Iran critics through @TheIranDeal. Politico. Retrieved from https://www.politico.com/story/2015/07/white-house-to-engage-iran-critics-through-theirandeal-120408.

Waters, R. D., Burnett, E., Lamm, A., & Lucas, J. (2009). Engaging stakeholders through social networking: How nonprofit organizations are using Facebook. *Public relations review*, 35(2), 102-106.

Wehrenfennig, D. (2012). From an analog past to a digital future: Information and communication technology in. *Cyberspaces and global affairs*, 23.

Zweig, S. (1953). *The world of yesterday: 1943*. London: Cassell.

2장 공공외교와 디지털 사회

> 나는 물리적 사회에서 성장하였고 영어로 대화한다. 다음 세대는 디지털 세계에서 자랄 것이고 소셜로 이야기를 나눌 것이다.
>
> 안젤리아 아렌츠(Angenla Ahrendts), 애플 부사장

그것은 전쟁, 반란, 그리고 로맨스로 시작되었다. 5월에 프랑스군은 영국, 하노버, 네덜란드의 연합군을 폰테노이 전투에서 결정적으로 패배시켰다. 8월에 보니 프린스 찰리는 영국 왕좌를 차지하기 위한 시도로 자코바이트 봉기를 이끌었다. 9월에, 마담 드 퐁파두르는 베르사유에 있는 루이 15세의 궁정에 처음으로 모습을 드러냈다. 이런 식으로 1745년은 18세기의 많은 다른 해와 크게 다르지 않았다. 그러나

폭력사태의 중심에는 계몽주의가 있었다.

마담 드 퐁파두르가 루이 15세의 정부가 되었을 때, 베르사유는 더 이상 예전처럼 빛나는 보석이 아니었다. 그 시대의 위대한 사상가들은 그 회관에 모이거나 그것의 아름다움에 경탄하지 않았다. 이들은 살롱 문화가 뿌리내린 파리로 돌아간 상태였다. 프랑스 살롱은 베르사유 살롱처럼 허세 부리지 않았고, 격식을 차리지 않았다. 살롱은 지식 증진을 위해 세련된 여성들이 주최하는 소박한 가정집 모임이었다. 생각은 살롱에서 자유롭게 돌아다닐 수 있다. 아이디어는 시험될 수 있고 새로운 비전이 삶에 불어넣어질 수 있었다.

백과사전이 1745년 살롱에서 처음 구상된 것은 놀라운 일이 아니다(Clark, 1987, pp. 249-258). 백과사전은 무지를 정복하기 위한 공동의 노력이었다. 편집자인 데니스 디데로(Denis Diderot)는 종교, 의학, 정부, 예술과 같은 다양한 분야를 다루며 세계에서 가장 광범위한 인간 지식의 카탈로그를 만들 작정이었다. 곧, 백과사전이라고 불리는 작가들의 공동체가 편집자에 의해 시작된 기념비적인 일을 떠맡기 위해 모였다. 백과사전이 목록화되는 동안 인간의 지식은 과학 사상을 발전시키고 관용을 장려하며 정부를 개혁하고 종교의 폭압으로부터 지식을 해방시키며 계몽주의 정신에 충실하는 것이 목표였다(ibid). 1751년에서 1772년 사이에 프랑스에서 출판된 백과사전은 유럽의 지적 혁명을 선동하고 프랑스 혁명의 열기를 불러일으킨 것으로 인정받고 있다(ibid). 이는 또한 칸트가 나중에 계몽주의를 "자아 중심의 미성숙함을 극복한 인간의 출현"이라고 정의한 바로 그 징후였다. 그러나 백과사전은 과학적 화려함에도 불구하고 18세기 유럽 사회의 정적인 초상화인 타임캡슐에 불과하다. 그러므로 지식이 지속적으로 생성되고, 경쟁하고, 수정되고, 재분배되는 디지털 사회와는 매우 반대되는 것이다.

외교와 사회

디지털 기술이 공공외교 수행에 어떤 영향을 미치는지 살펴볼 때 학자와 실무자들은 공공외교와 관련된 활동으로 분석을 시작하는 경우가 많다. 그들은 디지털 기술이 공공외교 활동을 어떻게 촉진하는지 이해하는 것이 목표다. 따라서 학자들은 외교관과 외국 공중을 연결하는 소셜미디어의 능력(Bjola & Jiang, 2015), 전통 외교의 한계를 극복하기 위해 외교관들이 가상 사이버 대사관을 이용하는 것(Metzgar, 2012), 외교부가 외국 여론을 측정하기 위해 빅데이터를 이용하는 것(MFA)에 초점을 맞춘다. 이러한 개념화는 공공외교의 관행이 디지털 시대에도 비슷하게 유지되고 있으며 변화된 것은 공공외교 목표를 달성하기 위해 사용된 도구, 방법 및 전략뿐임을 시사한다.

다른 연구들은 디지털 기술이 공공외교를 어떻게 극적으로 변형시켰는지에 대해 살펴보았다. 디아스포라 공동체가 이전 정부를 비난하기 위해 웹 포럼을 사용하는 경우(Bernal, 2014), 온라인에서 외교 서술에 대응하는 시민 저널리스트의 능력(Causey & Howard, 2013), 온라인 공중이 공공외교 메시지를 거부할 수 있는 용이성(Manor, 2016)이 그렇다. 이러한 개념화는 디지털 시대가 공공외교의 수행을 복잡하게 만들었다는 것을 시사한다. 일각에서는 공공외교가 인터넷에서 살아남을 수 있느냐는 질문까지 나오면서 달라진 것이 지금 공공외교가 실천되는 논쟁의 디지털 환경임을 보여주고 있다(Powers & Kounalakis, 2017).

학술 연구는 또한 디지털 기술이 어떻게 새로운 외교 행위자들을 탄생시키는지에 대해 연구했다. 이러한 연구는 NGO가 어떻게 디지털 네트워크를 사용하여 글로벌 과제에 대한 혁신적인 솔루션을 자극하거나(Sluthor, 2009, 2017) 외교 프로세스에 영향을 미치는 것을 목적으로 하는 글로벌 규모의 행동을 조정하는지를 탐구하였다(Zahara, 2013). 다른 연구들은 불안정하고 예측 불가능하며 듣고 싶어 하는 글로벌 연결 대중의 출현에 초점을 맞추고 있다(헤이날, 2011). 이러한 연구는 관행보다는 외교 행위자에게 관심을 돌리고 있지만, 주로 디지털 기술의 행동유도성(affordance)에 초점을 맞추고 있다. 이러한 개념화는 국가 및 비국가 행위자 간에 권력을 재분배하는 디지털 기술의 변혁적 특성으로 인해 공공외교가 변화했음을 의미한다.

이 책은 디지털 사회를 먼저 특징짓지 않고는 디지털 기술이 공공외교에 미치는 영향을 이해할 수 없다는 관점의 다른 출발점을 제시한다. 이 주장의 근거에는 몇 가지 필수적인 이유가 있다. 그중 가장 중요한 것은 외교관은 사회적 존재이고 MFA는 사회적 제도라는 것이다. 얀 멜리센(Jan Melissen, 2005)이 주장했듯이 외교관들은 "특별하고 전권적인" 존재이지만, 그들은 그들 자신만의 섬으로 존재하지 않고 사회의 구성원이다. 사회적 과정은 그들의 사생활과 직업 생활 모두에 영향을 미친다. 외교관들은 그들이 언론의 자유에 대한 확고한 믿음을 포함하든, 개인 기업가정신을 찬양하든, 또는 양성 평등에 대한 헌신을 포함하든 간에, 그들의 사회가 지향하는 가치를 채택할 가능성이 있다. 게다가 외교관들은 사회 변화의 결과로 새로운 규범과 행동을 채택할 가능성이 높다. 사회가 획일성에 박수를 보내는 것에서 다양성을 받아들이는 것으로 전환함에 따라, 외교관들도 이민을 약점이 아닌 강점으로 보게 될 것이다. 이 책이 보여주듯 외교관들은 이미 디지털 플랫폼에서 개인 정보를 지속적으로 공유하고 독특하고 진정한 디지털화한 목소리들을 찾는 등 디지털 사회가 추구하는 규범과 가치, 행동을 주로 채택해 왔다. 외교관들은 또한 블로그와 메시지 애플리케이션과 같은 소프트웨어 및 규범을 고수할 수 있는 도구를 채택하기도 하였다. 외교관들이 디지털 기술을 개인적으로 사용하는 것은 디지털 기술과 행동에 대한 태도에도 영향을 미친다.

디지털 사회의 다른 구성원들과 마찬가지로 외교관들은 소셜미디어 사이트를 이용하여 물리적으로 멀리 떨어져 있는 친구 및 가족과 긴밀한 관계를 유지할 수 있다(Broadbent, 2017). 그러한 활동들은 외교관들이 세계를 더 이상 시간과 공간의 물리적 제약에 구속되지 않는 연결된 마을로 보게 할 수도 있다. 결과적으로, 외교관들은 육체적인 것보다 갑자기 훨씬 더 가깝게 보이는 먼 디아스포라 인구들과 관계를 유지하기 위해 소셜미디어 사이트를 이용할 수도 있다. 마찬가지로 외교관들은 속보에 대한 실시간 정보를 받기 위해 트위터를 사용할 수 있어 트위터를 실시간 위기 관리 도구로 간주하게 된다.

디지털 사회의 가정 생활에 디지털 기술이 만연하는 것은 외교관의 디지털화 또는 채택 과정과 디지털 기술에 대한 태도에도 영향을 미친다. 예를 들어, 외교관들은 가족 휴일을 조정하기 위해 WhatsApp 메시지 그룹을 사용하거나 그들의 아이의 유치원 수업에서 다른 부모들과 소통할 수 있다. 제때에 외교관들은 긴급 영사 지원의 제공을 조정하거나 다자간 포럼에서 집단 행동을 조정하기 위해 WhatsApp 그룹을 만들 수 있다(Bjola, 2017). 다른 한편으로는 외교관들은 만찬 테이블에서 각각의 가족 구성원들이 자기의 디지털 기기에 몰두하고 있다는 것을 발견하고 디지털 기술을 침습적이고 고립적인 것으로 간주할 수도 있다. 그런 외교관들은 소셜미디어 사이트를 사회적 단편화를 증가시키고 정치적 극단주의를 유발하는 필터 거품을 만드는 것으로 받아들일 수 있다(Lesk, 2013).

디지털 사회의 문화 상품에서 디지털 기술을 묘사하는 것조차

외교관의 디지털 도구 채택에 영향을 미친다. 소셜미디어 사이트가 아랍의 봄(Arbenault, 2013)의 경우와 같이 민주주의를 촉진하는 것으로 디지털 사회에 의해 기념될 때, 외교관들은 외국인 인구와 소통하기 위해 그러한 플랫폼을 사용하는 것을 선호할 수 있다. 소셜미디어 사이트가 2016년 미국 선거의 경우와 같이 민주주의의 파탄으로 사회에 묘사될 때, 외교관들은 이러한 플랫폼을 여론을 둘러싼 새로운 전쟁터로 볼 수 있다.

비슷한 방식으로 미스터 로봇과 같은 텔레비전 쇼는 디지털 취약성에 대한 두려움이나 악성 해커에 의해 디지털 세계가 중단될 수 있는 가능성에 대한 두려움을 조장할 수 있다. 반면에, West World와 같은 쇼는 취약한 현실에 대한 공포를 조장하거나, 실제와 허구, 인간과 자동 로봇을 구별할 수 있는 능력의 상실을 조장할 수도 있다. 외교관들은 디지털 기술을 채택하면서 디지털 사회의 규범과 행동을 수용하고 이를 직장에 도입한다. 외교관들이 "공유하는 것이 관심을 주는 것이다."라는 격언을 받아들인다면 MFA들이 위험을 감당하지 않으려는 조직 문화를 위험을 수용할 수 있게 변화시킬 수도 있다(Copeland, 2013; McNutt, 2014). 외교관들이 진정한 디지털 음성을 찾는 것은 소셜미디어 사이트에서 대사관이 공유하는 콘텐츠 유형에 영향을 미칠 수 있는 반면, 디지털 영향은 자신의 트위터 팔로워의 크기에 따라 결정된다는 가정은 팔로워와 교류하기보다는 팔로워 수를 세는 데 초점을 맞출 수 있다. 따라서 디지털 문화(Manuel Castells, 2000b이 가치관, 규범, 행동의 집합으로 정의한 대로)가 MFA에 스며들어 사회 기관으로서 MFA를 구성하는 것은 외교관을 통해서이다. MFA들이 디지털 기술을 공공외교를 촉진하거나 방해하는 것으로 간주하게 되는 것도 외교관을 통해서이다. MFA는 또한 디지털 사회 구성원의 기대에 부응해야 하기 때문에 사회 기관으로 간주될 수 있다. 예를 들어 디지털 사회는 구성원들이 실시간으로 그리고 장거리 소통에 익숙해진 "무시간(timeless)"적이라고 할 수 있다.

그러므로 디지털 사회의 구성원들은 그들 앞에 펼쳐진 지역과 세계의 일들에 대해 알기를 기대를 가지고 있다. 이러한 기대는 MFA가 아직 형태를 갖추는 동안 세계 사건에 대해 해설하고 논평하는 것을 필요로 한다. 이러한 도전과 디지털 사회 구성원의 기대를 충족하려면 정보의 신속한 보급을 위한 새로운 일상 업무 체계의 수립, 새로운 부서 신설 및 신기술 채택이 필요하다(Seib, 2012, 2016). 마지막으로, MFA는 개인의 사회적 행동을 통제하는 정부의 일부라고 하는 사회적 제도이다. 정부의 디지털 기술 접근과 채택은 MFA가 공공외교에서 디지털 기술을 활용하는 방식에도 영향을 미친다(Miller & Horst, 2017). 예를 들어, 초기 전자 정부 시책은 시민들에게 온라인으로 세금을 신고하는 것부터 대중교통 카드 구매에 이르는 일련의 서비스를 제공하는 것을 목표로 했다. 이에 따라, MFA는 영사 서비스의 디지털화와 디지털 영사 보조를 중심으로 스스로를 서비스 제공자로 여기기 시작했다(이스라엘 MFA, 2017). 보다 최근에, 정부는 빅데이터를 보건, 치안 및 교육 분야의 정책에 정보를 제공할 수 있는 잠재적 자산으로 인식하기 시작하였다(Lupton, 2015). 이후 일부 MFA는 감정 분석을 사용하여 한 국가가 다른 국가에 의해 어떻게 보이는지 평가하는 등 공공외교 활동에 빅데이터를 통합하기 시작했다(E. Ratson, 사적 대화, 2018년 5월 15일).

요약하자면, 공공외교의 디지털화를 이해하기 위한 디딤돌로서, 이 챕터는 디지털 사회의 가치, 규범, 행동을 탐색하고자 한다. 물론 전 세계가 이제 하나의 문화를 공유하는 단일 디지털 사회의 일부라고 주장하는 것은 불가능하다. 실제로, 지역 규범은 디지털 기술이 채택되는 방법과 방법에 영향을 미친다. 또한 디지털 기술의 전 세계 확산은 균일하지 않으며, 디지털 플랫폼에 대한 접근도 보편적이지 않다(Van Dijk, 2017). 이번 장은 디지털 기술이 촉진하거나 디지털 기술의 등장에 의해 직접적으로 영향을 받은 규범과 가치를 조명하는 것을 목표로 한다. 텔아비브(Tel Aviv) 대학의 엘라드 세게브(Elad Segev)가 제시하고 있듯이, 사회와 기술의 관계에 대한 어떠한 조사도 두 가지 프리즘중에서 하나를 채택하게 한다. 첫 번째는 기술적 프리즘으로, 그 출발점은 기술 그 자체이다. 기술적 프리즘을 채택할 때, 기술이 어떻게 사회와 그 사회를 구성하는 개인들에게 영향을 미치는지 살펴본다. 예를 들어, 이는 산업 혁명 동안 공장이 서구 사회에 미친 엄청난 영향을 조사하기 위해 사용될 수 있다. 몇 세기 동안, 공장들의 출현은 도시로 대규모 이주를 가져왔다(Hobsbawm, 2001, p. 49). 급증하는 이주 수요를 충족시키기 위해, 주민들의 기본적인 하수도 수요를 고려하지 않고 저렴하고 삭막한 주택 사업이 빠르게 전개되었다. 이러한 프로젝트의 비위생적인 상태는 곧 전염병으로 이어졌고, 그 결과로 최초의 계획된 공중 보건 개입과 도시 계획의 출현으로 이어졌다. 급속한 도시화로 인해 공장 근로자의 자녀에게 교육을 제공하는 것을 목표로 하는 사회복지 프로그램의 초기 사례도 나타났다(ibid, p. 203-249). 그러나 공장들은 또한 착취당한 노동자들과 부유한 소유자들 사이에 명확한 이분법을 만들어냈고, 천천히 계급 차별과 계급 투쟁에 대한 현대적 개념으로 이어졌다. '세계의 노동자들이 단결하라!'는 외침이 처음 심금을 울린 것은 공장 바닥이었다. 공장 사고율과 소유주에 대한 관련 비용은 업무 관련 부상의 통계적 유병률을 계산하고 그에 대한 보험을 들 수 있는 현대적 보험 제도의 발명으로 이어졌다(Beck, 1992).

그 결과 보험은 세계에서 가장 수익성이 좋은 사업 중 하나가 되었다. 공장 바닥의 디자인과 조립 라인에서 일하는 끊임없는 일상 또한 사회의 다른 요소들에 영향을 미쳤다. 20세기 초의 예술은 노동자들의 영혼을 위한 공장의 굶주림을 묘사한 반면, 수십 년 후 앤디 워홀은 자신만의 "공장"에서 예술 생산에 대한 조립 라인 접근법을 채택했다. 그러므로 공장의 기술은 가족 생활, 사회 생활, 사회 구조, 예술, 그리고 금융 시스템에 영향을 미쳤다.

사회와 기술의 관계를 조사하기 위한 두 번째 프리즘은 사회적 프리즘이다. 사회적 프리즘출발점은 기술의 사용자들과 그들이 특정한 목적을 위해 그것을 어떻게 사용하는지에 초점을 맞추는 사회적인 성격 그 자체이다. 사회적 프리즘은 기술이 본질적으로 결정론적인 것은 아니지만, 기술이 처음 의도했던 것과는 다르게 사용될 수 있다고 주장한다. 그것은 심지어 사회가 특정한 기술 발전을 거부할 수 있다는 것을 암시하기도 한다. 카스텔(Manuel Castells)이 썼듯이, "우리는 기술이 사회를 결정하는 것이 아니라 사회가 (기술을) 결정하는 것을 알고 있다. 사회는 기술을 사용하는 사람들의 요구, 가치, 관심사에 따라 기술을 형성한다."(Castells, 2006). 한 가지 주목할 만한 예는 필리핀에서 문자 메시지를 사용하는 것이다. 대니얼 밀러와 헤더 호스트(Daniel Miller and Heather Horst, 2017)에 따르면 문자메시지는 원래 필리핀에서 휴대 전화의 추가 기술로 도입되었다. 그러나 필리핀은 도입 이후 세계 어느 곳보다 한 사람당 더 많은 문자메시지를 보내며 전세계 문자메시지의 수도가 되었다. 휴대폰에 비해 상대적으로 저렴한 문자요금이 개인에게 저렴한 가격으로 친구들과 지속적인 연락을 유지할 수 있는 기회를 제공했기 때문이다. 곧, 문자메시지는 필리핀에서 관계를 만들고 유지하는 데 중심이 되었고 심지어 정부를 축출하는 데 기여하기도 했다. 따라서 사용자의 요구는 사회경제적 조건과 결합되어 텍스트 메시지를 보너스 기능에서 중심적인 통신 수단으로 변환하였다.

이 장은 앞서 언급한 두 프리즘 사이에서 줄타기를 하며, 때로는 기술의 설계와 그것이 이끌어내는 행동을 검토하는 한편, 사회가 기술의 사용을 어떻게 형성해 왔는지를 탐구한다. 이 이중 프리즘을 사용하여, 이 장은 디지털 사회에서 공공외교를 실천하고 살아가는 것이 무엇을 의미하는지 설명하고자 한다.

디지털 사회

디지털 기술은 일상생활의 거의 모든 영역에 내재되어 있다. 대부분의 고용 형태에는 이제 컴퓨터 사용이 포함되지만, 집에서는 알렉사와 같은 디지털 기기가 거실을 밝히거나 일기 예보를 알려준다. 스마트폰과 같은 디지털 기기들은 우리가 속보를 배우고, 의사들과 약속을 잡고, 동료들과 전문적인 관계를 발전시킬 수 있도록 우리를 끊임없이 인터넷에 연결한다. 우리의 일상생활 이미지는 인스타그램에 디지털화돼 디지털 클라우드에 저장되는 반면 Spotify는 디지털로 식별된 음악적 선호도를 바탕으로 재생목록을 만든다. 우리는 텔레비전 쇼와 영화를 디지털로 스트리밍하는 한편, 책, 영화 및 레스토랑의 순위를 매기는 데 디지털 플랫폼을 사용한다. 우리는 회의나 비행기를 놓치지 않기 위해 우리의 일정이 이메일과 디지털로 동기화되는 동안 우리의 건강을 모니터링하고 식단을 결정하는 웨어러블 디지털 기기로 운동한다. 우리의 의료 기록과 대학 성적은 학교 교실과 마찬가지로 디지털 스마트 보드가 오래된 분필을 대체하면서 디지털화되었다. 우리는 디지털 방식으로 세금과 공공요금을 납부하고 디지털 방식으로 정부 정책에 반대하는 청원을 제기한다.개인 정보가 여권에 디지털로 기입되어 있는 반면, 디지털 세계로부터 감추고 싶은 사람들도 소셜미디어에서 공유되는 이미지에 태그되면서 공유되어 버린다(Lupton, 2015). 간단히 말해서, 우리는 디지털화한 삶을 영위한다. 일상생활의 디지털화는 수십 년에 걸친 장기적인 과정이었지만, 최근에는 디지털화가 가속화되고 있다. 2001년, 위키피디아는 사회에 의해 정보가 생성되고 접근되는 방법에 혁명을 일으켰다. 현재 세계에서 가장 많이 인용되는(ibid) 위키피디아는 인류 역사상 가장 성공적인 협업 프로젝트 중 하나이기도 하다. 거의 20년 동안, 개인들로 이루어진 헌신적인 공동체는 인터넷 연결만 있으면 누구나 무료로 이용할 수 있는, 현재까지 가장 포괄적인 백과사전을 만들었다. 이 프로젝트는 계몽주의 정신에 충실하면서 마침내 백과사전의 고귀한 목표를 달성했다. 그러나 위키피디아는 계몽적이긴 하지만 우리가 읽는 정보가 사실이든 거짓이든 주어진 분야의 전문가나 완전히 초보자에 의해 편집될 수 있기 때문에 지식과 전문지식에 대한 우리의 관념에도 도전적인 성격을 가진다. 게다가, 위키피디아는 예루살렘이나 도널드 트럼프와 같은 논쟁적인 글들이 이용자들에 의해 편집되고 변경시킬 수 있는 정치적 전쟁터이기도 하다. 전문가 콘텐츠가 지금 초보자들에 의해 쓰이고, 백과사전 기사가 정치적 경쟁의 대상이라면, 그리고 전문가와 비전문가 사이의 구분이 모호해진다면 권위 있는 지식 같은 것이 있을수 있을까? 진실 같은 게 있을까? 아니면 디지털 사회는 진실이 끊임없이 논쟁되고 생산되는 사회인가?

2003년과 2007년 사이에 링크드인(2003년), 페이스북(2004년), 트위터(2006년)를 포함한 소셜미디어 사이트들이 연이어 개설되었다.

유튜브와 플리커는 모두 2005년에 소개되었다. 이러한 플랫폼은 고용 기회를 모색하고, 사회적 유대관계를 관리하며, 자신과 재능을 발산하는 온라인 시각적 페르소나를 만들 수 있는 우리의 능력을 변화시키고 있다. 소셜미디어에서는 모든 남녀가 성공적인 배우인 동시에 전 세계가 무대이다. 그러나 이러한 플랫폼들은 또한 "친구"라는 용어에 대한 우리의 이해를 변화시켰고, 사생활과 공공생활에 대한 우리의 개념에도 영향을 미쳤으며, 우리가 우리 주변의 세계를 필터링하는 좁은 알고리즘 환경에 노출될 수 있는 맞춤화된 존재라는 것을 만들어 내기도 한다. 인기 시트콤 '프렌즈'가 오늘날 제작되었다면, '팔로워'라는 제목이 붙었을지도 모른다. 2007년에 스마트폰이 등장하여 지속적인 연결의 시대를 열었다. 이러한 연결성은 우리의 일상생활 관리 능력에 기여했을 뿐만 아니라 워라밸을 재정립하는 계기가 되었다. 공장 문이 닫히는 상징적인 제스처는 퇴근 후에도 조립라인에 남아 있음을 상기시키는 이메일 알림 소리로 대체됐다(Horst, 2017). Dolly Parton의 유명한 'Working 9 to 5'는 이제 단절이 허용되던 시절의 향수에 불과하다. 엄청나게 인기 있는 메시징 애플리케이션 왓츠앱은 2009년에 출시되었다.

이를 종합하면 소셜미디어 사이트와 왓츠앱과 같은 스마트폰 애플리케이션은 디지털 사회에서 공간이 어떻게 구상되는지에 영향을 미쳤다. 예를 들어, WhatsApp을 통해 학생들은 왕따 그룹(Bullying group)을 만들어 학급 친구들이 동료 학생을 조롱하며, 괴롭힘의 범위를 교실에서 피해자의 집과 사적인 영역으로 확장시킨다. 따라서 학교와 가정 간의 분리는 사라지고(Broadbent, 2017; Horst, 2017) 두 공간은 하나의 하이브리드 공간으로 융합된다.

Zygmunt Bauman and David Lyon(2016)은 디지털 사회를 거

리두기와 외딴사회로 규정한다. 그들은 디지털 사회를 먼 곳에서 일이 이뤄지는 사회로 정의한다. 파키스탄 하늘을 나는 드론이 네바다의 군사 기지에서 작동되고 대학 치료사들은 거실에서 훈련을 마친다. 심지어 시민과 국가의 관계도 현재 멀리서 협상되고 있다. 베르날이(Bernal, 2014)이 주장하는 바와 같이, 디지털 기술은 탈영토화와 재영토화를 모두 이끈다. 에리트레아(Eritrean) 디아스포라의 웹 포럼 사용에 대한 그녀의 연구에서, 베르날은 그러한 포럼들이 정치적 이슈들이 논의되고, 단체들이 행동에 동원되고, 정부 내러티브가 촉진되고 경쟁되는 온라인 공공 영역을 만든다는 것을 발견하였다. 특정 기간 동안, 에리트레아의 디아스포라는 그들의 출신 국가에 대한 정치적, 재정적 지지를 모으기 위해 이 포럼을 이용했고, 그 후 에티오피아와의 전쟁에 휩싸였다. 이와 같이, 디아스포라스가 에리트레아의 실질적인 확장이 되면서, 외국 영토와 웹 포럼으로 확장된 국가의 경계는 영토 재분배 효과를 가져왔다. 디아스포라가 그들의 출신국을 비난하기 위해 웹 포럼을 사용하기 시작했을 때, 이것은 디아스포라와 그들의 이전 정부 사이의 경계선을 암시하면서, 영토권 해제 효과가 있었다.

디지털화의 빠른 속도는 사회에서 지식이 어떻게 생성되고, 사회적 유대관계가 어떻게 양성되고, 프라이버시가 어떻게 개념화되며, 일과 삶의 균형이 어떻게 정의되고, 학교와 같은 사회적 기관이 가정과 같은 사회적 공간을 어떻게 침해하는지에 영향을 미쳤다(Lally, 2002). 따라서 디지털 기술은 정치, 사회 및 경제 생활에 영향을 주었다고 할 수 있다(Castells, 2002; Gershon, 2010; Silver & Massanari, 2006). 이러한 현실은 컴퓨터 하드웨어와 소프트웨어가 이제 자아, 사회 생활, 사회 관계 및 사회 기관을 구성하는 데 사용된다는 것을 인식하지 않고는 더 이상 문화나 사회를 상상할 수 없다는 결론을 내리게 한다

(Lupton, 2015). 따라서 디지털 삶을 영위하는 사람들은 디지털 사회 또는 기술에 의해 실질적으로 재편된 사회에 살고 있다고 할 수 있다. 이러한 주장은 디지털 기술이 너무 흔해서 우리가 더 이상 알아차리지 못한다는 사실에 의해 강화된다(Miller & Horst, 2017, p. 25). 우리는 슈퍼마켓에서 농산물을 스캔하고 반사적으로 화면에 신용카드를 두드릴때에 우리의 디지털 정보가 슈퍼마켓의 컴퓨터 서버를 떠나 얼마나 빨리 전송되는지 더 이상 놀라지 않는다.

이 책은 디지털 사회를 이해하지 않고는 공공외교의 디지털화를 이해할 수 없다고 주장한다. 예를 들어, 위키피디아의 영향이 지식의 생산과 이용에 있어서의 현실과의 경쟁은 공공외교의 영역에서 유사한 과정을 반영한다. 제4장에서 살펴본 것처럼 2014년 크림반도에서 벌어진 크림 위기에서 러시아 MFA는 트위터를 통해 신나치주의자들이 키에프에서 쿠데타를 일으켰고 우크라이나 동부의 러시아 소수민족의 생명을 위협하고 있다고 주장했다. 또한 이러한 소수민족들을 보호하기 위해 러시아는 크림반도를 러시아 연방에 합병하는 데 동의했다고 밝혔다. 반대로 미국 국무부는 우크라이나가 민주혁명을 목격했으며 러시아가 우크라이나 동부를 은밀히 침공하고 있다고 주장했다(Bjola, 2016년). 두 MFA는 소셜미디어 사이트를 활용하여 사건을 해설하고 여론을 흔들며 그들의 외교 정책에 대한 지지를 얻으려고 시도했다. 그러나 이러한 공공외교 활동의 결과로 디지털 공중은 사건에 대한 두 가지 상반된 설명에 직면했고 현실의 진실도 산산조각이 났다. 이 사례는 외교에 있어서 온라인과 오프라인 세계가 분리되어 있는 것이 아니라 서로 얽혀 있으며 디지털 도구가 비디지털 세계에 영향을 미치고 그 반대도 마찬가지임을 보여준다(Miller & Horst, 2017, p. 16).

비슷하게, "원거리" 사회의 출현은 공공외교에도 영향을 미쳤다.

역사적으로 외교는 근접성에 의존했다. 외국 주재 대사들은 국왕의 기질을 평가하고, 국정에 대한 정보를 수집하며, 조정의 귀족들과 관계를 맺기 위해 조정에 상주했다. 외교의 토대인 관계 형성을 촉진하고 외교의 화폐인 정보에 접근할 수 있게 해주었기 때문에 외교관의 성공에 있어서 근접성은 매우 중요했다(Roberts, 2017). 그러나 공공외교의 디지털화는 원거리 외교의 관행을 가져왔다. 7장에서 살펴본 바와 같이, 디지털 플랫폼에 대한 초기 실험은 MFA가 가상대사관을 개설하도록 이끌었으며, 처음에는 외교관과 원거리 인구 간의 직접적인 상호작용을 촉진할 수 있는 혁신적인 도구로 간주되었다(Pamment, 2013). 마찬가지로, 외교관과 외국 인터넷 사용자 간의 온라인 대화를 촉진하기 위해 웹 포럼이 처음 사용되었다(Khatib, Dutton, & Telwall, 2012). 그러나 디지털화 과정이 계속됨에 따라 외교관들은 온라인 상호 작용에서 온라인 메시지 보급으로 관심을 옮긴 반면, 그들의 의사소통 목표는 관계 구축에서 외국 엘리트에게 영향을 미치는 것으로 바뀌었다. 이 과정은 외교관들과 MFA들이 그들이 교류하고 있는 디지털 공중을 완전히 보거나 상상할 수 없었기 때문에 멀리서 본 외교의 결과였을지도 모른다. 근접성의 부족은 외교관들이 온라인 대중을 신체적 특징이 없는 비정형적 실체로 보고, 따라서 진정으로 관여할 수 없게 만들었을지도 모른다. 마노(Mano, 2016)가 주장했듯이 외교는 외교관이 상상해야 실천할 수 있다.

원거리 사회는 5장에서 주장하는 것처럼 디아스포라 외교의 수행에도 영향을 미쳤다. 일부 MFA들은 디아스포라와 디지털 방식으로 교류함으로써 국가의 경계를 확장하고자 한다. 인도 외교관과 인도 디아스포라 자녀 간의 유대관계를 구축하려는 '인디아 알기(Know India)' 플랫폼이 그렇다. 마찬가지로 리투아니아 대사관은 페이스북을 디아스포라 이벤트 관리 플랫폼으로 사용한다. 이러한 경우, 디지털 플랫폼은 외교관과 디아스포라 간의 협력으로 이어질 수 있는 영토 재확장 효과가 있다(Bernal, 2014). 그러나 다른 MFA들은 6장에서 평가한 아프리카 MFA의 경우처럼 디아스포라스와 의사소통할 때 더 신중해 보인다.

이러한 경우, 디지털 플랫폼은 지역화 효과가 있으며 국가로부터 디아스포라를 멀어지게 한다. 또한 디지털 플랫폼은 국가 전체에 영토 재분배 효과를 가져왔다. 역사를 통틀어 민족 국가는 추상적인 존재였다. 국가의 규모, 개인의 이동성의 부족, 지주들과 농민들 사이의 분열은 대부분의 개인이 국가의 국경을 보지 못하거나 많은 시민들과 의미 있는 방식으로 교류하지 못한다는 것을 의미했다. 베네딕트 앤더슨(Benedict Anderson, 2006)은 크고 분산된 집단의 사람들에 의해 공유된 언어들이 개인들로 하여금 "상상의 공동체"의 일부로 자신들을 개념화 할 수 있게 했기 때문에 인쇄술이 국가 형성에 주요한 역할을 했다고 유명한 주장을 했다. 공공외교의 디지털화는 아마도 그 국가가 더 명확하게 드러날 수 있게 했을 것이다; 이제 그것은 게시되고 트위터에 올려질 수 있다. 8장은 MFA가 국가를 위해 소셜미디어 페르소나를 만드는 셀피 외교 활동을 평가한다. 이 MFA는 갑자기 사용자 이름, 프로필 사진, 심지어 활동의 타임라인을 가진 상태를 개인화한다. 영토 재확립된 국가는 온라인 톤과 애니메이션 품질도 갖추고 있어 콘텐츠를 좋아하고 공유할 수 있을 뿐만 아니라 다른 사용자와 대화도 할 수 있다. 셀피 외교는 그래서 더 이상 상상하지 않고 존재하기 위해 국민과 국가의 거리를 줄이는 외교의 다른 형태이다. 물론 디지털 사회에서 사는 것은 디지털 기술의 영향을 받는 것 이상의 의미가 있다. 그것은 개인과 사회를 인도하는 은유, 규범, 가치, 행동의 집합이다. 디지털 사회에 대한 대중적인 은유가 네트워크이다.

네트워크 사회

마누엘 카스텔(Manuel Castells)는 우리 시대가 네트워크 사회라고 주장한 것으로 유명하다. 카스텔은 지난 30년 동안 세계는 네트워크가 사회의 지배적인 구조가 되는 구조적 변혁의 과정을 거쳤다고 주장했다. 정보통신기술(ICT)과 디지털 기술의 세계적 확산에 의해 초래된 네트워킹은 이제 대부분의 인간 활동 영역과 부, 힘, 지식이 생성되는 수단에서 작업 방식이 되었다(Castells, 2006). 상호 연결된 노드 시스템인 네트워크는 완전히 새로운 사회 구조는 아니다(Miller, 2017). 사실, 가족생활은 항상 네트워크로서 구조화되어 왔다. 또한 네트워크는 적응성과 유연성 덕분에 항상 가치 있는 사회 구조였다. 네트워크는 특정한 목표를 달성하기 위해 형성된다. 이를 위해 노드를 추가하거나 제거한다. 일단 목표가 달성되면, 네트워크는 형성되었을 때와 동일한 용이성으로 분산된다.

그러나 네트워크의 크기는 역사적으로 정보 공유의 장벽에 의해 제한되었다. 19세기 후반까지 네트워크는 정보가 한 위치에서 다른 위치로 느리게 이동하기 때문에 먼 거리에 걸쳐 활동을 조정할 수 없었다. 그 후, 네트워크는 가정과 공동체 생활을 지배하는 반면, 생산, 권력, 전쟁의 세계는 계층 구조에 의해 지배되었다. 디지털 기술은 네트워크가 시간적, 공간적 한계를 극복할 수 있게 함으로써 사회에 변혁적인 영향을 미쳤다. 디지털 기술을 사용하여, 조직, 개인, 기업 및 국가의 네트워크는 정보가 몇 초(ibid) 내에 지구를 돌 때 즉각적이고 행성적인 규모로 행동을 조정한다. 네트워크 크기에 대한 제한이 해제되면 생산, 전력 및 전쟁의 지배적인 구조로서의 계층 구조를 대체하였다(Lupton, 2015). 네트워크 사회를 상상할 때, 카스텔은 기술적 프리즘과 사회적 프리즘을 모두 채택했다. 그는 한편으로는 하나의 네트워크 사회가 존재하지 않는다는 것을 인식했다. 네트워크 사회는 각 나라의 역사, 제도, 문화에 따라 다르게 나타난다(Castells, 2006). 반면에, 그는 모든 네트워크 사회는 특정한 특징을 공유한다고 주장하였다. 네트워크가 국경을 초월함에 따라 네트워크 사회는 세계적이며 네트워크 사회의 논리, 가치, 행동이 모든 국가(ibid)를 확산시키고 변화시키는 것은 재화, 자본, 통신의 글로벌 네트워크를 통해서이다.

네트워크 구조의 현대적 우위를 입증하기 위해, 카스텔은 경제, 미디어 및 국가 국가가 네트워크로 연결되어 있다고 주장했다. 네트워크 경제는 초국가적인 비즈니스 네트워크에서 중소기업이 구성원이 되는 경제이고, 대기업은 특정 프로젝트에 대해 서로 네트워킹을 하는 경제이다. 미디어는 디지털 기술이 상호작용하는 형태의 통신을 발생시키면서 네트워크로 연결된다. 차례로, 사회는 텔레비전과 라디오와 같은 단방향 방송 시스템에서 다수의 개인이 글로벌 통신망을 통해 이동하는 정보를 생성하고 전파하는 대화형 방송 시스템으로 전환되었다(Castells, 2006). 이러한 네트워크에서 공유되는 정보에는 블로그, 브이로그, 팟캐스트, 셀피, 소셜미디어 업데이트 및 외교관의 글로벌 이벤트 계정이 포함된다. 그 민족 국가는 세계화 과정에 뒤처지지 않기 위한 시도의 일환으로 네트워크화되어 왔다. Castells에 따르면, 세계화는 세계적인 규모의 단일 단위로 작동하는 다수의 재정, 문화, 정치 및 기술 네트워크로 특징지어지며, 국가를 대체하는 사회적 프로세스로 이어진다(Castells, 2000a). 네트워크 국가는 세계화에 맞서기 위해 EU와 같이 주권을 공유하는 초국가적 네트워크를 만들어 회원국들이 공동으로 외교 및 경제 정책을 수립한다. 또한 네트워크 상태는 지방 정부, 비정부 조직(NGO) 및 시민 사회 조직의 네트워크로 주권이 이전되는 하위 국가 네트워크의 형성을 촉진한다(Castells, 2006). 따라서 국가 기관들은 위와 아래방향으로 이동하고 있다(Copeland, 2013).

다른 사회 구조 조정의 경우와 마찬가지로, 네트워크 사회도 시간과 공간의 재정의를 경험해 왔다. 산업화 시대에 사회는 "시계 시간(Clock time)", 즉 특정 업무에 일정한 시간 할당을 통해 관리되었다. 1950년대 미국에서는 공장 가동 시간이 9~5시간으로 고용에 할당되었고, 가족 근무 시간은 황금시간대에 텔레비전과 일치했다(Horst, 2017). 대조적으로 네트워크 사회는 디지털 기술을 가차없이 사용하여 시간을 소멸시키는 사회이다. 이러한 소멸의 한 가지 형태는 무의미해질 때까지의 시간의 압축이다; 이것은 지구를 즉각적으로 순환하는 금융 거래나 즉각적인 전쟁을 하려는 국가들의 시도이다. 소멸된 시간의 또 다른 형태는 시간의 역순화(De-sequencing) 또는 삶과 작업 주기의 순서 변경이다. 수백 명의 고령 직원을 관리하는 20대 기술 CEO가 그렇다. 마찬가지로, 은퇴는 생애 주기의 두 번째 디 시퀀싱과 순서 변경으로 보는 관점도 그러한 사례이다. 디지털 기술로 지리적인 근접성과 상관없이 두 사건이 동시에 일어나게 되면서 공간도 재구성된다. 실시간, 그리고 넓은 거리에 걸쳐서 협력할 수 있는 미디어, 기업, 정부의 세계적인 네트워크의 출현은 공간이 더 이상 관련이 없다는 것을 암시한다. 실제로, 디지털 시대는 우주의 죽음을 앞당긴 공로를 인정받았다. 그러나 GPS 시스템, 구글 지도 또는 웨어러블 기기에 의해 구동되는 많은 디지털 기술은 사용자의 공간 위치를 추적하는 임무를 맡고 있다. 이러한 의미에서 공간은 디지털 사회에서 더 큰 의미를 부여한다(DeNicola, 2017).

카스텔스는 네트워크가 현대 사회의 삶에 대한 지배적인 은유가 되었다는 것을 보여준다. 개인은 상관이나 잠재적인 고용주와 네트워크를 형성하고, 연구 네트워크를 중심으로 학문을 통합하며, 시민들은 기후 변화와 싸우기 위해 네트워크를 구축한다. 마찬가지로, 외교관들은 디아스포라와 네트워크를 만드는 반면, 정부는 정책 수립을 알리기 위해 우수 네트워크를 가동한다. 디지털화 과정의 일환으로, 일부 MFA는 공공외교에 대한 네트워크 접근법을 이미 채택했다. 5장에서 자세히 설명했듯이 이스라엘 MFA는 소셜 네트워크 분석을 통해 반유대주의 콘텐츠를 온라인에 유포하는 네트워크를 파악한다. 이러한 활동의 일환으로 네트워크 구성원의 수사학을 분석하고 "중도 구성원"을 파악한다. 이 온건파 회원들은 대화를 나누고 상호 이해에 도달할 목적으로 이스라엘 외교관들과 접촉한다. 이러한 통신의 최종 목표는 온건파 회원들에게 네트워크 콘텐츠 공유를 중단하도록 설득하여 증오 네트워크를 고립시키고 반유대주의 콘텐츠의 온라인 흐름을 억제하는 것이다. 비슷하게, 리투아니아 MFA는 리투아니아를 실패한 국가로 묘사하는 러시아의 온라인 서사에 대항할 수 있도록 유럽의 의견 주도층과 엘리트들과의 네트워크를 육성하는 것을 목표로 한다. 다른 MFA들은 공통의 도전들에 대한 혁신적인 솔루션을 개발하거나 도래할 디지털 장애에 대비하기 위해 기술 회사들과 네트워크를 구축하려고 노력해왔다. 예를 들어, 덴마크 MFA는 미국, 유럽, 그리고 중국의 기업들과 목표 지향적인 네트워크를 만들 책임이 있는 기술 대사를 임명했다(Danish Foreign Ministry, 2017). 수위 상승의 위험성과 노르웨이에 미칠 수 있는 잠재적인 영향을 고려하여, 노르웨이 MFA는 기후 변화 기구들과 함께 세계적인 네트워크를 형성할 것을 고려하고 있다. 호르헤 하이네(Jorge Heine)의 주장처럼 공공외교의 디지털화는 외교관들이 그들의 기술과 그들이 상호작용해야 하는 행위자들을 개념화하는 새로운 은유를 채택하고 있다.

시간의 소멸과 공간 재구성도 MFA의 공공외교 실천에 영향을 미쳤다. 첫째, 7장에서 알 수 있듯이, 즉각적인 소통의 시대는 또한 즉각적인 혁명의 시대이다. 필립 세이브(Philip Seib)가 썼듯이, 우크라이나의 오렌지 혁명이 약 10주 동안 지속된 반면, 강력한 권력을 가진 호스니 무바라크(Hosni Mubarak)는 3주 만에 물러났다. 즉각적 혁명 시대는 외교관들이 디지털 기술을 이용해 사건이나 민심을 거의 실시간으로 감시·분석하는 실시간 외교 형태를 채택하게 하였다. 이를 통해 외교관들은 국제 시스템에 미칠 수 있는 충격파를 예상할 수 있을 것이다. 둘째, 시간의 역순화는 현재를 이해하기 위해 과거를 일상적으로 소환하는 MFA들에 의해 받아들여졌다. 제8장에서 평가되는 이러한 활동은 국가의 이미지를 관리하기 위해 과거를 재정립하는 것에 달려 있다. 셋째, 공공외교는 외교관과 먼 나라 사람들 사이의 실시간 교류를 촉진하는 외교 활동을 통해 공간을 파괴한다. 외교관과 세계 정상들과의 대화식 질의응답이 그렇다. 이 책이 보여주듯 공공외교 역시 현재 시공간을 압축하려는 거침없는 추진에 전념하고 있다.

네트워크가 민족국가에 던지는 도전도 공공외교의 디지털화에 영향을 미쳤다. 네트워크로 연결되고 세계화된 세계는 수많은 정부 부처가 세계를 직시해야 하는 현실이다. 에너지, 보건, 농업 및 환경 부처는 세계적인 과제(예: 기후 변화, 테러)가 필요하기 때문에 정기적으로 외국의 다른 부처와 네트워크를 구축한다. 결국, MFA들은 국가의 외교 문제를 관리하는 그들의 독점권을 잃었다. 그러나 디지털 기술을 통해 MFA는 정부 내에서 이러한 영토 손실의 균형을 맞출 수 있게 되었다. 3장, 6장, 7장에서는 영사 원조나 국가중요목표 홍보를 통해 외교관이 국내구도를 발전시키려는 국내 공공외교 활동을 발생시키면서 외교관들이 자국민과 직접 교류할 수 있도록 하는 방법에 대해 살펴본다. 제2차 세계대전의 잔학 행위로부터 국가를 멀어지게 하는 일에 몰두하고 있는 폴란드의 MFA가 그렇다.

마지막으로, 챕터 4와 7은 MFA가 국가와 마찬가지로 글로벌과 로컬 사이에서 균형잡힌 활동을 한다는 것을 보여준다. 일부 공공외교 메시지는 전 세계 청중을 대상으로 하는 반면, 다른 메시지는 특정 국가 청중을 대상으로 하며 해당 국가 청중의 특성에 맞춰져 있다. 예를 들어, 중국, 케냐 및 영국에 주재하는 프랑스 대사관은 모두 동일한 공공외교 메시지를 공유할 수 있다. 다른 메시지들은 각 나라의 가치와 규범을 고려하면서 프랑스 청중과 같은 특정 국가 청중을 대상으로 할 것이다. 그러므로 디지털화는 공간과 국경이 동시에 무시되고 존중되는 "세계화된" 공공외교를 가져왔다. 그러나 리옹과 바우만(Lyon and Bauman, 2016)이 주장하듯이 네트워크는 공동체가 아니다. 네트워크는 목표 지향적이고 일시적인 사회 구조이며 약한 유대를 특징으로 한다. 반대로 공동체는 구성원 간의 강한 유대감, 다른 구성원과의 정서적 연결, 오랜 시간 동안 구성원과의 지속적인 참여로 특징지어지는 보다 영구적인 구조이다. 공동체는 일반적으로 종교, 가치관, 성적 지향과 같은 공통점을 가지고 있다. 시간이 지남에 따라, 사람들은 공동체가 그들의 일상과 정체성의 중요한 부분이 된다는 점에서 "공동체의식"을 발전시킨다. 네트워크와 공동체의 차이, 그리고 외교관들이 다른 구조보다 한 구조를 선호하는 것은 공공외교 실천에 중요한 영향을 미친다. 공공외교에 대한 네트워크 접근은 외교관들이 온라인 네트워크에 가입하고 탈퇴함으로써 단기적인 정책 목표를 달성하는 데 집중하게 할 수 있다. 반면에, 공동체적 접근법은 외교관들이 디지털 대중과의 장기적 관계를 구축하는 데 초점을 맞추게 할 수 있다. 이러한 대중이 공동체 의식을 발달시키기 시작하면서, 그들은 기꺼이 외국을 옹호하고 그것의 외교 정책을 수용하도록 촉진할 것이다. 5장과 6장이 발견한 바와 같이, MFA와 대사관은 의미 있는 대화 참여의 기회를 디지털 공공에게 제공하는 경우가 거의 없다. 디지털 사회의 지배적인 구조가 네트워크인 반면, 그것의 화폐는 정보이다.

정보사회

디지털 사회를 정의하는 특징 중 하나는 정보가 부를 축적하는 주요 수단이 되었다는 것이다(Lupton, 2015). 페이스북부터 구글, 아마존에 이르기까지 모든 거대 기술기업들은 디지털 데이터를 수집하고, 정보를 만들고, 지식을 창출하는 놀라운 능력을 습득했다. 디지털 데이터는 디지털 미디어 기술(ibid, p. 7)을 사용하여 기록되고 전송되는 인코딩된 상징체계이다. 디지털 데이터는 1과 0과 같은 기호로 전송되며 좋아요, 공유와 같은 숫자 정보뿐만 아니라 이미지, 비디오, 블로그 게시물, 페이스북의 댓글(ibid, p. 4-7)과 같은 오디오 및 시각적 데이터도 포함된다. 스마트폰 애플리케이션으로 수집한 데이터가 마케팅 업체의 서버로 전송될 수 있기 때문에 디지털 데이터를 한 기기에서 다른 기기로 전송하는 능력은 디지털 사회의 출현에 있어서 중심이었다.

디지털 데이터는 정보를 생성하기 위해 함께 구성되는 반면, 정보는 지식을 생성한다(Lupton, 2015). 예를 들어 아마존에서 책을 찾아볼 때마다 검색 질의, 보는 제목, 각 제목을 보는 시간이 데이터 개체로 기록된다. 이 개체들은 함께 우리의 검색 기록에 대한 정보를 만들어 낸다. 이 정보는 우리의 관심사, 직업, 취미, 예술적 취향과 관련된 지식으로 바뀐다. 이 지식은 아마존에서 우리가 재미있게 읽을 수 있는 새로운 제목을 추천하는 이메일을 보내는 데 사용된다(Clegg, 2017). 아마존 금융모델의 기본은 수백만 명의 개인 이용자들의 흥미와 취향에 대한 지식을 창출한 뒤 이들의 마음에 맞는 상품을 제공할 수 있다는 점이다. 다른 거대 기술 기업들은 정보를 사용하여 광고주들에게 판매되는 지식을 창출한다. 예를 들어, 구글은 사용자의 이메일을 검색하고, 검색 쿼리를 기록하고, 정보를 수집하기 위해 방문하는 웹사이트를 추적한다. 이 정보는 사용자 프로필을 생성하고 온라인 광고를 해당 프로필에 맞게 조정하기 위해 사용된다(Lupton, 2015, p. 96). 페이스북, 트위터, 유튜브, 그리고 대부분의 다른 무료 플랫폼에서도 마찬가지다. 이러한 모든 회사의 재무 모델은 유사하다. 사용자들에 대한 가능한 많은 정보를 수집하고 이 정보를 최고 입찰자에게 판매한다(Beer, 2013; Lash, 2007). 산업 경제에서는 노동자들이 가치를 창출한다. 정보 사회에서는 디지털 사용자가 각각의 이모티콘, 이미지, 좋아요, 공유가 수집, 분석, 수익화 및 판매하면서 가치를 창출한다(Lupton, 2015).

월스트리트에서 성공하려는 사람들은 더 이상 "쇼미더머니"를 외치지 않는다. 그들은 데이터를 보여달라고 소리친다. 알고리즘은 정보 사회의 기반이다. Lupton(2015)은 알고리즘을 일련의 명령을 통해 특정 엔드포인트에 도달하는 방법을 컴퓨터에 알려주는 일련의 컴퓨터 코드 명령어로 정의한다. 알고리즘은 사용자에 대한 데이터를 수집하고, 데이터(정보)를 정렬 및 이해하며, 사용자의 미래 행동(지식)에 대한 예측을 생성함에 따라 정보사회 경제의 중심이 되었다. 사용자의 Gmail 콘텐츠를 끌어다 놓고 구글 검색을 통해 그녀의 다음 요청을 예상하는 구글 바둑 애플리케이션이 그렇다. 정보 사회 또한 맞춤화되어 있다. 대부분의 디지털 경험은 우리의 고유한 특성에 맞춰져 있다. 구글을 검색하면 검색 내역과 이메일에 따라 맞춤형 광고가 노출된다. 우리가 트위터에 로그온할 때, 우리는 우리의 선호도에 따라 트윗의 순위를 매기는 맞춤형 피드에 노출된다. 페이스북에서는 우리의 정치적 제휴에 부합하는 뉴스 기사를 볼 수 있다. 알고리즘은 개별화의 주요 기능이다. 우리의 정보를 수집하고 분류하며 우리가 좋아하는 것과 싫어하는 것에 대한 관련 지식을 생산하는 것이 그들의 일이다. 이렇듯 온라인에 접속할 때 경험하는 지식을 무제한으로 접할 수 있다는 느낌은 신기루에 불과하다. 우리의 손끝에 있는 세상은 단지 인터넷의 광대한 우주의 희석된 버전일 뿐이다

그러나 2016년 미국 선거는 맞춤형 사회도 무지한 사회라는 우려가 제기됐다. 알고리즘이 우리의 활동에 대한 더 많은 정보를 수집함에 따라, 그것들은 우리가 개별 필터 버블에 존재할 수 있는 수준으로 우리의 온라인 경험을 점점 더 맞춤화한다(Tucker 등, 2018). 이러한 거품 안에서 우리는 알고리즘적으로 결정된 관심사와 일치하지 않는 콘텐츠를 더 이상 볼 수 없으며, 알고리즘적으로 적합하다고 여겨지지 않은 친구와도 관계할 수 없을 것이다. 그래서 우리의 세계관은 개미로 축소되고 새로운 생각과 경험에 대한 노출은 극적으로 제한된다. 사람은 행복해지는 대신에 알고리즘적으로는 무지해진다. 그러한 무지의 가슴 아픈 예는 "이집트"라는 용어를 검색한 특정 구글 사용자들이 아랍의 봄 시위에 대한 언급을 보지 못했던 2011년으로 거슬러 올라간다. 사회혁명은 알고리즘적으로 결정된 관심사의 일부가 아니었다(Praiser, 2011).

알고리즘을 무지를 조장하거나 필터 버블를 일으키는 것으로

보는 것은 기술적인 프리즘을 채용하고 알고리즘의 기술적 속성에 주로 초점을 맞춘다. 사회적 프리즘은 데이터 수집과 분석이 중립적이지 않다는 것을 일깨워준다. 알고리즘은 개인이 개발하며 개발자의 편견과 목표가 내재되어 있다(Lupton, 2015). 예를 들어 일부 알고리즘은 특정 모집단을 제외하는 데 사용된다. 예를 들어, 특정 알고리즘은 단골 고객에게 과도한 요금을 부과하면서 빈번한 전단지에 특별 할인을 제공한다. 다른 알고리즘은 국가에 미치는 위험에 기초하여 인구를 분류하는 데 사용되는 반면(Bauman & Lyon, 2016) 다른 알고리즘은 사회경제적 상태에 기초하여 디지털 플랫폼 사용자를 분류한다. 따라서 데이터 수집 프로세스의 모든 단계에서 데이터를 어떻게 분류해야 하는지, 당면한 데이터를 기반으로 어떤 질문에 답해야 하는지 기억하는 것이 중요하다(Lupton, 2015).

알고리즘의 등장은 빅데이터 시대를 열었다. “빅데이터”는 단일 데이터 포인트의 방대한 축적을 지칭한다. 알고리즘을 사용하면 지역사회, 도시, 국가 등 대규모로 정보와 지식을 창출하는 데 빅데이터를 사용할 수 있다(Ibid, p. 94). 일부 국가 보건 기관들은 현재 시민들의 체중, 혈압, 콜레스테롤 수치를 포함한 다양한 개인 건강 측정값을 수집한다. 이러한 단일 데이터 개체는 국가 데이터베이스로 수집되어 여러 국가 또는 한 국가 내의 서로 다른 사회 계층 또는 다른 연령 그룹의 상태를 비교하는 데 사용할 수 있는 빅데이터 세트가 된다. 이 빅데이터는 높은 콜레스테롤과 비만이 심장병의 주요 예측 변수이기 때문에 미래의 사망률을 예측하는 데 사용될 수도 있다.

이와 비슷하게, 금융 회사들은 시장의 변동을 예측하기 위해 빅데이터 세트의 소비자 소비 습관에 의존하는 반면, 구글은 전 세계적인 검색 쿼리를 사용하여 독감의 발생을 예측한다. 그런 의미에서 디지털 사회는 미래 지향적인 사회이다. 그것의 시선은 다음 혁신의 물결, 디지털 기술에 의해 파괴될 다음 시장, 그리고 다음 성공적인 창업에 영구히 고정되어 있다. 그것의 투자자들은 다음 페이스북의 자금 지원을 희망하고, 그것의 기업가들은 다음 구글의 출시를 모색하고 있다. 증권 중개인들은 미래의 날씨 패턴에 근거하여 상품을 사고, 금융 기관들은 미래의 시장 예측을 발표한다. 빅데이터의 수사학은 종종 그 윤리적 차원을 모호하게 한다. 시민, 소비자 및 개인에 대한 방대한 양의 데이터 수집은 일상적으로 그들의 사생활과 그들의 익명권에 대한 침해를 동반한다. 온라인에서 데이터를 수집하는 데이터 중개 업체는 규제를 거의 받지 않는다. 소셜미디어나 스마트폰 애플리케이션도 마찬가지다. 이들 중 일부는 스노든 폭로에서 분명히 드러났듯이 사용자의 개인 데이터를 기꺼이 정보 서비스 업체와 공유했다(Lupton, 2015). 사기업들은 또한 고객의 사생활을 침해한다. 월마트는 미국 성인의 약 60%에 대한 빅데이터를 축적하고 있으며 그 데이터를 수많은 제3자와 공유한 것으로 추정된다(Lupton, 2015, 페이지 96). 분명히, 이러한 개인 정보의 "빅데이터"는 "빅 개인 데이터"나 "빅 침입 데이터" 또는 "빅 사적 데이터"를 대신해 불린다. 그 이유는 더 나은 단어가 없기 때문이기도 하지만 "빅" 자체가 좋아 보이기 때문이다. "빅데이터"라는 용어는 문제의 데이터가 단순히 초대규모였다는 것만을 암시한다; 맥도날드의 식사처럼, 그것은 거대하고 마법 같은 규모의 데이터이다.

알고리즘과 빅데이터의 윤리 또한 모호하다. 정보 사회는 또한 정보 과잉 사회이기 때문에 온라인에서 생산되는 정보의 규모에 맞설 다른 방법이 없기 때문이다. 매일 만들어지는 온라인 콘텐츠의 양은 어마어마하다. 2017년, 평균 1분마다 스냅챗에 527,760장의 사진이 게시되고, 유튜브에서 4,146,600건의 동영상이 시청되며, 456,000건의 트윗 전송, 154,200건의 스카이프 통화, 구글에서 3,607,080건의 검색 항목, 위키피디아에서 600건의 새로운 페이지 편집, 360개의 페이스북 프로필이 생성되었다. 바우만과 리옹(2016)은 정보기관 및 보안기관이 완전히 분석하기를 바랄 수 없을 만큼 많은 정보로 넘쳐나고 있다고 주장한다. 또래가 추천하는 기사를 모두 읽거나 친구들이 올리는 영상을 모두 보거나 출판사가 보낸 학술 기사를 모두 읽기를 기대할 수 없는 디지털 공중도 마찬가지다. 그러나 TMI의 압도적인 느낌은 우리가 매순간 우리의 길을 향하는 정보의 파고를 헤쳐나가는 데 도움을 주는 알고리즘에 대한 경외감을 생성시키기 위한 것일 수도 있다. TMI는 블로그와 Vlog의 혼돈 속에서 우리에게 흥미나 관련성이 있는 콘텐츠에만 노출되도록 해서 필터 버블에 대한 내성을 높일 수 있다(Miller & Horst, 2017, p. 6).

따라서 알고리즘은 이상과도 유사하다. 우리는 그들에게 접근할 수 없지만, 그들의 존재로부터 우리가 어떻게 이익을 얻는가! TMI와 경쟁할 필요성은 이미 일부 외교관들과 MFA들에 의해 인식되었다. 제9장이 기술한 바와 같이, 일부 대사는 소셜미디어 사이트와 블로그를 사용하여 TMI의 혼란스러운 일일 유입에 직면한 모든 사람들을 위한 디지털 나침반을 제공하기 시작했다. 이 대사들은 온라인 팔로워를 위한 정보를 관리하고, 신뢰할 수 있는 정보원을 식별하며, 세계 사건에 대한 흥미로운 분석을 제안하고, 심지어 신랄한 것까지 식별한다. 이러한 큐레이션은 팔로워에게 부가 가치를 제공하므로 홍보대사가 네트워크가 아닌 온라인 커뮤니티를 육성할 수 있다.

마찬가지로, 다른 치료를 위해 모집단을 정렬하는 알고리즘 논리도 MFA에 의해 채택되었다. 이스라엘의 경우 트위터 사용자의 25%가 이스라엘 메시지를 거부할 것으로 MFA는 추정한다. 또 다른 25%

는 이미 이스라엘을 지지한다. 따라서, MFA는 소셜미디어 사이트를 사용하여 한쪽 또는 다른 쪽으로 흔들릴 수 있는 50%의 사용자를 목표로 한다. 분석되며 온라인 공공외교 캠페인의 타깃이 되는 사람들이 바로 이 50%이다(Y. Morad, 사적 대화, 2014년 3월 30일). 일부 MFA는 10장에서 설명한 대로 자체 알고리즘과 빅데이터 분석 수단을 개발하기도 했다. 외교관과 MFA는 빅데이터 분석을 할 때 특정 인구, 국가, 지역에 중요성을 돌린다. 이러한 방식으로 빅데이터가 공공외교의 청중, 활동, 심지어 목표를 결정하게 될 수도 있다(Cheney-Liphold, 2011; Ruppert, 2011).

알고리즘의 예측 능력은 그것들이 본질적으로 "현대적"임을 시사하며, 혼란스러운 세계에 구조를 강요하려는 끊임없는 추진력으로 특징지어진다(Bauman, 2000). 외교관들이 점점 더 혼란스럽고 가속화되는 세계에 예외보다는 불확실성이 표준인 구조를 강요하려고 할 때 MFA의 채택을 촉진한 것은 빅데이터와 알고리즘의 예측 요소일 수 있다. 제4장에서 논의한 바와 같이 필터 버블의 존재는 공공외교 실무자들과 그 기관들의 주요 관심사임이 입증되었다. 처음 온라인에 관심을 가질 때 외교관들은 텔레비전을 특징짓는 것과 같은 선형 의사소통 모델을 통해 소셜미디어 사이트를 상상했다. 대사관은 수천 명의 사용자에게 도달할 수 있는 메시지를 트윗할 것이다. 디지털화 과정의 일환으로 MFA와 외교관들은 알고리즘이 메시지를 필터링한다는 것을 깨닫게 되었다. 대사관 트윗은 대사관을 직접 팔로우하거나 외교, 외교, 양안 관계에 어느 정도 관심을 표명한 사용자들에게만 전달된다. 따라서 외교관과 MFA는 알고리즘의 경계를 허물려고 한다. 이를 위해 캐나다와 러시아와 같은 일부 MFA는 트윗에 유행하는 해시태그를 사용하거나 팔로워에게 리트윗을 통해 메시지를 전파하는 것을 돕는 알고리즘 전술을 개발했다.

외교관들에게도 마찬가지로 걱정되는 것은 버블를 걸러내는 것이 정치적 양극화, 초당파주의, 폭력적인 온라인 담론을 몰고 올 수 있다는 가정이다. 이는 모두 사용자가 같은 생각을 가진 개인들 하고만 상호 작용을 할 수 있기 때문에 소셜미디어 사용자를 필터 버블에 갇히게 하는 알고리즘 필터링의 결과이다. 이러한 필터 거품 안에서 증오와 편협함은 욕설과 허위 정보의 유통에 의해 강화된다. 결정적으로 외교관이 필터 거품에 휩싸인 국민에게 다가가지 못하면 공공외교를 실천할 수 없다. 5장에서 알 수 있듯이, 여러 MFA는 이제 버블을 "폭발"하는 도구와 전략을 개발하였다.

디지털 사회에서 정보는 부를 축적하는 주요 수단이다. 그러나 정보를 생성하는 능력은 두 가지를 필요로 한다. 첫째, 디지털 사회의 구성원들은 방대한 양의 데이터를 축적하는 디지털 장치의 감시를 받는 것에 동의해야 한다. 둘째, 디지털 사회 구성원은 온라인에서 개인 정보를 지속적으로 생성하고 공유해야 하므로 알고리즘에 "공급"해야 한다. 사용자의 기기에서 데이터를 생성하는 것은 새로운 사회적 계약을 제공함으로써 디지털 장치와 응용 프로그램의 사용이 모든 프라이버시 침해를 가능하게 한다. 사용자는 기기의 사용 약관에 동의함으로써 자신의 의지에 따라 프라이버시를 포기한다고 추론할 수 있게 한다. 그러나 이것들은 정말 "오남용된 계약 용어"인데, 가장 부지런한 사용자도 해독할 수 없는 법적 전문어로 공식화되어 있기 때문이다(Manor & Soone, 2018). 개인 정보의 지속적인 생성과 공유는 상시적 감시를 받고 싶은 끊임없는 욕구를 조성함으로써 가능하게 된다. 이러한 내용은 다음 섹션에서 살펴보고자 한다.

공유 사회

윌 스토어(Will Storr, 2018)는 소셜미디어 사이트가 사회적 완벽의 시대를 열었다고 주장했다. 인간은 천성적으로 자신의 가치를 타인과 비교하며 평가한다. 소셜미디어 사이트는 친구, 급우, 심지어 유명인사와 비교하여 자신의 가치를 평가할 수 있기 때문에 그러한 비교를 위한 독특한 매개체를 제공한다. 그러나 소셜미디어 프로필은 한 사람의 삶을 솔직하게 묘사하는 것에 중점을 두고 있지 않다. 그것들은 주로 성취, 인기, 그리고 즐거움의 온라인 페르소나를 만들기 위해 사용된다. 실업자가 늘어선 줄에서 나온 셀피도 없고, 직장에서 해고될 때 서로 꼬리표를 붙이지도 않는다. 소셜미디어는 멋진 레스토랑, 샴페인이 가득한 파티, 그리고 직업적인 탁월함의 끝없는 퍼레이드로 삶의 이야기를 홍보한다. 온라인에서 모든 사용자는 지나치게 적극적인 홍보 에이전트가 되는데, 이는 디지털 플랫폼의 논리가 신자유주의적 시장의 논리라는 점을 고려할 때 놀라운 일이 아니다(p. 16-33).

신자유주의는 디지털 사회에 지대한 영향을 끼쳤다. 개인용 컴퓨터의 초기 개발자들은 중앙집권적 국가에 굴복하지 않고 개인이 원하는 대로 자유롭게 할 수 있는 위계가 없는 세상을 만들 것이라고 믿었다(Storr, 2018, p. 252). 이러한 비전은 IBM과 AT&T의 사무실에까지 퍼졌고, 그들은 모든 사람이 자신만의 "재능의 허브"가 되어 시장에서 판매될 수 있다는 무한한 개성의 논리를 전파했다. 페이스북, 링크드인, 트위터와 같은 소셜미디어 사이트는 단순히 이러한 개인들이 거래되는 시장을 제공했다. 소셜미디어 시장에서 자아는 다른 모든 브랜드 또는 다른 모든 개인과 디지털 대중의 관심을 놓고 경쟁해야 하는 브랜드가 된다. 결과적으로 아이폰과 아이패드의 시대는 iBrand 시대이기도 하다.

그러나 소셜미디어 사이트도 "화폐가 자신이고 금본위제가 개방성과 진정성"인 온라인 환경을 조성함으로써 시장의 비전을 한 단계 더 진전시켰다(Storr, 2018, 255쪽). 시장에서 성공적으로 경쟁하기 위해서는 모든 소셜미디어 사용자들이 개방성과 진정성의 가치를 수용하는 한편, 선례를 따르는 다른 사람들에게 보상을 해야 한다. 진정성은 일본 만화, 비욘세, 탈식민지 정치 등 특정한 이슈를 다루는 뚜렷한 외양과 톤을 가진 iBrand를 만드는 것과 관련이 있다. 개방성은 개방적이고 투명한 삶을 영위하고, 자신의 성공과 실패, 소중한 기억과 속마음, 낭만적 정복, 가족극을 함께 나누겠다는 마음 깊은 헌신과 관련이 있다. 소셜미디어는 "좋아요" 버튼 옆에 위치한 로맨틱한 얽힘을 묘사하는 "복잡해요" 기능과 같은 기술적인 디자인을 통해 그러한 개방성을 촉진한다. 이러한 버튼은 개방성을 보상하고 iBrand 커뮤니티가 규범과 가치를 시행할 수 있게 한다(Locke, 2018). 실제로 페이스북 게시물이나 트윗이 개인적일수록 좋아요와 즐겨찾기를 생성할 가능성이 높아지고 저자의 사회적 검증의식이 커진다. 최근 자신의 실패담을 담은 이력서를 낸 한 대학교수가 그랬다. 이 교수가 더 성공한 동료들보다 온라인에서 더 인기를 끌게 된 것은 그가 자신의 실패에 대해 공개해야 할 디지털 사회의 규범을 진심으로 받아들였기 때문이다(Guardian, 2016).

곧 드러나는 문제는 MFA와 외교관들이 소셜미디어 사이트로 이주하는 것이 그들을 시장의 논리에 예속시켰는가 하는 것이다. 외교관들이 디지털화를 통해 정보 공유, 개방성 및 진정성의 규범을 채택하게 되었는가? 9장이 자세히 설명하듯이, 외교관들은 사실 좀 더 개방적인 형태의 외교를 받아들였다. 2014년 제네바 회담은 협상 테이블에 앉은 외교관들에 의해 생중계되었다. 이란 핵합의서는 국무부가 서명 직후 완결했다. 그러나 외교가 하루 만에 투명해진 것은 아니다. 오히려 장기적인 디지털화 과정의 일환으로 외교관들은 점점 더 비밀의 베일을 벗기고 디지털 대중에게 외교를 보는 '뒷모습'을 제공하고 있다.

MFA와 외교관들 또한 점점 더 진실한 목소리를 찾기 위해 노력하고 있다. 최근 런던에서 열린 디지털 외교 콘퍼런스에서 영국의 한 고위 외교관은 그의 동료들이 왜 소셜미디어 팔로워를 많이 끌어들이지 못하는지 종종 궁금해한다고 말했다. 그의 대답은 퉁명스러웠다. "넌 지루해서." 이 성명은 외교관들과 그 기관들이 소셜미디어 시장에서 다른 iBrand들과 경쟁하기 위해 진정한 디지털 페르소나를 만드는 것을 목표로 하는 현재의 경향을 보여준다. 특히 홍보대사들은 9장에서 살펴본 것처럼 외교적이기 어려운 뻔뻔한 언어를 채택하는 경우도 있지만, 디지털 대중의 관심을 받고자 하는 열망과 이를 얻기 위해 다른 사람들과 경쟁하려는 의지를 전형적으로 보여주는 브랜드로 자리 잡았다.

공공외교를 실천하는 외교관들 사이에서도 시장의 미사여구가 일상화됐다. 공공외교 "캠페인"의 목표는 메시지를 "대상 청중"에게 매력적인 방식으로 맞춤화하는 것이다. 다른 캠페인에서는 대사관의 "접근 범위"를 늘리기 위해 인플루언서를 타깃으로 하고 있다. 물론 외교관들과 그 기관들은 다른 iBrand들과 경쟁할 뿐만 아니라, 세계 사건에 대한 온라인 대중의 인식에 영향을 미치고 노출을 얻기 위해 다른 외교관들 및 언론 매체들과 경쟁한다. 따라서 디지털 플랫폼은 여러 외교 행위자들이 외국 공중의 관심을 끌기 위해 경쟁하면서 세계 사건에 대한 나레이션을 제공하는 공격적인 영역이 된다. 예를 들어 우크라이나의 소셜미디어 이용자들은 2014년 크림 사태 당시 러시아 MFA

가 가장 많이 찾는 곳이었고, 미국의 소셜미디어 이용자들은 2015년 이란 핵협정 비준 당시 이스라엘 MFA가 가장 많이 찾는 곳이었다. 그동안 디지털 사회가 '나눔 사회'로 불린 반면 진정성과 개방성을 향한 추진력은 감시받는 사회의 렌즈를 통해서만 충분히 이해될 수 있다.

감시 사회

일부 사람들은 특히 스노든 폭로와 디지털 플랫폼의 사생활 침해에 대한 언론의 관심이 높아진 후 디지털 대중이 소셜미디어 사이트나 스마트폰 애플리케이션을 단순히 버리지 않는 이유에 대해 의문을 제기한다(Lupton, 2015, p. 4). 사회적 프리즘의 관점에서, 디지털 플랫폼을 단순히 사용하지 않는 것은 디지털 사회에 이러한 매체가 퍼져 있다는 것을 인식하지 못한다는 것을 시사한다. 대학교수들은 시험 전에 학생들이 질문을 할 수 있는 페이스북 그룹을 열고, 고객들은 기업 트위터 채널을 방문하여 불만을 제기하며, #MeToo와 같은 사회운동은 페이스북에 의존하여 그들의 원인에 대한 인식과 지지를 높인다. 인사 담당자들은 지원자의 디지털 발자취를 추적하는 한편, 기업들은 직원들이 회사 브랜드를 홍보하는 온라인 입지를 구축하기를 기대하고 있다. 이는 외교관들이 소셜미디어를 사용하면서 어마어마한 디지털 입지를 구축하도록 요청받는 MFA들에게도 해당된다.

마지막으로, 디지털 플랫폼은 세계화된 세계에서 분산된 사회적 접촉과의 관계를 유지하기 위한 메커니즘이기도 하다. 이러한 플랫폼을 떠나는 사람들은 "사회적 죽음"의 위험을 무릅쓰고 그렇게 한다. 기술 프리즘은 사람들이 디지털 플랫폼을 포기하기를 꺼리는 것에 대해 다른 설명을 제공한다. 이 설명은 파놉티콘의 개념에 기초한다. 영국의 공리주의 철학자 제러미 벤담이 설계한 파놉티콘은 소수의 교도관들이 다수의 수감자들을 은신처에서 감시할 수 있는 감옥 설계였다. 파놉티콘에 갇힌 수감자들이 언제 감시당하는지 몰랐다는 점에서 간수들의 '규제 시선'을 내면화하며 일종의 자기 수양에 나섰다(Lupton,, 2015, p. 33). 감시받고 있는지 없는지 확신이 서지 않고, 나쁜 행동으로 인해 벌을 받을까 봐 두려워했던 죄수들은 스스로를 훈육하게 된다. 푸코는 파놉티콘을 현대 생활의 은유로서 사용했고 학교와 공장 등 사회 직관의 자율적 통제력을 분석하면서 이를 끌어당겼다. 학생들과 조립라인 노동자들은 또한 교사나 바닥 관리자의 감시 대상이 된다. 그러한 기관들에서, 감시자들은 곧 그들 자신을 감시하는 힘을 갖게 되었고, 그 결과 그들 스스로를 규율된 행동으로 억압하게 되었다(Bauman & Lyon, 2016, 페이지 52).

소셜미디어의 시대는 또한 포스트 파놉티콘 감시의 시대이며, 소셜미디어 사용자는 감시받는 사람이면서 보는 사람이기도 하다. 위에서 주장했듯이, 소셜미디어 사이트의 논리는 시장의 논리다. 모든 사용자의 욕구는 보여지고, 사랑받고, 공유되고, 리트윗되어 스타덤에 오르고자 하는 것이다. 이 같은 욕구는 다른 이용자의 콘텐츠를 좋아하고 공유하고 리트윗하는 특징이 담긴 소셜미디어 사이트의 기술 디자인 결과다. 시장의 논리는 소셜미디어 인기인으로 지정함으로써 이용자들의 마음속에 박히게 된다. 디지털 도달력이 가장 높은 이들은 기업 스폰서들에 의해 입양되어 여가생활과 배타적인 삶으로 변모한다(Manor & Soone, 2018). 그들은 후원자들의 시계와 수영복을 팔면서 바하마의 해변을 거닐고 다보스의 경사면을 미끄러지듯 내려간다. 그들의 지위는 한 사람의 디지털 가치가 오직 마지막 게시물의 도달에 달려 있으며, 개인 정보 공유를 통해 자신의 지위를 유지하기 위해

하루 종일 일해야 한다는 것을 암시한다. 이것은 Lupton이 "사회적 노동"이라고 부르는 것이다(Lupton, 2015, p. 28). 그래서 디지털 플랫폼의 사용자들은 보고 좋아하기 위해 곡예를 펼친다. 그들은 더 이상 감시자의 전광석화 같은 시선을 두려워하지 않고, 실제로, 그들은 그것을 부르기 위해 끊임없이 노력한다. 그러기 위해, 그들은 그들의 관계를 공유하고, 실패를 알리고, 그들의 약혼을 인스타그램에 올리고, 그들의 사택을 공공 도메인으로 바꾸고, 그들의 삶을 시간 단위로 기록한다.

바우만과 라이온(2016)의 말을 인용하자면, iBrand의 홍보 일환으로 사적인 모든 것이 공공 및 공공 소비를 위해 이루어지고 있다. 그러나 놀라운 사실은 대부분의 소셜미디어 사용자들이 친구나 동료들에 의해 감시되는 것이 아니라 페이스북과 트위터의 측면 뒤에 숨겨져 있는 알고리즘에 의해 감시된다는 것이다. 인정을 받기 위해, 소셜미디어 사용자들은 또한 그들의 동료를 감시하도록 강요 받는다. 소셜미디어는 호혜의 개념에 기반을 두고 있다. 자신을 팔로우하고, 여러분을 팔로우하고, 공유하고, 자신을 감시하고, 여러분을 감시할 것이다. 우리가 소셜미디어에서 누군가를 팔로우하거나 그들의 콘텐츠를 공유할 때, 그들은 호의에 보답하라는 알림을 받기 때문에 이러한 상호주의의 논리는 기술적으로 강제된다. 따라서, 파놉틱 이후의 감시에서 소셜미디어 사용자는 감시자와 감시자 둘 다이다. 사용자들은 곧 디지털 감시에 관여하게 되고, 온라인과 오프라인 모두에서 이를 거부하는 능력은 감소한다.

소셜미디어의 논리와 일상생활 속 디지털 감시가 팽배해 있는 상황이 맞물려 원작의 파놉티콘에 나오는 수용자처럼 스스로를 단련할 수밖에 없다. 우리가 채택하도록 요청받은 행동은 완전한 개방성이다. 마가렛 대처(Margaret Thatcher)의 말을 빌리자면 감시가 그 방법이다. 대상은 영혼이다. 디지털 플랫폼의 보급은 외교 기관에도 상당한 영향을 미쳤다. 제3장에서 설명하는 바와 같이, 디지털화 과정 전반에 걸쳐 MFA는 소셜미디어 제국을 구축해 왔다. 대부분의 MFA들은 현재 페이스북, 트위터, 스냅챗, 유튜브, 인스타그램 등을 포함한 다양한 플랫폼에서 수백 개의 소셜미디어 계정을 관리하고 있다. 소셜미디어 제국의 형성은 디지털 대중에 의해 무시당하는 "사회적 죽음"에 대한 두려움에서 비롯되었을지도 모른다.

보다 최근에 여러 MFA는 다른 디지털 도구에 집중하기 위해 자신의 소셜미디어 활동을 포기하거나 제한하는 것을 고려했다. 그러나 그러한 계획들은 대개 실패한다. 온라인 영역에서 벗어나는 것은 또 다른 형태의 "사회적 죽음"을 초래할 위험이 있다. 이와 비슷하게, 제4장에는 MFA와 대사관들도 감시하고, 온라인으로 공유하기 위해 곡예를 수행한다는 것을 발견한다. 이러한 업적에는 빈정거림 사용, 유머 밈 만들기, 외교 기관 공격, 선정적인 언어 사용, 외국 외교관 트롤 등이 포함된다. 예를 들어, 런던에 있는 러시아 대사관은 음모론을 추적하고 홍보하는 것을 예술의 형태로 바꾸었다. 다른 외교 기관들은 외교적 상호주의를 보장하기 위해 이미지에서 서로 태그를 붙이는 방식을 취해왔다(Cassidy & Manor, 2016). 중요한 것은 감시 사회의 규범과 행동이 소셜미디어 시장에서 그들 자신을 낙인찍으며 자란 젊은 외교관을 통해 MFA와 대사관으로 확산되었을 수 있다는 것이다. 심지어 온라인의 바이럴리티도 외교관들 사이에서 크게 성공한 업적이 되었다. Twitterati 또는 Twitter 유명인사가 된 대사는 종종 공공외교 전문가로 분류되며, 그들의 곡예 기술은 각각의 MFA 내에서 디지털 훈련 과정에 통합된다. 다른 소셜미디어 유명인사들과 마찬가지로 트위터티

대사는 스위스 세계경제포럼, 제네바 외교의 미래에 대한 글로벌 토론, 대학 강연 등의 행렬로 급물살을 타고 있다. 따라서 모든 외교관의 머릿속에 파놉틱 이후의 감시의 논리가 주입된다.

결론

본 장은 디지털 사회의 규범, 가치, 그리고 근본적인 논리를 확인함으로써 디지털 사회를 특징지울 수 있었다. 디지털 사회를 먼저 연구하지 않고는 공공외교의 디지털화를 이해할 수 없다는 이 책의 전제가 있었기 때문이다. 외교관은 사회적 존재이고 MFA는 사회적 제도이다. 사회에서 일어나는 사건들은 외교관의 세계관과 가치관, 규범, 행동에 영향을 미치며, 사회 변화가 MFA로 확산되는 것은 외교관을 통해서다. 일상생활의 거의 모든 측면의 디지털화는 디지털 사회를 낳았고 공공외교의 디지털화 과정을 형성하는 것이 바로 이 사회이다.

중요한 것은 이 장에서 디지털 사회가 하나의 규범이나 은유로 특징지어질 수 없다는 것을 증명했다는 것이다. 오히려 디지털 사회는 기술, 아이디어, 행동, 그리고 은유의 혼합체이다. 기술 프리즘은 이러한 것들이 대부분 기술 기반 시설과 설계의 결과라는 것을 암시할 것이다. 네트워크 사회는 몇 초 만에 전 세계적으로 정보를 전송하는 ICT에서 탄생하고, 공유 사회는 소셜미디어 알고리즘을 먹으려는 수요에서 탄생한다. 사회 프리즘은 디지털 사회가 디지털 공공에 의해 형성된다고 주장할 것이다. 위키백과 기사를 편집하고 현실을 부정하는 것은 그들이며, 모든 사회 구성원들이 개인 정보를 공유하도록 하기 위해 '좋아요' 버튼을 사용하는 것은 그들이다.

물론 어느 프리즘도 디지털 사회의 형성을 설명할 수 없다. 디지털 기술로 재편된 사회에서 산다는 것이 무엇을 의미하는지 가장 잘 보여주는 것은 이들의 결합이다. 마지막으로, 이 장은 디지털 사회의 규범, 논리, 은유가 공공외교의 관행을 형성하는 방법을 예시했다. **표 2.1**은 이러한 예들 중 일부를 요약한 것이다. 그 첫 번째 예는 한 때 비밀리에 행해졌던 모든 것이 이제는 개방적으로 행해져야 한다는 디지털 사회의 요구를 보여준다. 이런 수요의 배경에는 디지털 사회의 기반인 알고리즘을 먹여 살려야 한다는 논리가 깔려 있다. 이러한 요구로 인해 디지털 사회 구성원들은 완전한 개방성과 진정성의 규범을 수용하고 끊임없이 개인 정보를 공유함으로써 이러한 규범을 준수하게 되

표 2.1 디지털 사회가 공공외교 디지털화에 미친 영향

디지털 사회/공공외교	논리/요구	규범적(규범, 가치)	과정적(작업일정, 구조)	개념적(은유/자기서술)
디지털 사회	비밀스럽게 행해진 모든 것이 반드시 공개적으로 진행	개방성과 진정성	개인 정보의 지속적 공유	독창적인 iBrand 개발
공공외교	비밀스럽게 행해진 모든 것들이 반드시 공개적으로 진행	소통 과정에 대한 통제 포기	외교적 이벤트의 트위트 중계 담당 디지털 부서, 국제 협약 출판	외교의 민주화
디지털 사회	원거리 사회	시공간의 소멸	원거리 정보 습득, 드론	인스턴트 전쟁
공공외교	원거리 외교	전통적 시공간 한계 극복	가상대사관 운영하는 디지털 협력팀, Q&A 관리	관계 형성
디지털 사회	정보 과잉	최적화된 기획	알고리듬 필터링	재단하기
공공외교	정보 과잉	장면 연출	대사의 팔로워를 위한 정보 큐레이션, 인사이트의 소스 추천	실시간 외교

었다. 모든 사람이 개방적이고 진실해야 한다는 요구는 디지털 사회 구성원들이 가장 사적인 민감한 정보를 공유함으로써 다른 모든 온라인브랜드(iBrand)와 경쟁하는 온라인브랜드(iBrand)의 은유 또는 자기주장을 채택하게 만들었다.

마찬가지로, 외교관들이 통신 과정에 대한 부분적인 통제를 포기하고 그것이 부정되거나, 경쟁되거나, 거부될 수 있는 디지털 플랫폼에서 정보를 공유하려고 하기 때문에, 한때 비밀리에 행해졌던 모든 것이 이제는 개방적으로 이루어져야 한다는 요구는 규범적인 변화를 가져왔다. 이 새로운 규범은 외교 협상을 라이브 트윗하거나 국제 협정을 발행하는 업무를 담당하는 디지털 사업부를 설립한 MFA의 구조적, 절차적 변화를 가져왔다. 외교관의 자기주장적 관점, 또는 그들의 기술을 개념화하기 위해 사용하는 은유적 관점에서, 일부는 디지털 대중이 정책 수립 과정에 참여할 수 있도록 정보를 공유하는 민주화된 외교의 은유를 채택했다. 제6장에서 평가한 뉴질랜드 MFA가 그렇다. 두 번째 예는 시간과 공간을 조작하기 위해 디지털 기술을 사용하는 멀리 있는 사회의 논리를 다룬다. 규범적 관점에서 볼 때, 멀리 있는 사회는 시공간을 끊임없이 소멸시키려고 애쓰는 사회이며, 이러한 차원을 무의미하게 만든다.

이것은 원격 학습에서 원격 및 즉각적인 전쟁에 이르기까지 멀리 떨어진 곳에서 무언가를 하는 것으로 이어진다. 7장에서 살펴본 것처럼 디지털 도구를 활용해 시간과 공간의 한계를 극복하는 원거리 외교의 실천을 통해 원거리 사회가 MFA 안에서 드러난다. 이는 워싱턴에 본부를 두고 있지만 전 세계 무슬림 인터넷 사용자나 가상의 글로벌 대사관을 개설하는 업무를 맡고 있는 스톡홀름에 본부를 둔 스웨덴 관료들과 관계를 구축하는 임무를 맡고 있는 미국 국무부 디지털 아웃리치 팀의 창설과 같은 구조적, 절차적 변화로 이어진다. 세 번째 예는 디지털 사용자들이 매일 TMI의 집중 공격을 통해 길을 체로 걸러내야 하는 수요를 다룬다. 규범적인 관점에서 알고리즘 필터링과 맞춤형 사회의 은유를 채택한다. TMI는 외교관들로 하여금 디지털 대중이 그들 주변의 세상을 이해하도록 하는 의미 있는 규칙을 채택하도록 이끌었다. 그렇게 하기 위해, 대사들은 이제 세계 사건들이 전개될 때 그들의 추종자들을 위해 정보를 관리함으로써, TMI의 영향을 제한하고 실시간 외교의 은유를 채택한다.

참고문헌

Anderson, B. (2006). *Imagined communities: Reflections on the origin and spread of nationalism*. New York: Verso Books.

Arsenault, A. (2013). Networks of freedom, networks of control: Internet policy as a platform for and an impediment to relational public diplomacy. In R. S. Zaharna, A. Arsenault, & A. Fisher (Eds.), *Relational, networked and collaborative approaches to public diplomacy* (pp. 192–208). New York, NY: Taylor & Francis.

Bauman, Z. (2000). *Modernity and the Holocaust*. Ithaca: Cornell University Press.

Bauman, Z., & Lyon, D. (2016). Remoteness, distancing and automation. In Z. Bauman & D. Lyon (Eds.), *Liquid surveillance* (pp. 76–99). Cambridge: Polity Press.

Beck, U. (1992). *Risk society: Towards a new modernity*. London: Sage.

Beer, D. (2013). *Popular culture and new media: The politics of circulation*. New York: Springer.

Bernal, V. (2014). *Nation as network: Diaspora, cyberspace, and citizenship*. Chicago, IL: University of Chicago Press.

Bjola, C. (2016). Diplomacy as world disclosure: A fractal theory of crisis management. *The British Journal of Politics and International Relations*, 18(2), 335–350.

Bjola, C. (2017, August 8). *Diplomatic crisis management in the digital age* [Blog]. Retrieved from https://uscpublicdiplomacy.org/blog/diplomatic-crisis-management-digital-age.

Bjola, C., & Jiang, L. (2015). Social media and public diplomacy: A comparative analysis of the digital diplomatic strategies of the EU, US and Japan in China. In C. Bjola & M. Holmes (Eds.), *Digital diplomacy theory and practice* (pp. 71–88). Oxon: Routledge.

Broadbent, S. (2017). Approaches to personal communication. In H. A. Horst & D. Miller (Eds.), *Digital anthropology* (pp. 127–145). London: Bloomsbury Academic.

Cassidy, J., & Manor, I. (2016). Crafting strategic MFA communication policies during times of political crisis: A note to MFA policy makers. *Global Affairs*, 2(3), 331–343.

Castells, M. (2000a). Materials for an exploratory theory of the network society. *The British journal of sociology*, 51(1), 5–24.
Castells, M. (2000b). The contours of the network society. *Foresight*, 2(2), 151–157.
Castells, M. (2002). *The internet galaxy: Reflections on the internet, business, and society*. Oxford: Oxford University Press on Demand.
Castells, M. (2006). The network society: From knowledge to policy. In M. Castells & G. Cardoso (Eds.), *The Network Society From Knowledge to Policy* (pp. 3–22). Washington, DC: Center for Transatlantic Relations.
Causey, C., & Howard, P. N. (2013). Delivering digital public diplomacy. In R. S. Zaharna, A. Arsenault, & A. Fisher (Eds.), *Relational, networked and collaborative approaches to public diplomacy* (pp. 144–156). New York, NY: Taylor & Francis.
Cheney-Lippold, J. (2011). A new algorithmic identity: Soft biopolitics and the modulation of control. *Theory, Culture & Society*, 28(6), 164–181.
Clark, K. (1987). Civilization: *A personal view*. London: BBC Books.
Clegg, B. (2017). *Big data: How the information revolution is transforming our lives*. London: Icon Books.
Copeland, D. (2013). Taking diplomacy public: Science, technology and foreign ministries in a heteropolar world. In R. S. Zaharna, A. Arsenault, & A. Fisher (Eds.), *Relational, networked and collaborative approaches to public diplomacy* (pp. 56–69). New York, NY: Taylor & Francis.
DeNicola, L. (2017). Geomedia: The reassertion of space within digital culture. In H. A. Horst & D. Miller (Eds.), *Digital anthropology* (pp. 80–100). London: Bloomsbury Academic.
Geary, P. J. (2003). *The myth of nations: The medieval origins of Europe*. Princeton: Princeton University Press.
Gershon, I. (2010). *The breakup 2.0: Disconnecting over new media*. Ithaca: Cornell University Press.
Guardian Staff. (2016, April). CV of failures: Princeton publishes resume of his career lows. *The Guardian*. Retrieved from https://www.theguardian.com/education/2016/apr/30/cv-of-failures-princeton-professor-publishesresume-of-his-career-lows.
Haynal, G. (2011). Corporate diplomacy in the information age: Catching up to the dispersal of power. In J. G. Stein (Ed.), *Diplomacy in the digital age: Essays in honour of Ambassador Allan Gotlieb* (pp. 209–224). Ontario: Signal.
Hobsbawm, E. (2001). *The age of capital: 1848–1875*. London: Abacus.
Horst, H. A. (2017). New media technologies in everyday life. In H. A. Horst & D. Miller (Eds.), *Digital anthropology* (pp. 61–79). London: Bloomsbury Academic.
Israel Ministry of Foreign Affairs. (2017). *Digital diplomacy conference summary* (pp. 6–19). Retrieved from https://www.state.gov/documents/organization/271028.pdf.
Kant, I. (2013). *An answer to the question: 'What is enlightenment?'* London: Penguin.
Khatib, L., Dutton, W., & Thelwall, M. (2012). Public diplomacy 2.0: A case study of the US digital outreach team. *The Middle East Journal*, 66(3), 453–472.
Lally, E. (2002). *At home with computers*. Oxford: Berg Publishers.
Lash, S. (2007). Power after hegemony: Cultural studies in mutation? *Theory, Culture & Society*, 24(3), 55–78.
Lesk, M. (2013). Big data, big brother, big money. *IEEE Security and Privacy*, 11(4), 85–89.
Locke, M. (2018, April 25). *How likes went bad* [Blog]. Retrieved from https://medium.com/s/a-brief-history-of-attention/how-likes-went-badb094ddd07d4.

Lupton, D. (2015). A critical sociology of big data. In D. Lupton (Ed.), *Digital sociology* (pp. 93–116). New York, NY: Routledge.

Manor, I. (2016). Are we there yet: Have MFAs realized the potential of digital diplomacy? *Brill Research Perspectives in Diplomacy and Foreign Policy*, 1(2), 1–110.

Manor, I., & Soone, L. (2018, January). The digital industries: Transparency as mass deception. *Global Policy*. Retrieved from https://www.globalpolicyjournal.com/articles/science-and-technology/digital-industriestransparency-mass-deception.

McNutt, K. (2014). Public engagement in the Web 2.0 era: Social collaborative technologies in a public sector context. *Canadian Public Administration*, 57(1), 49–70.

Melissen, J. (2005). The new public diplomacy: Between theory and practice. In J. Melissen (Ed.), *The new public diplomacy: Soft power in international relations* (pp. 3–27). New York: Palgrave Macmillan.

Metzgar, E. T. (2012). Is it the medium or the message? Social media, *American public diplomacy & Iran. Global Media Journal*, 12(21), 1.

Miller, D. (2017). Social networking sites. In H. A. Horst & D. Miller (Eds.), *Digital anthropology* (pp. 146–164). London: Bloomsbury Academic.

Miller, D., & Horst, H. A. (2017). The digital and the human: A prospectus for digital anthropology. In H. A. Horst & D. Miller (Eds.), *Digital anthropology* (pp. 3–38). London: Bloomsbury Academic.

Ministry of Foreign Affairs of Denmark. (2017). *Denmark names first ever tech ambassador*. Retrieved from http://um.dk/en/news/newsdisplaypage/?newsid=60eaf005-9f87-46f8-922a-1cf20c5b527a.

Morad, Y. (2014). *Understanding Israeli digital diplomacy* [In person].

Pamment, J. (2013). *New public diplomacy in the 21st century: A comparative study of policy and practice*. Abingdon: Routledge.

Paraphrased from: le Carré, J. (1986). *A perfect spy*. London: Hodder & Stoughton.

Powers, S., & Kounalakis, M. (2017). *Can public diplomacy survive the internet? Bots, echo chambers, and disinformation*. US Advisory Commission on Public Diplomacy. Retrieved from https://www.state.gov/documents/organization/271028.pdf.

Praiser, E. (2011, March). *Eli Praiser: Beware online "filter bubbles"* [Video file]. Retrieved from https://www.ted.com/talks/eli_pariser_beware_online_filter_bubbles?language=en.

Ratson, E. (2018). *Understanding Israeli algorithmic diplomacy* [In person].

Roberts, I. (2017). Diplomacy—A short history from pre-classical origins to the fall of the Berlin Wall. In I. Roberts (Ed.), *Satow's diplomatic practice* (pp. 3–19). Oxford: Oxford University Press.

Ruppert, E. (2011). Population objects: Interpassive subjects. *Sociology*, 45(2), 218–233. Cited in: Lupton, D. (2014). A critical sociology of big data.

Seib, P. (2012). *Real-time diplomacy: Politics and power in the social media era*. New York, NY: Palgrave Macmillan.

Seib, P. (2016). *The future of diplomacy*. Cambridge: Polity Press.

Silver, D., & Massanari, A. (2006). *Critical cyberculture studies*. New York, NY: New York University Press.

Slaughter, A. M. (2009). America's edge: Power in the networked century. *Foreign Affairs*, 88(1) 94–113.

Slaughter, A. M. (2017). *The chessboard and the web: Strategies of connection in a networked world*. New Haven, CT: Yale University Press.

Storr, W. (2018). *Selfie: How the West became self-obsessed*. London: Picador.

Tucker, J., Guess, A., Barberá, P., Vaccari, C., Siegel, A., Sanovich, S., ..., Nyhan, B. (2018). Social media, political polarization, and political disinformation: A review of the scientific literature. Hewlett Foundation.

Van Dijk, J. A. (2017). Digital divide: Impact of access. *The International Encyclopedia of Media Effects*, 1–11.

Zaharna, R. S. (2013). Network purpose, network design: Dimensions of network and collaborative public diplomacy. In R. S. Zaharna, A. Arsenault, & A. Fisher (Eds.), *Relational, networked and collaborative approaches to public diplomacy* (pp. 173–191). New York, NY: Taylor & Francis.

3장 강경하고 변덕스러운 온라인 공중

외교는 누군가에게 지옥에나 가라고 할 때조차도 듣는 이가 실제로 그 여정을 기대하게 할 수 있는 방식으로 이야기하는 기술이다.

윈스턴 처칠

제2차 세계대전 발발 후, 영국 수상 윈스턴 처칠은 영국 포병대의 군사 훈련에 참석했다. 수상은 대포소리가 나기 몇 초 전, 여러 명의 군인들이 무릎을 꿇고 그들의 오른손을 허공에 들어 올리는 것을 알아차렸다. 곧 새 포탄이 실렸고, 포성이 울리기 몇 초 전, 병사들은 무릎을 꿇고 오른손을 허공으로 들어 올렸다. 당황한 총리는 병사들에게 무엇을 하고 있는지 물었다. 그들의 대답은 말들이 대포를 두려워하여 도망가지 않도록 제지하고 있다는 것이었다. 물론 1940년에는 대포 근처에 말이 없었지만 제1차 세계대전 이후 포병대의 훈련과 일상은 업데이트되지 않았다.

디지털 사회의 등장은 외교관들이 상상 속의 말들을 다잡는 것과 같은 것이 있다. 디지털 사회 구성원들과 교류하고 싶은 욕구, 정보 공유에 대한 요구, 디지털 대중의 관심을 끌려는 필요성 모두 외교관들이 새로운 업무 일상을 수립하고, 새로운 규범을 채택하고, 새로운 기술과 능력을 습득할 것을 요구했다. 20세기 공공외교를 실천하기 위해 수립된 절차들은 공공외교가 엘리트와 오피니언 주도층에게서 일반 시민으로 시선을 옮기면서 세기가 바뀔 무렵에는 대부분 약화될 것이다.

그러나 외교관들이 설명하지 못한 것은 강경하게 목소리를 내고, 의견이 강하며, 변덕스럽고, 들어주길 간절히 바라는 디지털 공중의 성향들이다. 이 장에서는 디지털 공중의 특성이 외교관의 관행, 업무 관행, 의사소통 문화에 어떻게 도전하는지 보여주는 일련의 사례 연구를 제공한다. 공공외교의 디지털화가 하루아침에 일어난 것도 아니고, 하나의 디지털 상호작용의 결과도 아님을 입증할 수 있도록 그 장은 연대순으로 정리되어 있다. 오히려 공공외교의 디지털화는 디지털 기술, 디지털 공중, 디지털 이니셔티브가 모두 공공외교 수행에 영향을 미치는 장기적인 과정이었다. 이 장은 하마스, 이스라엘, 스웨덴, 미국 및 EU 정부의 디지털 이니셔티브를 검토하기 전에 미국 공공외교의 디지털화를 설명하는 것으로 시작한다.

"새로운" 미국 복음주의자들

서론에서 설명했듯이, 21세기 벽두에 공공외교 학자들은 "새로운" 공공외교로 불리는 개념의 변화를 보았다. 9.11 테러, 글로벌 미디어 생태계의 형성, 디지털 사회의 출현은 모두 외교관들이 독백에서 대화 중심의 공공외교로 전환해야 할 필요를 인식하였다. 이러한 "새로운" 형태의 공공외교는 국가의 외교 정책을 수용하기 위한 환경을 조성하기 위해 외국 공중과의 관계를 조성하기 위한 노력을 의미한다. 이러한 관계는 양방향 디지털 상호작용을 통해 형성된다(Melissen, 2005). 공공외교 학자들은 소셜미디어 사이트와 같은 디지털 플랫폼을 "새로운" 공공외교의 매개체로 간주했는데, 이는 조직이 일방 방송 패러다임에서 상호 상호작용에 중점을 둔 양방향 커뮤니케이션 패러다임으로 전환할 수 있게 하기 때문이다(McNutt, 2014). 또한, 관계는 소셜미디어 사이트(Waters, Burnett, Lamm 및 Lucas, 2009)의 기반이며, 조직과 대중이 상호 관심사를 논의할 수 있기 때문에 쌍방향 상호 작용에 이상적인 조건을 제공한다(Bortree & Seltzer, 2009). 21세기의 첫 10년 동안, "새로운" 공공외교의 논리는 전 세계 MFA에 스며들기 시작했다. 한 가지 주목할 만한 예가 미국 국무부이다.

공공외교 학자들처럼, 그 실무자들 또한 획일적인 공공외교가 디지털 영역에서 활성화될 수 없다는 것을 깨달았다. 제임스 팸먼트(James Pamment, 2013)에 따르면 '새로운' 공공외교가 국무부로 확산되는 과정은 워싱턴 소재 싱크탱크들이 미국 공공외교 개혁을 위해 로비하면서 시작됐다. 그러한 싱크탱크 중 하나인 외교관계위원회(the Council on Foreign Relations)는 2002년에 공공외교 행위자들이 외국 시민에 초점을 맞추는 새로운 접근이 필요하며 "청취, 대화, 토론, 관계 형성을 수반하고 공공의견 연구의 양과 효과를 증대시킬 것으로 기대되는 포용적 접근법을 채택해야 한다."라고 주장했다(Pamment, 2013, p. 8).

> 우리의 메시지를 통제하고 싶지 않나요? 아마도요. 그러나 이 새로운 통신 세계에서는, 새로운 인터넷 기술에 저항하는 정부는 무시당하는 더 큰 위험에 직면한다. 우리의 주요 대상 청중들, 특히 젊은이들은 우리가 그들에게 강의하는 것을 듣거나 그들에게 무엇을 생각해야 하는지, 우리가 얼마나 멋진지 말하고 싶어하지 않는다. 그러나 공공외교에서 우리의 광범위한 의무는 외국 대중을 이해하고, 알리고, 참여시키고, 영향을 미치는 것이다. 이 모든 활동은 받아쓰기가 아닌 대화로 하는 것이 가장 좋다. (2012년 헤이든에서)

글래스먼의 발언은 니콜라스 컬(Nicholas Cull, 2008)의 "새로운" 공공외교에 대한 정의를 외국 대중과의 교류를 통해 외교 정책 목표를 달성한다는 주장을 반영하고 있다. 그것은 또한 제임스 팸먼트(James Pamment)의 정의도 반영하는데, 공공외교 2.0은 글래스먼에 의해 20세기 공공외교와의 분명한 단절로 인식되었기 때문이다. 게다가, 글래스먼(Glassman)의 진술은 디지털 사회에 대한 이해를 나타낸다. 디지털 대중, 특히 디지털 사회의 젊은 구성원들은 단순히 국무부 메시지를 흡수하는 것이 아니라, 그것에 대해 논평하고 심지어 그것에 대해 이의를 제기할 것이다. 스프리(Spry, 2018)가 썼듯이 디지털 대중은 적극적인 청중으로 어떤 콘텐츠에 어떻게 대응해야 할지, 판단하면서 공공외교 메시지를 재해석하거나 저항하거나 아예 무시하기도 한다.

글래스먼은 성명에서 공공외교 메시지에 대한 통제를 포기하고 디지털 사회 구성원들과 교류하지 않으면 미국 외교관들이 무관심의 해변을 덮치는 고래로 변할 것이라고 국무부에 경고했다.

부시 행정부가 '공공외교 2.0'을 출범시킨 반면 '새로운' 공공외교의 논리를 온전히 수용한 것은 오바마 행정부였다. 이건 우연이 아니다. 대통령 후보로서, 버락 오바마는 오프라인의 의견과 믿음뿐만 아니라 온라인 토론을 형성할 수 있는 디지털 플랫폼의 엄청난 잠재력을 깨닫고 있었다. 취임 후 오바마 행정부는 연방기관들이 미국 대중과 소통하고 정보와 서비스를 제공하는 수단으로 디지털 플랫폼을 수용하도록 적극적으로 독려했다. 2009년, 오바마 행정부는 연방 정부 부처가 "신기술을 활용"하고 그들의 운영에 대한 정보를 쉽게 온라인에 게시하도록 요구하는 "열린 정부 구상"을 발표했다. 이 지침은 열린 정부의 세 가지 핵심 활동인 투명성, 협업 및 참여에 초점을 맞췄다(Bertot, Jaeger, & Grimes, 2012; Bertot, Jaeger, & Hansen, 2012; Lee & Kwak, 2012; Mergel, 2013; Snead, 2013). 구성원들이 끊임없이 정보를 공유하고, 개방의 가치를 위해 헌신하며, 협력적으로 정보를 창조하는 디지털 사회의 구성 요소들이 바로 이것들이다.

오바마 백악관이 이끄는 곳에서는 연방 기관들이 소셜미디어 사이트로 몰려가 그들만의 열린 정부 이니셔티브를 개발했다(Bjola & Manor, 2018). 국무부 내에서 오바마 행정부의 시대정신은 28세의 알렉 로스(Alec Ross) 국무장관 혁신 선임보좌관과 38세의 재러드 코언(Jared Cohen) 국무장관 정책기획참모부장이 전파했다. 외교적인 목적을 위해 디지털 기술의 힘을 활용하고자 했던 것은 바로 이 두 디지털 전도사였다. 두 사람 모두 외교가 더 이상 "흰 셔츠에 붉은 넥타이를 맨 백인 남성들이 흰 셔츠에 붉은 넥타이를 맨 다른 백인 남성들과 대화하는 것"에 국한될 수 없다는 입장을 고수했다. 21세기 국가 전략으로 알려진 그들이 옹호하는 전략은 기술에 기반한 해결책으로 전통적인 외교 노력을 증폭시키는 것을 목표로 했다. 코헨과 로스가 말했듯이, 외교는 더 이상 정치적 신념에 관한 것이 아니라, 열린 외교 대 닫힌 외교, 국가 위아래에 존재하는 네트워크와의 협력, 그리고 "21세기는 통제 괴짜가 되기에 끔찍한 시기"라고 온라인 통신에 대한 통제를 포기하는 것에 관한 것이다.tein, 2010; Ross, 2011).

로스와 코헨은 곧 구글의 CEO나 트위터의 회장과 같은 실리콘 밸리의 거물들과 동맹을 맺었고 새로운 협력을 육성하기 위해 실리콘 밸리를 자주 방문하기도 했다. 디지털 사회의 논리가 미국 공공외교의 DNA 속에 녹아들고 있었다. 21세기 국정운영은 기술사절단을 해외로 파견하고, 마약거래와 같은 상호간의 도전에 대한 크라우드 소싱(crowd sourcing)을 통해 해결하며, 미국 기술회사들이 전 세계에 민주주의를 확산시키는 것을 보장하는 것을 포함하게 되었다. 한 유명한 예로, 트위터의 CEO는 이란 녹색 혁명의 시위자들이 정권의 탄압에 대한 이미지와 비디오를 배포하기 위해 트위터에 의존함에 따라 네트워크상의 유지보수 작업을 연기하라는 요청을 받았다(Lichtenstein, 2010).

코헨과 로스는 바이럴 비디오가 정치의 본질을 바꿀 것이며, 휴대전화가 선거 감시를 위한 광범위한 도구가 될 것이며, 가상대사관이 글로벌 NGO들 간의 협력을 위한 새로운 플랫폼을 만들 것이라고 주장했다. 이란의 녹색 시위에서 젊은 여성의 죽음을 묘사한 비디오에 코헨은 이 비디오가 "우리 생애에서 가장 중요한 바이럴 비디오"라고 말했다.

"새로운" 공공외교의 채택에 똑같이 중요한 것은 2009년 앤-마리 슬로터(Anne-Marie Slaughter)를 국무부의 정책기획참모국장으로 임명한 것이다. 슬로터는 같은 해 "아메리카스 엣지(America's Edge)"라는 제목의 기사를 썼다. 그는 미국의 힘은 세계적인 도전에 대한 혁신적인 해결책을 자극할 수 있는 초국가적 네트워크를 형성할 수 있는 능력에 달려 있을 것이라고 주장했다. 로스, 코헨, 슬로터는 디지털 사회의 가치를 전형적으로 보여준 것으로 보이며, 그 중에서도 디지털 사회의 문화와 논리가 국무부에 스며들었다(G. Lampe, 사적대화, 2018

년 7월 26일). 그들은 디지털 사회 구성원의 요구를 충족시키고 독백에서 대화 기반 참여 형태로 전환되는 보다 개방적이고 참여적이며 네트워크화된 형태의 공공외교를 위해 로비할 것이다. 심지어 그들 자신의 소셜미디어 사용은 디지털 사회를 대표했다. 알렉 로스는 TV 쇼인 Entourage의 새로운 시즌에 대한 기대와 함께 정책 업데이트를 트윗하여 진정한 온라인 페르소나를 만들었다.

로스와 코헨은 곧 미국 정부의 트위터 유명인사가 되었다. 그들의 유명인 신분과 진정한 온라인 톤을 통해 디지털 사회의 논리가 미국 외교관들의 마음속에 주입되고 있었다. 개방성은 좋고, 폐쇄성은 좋지 못하다. 로스와 코헨은 버락 오바마와 존 매케인 상원의원에 이어 트위터에서 가장 팔로워가 많은 정부 구성원으로 꼽혔다. 2012년까지, 미국 국무부는 500개 이상의 소셜미디어 계정들로 이루어진 제국을 관리하고 있었다.

새로운 공공외교가 국무부로 확산 되는 또 다른 촉매제는 아랍의 봄이었는데, 아랍의 봄은 혁명이 구체화되기 시작하던 디지털 플랫폼을 감시하지 않고 있었기 때문에 미국 외교관들은 깜짝 놀랐다. 이 플랫폼에서 아랍 시민들은 그들에 대한 폭정을 공개적으로 비판하고 있었다. 그 공간에서 아랍 시민들은 정부 검열의 구속이라는 족쇄에서 벗어났다. 2011년 오바마 대통령의 국무부 공공외교 및 공공문제 담당 차관보는 다음과 같이 말했다.

> 권력과 영향력이 진정으로 다수에게 속하는 세상에서, 우리는 더 많은 장소에서 더 많은 사람들을 참여시켜야 한다. 그것이 인터넷 시대 공공외교의 본질적 진실이다. 전 세계 사람들이 소리를 들으라고 외치고, 자기들만의 미래를 만들라고 요구하기 때문에 권력의 피라미드가 뒤집혔다. 그들은 지금

> 채팅방, 교실, 이사회실에서 중요한 대화를 나누고 있으며 우리를 기다리고 있지 않는다. (헤이든에서 인용, 2012)

아랍의 봄은 미국 국무부의 공공외교 디지털화가 가속화되고 있다고 봤다. 특히 국무부가 하루 만에 디지털화 된 것도 아니고, 한 때 디지털 플랫폼을 수용한 것도 아니다. 오히려 10년 동안 공공외교의 새로운 접근법과 방법, 개념이 수용되는 디지털화 과정이 있었다. 이 과정은 외부 사건(아랍의 봄), 학계 및 싱크탱크(외교 관계 위원회), 디지털 기술에 대한 정부 차원의 접근(오바마의 열린 정부 구상), 특정 고위직(Anne-Marie Sluter) 임명, 실리콘밸리와의 제휴를 통한 외교 디지털화를 모색하는 두 젊은 정책 입안자의 열정에 의해 촉진되었다. 이 과정은 고유한 미국 국무부의 것이었지만, 전 세계 MFA들이 지역 규범과 가치, 기술에 대한 정부의 접근법, 외부 사건이나 충격에 영향을 받아 디지털화의 자체 프로세스를 경험했기 때문에 일반적이기도 했다.

그러나 알렉 로스와 재러드 코헨의 초기 작품을 특징짓는 모든 낙관론에도 불구하고 몇 년 안에 그들은 태도를 바꾸었다. 2015년 한 인터뷰에서 알렉 로스는 지그문트 바우만과 데이비드 라이온(Zygmunt Bauman and David Lyon, 2016)을 되짚으며 디지털 혁명의 문제는 네트워크로 연결되어 있고, 따라서 리더가 없다는 것이라고 말했다. 혁명이 끝나면 권력의 맨틀을 차지하려는 카리스마적 지도자가 없으니 혼란이 뒤따른다. 디지털 혁명이 더 나은 결과를 가져올 수 있는지에 대한 질문을 받았을 때, 로스는 더 조심스러운 답변을 했다.

> 이것은 내가 단지 테크노 유토피안이 아닌 경우 중 하나이다. 나는 그것에 대해 크게 낙관적이지 않다. … 나는 사람들이 단순하게 트윗을 통해서 기능적 민주주의로 갈 수 있을 것이

> 라고 생각하지 않는다. … 나는 사실 사람들이 스마트폰을 내려놓고 제도 구축과 리더십 개발에 집중해야 한다고 생각한다. (BNN, 2015)

어떻게 해서 이렇게 의견이 뒤바뀌게 되었나? 왜 2010년의 기술예찬론자가 2015년의 기술비관주의자로 대체되었나? 외교관들이 디지털 대중과 만난 경험들이 하나의 해답일 수 있다. 외교관들은 의사소통에 대한 일부 통제권을 포기하고 연결된 개인들과 대화할 의향이 있었지만, 온라인에서 마주치는 강경하고 불안정한 대중, 즉 공공외교 캠페인에 대해 논쟁하거나 거부하거나 노골적으로 반대하는 대중에 대해서는 준비가 되어 있지 않았다(Spry, 2018). 이 장에서는 10년 동안 이 불안정한 대중을 대상으로 한 외교관의 경험을 도표로 나타내며 이러한 상호작용이 공공외교의 디지털화 과정을 어떻게 더 구체화했는지 보여준다.

2007 스웨덴의 사이버 섹스 파티

2007년 5월 30일 스웨덴 외무부 장관 칼 빌트(Carl Bildt)는 세컨드라이프(Second Life)의 가상 세계에 들어가 매일 활기찬 개인 공동체가 모여 가상생활을 영위하고 가상관계를 관리하는 현실을 모사한 세계를 방문한 최초의 외교관 중 한 명이었다. 빌트는 스웨덴 세컨드라이프(Second Life) 연구소에 의해 지어진 세계 최초의 가상대사관 중 하나를 설립하기 위해 그 곳에 들어갔다. 스웨덴의 제2의 집(the Second House)이라고 불리는 가상의 대사관은 "새로운" 공공외교를 실천하기 위한 새로운 접근법을 대표했다. 대사관의 공식 목표는 세컨드라이프(Second Life) 사용자와의 직접적인 참여를 배양하고 스웨덴 공무원들이 디지털 환경에서 의사소통하는 방법을 배울 수 있는 시범 연구 역할을 하는 것이었다(Pamment, 2013).

초기 가상대사관 중 하나일 뿐만 아니라, 스웨덴 세컨드 하우스는 세계 최초의 세계 대사관이었으며, 스웨덴 정부와 글로벌 디지털 공중 간의 관계를 조성하기 위한 것이었다. 따라서 스웨덴 제2의 집은 시간과 공간을 무의미하게 만드는 진정한 "디지털" 계획이었다. 정부 관계자들과 디지털 대중은 그들 사이의 물리적 거리에 상관없이 실시간으로 만나 대화할 수 있었다. 더욱이, 세컨드라이프(Second Life)에서 대화하는 공무원과 대중은 그들의 물리적 시간대에 관계없이 동일한 디지털 시간대에 존재할 것이다.

미래의 가상대사관과 달리 스웨덴 세컨드 하우스는 전통적인 벽돌 건물의 대사관을 대신하는 역할을 하지는 않았다. 영사과도 없었고, 양안 문제를 다루지도 않았다. 그 대사관은 스웨덴의 예술과 문화를 홍보하고 방문객들에게 스웨덴 경험을 제공하기 위해 사용되었다. 따라서 3개의 가상 전시장과 야외 무대가 포함되었다. 2007년과 2009년 사이에 대사관은 스웨덴 미술 큐레이터들의 회담, 스웨덴어 수업, 영화 상영과 영화제, e-러닝 컨퍼런스, 심지어 국경일 기념행사까지 주최했다. 중요한 것은 스웨덴 제2의 집이 오프라인 외교목표를 염두에 두고 탄생했다는 점이다. 이 가상의 대사관은 워싱턴에 있는 스웨덴의 대표 대사관인 실제 세컨드 하우스를 모방한 것이다. 게다가, 스웨덴 제2의 집은 스웨덴에 대한 긍정적인 국가 이미지를 홍보하여 스웨덴 국가브랜드를 강화하고자 하였다(Pamment, 2013, p. 119-123). 스웨덴의 가상외교는 본질적으로 오프라인 공공외교 목표와 연결되어 있었다.

그러나 대사관 개설 이후 세컨드라이프(Second Life) 이용자들의 반발에 부딪혔다. 일부는 대사관 옥상에서 섹스 파티를 열어 대사관의 그랜드 오픈에 반대하겠다고 위협했다. 덴마크 세컨드라이프(Second Life) 사용자들은 자신들의 가상 세계에 대한 현실의 침범에 항의했다. 한 예로, 해커들이 영화 상영을 방해하려고 시도하는 동안, 세컨드라이프(Second Life) 사용자는 나치 제복을 입고 라울 발렌베르크(Raoul Wallenberg)의 사이버 사무실을 방문했다. 이러한 시위는 스웨덴 관리들과 외교관들에게 유용한 단초를 제공해 주었다. 그들은 모든 디지털 커뮤니티가 정부가 그들의 가운데에 있는 것을 환영하지는 않는 다는 것을 알았다. 실제로 1996년 존 페리 바로우가 발표한 사이버 공간의 독립선언서는 전 세계 정부가 디지털 영역에서 환영받지 못할 것이라고 꽤 분명하게 언급하고 있다.

스웨덴의 디지털 경험은 디지털 외교 활동과 캠페인이 디지털 대중에 의해 좌초될 수 있다는 것을 입증했다. 일부 사용자들이 스웨덴 제2의 집을 거부한 것은 조지 하이날(George Haynal, 2011)에 비유하자면, 디지털 대중이 예측 불가능한 방식으로 자신들을 주장할 수 있음을 입증했다. 외교적 실패, 실수, 거짓이 불가피한 디지털 시대에 아직 적응하지 못한 상황에서 디지털화된 공공외교 활동에 대한 조기 거부는 외교기관의 근간을 뒤흔들었다(Copeland, 2013). 그럼에도 불구하고 디지털 사회의 출현은 외교관들이 대사관 벽 뒤에서 물러나 디지털 대중과 직접 교류하고 메시지에 대한 통제를 포기하며 외교 절차에서 신중과 비밀의 베일을 벗어야 했다. 바로 그렇게 하겠다고 약속한 한 지도자는 버락 오바마였다.

2009 오바마의 카이로 시정

2009년 6월 4일, 오바마 대통령은 카이로 대학교에서 “새로운 시작" 연설을 했다. 이 글에서, 대통령은 미국과 이슬람 세계 사이의 새로운 관계와 두 나라 사이의 적대감의 종식을 요구했다. 오바마는 이슬람의 수도에서 이슬람 세계를 향해 한 연설에서 조지 W 부시 대통령 집권 이후 중동과 이슬람 세계와의 관계에 가해진 피해를 복구하기를 희망했다. 연설의 여파로 국무부 디지털 아웃리치 팀(DOT)은 무슬림 인터넷 사용자들과 직접적인 상호작용을 시도했다. 이 활동은 이슬람 세계와 새로운 대화를 시작하겠다는 오바마의 약속과 "새로운" 공공외교를 실천하고 무슬림 디지털 대중과의 관계를 만들기 위한 독특한 시도를 디지털로 표현한 것이었다. 국토부의 활동은 또한 디지털 기술이 오프라인 공공외교 목표를 달성하기 위해 어떻게 사용되는지를 보여준다.

미국 국무부의 DOT는 2006년 온라인 이슬람교도들과 교류하기 위한 수단으로 설립되었다. 모두 아랍어 원어민인 공무원 10명이 근무했다. 오바마의 카이로 연설 이후 몇 주 동안, DOT 는 이슬람의 유명한 웹사이트들을 방문하여 그들과 대화하고, 중동에서 미국의 정책을 설명하고, 이 지역에 개입하는 미국의 긍정적인 측면을 강조하며, 미국이 이라크와 아프가니스탄과 같은 이슬람 국가들을 점령하고 있는 군국주의 제국이라는 이미지를 바꾸기 위해 노력하였다(Khatib, Dutton, & Telwall, 2012).

그러나 국토부는 곧 디지털 활동에 장벽에 부딪혔다. 첫째, 국토부는 종종 오바마의 연설에서 단순히 발췌하여 이를 게시하는 것으로 질문에 응답했다. DOT가 인터넷 사용자들과 상호작용을 할 때, DOT 회원들은 사용자의 의견이나 질문에 답변하는 데 2.7일이 걸렸다. DOT 회원들도 비슷한 메시지를 여러 웹사이트에 게시함으로써 웹사이트 사용자의 관심사와 요구에 맞춰 온라인 커뮤니케이션을 진행하지 못했다. 마찬가지로 국토부는 감정적 게시물에 사실과 수치로 답하는 경우가 많아 인터넷 사용자들과 의미 있게 교류하지 못했다. 마찬가지로, 국방부가 이라크에서 아이들을 살해하고 있는 것은 이슬람 테러리스트들이라고 언급함으로써 죽은 이슬람 어린이들에 대한 잔혹한 이미지에 대응하려고 하였다. 이러한 반응들은 무슬림 인터넷 사용자들로부터 욕설의 파고를 불러일으켰다. 실제로, Khatib 등(2012)은 DOT 메시지가 실제로 온라인 대화에서 더 많은 부정적인 정서로 이어진다는 주장하였다.

국토부의 봉사활동은 미국 외교관들이 비판적인 청중들과 반대되는 논쟁적인 문제들을 다루기 위해 얼마나 준비가 덜 되었는지를 보여준다. 국토부는 각 DOT 대응에 대해 정확성을 조사하고 모든 DOT 구성원의 회의에서 승인을 받아야 했기 때문에 질문과 의견에 답변하는 데 이틀 이상이 걸렸다. 그러나 디지털 연결의 바로 그 약속은 시간과 거리에 상관없이 이루어지는 순간적인 대화의 약속이다. DOT는 실시간으로 대화하는 디지털 대중의 기대를 충족시키지 못함으로써 디지털 청중과의 대화를 촉진할 수 없었다. DOT 직원들은 누리꾼들이 올린 댓글을 듣지 못한 것으로 보인다. 그들은 사실과 숫자로 감정에 대응했고 여러 플랫폼에 걸쳐 같은 반응을 게시했다. 그러나 디지털 사회는 정보가 디지털 공공의 견해와 관심사에 맞춰져야 하는 사회이다. 또한 팀은 온라인 토론의 의제를 정할 수 있는 능동적인 커뮤니케이션 방식보다는 반응적인 커뮤니케이션 방식을 채택했다. 이는 트롤이 온라인 대화를 의도적으로 끊기 위해 자주 사용하는 그래픽 및 폭력적인 이미지에 대응하기로 한 그들의 결정에서 가장 뚜렷하게 드러났다.

DOT의 경험과 전 세계의 다른 디지털 팀들의 경험에 따라,

MFA는 새로운 업무 방식을 개발하고 기존의 업무 방식을 디지털 시대에 적응시키기 시작했다. 디지털 대중과 대화하려면 외교관들이 자신의 판단에 따라 온라인 메시지를 게시할 수 있어야 한다. 이는 온라인으로 모험하는 외교관들이 디지털 공공기관의 기대, 요구 및 새로운 기관과 경쟁할 수 있도록 디지털 교육이 필요함을 보여준다. 온라인 비판과 있을 수 있는 트롤들을 다루려면 MFA가 언제, 어떻게 논평가를 참여시키고 어떤 유형의 콘텐츠를 무시해야 하는지를 명시하는 지침 초안을 작성해야 한다. 페이스북은 주로 관계 형성에 사용되는 반면 트위터는 정보 수집과 의견 공유(Hughes, Rowe, Batey, & Lee, 2012; Kwak, Lee, Park, & Moon, 2010). 중요한 것은 디지털 상호작용은 또한 공공외교가 공중-중심화되고 엘리트보다는 디지털 공중의 정보 요구와 욕구를 충족시키기 위해 노력하는 MFA 내부의 규범적 변화를 필요로 한다는 것이다.

그래서 디지털화의 과정은 외교 훈련을 감독하는 임무를 맡은 디지털 부서를 만든 전 세계 MFA들의 절차, 문화 및 업무 일상에 영향을 미치기 시작했다. 각 MFA가 디지털화 과정을 거치면서 각 MFA는 고유한 형태의 디지털 훈련과 감독을 개발했다. 폴란드 MFA는 MFA가 폴란드 대사관이 디지털 플랫폼에 게재한 내용을 면밀히 감독하고 검토하는 '훈련 및 감독' 모델을 채택했다. 핀란드 MFA는 대사관이 온라인에 게시된 콘텐츠에 대해 자율성을 누리고 MFA로부터 자료도 제공받는 '신뢰, 훈련, 제공' 모델을 채택했다. 이스라엘 MFA는 대사관이 특정 메시지를 전 세계적으로 홍보하기 위해 자주 사용되기 때문에 "훈련, 감독, 활용"이라는 모델을 채택했다. 그러나 이들 MFA만이 외교관들에게 디지털 교육을 제공하는 것은 결코 아니다. 나이로비에서 더블린, 런던에서 모스크바에 이르기까지 외교관들은 이제 새로운 디지털 포용 기술에 대해 교육을 받고 있다. 새로운 업무 방식을 개발하고, 구조를 바꾸고, 새로운 부서를 설립할 수 있는 MFA의 능력은 정부의 가장 오래된 기관으로서 MFA는 "확실한 절차와 명령 및 통제 스타일의 사회적 관계에 크게 의존하며" 우성화되고 경화된다는 Copeland의 (2013) 주장을 부정한다.

국토부의 활동은 인터넷 웹사이트에서 수행되는 온라인 상호작용의 개방적인 형태를 나타낸다. 2013년까지 MFA는 보다 보수적이고 격리된 참여 형태인 소셜미디어 Q&A를 채택했다.

2013-2014 이스라엘에게 물어봐

2013년과 2014년 사이에 이스라엘 MFA는 트위터에서 이스라엘 외교관과 실시간으로 교류할 수 있도록 사용자를 초대하는 두 번의 중요한 질의응답 세션을 개최했다. 2013년 여름까지 Q&A는 디지털 사회 구성원의 욕구와 MFA의 위험에 민감한 문화를 균형 있게 조정하면서 대중적인 공공외교 도구가 되었다. 이러한 Q&A는 "라이브"로 광고되었는데, 사용자들이 질문을 올리고 외교관들이 어떤 질문에 답할지 결정하는 것으로 구성되었다. 외교관들은 몇 분의 시간동안, 온라인에 게재된 질문들을 검토하고, 가장 논란이 적은 질문들을 결정한다. 게다가, 외교관들은 어떤 질문과 사용자를 피할지 결정할 수 있다. 실시간에 가까운 상호작용의 기회를 제공하고, 정보, 의견, 심지어 경력에서 나온 개인적인 일화까지 공유함으로써 외교관들은 디지털 대중의 욕구를 충족시켰다.

첫 번째 이스라엘 트위터 Q&A는 2013년 12월에 있었다. 트위터 사용자들은 MFA의 대변인인 이갈 팔모르(Yigal Palmor)에게 질문을 제기하도록 요청받았다. 트위터 Q&A 광고는 사용자들이 실제로 행사가 열리기 며칠 전에 질문을 제출하도록 요청했다고 한다. 이를 통해 대변인은 자신이 받는 질문의 유형과 어조를 검토하고 가능한 답변 세트를 미리 작성할 수 있었다. 이번 행사의 온라인 광고도 온라인에서 다룰 주제를 제한함으로써 질의응답 의제를 설정하려고 시도했다. 한 광고는 "이스라엘은 하마스에 대해 어떻게 생각하는가? 당신이 항상 알고 싶어 하고 묻기가 두려웠던 모든 것"이라고 말했다. 또 다른 광고는 "이스라엘이 이란에 대해 정말 어떻게 생각하느냐"고 물었다. 따라서, 이 Q&A는 제한된 수의 이슈와 관련하여 디지털 대중이 외교관과 제한된 시간 동안 교류할 수 있는 격리된 형태의 참여라고 할 수 있다 (Kampf, Manor & Segev, 2015).

반년 뒤인 2014년 7월 론 더머(Ron Dermer) 주미 이스라엘 대사가 미국 트위터 사용자들을 가자지구에서 이스라엘 전쟁을 다루는 특별 질의응답에 초대했다.

하마스가 이스라엘 도시에 로켓을 발사해 새벽이 되자 가자지구가 이스라엘 전투기들의 포격을 받자 대사는 트위터 사용자들로부터 질문을 받기 시작했다. 그러나 많은 사용자들이 대사와의 대화에 관심이 없고, 그 행사를 가로채고 이스라엘 정부와 정책을 비판하기를 희망하고 있다는 것이 빠르게 명백해졌다. 더머는 일련의 인신공격, 사망한 팔레스타인 아이들의 그래픽 이미지, 이스라엘 군인들을 나치 장교로 묘사한 만화들로 폭격을 받았다. 트위터 사용자들은 또한 더머에게 팔레스타인 어린이들을 살해하기 위해 그가 가장 좋아하는 도구가 무엇인지 물었다. 폭격, 굶주림이나 질병? 또 다른 이용자는 대사가 가자 해변에서 아이들을 죽이는 것이 '자기 방어' 행위라는 것을 스스로 납득시키기 위해 마약을 복용했는지 물었다. 다른 사람들은 그가 천

명 이상의 팔레스타인인들을 다치게 한 것이 자랑스러운지, 그리고 백악관 시온주의 선전을 제공한 것이 그가 맞는지에 대해 물었다.

디지털 대중이 대사의 공공외교 노력에 반대만 한 것은 아니다. 그들은 그것을 완전히 거부했고, 매우 외교적이지 않은 어조로 대사에게 지옥에나 가라고 말했다. 이어서 질의응답이 언론의 주목을 받았다. 알자지라는 'Q&A가 끔찍하게 실패했다'는 제목의 뉴스 기사를 냈고, 러시아투데이와 비즈니스인사이더는 각각 '기념비적 실패'와 '재난'으로 규정했다. 알자지라에 따르면 #AskDermer 해시태그는 20,000회 이상 사용되었으며 주로 부정적인 댓글을 달기 위해 사용되었다 (Manor, 2014; The Stream, 2014).

부정적인 백래쉬에도 불구하고, 이스라엘 대사는 움찔하지도 않고 오프라인으로 피난하지도 않았다. 그의 답변은 하마스가 시민들을 인간 방패로 사용했음에도 불구하고 이스라엘은 민간인들의 생명을 보호하기 위해 모든 힘을 다하고 있다고 말했다. 이 대사는 또한 추종자들에게 모든 민간인 사망은 이스라엘이 조사할 것이라고 확신시켰다. 그는 이스라엘이 수많은 휴전 제안에 동의했지만 모두 하마스 정부에 의해 거부당했다고 설명했다. 그는 이스라엘이 2005년 가자지구에서 철수했으나 공개적으로 이스라엘의 파괴를 요구하는 조직의 손에 넘어갔다고 강조했다. 이스라엘 대사는 또한 하마스가 로켓 발사를 중단하면 이스라엘은 공중 및 지상 작전을 중단할 것이라고 말했다. 이 대사는 또한 하마스가 인간 방패를 사용하는 것을 이스라엘 시민들을 보호하기 위한 시도와 동일시했다. 그러나 죽은 어머니와 아들의 그래픽 이미지, 그리고 욕설과 분노의 달그락거리는 소리 속에서, 대사의 대답은 무시되었을지도 모른다.

그러나 온라인 상태를 유지하고 어려운 질문에 답하기로 한 대사의 결정이 디지털 대중과 대화하려는 진정한 열망을 보여준다고 주장할 수 있다. 그것은 또한 이스라엘이 가장 논쟁적인 정책들조차도 그 지역에서 그들의 정책을 정당화할 수 있다는 것을 증명했을지도 모른다. 게다가, 이스라엘의 비판적인 청중들과 상호작용을 시도함으로써, 대사는 디지털 도구의 모든 잠재력을 실현하려고 시도하고 있었다. 마지막으로, 질문에 대한 답변을 받은 일부 사용자들은 온라인으로 대사님과 더 많은 대화를 할 의향이 있어 향후 관계를 위한 토대가 마련되었을 수 있다.

대사의 질의응답 시간은 세 가지 오프라인 공공외교 목표를 달성하는 데 사용되었을 수 있다. 첫째는 오바마 행정부가 이스라엘의 군사활동을 제지하지 못하도록 미국 트위터 사용자들의 지지를 결집하는 것이었다. 두 번째 목표는 시민을 인간 방패로 삼는 하마스와 시민을 보호하는 이스라엘 사이에 도덕적 이분법을 만드는 것이었을 것이다. 이런 도덕적 이분법이 가자지구를 폭격하는 와중에도 이스라엘이 미국에서 이미지를 관리하는 데 도움이 될 수 있었다(Manor & Crilley, 2018a). 셋째, 대사는 미국이 직면한 테러위협과 이스라엘이 직면한 테러위협 사이의 유사점을 도출하여 미국의 소셜미디어 이용자들에게 반향을 불러일으킬 공공외교 메시지를 만들어내려고 시도했을 수 있다. 대사가 미국 트위터 사용자들과 대화하기를 희망했을지 모르지만, 그의 질의응답은 전 세계의 사용자들을 끌어 모았고, 그들 중 많은 사람들은 미국인들에게 반향을 일으킬 수 있었던 논쟁에 대해 믿지 못했다. 사브리나 소티루(Sabrina Sotiriu, 2015)가 말했듯이, 메시지가 의도하지 않은 청중에게 도달함에 따라 디지털화는 종종 커뮤니케이션과정에 대한 통제력을 상실한다. 따라서 Dermer의 Q&A는 디지털 플랫폼을 통해 전달되는 공공외교의 글로컬화된 성격과 국경이 무의미해짐에 따라 디지털 사회에서 공간이 소멸됨을 보여준다.

더머의 질의응답은 외교관들이 '새로운' 공공외교를 실천할 때 맞닥뜨려야 할 두 가지 어려움을 잘 보여준다. 첫 번째는 디지털 대중이 외교 행사와 그 상징을 가로챌 수 있는 상대적 용이함이었다. #AskDermer라는 해시태그는 이스라엘의 외교가 아니라 이스라엘의 만행과 관련이 있었다. 두 번째는 그러한 사건들에 대한 언론의 보도였다. 질의응답 이후 나온 헤드라인들은 모두 대사가 디지털 대중로부터 질책을 받았기 때문에 그것을 재앙으로 규정했다. 어려운 질문에 대한 대사의 답변이나 온라인 유지 의지가 담긴 뉴스는 하나도 없었다. 외교관의 디지털 대중과의 상호작용 노력에 대한 그러한 부정적인 언론 보도는 MFA가 디지털 대중을 두려워하고 관여를 의심하게 만들 것이다. 더머의 디지털 대중과의 상호작용 시도의 중요성을 언론이 과소평가하지 않는 것은 공공외교의 디지털화 과정에 언론인이나 미디어 기관과 같은 외교 영역을 선회하는 다른 행위자들이 포함될 것임을 보여준다. 이스라엘 대사가 트위터 로그오프 준비를 하고 있을 때, 예측할 수 없는 온라인 대중이 하마스의 본부를 습격했다.

2015 하마스에게 질문하기

2015년 3월 하마스 테러 운동은 트위터를 통해 3일간 질의응답 시간을 가졌다. 그 사건을 홍보하는 트윗은 "말의 입에서 나온 진실"이라고 언급했고 #AskHamas라는 해시태그를 사용했다. 이전 질의응답과는 달리, 하마스의 행사는 며칠간 지속되며 트위터 사용자들이 팔레스타인 입법위원회 여성 의원, 이스라엘 교도소에서 수년을 보낸 하마스 테러리스트, 가자 지구의 하마스 정부 총리, 하마스의 군사 조직 지

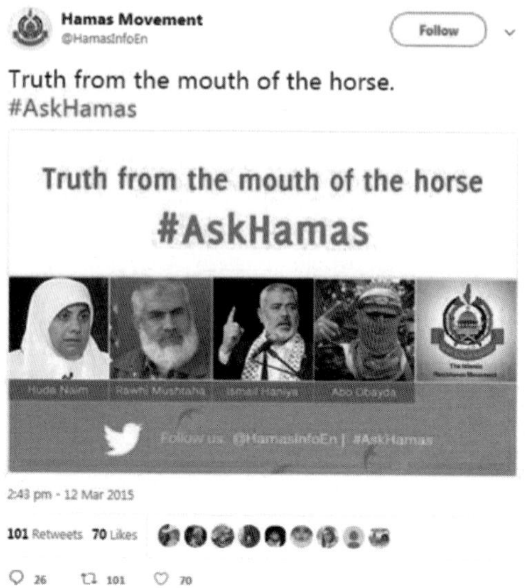

그림 3.1 하마스 트위터 Q&A 초대(출처: https://twitter.com/HamasInfoEn/status/576136445443891200

도자 등 4명의 다른 관계자들과 교류할 수 있게 된다.

질의응답 시작부터 하마스 대변인은 자신들이 디지털 대중으로부터 혹독한 비판을 받고 있음을 알게 되었다. 추종자들은 '왜 자녀들을 위한 교육에 투자하기보다 살인 터널을 건설하는 것을 택하는가', '왜 부유한 아랍 국가들이 준 돈을 받아 국민을 먹이지 않고 테러 터널을 건설하는 데 사용'이 정부의 우선순위인지에 대한 질문을 받았다. 다른 이용자들은 하마스 지도자 중 한 명인 칼레드 마샬(Khaled Mashal)이 26억 달러 이상의 재산을 보유하고 있으며, 다른 이용자들은 스위스 은행에 비밀 계좌를 가지고 있고 걸프만에 있는 호화로운 호텔에 살고 있다고 말하며 정부의 부패에 초점을 맞췄다.

게다가 사용자들은 "유치원과 병원에서 미사일을 발사하면 민간인 사망에 대한 과실이 생기지 않느냐"고 질문함으로써 이스라엘이나 유대인에 대한 하마스의 도덕성과 정책을 공격했다. "민간인(특히 아이들)을 인간 방패로 삼는 것은 비인간적" "유대인을 모두 죽여 헌장을 이행한 뒤 다음엔 어떤 소수 집단을 말살하고 싶으냐"는 것이다. 디지털 대중이 해결해야 할 또 다른 이슈는 하마스(Hamas)와 Daesh(Daesh)의 유사성으로, 사용자들이 아동의 세뇌, 즉결 처형, 그리고 두 조직이 그들의 영토에서 시민 질서를 유지하는 데 있어 야만성에 초점을 맞추고 있다. 하마스 대변인은 부상당한 이스라엘인과 사망한 이스라엘인의 모습, 가자지구에서 처형된 하마스의 모습, 또는 무기를 들고 성전을 맹세하는 어린 팔레스타인 아이들의 모습 등을 공개했다. 한 눈에 띄는 이미지는 심지어 총알과 소총으로 둘러싸인 유아용 침대에 있는 아기를 포함했다.

한편 하마스 대변인은 질문에 대해 까다롭게 답변했다. 이스라엘과의 평화에 대한 전망을 묻자, 한 대변인은 "하마스는 팔레스타인 국민들에게 그들의 모든 합법적인 권리를 부여하는 어떤 정당한 해결책이라도 지지한다."고 답했다. 하마스의 군사 활동에 대한 질문에 대해 대변인은 하마스가 아랍인들을 살해하려는 유대인들로부터 팔레스타인을 보호하고 있으며 하마스는 점령이 끝나고 정의가 확립될 때까지 무장해제를 하지 않을 것이라고 말했다. 마침표." 다른 답변은 하마스가 병원이나 민간지역에서 로켓을 발사했다는 주장을 비난하는 데 초점이 맞춰졌다. 마지막으로, 왜 사람들이 자살 폭탄 테러를 기꺼이 할 것인지, 그리고 왜 하마스가 그러한 활동을 지지하냐는 질문을 받았을 때, 대변인은 이러한 폭탄 테러는 수년간의 공격, 억압, 점령에서 비롯되었다고 말했다.

요약하자면, 하마스의 대변인은 테러 운동의 목표, 군사 활동, 도덕적 성격과 관련된 질문들을 다루었다. 그러나 대변인들은 가자 지구에서의 정부의 우선 순위, 부패의 주장, 아이들의 세뇌, 가자 지구 시민들에 대한 잔인성에 대해서는 언급하지 않았다. 워싱턴포스트(WP)는 하마스가 온라인에서 마주한 냉소적인 질문과 비난의 공세가 언론의 질의응답에 영향을 미쳤으며, 이스라엘 하아레츠 신문은 "하마스 트위터 캠페인은 조롱을 받고 있고 아직 시작도 하지 않았다."고 보도했다(Haaretz, 2015; Taylor, 2015).

중요한 질문은, 애초에 왜 테러조직이 트위터 질의응답을 하느냐는 것이다. 한 가지 대답은 하마스가 가자지구에 대한 자신들의 통치를 합법화하기를 희망하고 있다는 것일지도 모른다. 트위터에 접속하여 디지털 대중에게 지도자들과 교류하고 비판할 수 있는 기회를 제공함으로써, 하마스는 많은 다른 정부들의 예를 따르고 있었다. 게다가 하마스는 국제적 이미지를 관리하려고 시도하고 있었을지도 모른다. 여성 대변인의 참여와 질의응답은 하마스가 Daesh와 같은 단체와 거리를 두게 했고 스스로를 억압적인 급진 이슬람 단체보다는 진보적인 이슬람 정부로 비춰질 수 있게 했다. 2015년 소셜미디어 사이트는 여전히 사회에서 긍정적인 세력으로 여겨졌고 아랍의 봄의 희망적인 정신과 밀접하게 연관되어 있었기 때문에 소셜미디어 사이트의 바로 그 사용은 하마스의 이미지에 영향을 미쳤을 수 있다. 마지막으로, 온라인 이미지는 오프라인 인식에 영향을 미친다. 예를 들어, Daesh의 소셜미디어 제국과 기술력은 국가의 오프라인 이미지를 만들 수 있게 했다. 정통성과 좋은 통치에 대한 온라인 서사 또는 iBrand를 만듦으로써, 하마스는 가자 지구에 대한 자신들의 통치에 대한 오프라인 인식에 영향을 미치려고 시도했을지도 모른다.

하마스 Q&A는 공공외교의 디지털화가 공공외교 활동에 참여하고, 디지털 대중과의 관계를 육성하고, 이미지를 관리하고, 그들의 활동을 합법화할 수 있는 광범위한 행위자들에게 힘을 실어주었음을 보여준다. 이들은 대쉬와 같은 테러 단체에서 하마스와 같은 준정부 및 EU와 같은 초국가적 외교 단체까지 다양했다.

2014-2017 EU의 이스라엘에 대한 집착

유럽 연합의 텔아비브 대표단은 이스라엘에서 가장 디지털화된 방식으로 활동하는 외교 기관 중 하나이다. 2014년과 2017년 사이에 대표단은 이스라엘 시민들과 교류하고 중동에서 EU의 정책을 설명하며 예루살렘과 브뤼셀의 긴밀한 관계를 보여주기 위해 계속해서 디지털 플랫폼으로 눈을 돌렸다. 두 번의 페이스북 Q&A와 페이스북 캠페인이 포함된 이 활동들은 공공외교의 디지털화에 대한 시간 경과에 따른 변화를 알 수 있는 사례를 제공한다.

이스라엘과 EU의 관계는 긴장된 상태이다. 이스라엘의 많은 사람들은 EU가 다른 지역과 세계적인 위기와 비교했을 때, 유달리 이스라엘-팔레스타인 분쟁에 강박적인 관심을 갖고 있다고 믿는다. 일각에서는 EU의 이스라엘에 대한 관심이 반유대주의에서 비롯된 것이지 분쟁의 평화적 해결을 이끌어내려는 열망에서 비롯된 것이 아니라고 주장하기도 한다. 다른 사람들은 EU가 아랍 전제군주나 중국의 잔학 행위를 무시한 채 인권 침해에 대해 이스라엘을 비난하는 것은 위선적이라고 주장한다.

EU와 이스라엘 사이의 긴장감은 EU 대사가 이스라엘에 도착한 직후 페이스북 Q&A 동기를 부여했을 수도 있다. 2014년 5월 열린

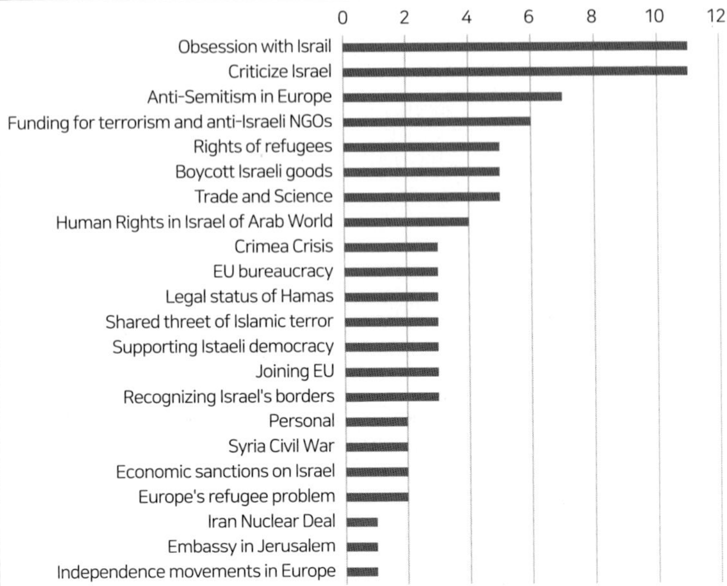

그래프 3.1 카테고리(질문 수)별 EU 대사에게 제기된 질문 분석

Q&A에는 이스라엘 페이스북 사용자들이 대사에게 던진 86개의 질문이 포함됐다. 2014년 Q&A를 분석하기 위해 페이스북 사용자들이 올린 모든 질문은 주제별로 2명의 코더가 분류했다. 이 분류는 텍스트 자체에서 범주가 발생하는 귀납적 접근법에 기초했다. 페이스북에 올라온 질문들은 2014년 5월에 수집되어 2018년 3월에 분석되었다. 파악된 범주와 그 범주는 **그래프** 3.1에서 확인할 수 있다.

그래프 3.1에서 알 수 있듯이, 널리 사용되는 두 가지 질문 범주는 "이스라엘에 대한 관찰"과 "이스라엘 비판"이었다. "이스라엘에 대한 집착" 범주에는 다음과 같은 질문이 포함되었다. EU는 왜 이스라엘에 집착하는 걸까? 왜 다른 국제 분쟁에 초점을 맞추지 않는가? 왜 EU는 아랍 독재자들을 지지하면서 이스라엘의 정책을 비난하는가? 왜 EU는 아사드 정권이 자국민을 살해하도록 허용하면서 인권침해로 이스라엘을 비난하는가? 특히, 이러한 질문들 중 많은 부분이 "집착"이라는 용어를 포함하였다. "이스라엘 비판" 항목의 질문들은 EU가 이스라엘의 군사 활동을 정당화 할 때에도 신속하게 판단하고, (덴마크의 무슬림에 대한 태도 등) 다른 나라에서의 인종차별을 수용하고, 다자간 포럼에서 이스라엘을 공격하고, 이스라엘과 팔레스타인 분쟁에 개입하고 있다고 비난했다.

세 번째로 널리 퍼져 있는 범주에는 유럽에 만연한 반유대주의와 증가하는 반유대주의에 대한 EU의 대응 부족이 포함되었다. 네 번째로 가장 널리 알려진 항목인 "테러 및 반이스라엘 NGO 기금"은 EU가 팔레스타인 정부가 테러범 가족에게 자금과, 이스라엘 국가 전복 시도에 관여되어 있는 이스라엘 NGO에 자금을 지원했다고 주장했다. 5위는 EU가 이스라엘에서 박해받고 있는 난민과 망명 신청자들에 대한 지원이 부족하다고 한 반면 6위는 EU가 이스라엘 제품에 대한 보이콧을 지지한다고 비난했다. '무역과 과학' 부문에는 EU와 이스라엘의 협력에 관한 질문이 포함됐고, '이스라엘이나 아랍세계의 인권' 부문은 이스라엘이 아닌 아랍세계의 인권침해에 대처해야 할 EU의 필요성을 강조했다.

가장 언급되지 않은 이슈에는 크림 위기, 유럽(카탈루냐 등)의 독립 운동, 이란 핵 협정 등과 같은 세계적인 사건이 포함되었다. 이스라엘 페이스북 이용자들은 대사에게 EU가 가자지구에 있는 하마스 정부를 공식적으로 인정할 의도가 있는지, EU가 이슬람 테러의 공동 위협에 맞서 이스라엘과 협력할 의도인지, EU가 이스라엘의 국경을 인정하고 예루살렘으로 대사관을 이전할 것인지, 이스라엘이 결국 합류할 수 있는지도 물었다. 마지막으로 소수의 이스라엘인들은 유럽이 난민 문제와 어떻게 싸울 것인지, EU가 이스라엘에 경제적 제재를 가할 것인지, 그리고 대사가 어떻게 외교관이 되었는지를 물었다.

대사에게 제기된 질문들의 감정을 평가할 때, 사람들은 EU에 대한 이스라엘의 감정을 전반적으로 이해하기 시작한다. 이 장의 분석의 일환으로, 각 질문은 매우 부정적인 것부터 부정적인 것, 중립적인 것, 긍정적인 것, 그리고 매우 긍정적인 것까지 다양한 감정 척도로 순위가 매겨졌다. 두 명의 코더가 모든 질문에 순위를 매겼으며, 높은 코더 간 신뢰성을 보장하기 위해 Spearman 상관 계수를 사용했다. 대사에게 제기된 86개의 질문 중 62%는 부정적이거나 매우 부정적인 감정을 가졌고, 32%는 중립적인 감정을 가졌으며, 6%만이 긍정적이거나 매우 긍정적인 감정을 가졌습니다. 실제로 페이스북 사용자 대다수는 단순히 대사에게 질문을 던진 것이 아니라 대사가 대표하는 정치, 그리고 EU의 이스라엘 정책을 공격했다. 예를 들어, 한 사용자는 "이스라엘 문제에 관여하지 말아 주시겠습니까?"라고 물었다. 다른 사람은 "친애하는 대사님께, 왜 2000년 이상 유럽이 유대인들을 인도적으로 대할 수 없다는 것을 증명하셨는지 설명해 주시겠습니까? 왜 우리가 당신의 PC(정치적 올바름)를 납득해야 하고 갑자기 당신이 모두 고개를 돌려서 유대인들을 평범한 사람으로 생각할 수 있다고 생각하시나요?" 우리의 산소를 낭비하는 이유를 알려주세요." 이스라엘은 팔레스타인 정부에 할당된 자금에 대해 "좋은 날입니다, 각하, 그런데 왜 EU는 항상 이스라엘에만 초점을, 거의 오로지 이스라엘에만 초점을 맞추고 있습니까? EU는 왜 소위 '팔레스타인'들에게 주어지는 모든 자금이 올바른 목적을 위해 쓰인다고 보지 않는가?"라고 말했다.

이스라엘-팔레스타인 분쟁과 관련 없는 사안을 묻는 질문에도 이스라엘인들은 그를 맹비난했다. 예를 들어, 이스라엘 페이스북 사용자들은 EU가 이스라엘에 망명 신청자들을 버리고, 평화를 진전시키기 위해 충분한 노력을 하지 않고, 이스라엘이 팔레스타인에게 양보를 하도록 압력을 가하지 않은 것에 대해 비난할 때 거친 단어들을 사용했다. 한 이용자는 대사가 가능한 한 빨리 짐을 싸서 떠날 것을 제안했다. 그렇게 해도 대사는 욕을 먹고, 안 해도 욕을 먹었다. 질문의 부정적인 감정에도 불구하고, EU 대사는 그에게 제기된 86개의 질문 중 64

그림 3.2 EU 주재 이스라엘 사절단과 공동 페이스북 캠페인(출처: https://www.facebook.com/Europe.in.Israel/photos/a.138558509540849.27528.134470763282957/1547361638660522/?type= 3&theater)

개의 질문에 답했다.

2014년 Q&A 이후 정확히 3년이 지난 2017년 5월, 이스라엘 EU 대표단은 브뤼셀에서 이스라엘 EU 대표단과 공유 페이스북 캠페인을 시작했다. 이번 캠페인은 EU와 이스라엘 관계의 밀접한 성격을 반영하고, 두 나라가 서로에게 유익한 동반자 관계를 맺고 있는 분야를 강조하기 위한 것이었다. 이는 비둘기파 두 마리 또는 두 손이 서로 얽혀 있는 이스라엘의 국기와 EU의 국기가 그려진 캠페인의 이미지에서 분명히 드러난다(**그림** 3.2).

이 캠페인으로 구성된 30개의 페이스북 게시물을 검토한 결과 2014년 이스라엘 페이스북 사용자들이 표현한 많은 관점에 맞춘 것으로 나타났다. 두 명의 코더가 분류한 EU 선거운동 포스트에서 다루는 이슈는 **표** 3.1에서 볼 수 있다. 특히 모든 게시물은 2018년 1월 중에 수

표 3.1 게시물 수별로 EU 대표단 캠페인에서 해결된 문제

이슈	게시물 수	사례
EU R&D 프로젝트에 참여하는 이스라엘	7	EU Horizon 2020의 7%에는 이스라엘 연구 프로젝트가 포함. 이스라엘은 EU 연구 프로그램 보조금으로 17억 유로 받음
이스라엘에 대한 일상적인 혜택	6	열린 하늘 협정은 이스라엘이 100유로에 파리를 위해 베를린까지 비행할 수 있다는 것을 의미. 탁 트인 하늘 덕분에 텔아비브에서 직항편을 운항하는 도시의 수가 5년도 채 되지 않아 2배 증가
EU와의 무역	6	EU 국가들은 이스라엘에 110억 유로를 투자함. EU는 이스라엘의 가장 큰 무역 파트너임
공유 가치	5	이스라엘과 EU는 정기적인 반테러 대화를 개최. EU는 반유대주의 조정관을 임명; 이스라엘, 독일, 핀란드는 모두 세계에서 가장 혁신적인 5대 국가로 선정
공동 투자	3	암 조기진단 혁신기술 공동개발
공유 루트	3	이스라엘의 9대 대통령 시몬 페레스는 폴란드에서 태어남. 텔아비브에는 독일 바우하우스 건물이 존재

집되어 2018년 3월 중에 분석되었다.

표 3.1에서 볼 수 있듯이, 대부분의 선거운동 게시물은 EU가 지원하는 연구개발 프로젝트에 이스라엘이 참여하는 것을 다루고 있다. 이 페이스북 게시물들은 EU가 이스라엘-팔레스타인 분쟁에만 집착하고 항상 이스라엘을 가혹하게 비판하는 것에 의지한다는 견해를 부정하는 데 사용되었을지도 모른다. 이러한 게시물들이 보여주듯이, EU와 이스라엘은 수많은 형태의 협력을 즐기고 있다. 선거운동 게시물들은 또한 EU와 이스라엘의 긴밀한 관계와 두 나라 사이의 무역 관계의 일상적인 이점들을 다루었다. 매일의 혜택에는 유럽으로 가는 이스라엘 시민들에게 더 저렴한 항공편과 유럽의 더 많은 목적지를 방문할 수 있는 기회가 포함되었다. 무역 관계에 초점을 맞춘 게시물들은 EU가 이스라엘의 가장 큰 무역 파트너였고 지금도 마찬가지라는 사실을 강조했다.

선거운동 게시물에서 세 번째로 많이 다뤄진 이슈는 EU와 이스라엘이 공유하는 가치였다. 1998년 이스라엘의 유로비전 우승과 관련해 트랜스젠더 가수 다나 인터내셔널(Dana International)이 대표직을 맡았다. 이스라엘인들이 편협한 지역 가운데 LGBT 인권의 보루라는 자부심을 갖고 있는 가운데 이 게시물은 이스라엘 페이스북 사용자들에게 반향을 일으킬 수 있었다. 주목해야 할 두 개의 게시물은 EU가 유럽 내 반유대주의 투쟁을 위한 모든 노력의 조정자를 임명했다는 내용과 EU와 이스라엘이 테러와의 전쟁에 협력한다는 내용이다. 이 두 가지 이슈는 2014년 질의응답에서 반복적으로 제기되었다. 가장 덜 널리 퍼진 두 가지 이슈는 EU와 이스라엘의 합작 사업, 그리고 EU와 이스라엘의 공유된 뿌리였다.

그러나 선거운동 게시물 참여율을 분석한 결과 이스라엘 페이스북 사용자들 대부분 받아 들이지 않은 것으로 나타났다. **그래프 3.2**

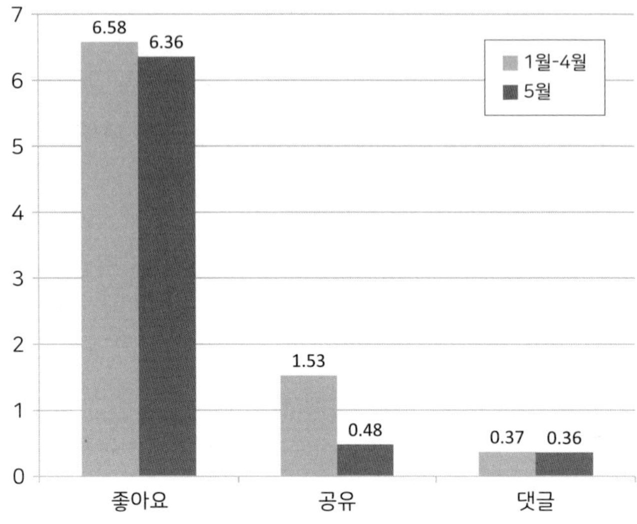

그래프 3.2 EU 페이스북 게시물에 대한 평균 사용자 참여 수준 비교

에서 볼 수 있듯이, 2017년 1월부터 4월까지 이스라엘 EU 대표단이 게시한 페이스북 게시물의 평균은 6.6개의 좋아요, 1.53개의 공유, 0.37개의 댓글을 얻었다. 5월 한 달 동안, 캠페인에 참여한 사람들을 포함한 페이스북 게시물들은 좋아요와 댓글 면에서 비슷한 참여를 이끌었지만, 공유 수준은 상당히 낮았다. 이와 같이 이스라엘 페이스북 사용자는 온라인 연락처와 캠페인 메시지를 공유하려 하지 않았으며, 특히 캠페인 메시지가 이스라엘 사용자들에게 반향을 일으키거나 더 높은 수준의 상호작용을 이끌어내지도 못했다.

2017년 캠페인은 대사와의 또 다른 질의응답으로 끝이 났다. 이제 이스라엘에서의 임기가 끝나갈 무렵 대사는 이스라엘 페이스북 이용자들의 질문에 실시간으로 답하는 동영상 질의응답을 진행했다. 3년이 지났음에도 불구하고, 대표단의 페이스북 캠페인에도 불구하고, 대사는 EU가 왜 그렇게 반유대주의적인지, 왜 이스라엘에 집착하는지, 왜 EU는 전 세계 다른 점령지가 아닌 이스라엘의 팔레스타인 점령에 초점을 맞추고 있는지, EU는 왜 자금을 지원하는지 등의 2014년의 질문을 되받았다. 질문들은 반이스라엘 NGO는 물론 팔레스타인 테러리스트 가족에게도 할당됐다. EU가 이스라엘 제품을 불매하는 이유를 다시 한 번 묻기도 했다. 2014년 사례와 마찬가지로 대사에게 제기된 19개 질문 중 1개만 긍정적이거나 매우 긍정적인 정서를 가졌고, 9개 질문은 부정적이거나 매우 부정적인 정서를, 9개 문항은 중립적인 정서를 가졌다.

이스라엘의 사례 연구에서 EU는 공공외교의 디지털화가 가져온 이점과 한계를 모두 보여준다. 이스라엘 페이스북 사용자들과 교류함으로써, 이스라엘 주재 EU 대사는 이스라엘에서 EU의 외교 정책을 수용하는 것을 용이하게 하기 위해 이스라엘과의 관계 형성을 시작할 수 있었을지도 모른다. 또한 EU 대표단은 소셜미디어 캠페인을 가치, 문화, 언어, 역사 또는 정치적 관점에 따라 특정 디지털 공공의 고유한 속성에 맞출 수 있는 잠재력을 깨달은 것으로 보인다. 실제로 EU의 페이스북 캠페인은 EU에 대한 이스라엘인들의 관점에 맞춰졌다. 그렇게 함으로써, 대표단은 맞춤형 디지털 경험에 대한 디지털 사회 구성원들의 요구를 충족시키려 했다. 그러나 디지털 공중이 배우와 그의 정책 나레이션을 거부할 수 있기 때문에 단순히 디지털 플랫폼으로 선회한다고 해서 공공외교 행위자가 그의 목표를 달성할 수 있는 것은 아니다.

이어지는 질문은, 무엇이 이스라엘에서 EU의 공공외교 노력을 개선할 수 있었을까 하는 것이다. 이 문제에는 세 가지 응답이 있다. 첫째, 공공외교의 디지털화는 공공외교 행위자들이 디지털 대중과 지속적으로 대화할 것을 요구한다. Q&A와 같은 참여의 광경은 새로운 디지털 팔로워를 끌어들일 수는 있지만 관계의 기반이 될 수는 없다. 이를 위해서는 공통 관심사와 장기간에 걸친 지속적인 대화가 필요하다(Taylor & Kent, 2014). 디지털 사회의 구성원들은 지속적인 연결의 세계에 존재하며, 공공외교도 마찬가지다. 둘째, EU의 선거운동이 이스라엘 페이스북 사용자들에 의해 제기된 문제들 중 일부를 다루었지만, EU가 아랍 독재자들을 비난하는데 소홀히 하면서 이스라엘을 빠르게 비판하고 있다는 것과 EU의 외교 정책이 이스라엘에 너무 집착하고 있다는 그들의 가장 두드러진 두 가지 주장과 직접적으로 다투지는 않았다. 진정으로 맞춤화된 캠페인은 아랍 국가들에 대한 EU의 정책을 명확히 하고 이스라엘을 훨씬 넘어서는 EU의 외교 정책의 세계적인 전망을 보여주면서 이 두 가지 주장에 대항하려고 했을지도 모른다. 마지막으로, EU 대표단은 캠페인에 더 많은 시각 자료를 통합하고 온라인 커뮤니케이션에 대한 서술적 접근법을 취할 수 있었다. 디지털 사회에서 구성원들은 진정한 개인 서사 또는 iBrand를 만드는 임무를 맡는다. 이 서술은 "보는 것은 믿는 것이다."라는 말과 같이 이미지와 비디오를 통해 살아난다. 외교 행위자는 글로벌 무대에서 자신의 정책과 행동을 설명하는 서사를 만들기 위해 비주얼을 사용하는 유사한 접근법을 채택할 수 있다. EU의 경우, 동영상은 EU의 외교적 노력의 세계적 확산을 묘사하고, 중동의 다른 국가들에 대한 정책을 보여주며, EU의 외교적 행동이 어떻게 EU의 가치에 부합하는지 보여주는 데 사용될 수 있었다. EU의 시각적인 서술은 또한 이스라엘과의 관계에서 역사적인 이정표, EU 기금 덕분에 이루어진 과학적 진보, 이스라엘인들의 삶의 질에 대한 EU의 기여에 초점을 맞출 수 있었다. 이전의 연구는 이미지와 동영상이 공공외교 자료에 대한 추종자의 참여를 증가시킨다는 것을 입증했다(Manor & Crilley, 2018b).

이 장에서 살펴본 마지막 사례 연구는 이란 핵 협정에서 탈퇴한 미국의 결정과 관련이 있다.

2018 이란 협상의 기술

2018년 5월 8일, 미국 대통령 도널드 트럼프는 백악관에서 전 세계에 연설했다. 부시 대통령은 장문의 성명을 통해 2015년 세계 강대국(미국·EU·프랑스·영국·독일·중국·러시아)과 이란이 협상한 이란 핵협정(Joint Comprehensive Plan of Action: JCPOA)을 탈퇴하겠다고 밝혔다. 그의 유럽 동맹국들이 매우 실망스럽게도, 트럼프는 그 협정의 핵심에 결함이 있다고 묘사했다. 그는 이란 경제에서 해제된 모든 금융 제재를 다시 부과하겠다고 약속했다.

트럼프 대통령의 발표가 있은 지 거의 3주가 지난 5월 21일, 마이클 폼페이오 미 국무장관은 미국이 이란 핵 협정에 재가입하는 조건을 정리한 주요 외교 정책 연설을 했다. 보수 성향의 싱크탱크인 헤리티지 재단에서 폼페이오(Michael Pompeo) 장관의 연설은 국무부 트위터 채널을 통해 생중계됐다. 일련의 16개의 트윗에서 폼페이오 장관은 네 가지 주요 논거를 제시했다. 첫째, 이란 협정은 이란이 협정 발효 후 몇 년 후에 핵무기 개발을 시작할 수 있기 때문에 단지 이란 핵폭탄의 위협을 지연시켰을 뿐이다. 둘째, 이란 협정은 무력화된 경제 제재의 철폐를 고려하여 이란을 부유하게 만들었다. 이란 정권은 이 자금을 이란 사람들의 삶을 개선하는 데 사용하기보다는 시리아를 포함한 지역 전역에서 대리전을 벌이며 이스라엘의 안보를 위협하는 데 사용했다. 셋째로, 미국은 이란의 핵 프로그램뿐만 아니라 중동의 재건을 위한 노력, 지역 패권국이 되기 위한 시도, 탄도 미사일 프로그램에 대한 투자를 다룰 새로운 협정에 대해 동맹국들과 협력할 것을 약속했다. 마지막으로, 장관은 미국이 자국민들을 학대하고, 여성을 비하하며, 모두에게 자유를 부정하는 이란 정권에 진정한 변화를 가져올 수 있기를 바란다고 주장했다.

폼페이오 장관의 트윗은 전 세계 트위터 사용자들로부터 총 719개의 댓글을 얻었다. **표 3.2**는 각 폼페이오의 트윗 내용과 그것이 얻은

표 3.2 폼페이오 트윗에 대한 반응으로 게시된 댓글의 감정(댓글 719개 샘플 기준)

트위터 내용	감정*
@POTUS(미국 대통령)는 이란 이슬람 공화국의 지도자들이 만든 위험으로부터 미국인의 안전을 보장하지 못하는 단순한 이유 때문에 거래에서 탈퇴했다	82% 부정
#JCPOA(합동 종합 행동 계획)는 치명적인 결함 때문에 세계를 위험에 빠뜨린다. JCPOA의 약한 일몰 조항은 #이란의 핵무기 능력을 지연시켰을 뿐이다. 거래의 일몰 조항에 대한 카운트 다운 시계가 끝난 후이란은 폭탄에 대한 빠른 전력 질주를 자유롭게 할 것이다	82% 부정
#JCPOA(포괄적 공동행동계획)는 이란 정권이 JCPOA의 자금을 어려움에 처한 사람들의 경제적 부를 부양하는 데 사용할 수 있도록 허용했다. 정권의 지도자들은 그렇게 하기를 거부했다. 대신 정부. 새로 발견한 보물을 중동 전역에서 대리 전쟁에 연료로 사용했다	50% 부정
#IRGC(이슬람혁명수비대)는 살인적인 아사드 정권을 지원하기 위해 수천 명의 전사를 시리아로 투입하기 위해 계속된다	92% 부정
#IRGC(이슬람 혁명 수비대)는 무장 드론을 이스라엘 하늘로 날려 보냈고 #시리아에서 골란 고원으로 로켓 일제사격을 시작했다. 우리의 확고한 동맹인 #이스라엘은 이에 대응하여 자주적 자위권을 주장했으며 미국은 계속 입장을 고수할 것이다	85% 부정
우리는 계속할 것이다. 동맹국들과 협력하여 이 지역에서 정권의 불안정한 활동에 대응하고 테러 자금 조달을 차단하며 이란의 미사일 확산 문제를 해결한다. 우리는 또한 이란이 핵무기를 가질 가능성이 없는 경로를 만들도록 할 것이다	89% 부정
제재의 고통은 정권이 자신과 이란 국민을 위해 선택한 용납할 수 없고 비생산적인 길에서 방향을 바꾸지 않을 때만 더 고통스러울 것이다. 이것은 우리가 끝날 때까지 역사상 가장 강력한 제재가 될 것이다	86% 부정

트위터 내용	감정*
우리는 이 지역의 바다에서 항해의 자유를 보장할 것이다. 우리는 전 세계에서 활동하는 이란 공작원과 그들의 #헤즈볼라 대리인을 추적하고 분쇄할 것이다. #이란은 다시는 중동을 지배하는 카르트블랑쉬(carte blanche)를 갖지 않을 것이다	89% 부정
히잡 시위에서 알 수 있듯이 정권의 잔혹한 남성들은 자신의 권리를 요구하는 이란 여성들에게 특히 겁을 먹은 것 같다. 고유한 존엄성과 양도할 수 없는 권리를 가진 인간으로서 #이란 여성은 이란 남성과 동일한 자유를 누릴 자격이 있다	78% 부정
모든 새로운 거래는 세계가 #이란에게 무엇을 요구해야 하는지 정의하는 것으로 시작해야 한다	79% 부정
오늘 발표하는 전략에서 우리는 지역 및 전 세계에서 가장 중요한 동맹국과 파트너의 지원을 요구한다. 무고한 사람들에게 혼돈을 가하는 평화체제의 핵위협과 잔혹함에 지치고 지친 모든 국가를 환영한다	70% 부정
내년은 #이란 이슬람 혁명 40주년이 되는 해이다. 이 이정표에서 우리는 질문해야 한다. 이란 혁명은 이란 국민에게 무엇을 주었는가? 정권은 자국민을 희생시키면서 중동에서 고통과 죽음의 수확을 거두고 있다	41% 부정
평화와 안보를 위한 우리의 노력이 오래 고통받는 #이란 국민들에게 결실을 맺는 것이 미국의 희망이다. 우리는 그들이 수십 년 전과 같이 번영하고 번성하기를 갈망한다. 오늘 #USA는 그 목표를 향한 새로운 과정을 밟게 된 것을 자랑스럽게 생각한다.	70% 부정
이란의 독재자들을 위한 부는 더 이상 창출되지 않는다. 리야드와 골란 고원에 미사일이 착륙하는 것을 더 이상 허용하지 않는다. 더 이상 이란의 힘을 무료로 확장해서는 안 된다	61% 부정
우리는 동맹국들과 협력하여 이 지역에서 정권의 불안정한 활동에 대응하고 테러 자금 조달을 차단하며 #이란의 미사일 확산 문제를 해결할 것이다. 우리는 이란이 핵무기를 가질 수 없도록 할 것이다	90% 부정
이란 혁명은 이란 국민에게 무엇을 주었는가? 정권은 자국민을 희생시키면서 중동에서 고통과 죽음의 수확을 거두고 있다	74% 부정

* 수치는 부정적 댓글과 매우 부정적 댓글을 합함.

논평의 감정을 보여준다. 트위터 댓글의 감정은 각 댓글을 매우 부정적인 것부터 부정적인 것, 중립적인 것, 긍정적인 것, 그리고 매우 긍정적인 것까지의 척도로 순위를 매겨 측정되었다. 두 코더가 모든 코멘트의 순위를 매기고, Spearman 상관 계수로 코더 간 신뢰성을 확인하였다.

모든 트윗은 2018년 5월에 수집되었고 2018년 7월에 분석되었다.

표 3.2에서 볼 수 있듯 폼페이오 장관이 올린 트윗 중 2개를 저장하면 모두 트위터 사용자들의 환영이 좋지 않았다. 폼페이오 장관의 트윗에 대한 응답으로 올라온 전체 댓글의 평균 76%가 부정적이거나 매우 부정적이었다. 가장 반응이 좋지 않은 트윗은 이슬람 혁명수비대의 시리아 내에서 활동, 이스라엘 공격 등 행동과 "이란 공작원과 전 세계에서 활동하는 헤즈볼라 대리인을 추적해 분쇄하겠다.", "이란 정권이 방향을 바꾸지 않으면 제재는 더 고통스러울 뿐이다."와 같은 이란을 직접 위협하는 트윗이었다. e제재는 정권이 진로를 바꾸지 않으면 더 고통스러울 뿐이다." 이란이 핵무기를 개발하는 것이 절대 허용되지 않을 것이라는 트윗도 89%가 부정적이거나 매우 부정적으로 반응하는 등 반응이 좋지 않았다.

이란 정권이 이란 국민을 위해 실제로 무엇을 했는지 묻는 트윗(41% 부정), 이란 정부가 자국민을 돕기보다는 군사활동에 자금을 사용한다는 트윗(50% 부정) 등 이란 국민들의 곤경을 다룬 트윗이 가장 많은 호응을 얻었다. 미국은 이란의 도둑들에게 더 이상 돈을 건네지 않을 것이라고 약속하는 트윗(61%의 부정적인 감정)을 했다.

트위터 시청자들은 이란 정권이 이란 국민에게는 별 도움이 되지 않는다는 데는 공감하면서도 미국이 사용하는 강경한 어조와 이란에 대한 직접적인 위협은 배척한 것으로 분석됐다. 이란을 위협하는 트윗에 대한 관객들의 논평은 크게 세 가지 주장을 중심으로 이루어졌다. 몇몇 트위터 이용자들은 미국이 중동에 여러 군사기지를 유지하고 있기 때문에 중동의 패권국은 이란이 아니라 미국이라고 말했다. 다른 사람들은 JCPOA를 포기함으로써 국제법을 어긴 것은 미국이지, 자국의 조항을 준수했던 이란이 아니라고 말했다. 또 다른 논쟁은 미국이 이란을 불안정하게 함으로써 이 지역에 대한 석유 이익을 확보하려는 것일 뿐이라는 것이었다. 미국의 새로운 제재가 단순히 또 다른 전쟁으로 이어질 것이라고 말하는 트위터 사용자들도 많았는데, 이는 또한 거짓된 가식에 기초하여 시작된 이라크에서의 제재와 매우 유사했다. 이에 트위터 이용자들은 미국의 새로운 대이란 정책에 대한 국무장관의 내레이션을 거부한 것으로 보인다. 그들은 이란이 이 지역을 불안정하게 만들고 있다는 그의 주장과 미국이 단지 시민들과 동맹국들의 안전을 보장하기 위한 것이라는 그의 발언을 비난했다.

결론

이 장에서는 외교관과 디지털 공중 간의 상호작용이 공공외교의 디지털화 과정을 어떻게 형성하는지 살펴보았다. 그 중심에는 디지털화가 고정된 상태가 아닌 과정이라는 주장이 있다. MFA와 대사관은 디지털도 아니고 비디지털도 아니다. 오히려 외교 기관들은 그들의 규범, 가치관, 업무 일상과 외교관들이 그들의 기술을 개념화하는 자기 담화나 은유에 영향을 미치는 디지털화의 장기적인 과정에 있다. 이 장에서 알 수 있듯이, 각 MFA는 지역 규범과 가치, 제도적 문화, 기술에 대한 정부 차원의 접근법 및 외부 사건에 의해 형성된 고유한 디지털화 과정을 거치고 있다. 미국 국무부의 경우 오바마 행정부의 열린 정부 구상, 아랍의 봄, 싱크탱크 업무, 재러드 코언(Jared Cohen) 등 특정 인사의 고위직 임명 등이 공공외교의 디지털화 과정에 영향을 미쳤다. 따라서 국무부는 10년 동안 공공외교의 새로운 접근법, 방법, 정의가 수용되는 디지털화 과정을 거쳤다.

국무부의 예시는 또한 디지털 기술이 외교 기관의 규범, 가치관, 업무 관행 및 자기 담론에 어떻게 영향을 미치는지 보여주는 역할을 한다. 2008년 제임스 글래스먼 국무부 공공외교 공공담당 차관은 메시지 전파보다는 대화를 통해 대중을 참여시키고, 알리고, 영향을 미치기를 바라는 공공외교 2.0 이니셔티브를 시작했다. 2011년, 그리고 아랍의 봄 이후, 오바마 대통령의 공공외교 및 공공문제 담당 차관보는 전 세계 사람들이 온라인에서 중요한 대화를 나누고 있으며 그들은 외교관들이 그들과 함께하거나 그들의 말을 듣기를 기다리지 않는다고 말했다. 그래서 미국 외교관들은 자기 중심적인 서사와 은유를 대화적인 방식들로 개념화하였다. 이것은 20세기 대부분의 공공외교가 일방적인 의사소통 모델을 통해 개념화되었다는 점에서 중요한 개념적 변화였다. 대화의 은유는 곧 디지털 대중과의 대화를 담당하는 국무부 DOT의 설립과 같은 새로운 업무 일상과 관행으로 이어졌다. 이러한 업무 일상의 변화는 새로운 규범과 가치관을 동반했다. 즉, 웹사이트에 모인 디지털 대중에게 다가가 관계를 조성하는 것을 목표로 그러한 대중에게 "청취"하는 것이다. 외교관들이 디지털 대중과 자유롭게 소통하려면 디지털 교육이 필요하기 때문에, DOT의 경험은 국무부의 구조와 업무 일상에 추가적인 변화를 가져왔다.

또한 이 장에서 검토한 사례 연구는 디지털 이니셔티브가 공공외교의 디지털화에 영향을 미쳤으며, 따라서 사회는 디지털 기술을 사용하여 목표를 달성하는 방법을 강구하는 사회적 프리즘의 논리를 따른다는 사실을 확인할 수 있게 한다. 2007년에는 스웨덴의 가상대사관이 개설되었고 디지털 대중과의 온라인 상호작용에 대한 개방적인 접근이 이루어졌다. 2013년까지 MFA는 트위터 Q&A와 같은 온라인 상호작용의 격리된 형태를 채택했다. 사이버 비관론자들은 이러한 전환이 MFA가 얼마나 시대에 뒤떨어져 있는지, 잘 고착된 업무 일상에 의해 얼마나 제약을 받는지, 디지털 기술을 사용할 때 얼마나 장비가 부족한지 보여준다고 주장할 수도 있다. 그러나 사회적 프리즘을 수용할 것을 반대하는 견해는 MFA가 디지털 공공과의 상호작용을 위해 디지털 기술을 활용하면서 디지털 공공의 예측 불가능한 성격과 외교 기관의 위험을 감수하지 않는 문화의 균형을 맞추려는 진정어린 의도를 보여준다. 트위터 Q&A는 디지털 대중이 외교관과 실시간으로 교류하고, 세상을 형성하는 사건에 대해 배우고, 지역 및 글로벌 이슈에 대한 통찰력을 얻을 수 있는 기회를 제공하는 동시에 외교관들이 어느 정도로 잠재적으로 갈등적인 이슈를 다룰지를 결정할 수 있게 한다. 2007년까지 MFA가 가상대사관을 개설하고 2013년까지 소셜미디어 사용자와 지속적으로 교류했다는 사실은 일부 MFA가 얼마나 유연하고 민첩하게 새로운 디지털 환경에 적응했는지 보여준다.

그러나 이스라엘 EU 대표단의 활동은 디지털 아웃리치(Outreach)의 한계도 보여준다. Q&A와 같은 개입적 정경들이 디지털 공중을 끌어 모을 수는 있지만, 외교관과 연결된 개인들 간의 관계 형성을 촉진시킬 수는 없다. 그러기 위해서는 오랜 시간 동안 공통된 관심사에 대한 지속적인 대화가 필요하다. 외교관은 디지털 콘텐츠를 작성하고, 대중의 질문에 응답하고, 요청된 정보를 제공하고, 디지털 공중의 요구와 욕구를 이해해야 하므로 지속적인 상호작용을 위한 자원이 필요로 한다. 호킹과 멜리센(2015)이 주장했듯이, 무엇보다도 현재 외교부(MFA)의 디지털 아웃리치를 제한하는 것은 자원 부족의 문제 때문이다.

그 외에도 스웨덴 가상대사관과 이스라엘 대사의 질의응답에 대한 디지털 대중의 반응은 디지털 사회의 시공간 파괴를 대표한다. 스웨덴 제2의 집은 스웨덴 공무원들이 위치와 물리적 시간대에 상관없이 전 세계 디지털 사용자와 실시간으로 교류할 수 있도록 했다. 따라서 공간과 시간은 무의미해졌다. 이것은 실수나 사고가 아니었다. 마누엘 카스텔스가 주장했듯이 디지털 사회는 시공간을 파괴하려는 끊임없는 욕망에 의해 동기가 부여되며, 이 책이 증명하듯이 공공외교는 이제 시공간을 압축하려는 시도라고 할 수 있다. 더머의 Q&A에 대한 응답은 디지털 사회의 글로벌화된 성격을 대표하는데, 디지털 사회는 미국인들을 향한 트윗이 국제 청중들에 의해 읽혀지고 세계적인 반응을 촉진한다. 디지털 사회에서 국내 선거구와 해외 선거구의 구분이 무너지고, 둘 다 단일 하이브리드 청중을 형성한다. 이 책이 증명하듯이, 글로벌화된 디지털 공공의 출현은 오늘날 공공외교 실무자들에게 여전히 도전적인 과제이다.

테크니컬 프리즘의 관점에서 보면, 이제 모든 공공외교 행위자, 심지어 테러집단이 디지털 대중을 끌어모으고 스스로 디지털 이미지를 만들어 내려면 진정한 iBrand를 만들어야 한다는 것을 이 장은 잘 보여주고 있다. 하마스의 디지털 질의응답은 테러운동이 여성 국회의원, 이스라엘 수감자, 유력 정치인과 교류할 수 있도록 디지털 대중을 초대함으로써 진보적 이슬람 정치운동으로서의 이미지를 쇄신하려 한다는 것을 시사한다. 따라서 하마스의 iBrand는 Daesh의 iBrand와 상당히 다른 것이었다. iBrands의 중요성은 온라인상의 매력뿐만 아니라, 디지털 플랫폼을 사용하여 사람들의 오프라인 인식을 형성할 수 있다는 외교관의 믿음에서 비롯된다. 디지털 공중이 하마스의 새로운 iBrand를 받아들인다면, 그들은 또한 이스라엘과 무장투쟁에 반대하는 그들의 정책들을 받아들이게 되었을지도 모른다. 그렇지 않았다. 하마스의 질의응답은 이스라엘의 질의응답과 마찬가지로 디지털 공중이 외교관의 디지털 활동을 탈선시키고 심지어 납치할 수 있는 용이성의 예를 보여준다. 따라서 디지털 공중은 예측할 수 없는 방법으로 자신을 주장할 수 있다. 결론적으로, 이 장은 공공외교의 디지털화가 새로운 기회, 도전, 그리고 업무 일상으로 이어지는 점진적인 과정이라는 압바소프(Abbasov, 2007)와 아데시나(Adesina, 2017)의 주장들을 반영하고 있다. 따라서 공공외교의 디지털화는 아만다 클라크(Amanda Clarke)의 2015년 용어를 사용하기 위한 혁명이 아닌 진화의 과정이다. 이는 "점진적으로 텔레그램에서 휴대폰으로, 그리고 최근에는 스카이프, 우편, 이메일, 짧은 메시지(SMS)에서 트위터 포스트로, 페이스북 이벤트에 대한 하드카피 초대장, 유튜브 채널에 대한 TV 발표, 심지어 물리적 대사관에서 넷 기반 가상대사관으로까지" 변화하고 있는 과정이다(Abbasov, 2007). 외교관들이 디지털 데모의 본질에 대해 이해하려고 할 때, 크림 사태는 디지털 광장의 근간을 충격에 빠뜨렸다. 위기와 공공외교의 디지털화 과정에 미치는 영향은 다음 장에서 탐구하고자 한다.

참고문헌

Abbasov, A. (2007). *Digital diplomacy: Embedding information and communication technologies in the department of foreign affairs and trade*. Retrieved from https://www.academia.edu/1058526/Digital_Diplomacy_Embedding_Information_and_Communication_Technologies_in_the_Department_of_Foreign_Affairs_and_Trade.

Adesina, O. S. (2017). Foreign policy in an era of digital diplomacy. *Cogent Social Sciences*, 3(1), 1297175.

Ahren, R. (2017, September). More Israelis like the EU than dislike it, poll finds. *The Times of Israel*. Retrieved from https://www.timesofisrael.com/more-israelis-like-the-eu-than-dislike-it-poll-finds/.

Barlow, J. P. (1996). *A declaration of the independence of cyberspace*. Retrieved from https://www.eff.org/cyberspace-independence.

Bauman, Z., & Lyon, B. (2016). Remoteness distancing an automation. In Z. Bauman & B. Lyon (Eds.), *Liquid surveillance* (pp. 76–99). Cambridge: Polity Press.

Bertot, J. C., Jaeger, P. T., & Hansen, D. (2012a). The impact of polices on government social media usage: Issues, challenges, and recommendations. *Government Information Quarterly*, 29(1), 30–40.

Bertot, J. C., Jaeger, P. T., & Grimes, J. M. (2012b). Promoting transparency and accountability through ICTs, social media, and collaborative e-government. *Transforming Government: People, Process and Policy*, 6(1), 78–91.

Bjola, C., & Manor, I. (2018). Revisiting Putnam's two-level game theory in the digital age: Domestic digital diplomacy and the Iran nuclear deal. *Cambridge Review of International Affairs*, 33, 1–30.

Bortree, D. S., & Seltzer, T. (2009). Dialogic strategies and outcomes: An analysis

of environmental advocacy groups' Facebook profiles. *Public Relations Review*, 35(3), 317–319.

Clarke, A. (2015). Business as usual? An evolution of British and Canadian digital diplomacy as policy change. In C. Bjola & M. Holmes (Eds.), *Digital diplomacy theory and practice* (pp. 111–126). Oxon: Routledge.

Colvin, R. (2009, May). Obama to reach out to Muslims in Egypt speech. *Reuters*. Retrieved from https://www.reuters.com/article/us-obama-muslims/obama-to-reach-out-to-muslims-in-egyptspeech-idUSTRE54754920090508?feedType=RSS&feedName=ObamaEconomy&virtualBrandChannel=10441.

Copeland, D. (2013). Taking diplomacy public: Science, technology and foreign ministries in a heteropolar world. In R. S. Zaharna, A. Arsenault, & A. Fisher (Eds.), *Relational, networked and collaborative approaches to public diplomacy* (pp. 56–69). New York, NY: Taylor & Francis.

Cull, N. J. (2008). Public diplomacy: Taxonomies and histories. *The Annals of the American Academy of Political and Social Science*, 616(1), 31–54.

Cull, N. J. (2013). The long road to public diplomacy 2.0: The internet in US public diplomacy. *International Studies Review*, 15(1), 123–139.

Haaretz. (2015, March). Ask Hamas Twitter campaign quickly backfires. *Haaretz*. Retrieved from https://www.haaretz.com/askhamas-twittercampaign-backfires-1.5336781.

Hayden, C. (2012). Social media at state: Power, practice, and conceptual limits for US public diplomacy. *Global Media Journal*, 11(21), 1–12.

Haynal, G. (2011). Corporate diplomacy in the information Age: Catching up to the dispersal of power. In J. G. Stein (Ed.), *Diplomacy in the digital age: Essays in honour of Ambassador Allan Gotlieb* (pp. 209–224). Ontario: Signal.

Hocking, B., & Melissen, J. (2015). *Diplomacy in the digital age*. Clingendael: Netherlands Institute of International Relations Clingendael.

Hughes, D. J., Rowe, M., Batey, M., & Lee, A. (2012). A tale of two sites: Twitter vs. Facebook and the personality predictors of social media usage. *Computers in Human Behavior*, 28(2), 561–569.

Kampf, R., Manor, I., & Segev, E. (2015). Digital diplomacy 2.0? A cross-national comparison of public engagement in Facebook and Twitter. *The Hague Journal of Diplomacy*, 10(4), 331–362.

Khatib, L., Dutton, W., & Thelwall, M. (2012). Public diplomacy 2.0: A case study of the US digital outreach team. *The Middle East Journal*, 66(3), 453–472.

Kwak, H., Lee, C., Park, H., & Moon, S. (2010, April). *What is Twitter, a social network or a news media?* Proceedings of the 19th international conference on World Wide Web (pp. 591–600). ACM.

Lampe, G. (2018). *Understanding U.S. digital diplomacy* [In person].

Landau, N. (2018, May). Trade and tirades: The complicated truth behind Israel's love-hate relationship with the EU. *Haaretz*. Retrieved from https://www.haaretz.com/israel-news/.premium-israel-eu-ties-a-love-hate-relationship-that-s-better-thanit-looks-1.6116399.

Lee, G., & Kwak, Y. H. (2012). An open government maturity model for social media-based public engagement. *Government Information Quarterly*, 29(4), 492–503.

Lichtenstein, J. (2010, July). Digital diplomacy. *The New York Times*. Retrieved from https://www.nytimes.com/2010/07/18/magazine/18web2-0-t.html.

Manor, I. (2014, July). An Epic Q&A session. *The Times of Israel*. Retrieved from https://blogs.timesofisrael.com/an-epic-qa-session/.

Manor, I. (2016). Are we there yet: Have MFA s realized the potential of digital diplomacy? *Brill Research Perspectives in Diplomacy and Foreign Policy*, 1(2), 1–110.

Manor, I., & Crilley, R. (2018a). Visually framing the Gaza War of 2014: The Israel Ministry of Foreign Affairs on Twitter. *Media, War & Conflict*.

Manor, I., & Crilley, R. (2018b). The aesthetics of violent extremist and counter violent extremist communication. In C. Bjola & J. Pamment (Eds.), *Countering online propaganda and extremism: The dark side of digital diplomacy*. Oxon: Routledge.

McNutt, K. (2014). Public engagement in the Web 2.0 era: Social collaborative technologies in a public sector context. *Canadian Public Administration*, 57(1), 49–70.

Melissen, J. (2005). The new public diplomacy: Between theory and practice. In J. Melissen (Ed.), *The new public diplomacy: Soft power in international relations* (pp. 3–27). New York: Palgrave Macmillan.

Mergel, I. (2013). Social media adoption and resulting tactics in the US federal government. *Government Information Quarterly*, 30(2), 123–130.

Pamment, J. (2013). Introduction. In J. Pamment, New public diplomacy in the 21st century: A comparative study of policy and practice (pp. 1–19). Abingdon: Routledge.

Pardo, S. (2016, August). What does Israel think about the European Union? *European Council on Foreign Relations*. Retrieved from https://www.ecfr.eu/article/commentary_what_does_israel_think_about_the_european_union_7101.

Ross, A. (2011). Digital diplomacy and US foreign policy. *The Hague Journal of Diplomacy*, 6(3–4), 451–455.

Ross, A. (2015). *Hillary Clinton's FMR innovation advisor on digital diplomacy* [TV]. Retrieved from https://www.bnnbloomberg.ca/video/hillary-clinton-s-fmr-innovation-advisor-on-digital-diplomacy~582509.

Slaughter, A. M. (2009). America's edge: Power in the networked century. *Foreign Affairs*, 88, 94–113.

Snead, J. T. (2013). Social media use in the US Executive branch. *Government Information Quarterly*, 30(1), 56–63.

Sotiriu, S. (2015). Digital diplomacy: Between promises and reality. In C. Bjola & M. Holmes (Eds.), *Digital diplomacy theory and practice* (pp. 33–51). Oxon: Routledge.

Spry, D. (2018). Facebook diplomacy: A data-driven, user-focused approach to Facebook use by diplomatic missions. *Media International Australia*, 168(1), 62–80.

Taylor, A. (2015, March). Hamas #AskHamas Twitter campaign is being mocked and it hasn't even started yet. *The Washington Post*.

Taylor, M., & Kent, M. L. (2014). Dialogic engagement: Clarifying foundational concepts. *Journal of Public Relations Research*, 26(5), 384–398.

The Stream. (2014, July). Israeli ambassador's #AskDermer Q&A on Gaza goes terribly wrong. *Al Jazeera*. Retrieved from http://stream.aljazeera.com/story/201407171922-0023936.

The White House. (2018). *President*

Trump says the Iran deal is defective at its core: A new one will require real commitments. Retrieved from https://www.whitehouse.gov/articles/president-trump-says-iran-deal-defective-core-newone-will-require-real-commitments/.

Waters, R. D., Burnett, E., Lamm, A., & Lucas, J. (2009). Engaging stakeholders through social networking: How nonprofit organizations are using Facebook. *Public Relations Review*, 35(2), 102–106.

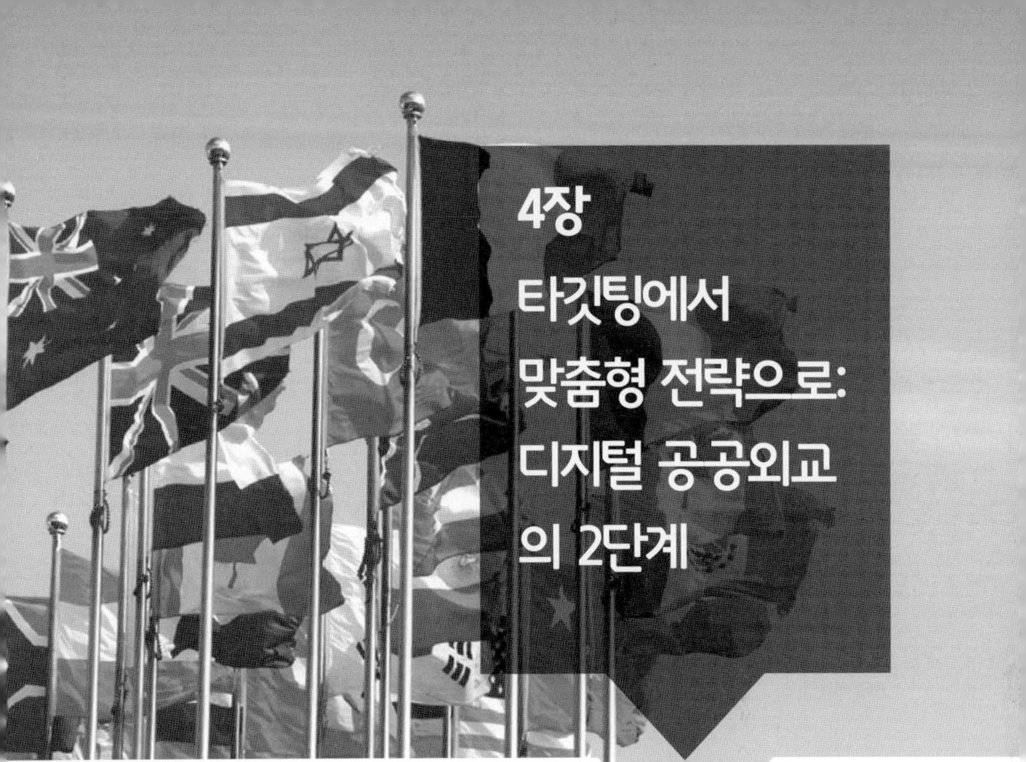

4장 타깃팅에서 맞춤형 전략으로: 디지털 공공외교의 2단계

> 내가 아는 사람 중에 분별 있게 행동하는 유일한 사람은 내 재단사이다. 그는 나를 볼 때마다 내 치수를 새롭게 측정한다. 다른 사람들은 기존 치수들을 그대로 사용하며 내가 기존 치수에 맞추기를 기대한다.
>
> 조지 버나드 쇼(George Bernard Shaw)

1970년대 영국 노동부 장관이 페루 수도 리마에서 열린 공식 환영회에 참석했다는 이야기를 해보려 한다. 행사가 무르익자 술에 취한 장관은 한 여성에게 탱고를 추자는 제안을 했다. 그녀는 세 가지 이유로 제안을 거절했다. 첫째, 사실 그는 여성이 아니라 남성이었다는 점. 둘째, 리마 주교였던 장관이 보라색 옷을 입고 있었다는 점. 셋째,

환영회에 흘러나오는 음악이 탱고가 아닌 페루 음악이라는 점 때문이었다.

이처럼 공공외교의 디지털화 초기 단계에서 외교관들은 이해하기 어려운 순간에 직면하곤 했다. 디지털 공중과 대화하고, 디지털 플랫폼을 '새로운' 공공외교의 목표를 향해 활용하겠다는 열망에도 불구하고 외교관들은 디지털 플랫폼의 논리에 익숙하지 않았던 것이다.

매일같이 쏟아지는 TMI(Too Much Information)에 직면하는 디지털 공중의 관심을 두고 경쟁해야 하는 필연, 디지털 수용자들의 일시적인 관심표현, 디지털 인플루언서와의 네트워크 촉진, 그리고 특정 이슈에 대한 코멘트의 중요성 등 다양한 상황들에서 외교관들은 디지털이라는 새로운 관행을 받아들이고, 새로운 기술을 개발해야 하는 노력을 요구받았다. 공공외교에도 디지털화가 진행된 것이다.

외교관들이 디지털 플랫폼으로 이동하는 등 디지털 사회의 논리를 수용하면서 디지털화가 가속화되었다. 페루 탱고의 열정적인 비트가 재즈 밴드의 흥겨운 음악으로 대체된 것처럼, 외교관들은 디지털 상호작용 과정에서 여러 플랫폼상 전략을 실험하기 시작했다. 2007년 스웨덴의 가상대사관 출범은 자유로운 실험 정신의 시초로 볼 수 있으며, 이는 2011년 영국 외무장관의 세계 최초 트위터 Q&A 세션 개최로까지 이어졌다. 2013년까지 외교기관들은 디지털 장치를 만들어 전 세계에 흩어져 있는 수용자들과 조화롭게 소통할 수 있었다. 달콤한 꿈으로 따뜻한 밤을 채우는 거리의 아카펠라 그룹처럼 외교기관들은 다양한 플랫폼, 채널, 그리고 네트워크를 통해 세분화된 디지털 공중에게 공공외교 메시지를 한 번에 전달할 수 있게 되었다(Hayden, 2012). 이후 2014년에 들어서 디지털화 2단계 과정이 시작된다.

2013년 12월에 발생한 러시아와 서방 국가들이 동우크라니아의 운명을 놓고 다툰 크림 위기는 국제 정서를 급격한 긴장상태로 고조시켰다. 트위터를 통한 강력한 메시지에 이어서 경제적 제재, 외교관 추방, 군대 호송대 등 다시금 유럽을 동서로 갈라놓겠다는 위협이 시작되었다. 이 전쟁은 각 국가들이 디지털 공중에게 크림반도에 펼쳐지는 현실을 알려주기 위해 노력하면서 온라인에서도 발발했다. 일부 MFA 사이에서는 관계 구축이라는 '새로운' 공공외교 목표가 정보 우위와 영향력이라는 전통적인 공공외교 목표에 의해 서서히 대체되었다.

러시아 트롤과 봇은 디지털 플랫폼에 허위 뉴스와 조작 이미지를 넘쳐나게 했고, '에코 체임버(echo chamber)'나 '필터 버블(filter bubble)' 같은 용어들은 공공외교 실무자들의 논의를 무색하게 만들었다. 이러한 전환은 이스라엘 MFA가 개최한 두 차례의 디지털 외교 컨퍼런스를 통해 가장 잘 드러난다. 2016년 개최된 1차 컨퍼런스에서는 MFA의 서비스 제공자 역할에, 2018년 개최된 2차 컨퍼런스에서는 알고리즘을 활용한 외교에 초점을 두었다. 즉, 크림 위기는 공공외교의 디지털화를 두 단계로 나눠놓은 분수령이라고 할 수 있겠다.

러시아가 공식적인 디지털 채널을 활용해 크림반도에 펼쳐지는 현실에 이의를 제기하고, 반쪽 진실을 바탕으로 한 이야기를 홍보하고, 서구 외교관들이 자신들의 디지털 팔로워들에게 거짓말을 하고 있다고 주장하였다. 현실은 크림 위기의 첫 번째 피해자였던 것이다.

홈즈는 공공외교의 디지털화가 두 가지 유형의 '변화'에 의해 영향을 받았다고 주장했다(Marcus Holmes, 2015). 첫 번째 변화는 외교관과 대사관의 디지털 기술 채택이 궁극적으로 MFA의 디지털 기술 활용에 영향을 미치게 되는 점진적이고 내부적인 상향식 변화이다. 두 번째 변화는 외부 충격으로 인한 갑작스러운 하향식 변화이다. 크림 위기는 MFA의 디지털 기술 사용에 극적인 영향을 미친 외부 충격이었다. 이에 따라 정부와 MFA는 공공외교에서 디지털 기술을 다시 개념화하고 공공외교 목표를 달성하기 위한 새로운 디지털 전략을 개발하는 등 디지털 커뮤니케이션에 하향식 변화를 구현했다.

공공외교의 디지털화 1단계에서 2단계로의 전환에는 다른 요인들도 작용했다. 디지털 플랫폼에서 외교관들이 많은 경험을 쌓을수록 디지털 활동 범위를 확장할 수 있는 전략이 많이 생겨났다. 외교관들의 목표는 디지털 플랫폼을 단기적인 보도자료를 위한 것이 아니라, 장기적인 목표를 설정해 활용하려는 방향으로 변화했다. 이에 따라 공공외교의 디지털화 역시 점진적인 상향식 변화의 영향을 받게 되었다. 하지만 역시 가장 중요한 것은 디지털화의 두 번째 단계에서 외교관들이 디지털 플랫폼의 가치, 규범, 역사, 요구, 관심 및 이용을 포함해 특정 디지털 공중의 특성에 맞는 콘텐츠를 제작하는 맞춤형 커뮤니케이션 방식으로 전환했다는 점이다.

공공외교의 디지털화에 수반되는 내적 갈등, 즉 온라인상에서 다양한 관계를 구축하고자하는 외교관들의 열망과 영향력을 갖는 것에 대한 외교관들의 확실한 규범 간의 갈등의 차원에서 이러한 전환은 중요하다. 실제로 몇몇 MFA는 맞춤형 커뮤니케이션이 디지털 공중의 세계관에 더 큰 영향을 미치기를 기대했다. 디지털화 두 단계 사이에서 공공외교의 목표가 바뀌었을지도 모르지만 공공외교의 초점이 여전히 공중에게 맞춰져 있다는 사실은 변하지 않았다.

이번 장에서는 먼저 공공외교 디지털화의 두 단계의 주요 차이에 대해 살펴보고, 이를 통해 디지털화가 장기적인 과정임을 다시금 확인하고자 한다. 그 이후 외교관들이 공공외교 활동을 상호작용하기 원하는 디지털 수용자들의 고유한 특성에 맞게 어떻게 맞춤화하는지 보여주는 사례를 탐색하고, 이를 통해 맞춤화 커뮤니케이션 모델의 효과를 살펴본다. 먼저, 공공외교 디지털화 1단계와 2단계의 주요 차이점 중 하나는 디지털 사회의 주요 기능인 알고리즘에 사로잡혀있다는 점이다.

선형 커뮤니케이션에서 알고리즘 커뮤니케이션으로 나아가기

중국 웹사이트 〈환구시보〉에 게재된 오피니언 기사에서 코넬리우 비욜라(Coneliu Bjola)는 디지털 변혁의 첫 단계가 놀라운 성공을 거뒀다고 주장했다. "첫 번째 소셜미디어 네트워크가 출범된 지 10년도 채 되지 않아 UN 회원국 중 90%가 트위터를, 88%가 페이스북을 개설했으며 각각 3억 2,500만 명과 2억 5,500만 명의 팔로워를 보유하게 되었다."(Bjola, 2017). 비욜라가 주목한 것처럼, 2007년부터 2014년까지 진행된 공공외교 디지털화 1단계에서는 MFA, 대사관, 외교관 등이 소셜미디어 사이트와 같은 디지털 플랫폼으로 대거 이동하는 현상이 발생했다. 전 세계에 걸쳐 외교기관은 수십 개의 플랫폼에 걸쳐 수많은 소셜미디어 프로필을 출범하면서 엄청난 디지털 입지를 굳혔다(Manor, 2016a).

2012년까지 미국 국무부는 1,200개 이상의 프로필로 구성된 소셜미디어 제국을 운영했다(Hanson, 2012). 케냐, 카타르, 멕시코, 이스라엘, 프랑스 정부 역시 마찬가지였다. 디지털화의 첫 번째 단계에서는 외교관들이 소셜미디어 네트워크를 활용하여 관계를 구축하는 업무를 수행하면서, 디지털 공공 참여 기술에 대한 교육까지 진행할 수 있었다. 이스라엘과 노르웨이 등 일부 MFA는 특정 외교 기능의 필요에 맞게 온라인 교육을 실시하였다. 외교 대사는 소셜미디어 사이트를 해외 공중과 엘리트들의 감정을 분석하기 위한 도구로서 활용하는 법을 배

웠으며, 언론 담당자들은 미디어 내러티브를 해독하고 미디어에 영향을 미치는 방법을 교육받았다.

전문화 과정의 일환으로 MFA는 소셜미디어 사이트에 대한 가이드라인, 정치적 위기 상황에서 디지털 플랫폼을 활용하는 외교 프로토콜, 소셜미디어 사이트 활용에 관한 대사관 매뉴얼 등을 제작했다(Israel MFA, 2017).

하지만 디지털화 1단계에서의 외교관들은 선형 커뮤니케이션 모델을 통해 디지털 플랫폼을 개념화했다. 트위터에 접속하여 트윗을 게시하고, 수백만 명의 트위터 사용자에게 메시지를 전달한다. 이스라엘 MFA가 2014년 발표한 소셜미디어 플랫폼에 대한 초기 가이드는 이러한 개념화 도식을 보여준다. 해당 가이드는 대중적인 소셜미디어 플랫폼별로 내용과 형식이 다양하다고 주장한다. 예컨대 트위터는 짧은 외교 메시지를 게시하는 데 사용하고, 유튜브는 동영상을 유포하는 목적으로 사용하는 것 등이다. 또한 가이드에는 젊은 층들이 트위터보다 유튜브에서 활동할 가능성이 높기 때문에 각 소셜미디어 플랫폼을 활용하여 서로 다른 수용자들과 상호작용할 수 있다고 분석한다. 하지만 '알고리즘'이라는 용어가 한 번도 등장하지 않고, 대사관의 디지털 접근이 어느 식으로든 제한되어 있다는 점 등은 나타나지 않는다.

이처럼 소셜미디어 플랫폼을 선형 커뮤니케이션 모델을 통해 개념화한다는 것은 트위터가 라디오나 텔레비전과 같은 20세기 대중매체와 다르지 않다는 점을 시사한다. 20세기에는 대부분 대중매체를 통해 공공외교가 이뤄졌기 때문에 외교관들은 소셜미디어를 라디오나 텔레비전에 비유했을 가능성이 있다. 따라서 방송 매스미디어의 논리가 공공외교라는 틀 안에 배어있다고 볼 수 있는 것이다.

그러나 2014년 이후 외교관들은 소셜미디어 사이트의 알고리즘 한계에 대해 점차 인식하게 되었다. 대표적인 사례는 2015년 네팔 지진이다. 지진이 발생하자 MFA와 대사관들은 도움이 필요한 시민들과 소통하기 위해 트위터를 활용하고자 시도했다. 하지만 외교관들은 그들이 알고리즘 필터링으로 인해 시민들에게 도달할 수 없다는 것을 깨달았다. 즉 지진 직후 트위터로 옮겨간 캐나다 MFA는 자신들의 메시지가 직접 팔로우하는 이용자, 국제 문제에 관심을 표현한 캐나다 이용자에게만 노출된다는 사실을 알게 된 것이다. 네팔에서 발이 묶인 캐나다인 대다수는 MFA의 영향력이 미치지 못하는 범위에 있었다.

마찬가지로, 2014년 크림 위기 당시 러시아의 디지털 플랫폼 활용은 소셜미디어 도달 범위가 갖는 한계를 명확하게 보여주었다. 2015년도 나토(NATO) 보고서에 따르면, 러시아는 디지털 플랫폼을 적극적으로 활용해 허위 정보, 루머를 유포하고, 감정적으로 자극적인 프로파간다 등을 확산시켰다. 우크라이나의 정보 환경을 통제하고 디지털 공중의 현실 인식에 영향을 미칠 목적으로 소셜미디어 사이트, 뉴스 웹사이트, 토론 게시판 상에서의 트롤, 가상정보기관, 국영미디어채널을 이용한 허위 뉴스 및 조작된 이미지의 범람이 이루어졌다. 한가지 예로 러시아 트롤은 친우크라이나 극단주의자들이 화염에 휩싸인 건물에서 의사가 시민을 구하는 것을 방해했다는 기사를 게재했다. 다른 기사에서는 친우크라이나 극단주의자들이 임산부를 살해했으며 우물에 독극물을 풀었다는 이야기까지 등장했다(NATO Stratcom, 2015).

이에 서구 외교관들은 러시아의 허위 정보에 대응하고 자신들의 시선에서 본 상황을 알리기 위해 자신들의 소셜미디어를 활용했다. 그러나 외교관들이 MFA 계정이나 키에프 주재 대사관을 통해 보내는 트윗에는 팔로워들만 접근할 수 있기 때문에 알고리즘의 한계에 다시

금 직면할 수밖에 없었다. 알고리즘이 갖는 한계는 시간이 지남에 따라 증가한다. 페이스북 페이지 도달범위나 페이스북 페이지에 노출되는 이용자의 수는 2012년 15%에서 2018년 2%로 낮아졌다. 이는 디지털 공중에게 메시지들 보내기 위해 페이스북 광고료를 지불하거나 바이럴 콘텐츠를 만들어내야만하는 외교관들에게는 또 하나의 제한으로 작용한다(Joseph, 2018).

외교관들의 이러한 경험은 알고리즘 커뮤니케이션 모델을 통해 디지털 플랫폼을 다시 개념화하도록 만들었다. 즉 디지털화의 두 번째 단계에서는 MFA가 소셜미디어 알고리즘을 극복하거나 '해킹'하기 위한 디지털 전략을 수립한다. 예컨대 캐나다 MFA는 트윗에 트렌드 해시태그를 포함하기 시작했다. 해시태그는 디지털 플랫폼에서 대화를 구성하는 한 방식이며, 주요 이벤트에 있어서는 해시태그가 두각을 나타내며 온라인 대화의 중심 역할을 하기도 한다(Bik & Goldstein, 2013). 네팔 지진 이후 캐나다 MFA가 게시한 아래 트윗에는 이미 트위터에서 유행하고 있던 해시태그 "#NepalQuake"가 포함됐다. 이 해시태그를 통해 MFA는 트렌드 대화에 함께할 수 있었고, 메시지의 잠재적 도달범위를 확장할 가능성을 높일 수 있었다. 나아가 MFA는 팔로워들에게 "메시지를 리트윗해주세요(Please Retweet)"라고 요청함으로써 메시지의 온라인상 도달범위를 더욱 확장시켰다(**그림** 4.1 참조).

다른 MFA들은 소셜미디어 캠페인 공유를 통해 알고리즘이 갖는 한계를 극복하고자 했다. 예컨대 2016년 2월 영국 외교통상부(FCO)와 미국 국무부가 다에시(Daesh)의 온라인상 프로파간다에 대응하기 위해 공유한 공공외교 캠페인이 대표적이다. 설립 이후 다에시는 자신을 전지전능한 칼리프로서 묘사하기 위해 소셜미디어를 사용했다(Pamment, Nothhaft, Agardh-Twetman, & Fjallhed, 2018). 이에 영국

그림 4.1 캐나다 외무부에서 팔로워들에게 리트윗을 요청한 트위터 메시지
(출처: https://twitter.com/CanadaFP/status/592345097473302528)

외교통상부는 '다에시에 대항하는 영국(UK against Daesh)' 트위터 채널을 개설했으며 미국 국무부는 '다시 생각하고 외면하라(Think Again Turn Away)'라는 이름의 채널을 운영하기 시작했다. 이들 모두 다에시의 '셀피(selfie)'에 대응하고 다에시에 반대하고자 하는 글로벌 연합의 성과를 강조하기 위한 의도를 갖는다. 즉 두 계정 모두 다에시의 온라인상 노력을 무너뜨리기보다는 다에시를 상대로 벌이는 디지털 전쟁을 지켜보는 디지털 공중에게 영향을 미치고자하는 데 목적을 둔 것이다. 영국과 미국의 트위터 채널은 자체 콘텐츠를 공개함과 동시에 리트윗을 통해 서로의 메시지를 공유하기도 했다. 이를 통해 각각의 채널을 팔로우하는 수용자를 포괄하면서 동시에 메시지의 도달 범위를 확장하면서 대상을 다양하게 할 수 있었다. 게다가 동일하게 '연합 진보(Coalition Progress)'와 '다에시 격파(Defeating Daesh)' 해시태그를 포함함으로써 효과를 증대했다. 2016년에 분석한 결과, 이러한 해시태그들은 '다에시', 'ISIS', '이라크', '시리아' 등의 해시태그와 강한 상관관계가 있는 것으로 나타났다. 이러한 상관관계는 두 MFA가 동일한 해시태그를 사용함으로써 다에시를 둘러싼 온라인 커뮤니케이션의 중심으로 나아가고, 결

국 다에시의 활동에 관해 정보를 탐색하는 디지털 수용자들에게 도달할 수 있게 됨을 의미한다(Manor, 2016b). 이는 의지나 능력에 기반한 연합이 아니라 트위터의 연합이라고 할 수 있다. 앞서 언급한 사례들은 각 MFA가 고유한 디지털화의 과정 가운데 있는 것처럼 자신들만의 해킹 알고리즘에 대응하는 전술을 채택했음을 강조한다. 디지털화의 2단계 역시 외교관들이 디지털 전술(tatics)을 디지털 전략(strategies)으로 대체했음을 보여준다.

디지털 전술에서 전략으로

디지털화 1단계에서 외교기관들은 디지털 전술을 사용했다(Bjola & Manor, 2016a). 디지털 전술의 목표는 생동감 있는 콘텐츠, 특정 이슈를 위한 주목을 끌 수 있는 콘텐츠를 만드는 것이었다. 2016년 미국 대선 개입 의혹을 받은 러시아 외교관 35명을 추방한 오바마 행정부의 결정에 따라 런던 주재 러시아 대사관이 게재한 '레임덕 트윗(Lame Duck Tweet)'이 대표적인 사례이다(**그림** 4.2).

러시아의 오리 트윗은 국내외 언론들의 관심을 끌면서 순식간에 '전 세계적으로 확산된 트윗'이 되었다. 이 트윗을 보도한 영국 신문들은 "영국 주재 러시아 대사관은 '레임덕 트윗'으로 미국의 제재에 대응한다" "러시아 주재 런던 대사관은 트위터를 떠들썩하게 했다"라는 헤드라인을 보도했다. 뉴욕포스트는 웹사이트에 "러시아는 미국의 제재 이후 오바마를 레임덕으로 간주한다"고 보도했고, 인도 익스프레스는 "러시아 런던 대사관은 미국 제재를 '레임덕'으로 부른다"고 전했다. 해당 트윗은 언론인, 외교관, 브랜드 전문가 사이에서도 이슈가 되었다. 월스트리트저널 소속의 기자는 트위터에 "러시아 대사관 트위터 계정

그림 4.2 런던 주재 러시아 대사관이 올린 "레임덕" 트윗(출처: https://twitter.com/RussianEmbassy/status/814564127230271489/photo/1?ref_src=twsrc%5Etfw&ref_url=https%3A%2F%2Fd-20614579953605498026.ampproject.net%2F1529106593171%2Fframe.html

은 미성년자들이 운영하는 것 같다"고 올렸고, 글로벌 NGO 직원은 "러시아 대사관은 오리 사진을 트위터에 올리는 것을 통해 제재에 대응했다"고 트윗을 올렸다. 다른 외교관들은 "이곳에서 일하는 훌륭한 전문 외교관들" "외교의 숭고함에 축복이 있기를"이라고 쓰며 비슷한 어조를 취했다. 심지어 브랜드 전략가들은 대사관의 트윗에 "도대체 누가 러시아 트위터를 운영하고 있는가?" "10대들이 러시아 대사관 트위터를 운영하는 것 같다. 아니다. 오히려 10대들이라면 이미지를 더 잘 편집했을 것이다"라고 댓글을 남겼다.

위의 댓글들에는 세 가지 정서가 내포된다. 첫 번째는 러시아 트윗에 품격이 없다는 것이다. 외교가 공격적인 말싸움으로 전락하였기 때문이다. 두 번째는 러시아의 대응이 유치했다는 것이다. 러시아 외교관들이 오바마의 정책에 관해 반론을 제기하는 대신 욕설로 대응했기 때문이다. 세 번째는 인정하고 싶지 않더라도, 소셜미디어와 이미지가 현대 외교에서 없어서는 안 될 요소가 되었다는 것이다. 다만 해당 트윗에 사용된 이미지를 분석하기 시작하면 그것이 결코 유치하지 않았음을 이해할 수 있게 된다.

위의 사례를 다시 떠올려보자. 먼저, 수용자들은 "레임"이라는 단어에 끌리게 된다. 이는 오바마 행정부가 레임덕에 빠졌다는 것을 명백하게 말해주는 직설적인 메시지이다. 그러나 이러한 단순함은 오히려 러시아 외교가 분명하다는 점을 보여주며 일반인들도 이해할 수 있게 하기 위해 활용되기도 한다. 러시아는 다른 국가들과는 다르게 말을 주저하거나, 길고 지루한 외교적인 주장 뒤에 숨지 않는 편이다. 러시아인들은 자신의 진심을 직접적으로 얘기하는 편이고, 권력 앞에서 진실을 얘기하는 것을 두려워하지 않는 편이다. 광범위한 맥락에서 볼 때, "레임"이라는 단어는 유럽의 브렉시트, 트럼프주의, 우익세력의 부활이라는 반지성 정서를 반영한다. 전문가뿐만 아니라 능숙한 정치인들은 세상에 널려있다. 시간이 지날수록 두려움 없이 솔직하고 대담한 국가들을 원하고 있다.

다음으로, 수용자들은 오리 이미지에 끌리게 된다. 여기에서 오리의 의미가 증폭되는 이유는 오바마가 단순히 레임 현상에 빠졌다는 것이 아니라, 오바마가 오리가 되었다는 이미지 때문이다. 따라서 이

트윗은 오바마의 최근 행동이 대통령 자신과 관련이 없다는 것을 의미한다. 이는 오바마를 특정한 맥락, 즉 작년 세계와 같은 맥락에 놓이게 하는 의미를 갖는다. 다시 말하면, 레임덕 트윗은 디지털 공중이 오바마의 행동과 러시아의 행동 모두를 해석할 수 있는 맥락을 제공한다. 오바마는 과거에 머물러있는 반면, 러시아는 미래로 나아가고 있는 것이다. 오리의 이미지 사용에 초점을 맞춰 추가 해석을 해볼 수 있다. 서구 문화에서 오리의 이미지는 아름다운 백조로 변하는 까만 새끼오리인 안데르센 동화 "미운오리새끼"를 떠올리게 한다.

마지막으로, 수용자들은 이미지에 포함되는 텍스트에 주목하게 된다. 대사관에서는 디지털 공중이 이미지에 내포된 이데올로기를 함께 이해할 수 있도록 짤막한 메시지를 활용한다. 오바마의 행위는 과거 냉전을 연상시키는 것으로 묘사된다. 그러나 오늘날 러시아인들과 미국인들은 더욱 가까워졌고, 같은 방식으로 세계를 바라보고 있다. 러시아인들과 미국인들이 동의하는 것은 무엇일까? 무엇이 그들을 하나로 끌어당기게 하고 있을까? 바로 오바마의 능력 부족이다.

브렉시트와 트럼프 행정부의 반(anti)지성과 인종주의 정서를 증폭하고 오바마 행정부를 둘러싼 이야기를 들려줌으로써 대사관의 트윗은 더 이상 청소년의 트윗이 아니게 된다. 소셜미디어를 이용하는 그 누구라도 이해할 수 있는 이데올로기 도구인 것이다. 이 레임덕 트윗은 러시아 대사관이 언론의 관심을 단일 이슈, 즉 2016년 선거개입에 대한 미국의 반응에 주목하게 함으로써 온라인상 입소문을 얻었다는 측면에서 디지털 전술의 좋은 사례가 되었다. 그러나 이 트윗은 영국의 대러 외교 정책에 영향을 미치지 못했고, 영국인들로 하여금 러시아 외교 정책에 동조하게 하거나 미국의 외교 정책을 비난하는 결과를 가져오지도 못했다. 이와 같이, 디지털 전술은 장기적인 공공외교 목표를 달성하는 데 한계가 있다. 하지만 디지털 전술은 점진적으로 변화의 씨앗을 뿌릴 수 있을 것이다. 연달아 트윗을 올리고, 계속해서 논쟁하면서 대사관은 디지털 공중을 설득할 수 있을 것이다. 물론, 외교 정세는 변하면 변할수록 그대로 유지되고, 비판적인 주장들은 언제나 국제 정세에 동반되어 왔다. 프랑스 정치지도자 클레망소는 영국 총리 로이드 조지에 대한 자신의 의견을 묻는 질문에 "그가 말할 때 열받게 만들 수만 있다면!"이라고 답했다.

러시아 대사관의 디지털 활동은 러시아의 디지털 비전과 일치한다. 아데시나는 러시아 MFA가 공공외교 활동에 디지털 기술을 활용하는 것을 가리켜 '혁신 외교'라고 일컫었다(Adesina, 2017). MFA는 혁신외교를 '러시아 외교 정책이 정보통신기술(ICT) 활용을 통해 여론에 영향력을 행사할 수 있는 수단'으로 정의한다. 2012년 러시아 대사회의에서 푸틴 대통령은 외교관들이 디지털 기술을 활용하는 것이 가장 효과적인 외교 정책 수단 중 하나라고 말하며 이를 독려했다. '레임덕' 트윗이 보여주듯이 러시아 대사관은 관계 구축에 있어 혁신적 활동에 주목하는 것이 아니라, 미디어 아젠다에 영향을 미치고 콘텐츠의 입소문을 증대시키는 데 초점을 맞추고 있다.

디지털화의 2단계는 디지털 전술에서 디지털 전략으로, 즉 외교기관이 콘텐츠를 생성해 사전에 설정하고 측정이 가능한 공공외교 목표를 달성하는 방향으로 선회했다. 공공외교 목표는 타깃 수용자를 결정하는 것인 반면, 타깃 수용자는 사용할 플랫폼을 결정한다(Bjola & Manor, 2016b). 디지털 전술에서 전략으로의 전환은 각각의 디지털 플랫폼이 세계 각기 다른 지역의 다양한 수용자들을 끌어들인다는 외교관들의 인식 전환으로 동력을 얻었다. 이스라엘과 영국의 트위터 이용자들의 인구통계 정보와 미국, 페루의 왓츠앱 이용자들의 인구통계 속성은 매우 다르기 때문이다.

디지털 전략은 이슈 기반에서 캠페인 기반 공공외교로 전환할 것을 요구한다. 본 챕터에서는 디지털 캠페인을 외교기관이 측정 가능한 공공외교 목표를 달성하기 위해 일정 기간 동안 수행하는 계획된 행동으로 정의한다. 디지털 캠페인은 사전에 계획된 메시지 뿐만 아니라 타깃 수용자들에게 영향을 미치기 위해 사용되는 인포그래픽과 멀티미디어로 구성된다. 오바마 행정부가 자국 공공외교를 통해 이란 협상을 미국 국민들에게 '세일즈'하기 위해 전용트위터 채널을 이용한 것도 대표적인 사례이다. 디지털 전략의 목표는 이란 협정에 대한 미국의 대중적인 반향을 일으켜 정치적으로 지지하는 여론으로 이어지게 하는 것이었다. @theIranDeal 트위터 채널은 이란 협정이 발표된 직후 트윗 활동을 개시하였고, 의회의 승인을 받자 활동을 중단했다. 콘텐츠와 인포그래픽은 미국 대중에게 반향을 일으킬 네 가지 논의들을 구성하는 데 사용되었다. 첫째, 협정은 미국의 외교적 개입이 세계에 가시적인 변화를 가져올 수 있다는 것을 보여주었다. 둘째, 협정은 이란이 핵폭탄 개발을 위해 할 수 있는 모든 경로를 봉쇄했다. 셋째, 중동에서 비용이 많이 드는 또다른 전쟁을 피할 수 있었고, 넷째, 이란 핵사이트에 대한 지속적인 국제적 감시를 가능하게 했다(Bjola & Manor, 2018). 따라서 백악관의 목표는 이란 협정에 대한 미국 국민의 인식에 영향을 미치고, 이는 결국 미국 입법자들에게 영향을 미치게 될 것이다. 트위터를 활용해 대외정책 성과에 대한 자국내 지지를 결집하는 것은 공공외교가 외부에서 내부로 전환되는 디지털 사회의 글로벌화 성격을 상징한다. 실제로 백악관 캠페인은 미국인과 외국 트위터 이용자 모두의 주목을 이끌어냈다.

디지털 전략의 목표는 관광 증대에서 쟁점적인 외교 정책에 대한 지지를 이끌어내고, 무역 관계를 촉진하며 국가 간 과학 협력을 육성하는 데 이르기까지 다양하다. 하지만 디지털 전략은 공공외교 목표를 정의하고 목표 달성 여부를 측정하는 MFA의 능력에 달려있다. 몇 년 전, 나토(NATO)의 공공외교부서는 유럽 젊은이들이 나토의 권한이나 국가 안보의 중요성을 더 이상 인식하지 못하고 있다고 파악했다. 젊은이들은 냉전과 양극화 체제 종식 이후 성인이 되었고, 제임스 본드 영화에 등장하는 KGB 스파이들에 놀라지 않았다. 나토 공공외교부서는 유럽의 밀레니얼 세대들과 소통하기 위해 소셜미디어 계정을 개설했다. 이들이 주로 인스타그램에 모이자, 나토 역시도 인스타그램으로 눈을 돌리며 나토가 갖는 의미에 관한 이미지를 업로드해달라는 사진 공모전을 발표했고, 우승자를 브루셀에 위치한 나토 본부로 초대했다. 나토의 새 인스타 계정에 대한 유럽 젊은이들의 관심과 공유된 이미지 수를 통해 영향력을 측정했다(NATO, 2014).

지금까지 많은 MFA에서 다자간 포럼에서 역할을 맡기 위한 노력의 일환으로 디지털 캠페인을 시작했다. 세계보건기구(WHO) 사무총장 테드로스 하놈(Tedros Adhanom)이 운영한 에티오피아 MFA나 유엔 안전보장이사회 비상임이사국 선출을 위한 캠페인에 성공한 벨기에 MFA 같은 경우가 해당한다. 이와 반대로 2015년 핀란드 MFA는 핀란드에 대한 디지털 공중의 인식을 관리하기 위해 전략적 접근 방식을 취했다. 핀란드 MFA는 핀란드 문화와 역사에 대한 이모티콘을 스마트폰 자판에 추가해서 이용자들이 이용할 수 있도록 애플리케이션을 출시했다. 사우나에 있는 커플의 모습을 한 이모티콘, 헤비메탈락의 팬을 형상화한 이모티콘 등이 있다. MFA는 이 애플리케이션을 통해 전 세계 스마트폰 사용자들과 교류하여 핀란드가 어둡고 황량한 국가라는 보편적인 인식에 맞서 활기차고 혁신적이며 유머러스한 국가로서 다가갈 수 있었다(Grossman, 2015). 더욱 중요한 것은, MFA가 핀란드 시민들에게 전 세계 친구나 지인들과 소통할 때 이모티콘을 활용하도록 장려했다는 점이다. 얼마 후, 핀란드 이모티콘은 수많은 디지털 플랫폼과 네트워크에 확산됐다. 핀란드 전략을 평가하기 위해 MFA가 사용한 지수는 스마트폰 이용자들의 애플리케이션 다운로드 수였다. 구글 플레이스토어에 따르면, 애플리케이션은 2015년 개발된 이후 1만 회 이상 다운로드 된 반면, 폴란드 MFA의 애플리케이션은 10만 회 이상의 다운로드를 기록했다. 핀란드 MFA는 국내외 대중에게 초점을 맞춘 반면, 다른 MFA들은 네트워크 게이트키퍼로 관심을 돌렸다.

인플루언서 네트워크에서 네트워크 게이트키퍼로

공공외교의 디지털화 첫 단계 동안 외교관들은 인플루언서들의 네트워크 구축을 시도했다. 예를 들어, 리투아니아 MFA는 리투아니아 대사관이 현지 오피니언 리더, 언론인, 영향력 있는 디지털 이용자들과 네트워크를 형성하는 데 디지털 활동의 대부분을 집중했다. 이 네트워크들은 대사관이 공공외교 메시지를 전파하고, 다른 엘리트들과 교류하며, 언론의 보도에 영향을 미치고, 리투아니아 외교 정책에 대한 현지 여론을 형성하는 데 도움을 주었다. 또한 리투아니아 대사관은 현지 디아스포라 공동체에서 인플루언서들을 찾아내 그들과 협력하고자 노력했다. 폴란드 MFA는 유럽 공동체 내에서 EU 내에서 폴란드의 문화적 공헌도를 보여주기 위해 국내외 문화기관과의 네트워크를 구축하기로 결정했다(Manor, 2016a).

디지털화의 두 번째 단계에서 MFA는 온라인상 혐오, 급진주의, 허위 정보 등의 유통을 막기 위해 네트워크 게이트키퍼와의 상호작용을 도모했다. 예를 들어, 이스라엘 MFA는 반(anti) 유대주의 콘텐츠나 유대인 및 이스라엘에 대한 폭력을 조장하는 콘텐츠를 유포하는 네트워크를 식별하기 위해 네트워크 분석과 감정 분석을 수행한다. 네트워크 게이트키퍼는 두 가지 네트워크의 교차지점에 위치하며 콘텐츠가 한 네트워크에서 다른 네트워크로 확산될 수 있도록 돕는 역할을 한다. 네트워크 게이트키퍼가 콘텐츠 공유를 중단하면 두 네트워크 사이의 정보 흐름이 중지된다. 따라서 이스라엘 MFA의 목표는 정보를 전파하는 것이 아니라 특정 정보의 확산을 통제하는 것이다(E.Ratson, personal communication, June 26, 2018). MFA는 디지털 계정을 사용하여 네트워크 게이트키퍼들과 협력한다. 네트워크 게이트키퍼들은 이스라엘 외교관들에 의해 온라인으로 접촉되어 그들이 두 개의 네트워크 사이 교차지점에 있다는 사실과 네트워크 둘 중 하나는 허위 정보이거나 인종차별적인 콘텐츠를 공유하고 있다는 사실을 인지하게 된다. 시간이 흐르면서 이스라엘 외교관들은 반유대주의 콘텐츠 공유를 막기 위해 네트워크 게이트키퍼와 관계를 형성하고자 한다. 일단 네트워크 게이트키퍼가 혐오 정보의 유통을 차단하는 것에 동의하게 되면, 궁극적으로 반유대주의 네트워크가 격리되고 해당 콘텐츠가 더 이상 다른 네트워크로 확산되지 않게 된다. 마지막으로, 이스라엘 외교관들은 반유대 네트워크 회원들과 교류하고 유대인에 대한 잘못된 전제와 관념에 반하는 정보를 그들에게 제공하려고 시도한다. 이스라엘 MFA는 허위 정보와 혐오 발언의 확산을 막음으로써 디지털 공중이 이스라엘과 유대인을 바라보는 시각에 영향을 미칠 것을 기대하고 있다. 특히 이스라엘의 알고리즘 전략은 외교관들이 네트워크 주변과 관계를 형성하려는 네트워크적인 사고방식을 보여주며 영국 FCO에 따르면 이 전략은 네트워크 중심으로의 참여가 거부당할 가능성이 높기 때문에 효과적일 수 있다(Wilton Park, 2017).

동일한 논리는 해외 정부에 의해 생성된 허위 정보나 잘못된 콘텐츠에도 적용될 수 있다. 예컨대, 영국 FCO는 인간 행동을 모방하는 자동화된 컴퓨터 소프트웨어 혹은 트위터 봇을 식별하기 위해 빅데이터 분석을 수행한다(Corcoran, 2018). 봇은 디지털 플랫폼에 허위 정보와 긍정적 혹은 부정적 감정을 쏟아내는 온라인상 불협화음의 씨앗을 퍼뜨리고, 디지털 공중의 현실에 대한 인식을 뒤틀기 위해 사용된다. 브렉시트 국민투표에 앞서 러시아 봇들은 수천 건의 친브렉시트 트윗을 게시하고, 친브렉시트 정서로 각종 게시판과 뉴스 웹사이트를 도배한 것으로 보인다(Mostrous, Bridge, & Gibbons, 2017). FCO에 의해 봇이 매핑되면, 영향력 범위 내에 있는 네트워크나 온라인상에서 봇의 콘텐츠를 팔로우하는 다양한 개인까지도 매핑된다. 그런 뒤 봇은 디지털 플랫폼에 보고되고, 강제로 종료될 수 있다. 15세기 대사가 왕궁을 걸어다니는 로봇의 모습에 어떻게 반응할지 상상하기 어렵다. 그럼에도 불구하고, 봇은 전통적인 외교 대사 못지않게 현대 외교의 중심이다. 이는 봇이 네트워크 게이트키퍼 역할을 수행하기 때문이다. 한 국가의 정부로부터 다른 국가의 국민들에까지 허위 정보가 흘러가는 것은 봇들로 인해서다(봇에 관한 자세한 설명은 5장 참조).

중요한 것은 러시아가 봇을 이용해 디지털 플랫폼에 허위 정보를 유포함에 따라 오해의 소지가 있는 정보 흐름을 매핑하고 차단할 필요성이 명백해졌다는 것이다. 봇의 목적은 사람들의 의견 형성에 영향을 미치는 것이 아닌, 현실에 대한 관점을 갖게 해주는 것이다. 이러한 이유로, 긍정적이거나 부정적인 정서의 댓글이 많은 뉴스 웹사이트에 댓글을 쏟아내기 위해 봇을 활용하는 경우가 많다. 예를 들어, 러시아 봇은 크림 위기 전후로 나토를 비난하고 부정적으로 묘사하기 위해 라트비아 뉴스 웹사이트에 투입되었다(NATO Stratcom, 2016). 라트비아 뉴스 사이트 방문자들은 나토에 대해 부정적인 발언들에 노출되어 자국 여론이 나토에 반대하고 있다고 추측할 수 있다. 결국 사이트 방문자들은 다수에 속하고자 하는 인간 본성으로 인해 나토에 반대하게 될 가능성이 높아진다.

네트워크 게이트키퍼들에게 영향을 미치려는 시도는 디지털화 과정의 일환으로 네트워크 사고방식을 받아들인 외교관들 간 개념적 변화를 대표한다. 코프랜드(Copeland, 2013)가 말했듯이 20세기 외교는 탑다운 방식의 지휘 체계를 자신들만의 방식으로 사용하는 계층적 조직에 의해 특징지어졌다. 패먼트(Pamment, 2012)는 언론인이나 정치인들의 위계적 시각으로 사회를 바라보는 외교관들이 영향을 미치는 반면, 보통 시민들은 영향을 받게된다고 주장했다. 또한 공공외교에서 네트워크 비유는 디지털 상호작용과 "듣기"를 지배하는 논리에서도 뚜렷하게 나타난다. 이제 대사관은 MFA가 국가별로 다른 목표를 홍보하는 동시에 현지 국민들의 연관 피드백을 수렴할 수 있는 글로벌 네트워크로 인식되고 있다. 이러한 피드백은 MFA 수준에서 정책 수립 과정에 정보를 제공할 수 있다(Israel MFA, 2017). 이것이 바로 메츠가(Emily Metzgar, 2012)가 정의한 디지털 참여이다. 하이네(Jorge Heine, 2016)의 주장처럼, 디지털화는 외교관들이 탈중앙화 네트워크에 대한 엘리트 클럽의 기존 사고방식을 버리게 만들었다. 공공외교에 대한 이러한 네트워크 접근방식은 시간이 지남에 따라 디지털 사회의 논리와 기본 구조에 의해 외교관의 규범, 가치 등이 형성되는 방식을 상징한다. 네트워크 외에도 디지털 공중이 국제 이벤트들을 이해하가 위한 프리즘을 제공하는 내러티브를 통해 영향력을 얻을 수도 있다. 내러티브 외교의 출현은 다음 절에서 살펴본다.

논쟁 외교에서 내러티브 외교로

디지털 사회와 마찬가지로 공공외교의 디지털화는 외교관이 논쟁에 기반하지 않고, 내러티브에 기반한 공공외교로 전환되고 있음을 보여준다. 디지털화의 첫 번째 단계에서는 외교관과 외교기관들이 디지털 플랫폼을 활용하여 이벤트나 정책에 대한 의견을 제시했으며, 각각의 트위터나 페이스북 게시물은 개별 이슈들을 다루었다. 예를 들어, 독일 MFA는 2015년 6월 25일 이집트 시위대 사망 사건, 크림 위기에 직면한 우크라이나 정부에 대한 독일의 지지, 아프리카연합 새 본부의 외교관 방문, 전 스페인 총리 사망에 대한 조문 메시지 등을 트위터에 게재했다. 이처럼 개별 이슈 또는 정책은 독자적인 공공외교 메시지를 보장했다.

디지털화의 두 번째 단계에서는 외교기관들이 내러티브를 통해 디지털 공중이 세계를 이해할 수 있는 프리즘을 제공한다. 이 내러티브는 세계의 다양한 사건들이 어떻게 서로 연관되어 있는지, 서로 어떠한 영향을 미치는지, 한 나라의 수많은 외교 계획들이 일관성 있는 외교 정책을 어떻게 형성하게 되었는지를 증명하기 위해 사용된다. 내러티브는 혼란스럽고 비합리적으로 보이는 세계에 질서를 가져다주기 때문에 현대 공공외교에 있어 중요하다. 미디어를 건너뛰고 디지털 공중의 세계관에 직접적으로 영향을 미치려는 MFA들의 욕구가 증가함에 따라 내러티브형 공공외교가 받아들여지고 있다. 소티리우(Sotiriu, 2015)가 주장했듯이 MFA는 디지털 플랫폼을 사용하여 자신만의 내러티브를 작성하고 이를 디지털 공중에게 전파하여 미디어 게이트키퍼를 효과적이고 직접적으로 우회할 수 있게 된다. 따라서 사회 기관인 MFA가 목표를 달성하기 위해 디지털 기술을 받아들임에 따라 공공외교에 있어 내러티브의 활용은 사회적 현상이 되고 있다.

내러티브 공공외교로의 전환은 동유럽 국가들의 안정뿐만 아니라 우크라이나에서 발생하는 사건들에 대한 디지털 공중의 인식을 형성하기 위해 러시아가 내러티브 사용을 늘리는 것에 기인한다. 크림 위기 내내 러시아의 디지털 내러티브는 서구 열강들이 키예프에서 발생한 네오나치 쿠데타를 후원했고, 이로 인해 우크라이나 동부에서 러시아 소수민족에 대한 폭력적인 공격이 발생했다고 주장했다. 강간, 살인, 아동학대 등이 대표적이다. 마찬가지로 러시아는 디지털 플랫폼을 사용하여 동유럽 국가들에 대한 내러티브를 확산시켰다. 한 가지 예는 리투아니아를 EU의 재정적 지원과 나토의 군사적 지원없이 독립할 수 없는 실패적 국가로 묘사한 것이다. 서유럽 국가와 나토의 경우, 러시아의 디지털 내러티브 사용은 반대의 디지털 내러티브 대응을 필요하게 했다.

내러티브와 전략적 내러티브를 구분하는 것은 중요하다. 전략적 내러티브는 외교관들이 전 세계 사건들을 이해하는 데 사용된다. 나아가 전략적 내러티브는 과거를 통해 현재를 이해하고 미래를 예측한다. 외교관들이 오랜 기간에 걸쳐 활용하며 다양한 글로벌 이슈, 이벤트, 사람에 대해 언급하게 된다. 반면에 내러티브는 가까운 미래에 대한 국가적 비전을 제시하거나, 새로운 외교적 계획을 공개하거나, 국내 이슈가 국제 관계에 어떠한 영향을 미칠 수 있는지에 대한 설명 등 단기적 목표에 사용될 수 있다. 내러티브는 다보스에서 열리는 세계경제포럼(WEF)과 주요 7개국(G7) 회의, 유엔 총회 등 각종 글로벌 정상회의에서 외교관들과 세계 정상들이 많이 활용한다. 이번 챕터에서는 2016년 유엔 총회 당시 세 명의 국가 지도자들이 보여준 단기 내러티브를 중점적으로 다룬다. 매년 열리는 총회는 중요성을 감안할 때, 지도자와 외교관들이 내러티브를 활용할 수 있는 특별한 기회이다. 결국 전 세계적인 청중들 앞에서 외교를 펼칠 수 있는 무대인 셈이다.

외교 정책 내러티브를 제시한 첫 번째 지도자는 영국 총리 테레사 메이로서 2016년 5월 브렉시트 국민투표 이후 열린 첫 총회에서였다. 가까운 미래에 대한 영국의 비전을 제시할 수 있는 절호의 기회였다. 메이가 준비한 내러티브는 "글로벌 영국(Global Britain)"으로 영국은 EU를 탈퇴할 것이지만 세계는 넓다는 것이다. 총리 공식 채널을 통해 "영국은 자신있고 신뢰할 수 있는 파트너가 될 것이다"라고 첫 번째 트윗을 게시했다. 이러한 구체적인 워딩은 수많은 사임과 개각 가운데에서 수개월 간의 내부 불안에 이어 영국을 안정된 정치 행위자로서 묘사하려는 시도로 볼 수 있다. 두 번째 트윗은 "우리의 과제는 정부와 글로벌 기관들이 우리가 섬기는 사람들에게 응답하는 것이다"라고 게시했다. 이 트윗은 브렉시트 국민투표 결과를 존중하겠다는 총리의 의지를 내비친 것이다. 그러나 이어서 메이는 이민 문제를 해결하기 위한 새로운 글로벌적 접근, 현대 노예제도를 종식시키기 위한 새로운 조치, 소말리아와 같은 아프리카 국가들에 대한 대테러 지원, 파리 기후협정 비준을 위한 지속적인 노력 등 일련의 국제 외교 계획을 발표했다. 총리는 이러한 다양한 외교 계획들을 하나의 일관성 있는 외교 정책 또는 내러티브로 연결시켰다. 세계적으로 참여하는 영국이 그것이다. 내러티브는 영국과 전 세계 디지털 공중이 브렉시트를 이해하고 영국의 다양한 외교적 구상이 서로 어떤 연관이 있는지 이해하는 데 도움을 주었다. 내러티브로 인해 국내외 사람들이 브렉시트를 이해하는 데 도움이 된 만큼 여러 공간이 충돌하는 공공외교의 글로벌한 디지털 성격을 보여주었다.

하산 로하니 이란 대통령이 언급한 이란 외교 정책 역시 내러티브 사례이다. 이란의 핵 합의 직후 열린 2016년 총회도 이란이 탈원전 시대에 정책을 발표하는 무대 역할을 했다. 로하니는 이란을 불안정한 지역에서 안정적인 세력으로 내세우기 위해 유엔 총회를 활용했다. 이는 대통령이 테러리즘을 중동에 대한 핵심 위협으로 지목한 트윗으로부터 시작됐다. 로하니는 폭력과 극단주의에 대항한다는 의미의 해시태그 #WAVE를 달았다. 이 해시태그는 앞서 이란 소셜미디어 프로필에서 사용된 바 있는데, 특히 극단주의에 맞서기 위한 이란의 글로벌 정상회의에서 언급되었다. 덧붙여서 로하니는 트위터에 9/11 테러와 이라크 전쟁 모두 불안과 국경없는 테러리즘의 시대를 이끌었다고 올렸다. 두 사건을 함께 언급함으로써 로하니는 9/11을 급진 이슬람 테러리즘 시대의 시발점으로 규정하는 서구의 내러티브와 같이 서구 수용자들에게 무언가를 어필하려고 시도했던 것이다(Nayak, 2006). 그 다음 트윗에는 "테러리스트들은 극단주의를 확산시켜 종교를 수단으로 삼아 그들의 사악한 의도를 숨기고 있다"라고 올렸다. 이와 같은 발언으로, 대통령은 테러리즘이 이슬람과 이란의 가치와 일치하지 않는다는 점을 분명히 했다. 대통령의 마지막 트윗은 "뉴욕에서 테러와 폭력으로 시작된 시대가 적대적 경쟁자와 중동의 갈등을 확대하는 방향으로 이어지면 안된다"는 메시지였다. 이는 사우디아라비아가 시리아와 예멘을 포함한 지역 전쟁에 점점 참여하고 있다는 것을 언급한 것이다. 이처럼 이란이 안정과 연민의 국가로 묘사된 반면, 사우디아라비아는 불안정과 열정의 국가로 몰리게 되었다. 결국 이란 로하니 대통령에 의해 묘사된 내러티브의 핵심은 안정성이었던 것이다. 탈원전 시대에 이란의 수도 테헤란은 중동의 다양한 갈등을 종식시키려는 서구 국가들의 파트너로서 간주될 수 있다. 서구 국가들처럼 이란도 9/11과 이라크 전쟁을 중동 긴장의 근원으로 간주하고 있으며, 서구 국가들처럼 세계 테러를 글로벌 위협으로 보게 된 것이다. 이란의 외교적 주도권은 모두 일관된 대외 안정 정책을 형성하고 있었다. 서구 세계와 교류하고자 하는 열정을 보여주고, 9/11에 대한 서구 내러티브를 받아들이는 등 로하니 대통령의 내러티브는 이란을 개방적인 국가로 묘사하기 위한 "매력 공세"의 일환으로 볼 수 있다.

총회에서 외교 정책 내러티브에 대해 언급한 세 번째 지도자는 이스라엘 총리 네타냐후(Benjamin Netnayahu)였다. 네타냐후 총리는 로하니 대통령처럼 테러리즘을 지역의 핵심 불안 요인으로 지적했다. 게다가, 테러리즘에 저항하는 것을 고려할 때 이스라엘은 안정의 원천이라고 주장했다. 다만 테러리즘이라는 도전에 직면한 상황에서 이스라엘과 아랍 국가들이 협력의 새로운 기반을 발견할 수도 있다고 제안했다. 실제로 네타냐후 총리는 아랍 국가들이 이스라엘을 향한 태도를 바꾸고 있다고 주장했다. 네타냐후가 제시한 내러티브는 "새로운 중동"에 대한 것이었다. 그의 첫 번째 트윗은 "점점 많은 국가들이 이스라엘을 테러리즘과 싸우는 잠재적 파트너로 간주하고 있다"였다. 이어지는 트윗에서는 "이스라엘이 자국민 보호에 도움을 줄 수 있다는 것을 알기에 정부는 이스라엘에 대한 태도를 바꾸고 있다"고 말했다. 나아가 네타냐후 총리는 "미래는 혁신하는 자들의 것이며 이것이 이스라엘과 같은 국가들에게 미래가 함께하는 이유이다. … 그래서 나는 너희와 함께한다. 우리와 협력하고, 미래, 안보, 번영, 평화를 함께 이뤄나갈 수 있는 미래를 꿈꾼다"라며 트윗을 마무리했다. 그의 내러티브는 아랍 세계와 비교해 이스라엘의 외교적 주도권을 이해할 수 있는 프리즘을 제공했다. 이스라엘은 이스라엘을 인정하지 않는 아랍 국가들과의 수교에 대한 대가로서 혁신적 기술과 대테러 전문 지식을 수출할 의지를 보였다.

지금까지 언급한 사례들은 디지털 기술이 오프라인 공공외교 목표를 어떻게 보완할 수 있는지 보여준다. 국가 지도자들은 디지털 플랫폼을 통해 내러티브를 생산하고 전파함으로써 일관성 있는 외교 정책을 기획하고 미래에 대한 국가 비전을 제시하게 된다. 나아가 소티리우(Sotiriu, 2015)의 주장처럼, 디지털화를 통해 지도자와 국가는 글로벌 공론장에서 자신들의 가치를 투영시킬 수 있게 된다.

국가 지도자들과 마찬가지로, MFA 역시 공공외교에 대한 내러티브적 접근법을 채택했다. 케냐 MFA와 세계 각국의 대사관은 케냐 지도부의 내러티브를 홍보하며 케냐를 아프리카의 저명한 지도자로서 그려냈다. 케냐 외교관들은 지도층의 프리즘을 통해 양자 회담, 공동 이니셔티브, 지역적 협력 등을 해석한다(자세한 내용은 6장에서 이어진다). 사우디 MFA는 예멘에서의 군사 활동을 이해할 수 있는 인도주의적 개입에 대한 내러티브를 홍보하고 있다. 이 내러티브에 따르면, 사우디아라비아는 아동 군인을 모집해 민간인을 공격하는 후티(Houthi) 반군으로부터 예맨을 해방시키는데 주력하고 있다. 결국 사우디아라비아는 후티 반군이 점령한 지역을 해방시키고, 민간인에게 인도적 지원을 제공하며 손상된 인프라를 재건하고 있다. 이에 대한 예는 **그림** 4.3에 나타나있다.

내러티브 기반 공공외교로의 전환은 디지털 사회에서 바람직한 것으로 간주되는 규범과 가치, 행동에 의해 공공외교가 영향을 받는다는 것을 상징한다. 디지털 사회는 게시물, 이미지, 인스타그램 스토리를 통해 살아나는 매력적인 개인 내러티브를 생산하는 사회를 의미한다. 이 내러티브는 개인들이 다른 모든 사회 구성원들에게 자신을 알리고 자신의 디지털 어필을 증가하기 위해 사용된다. 그러나 디지털 사회의 본질에 충실하게 개인적인 내러티브는 성공과 풍요, 그리고

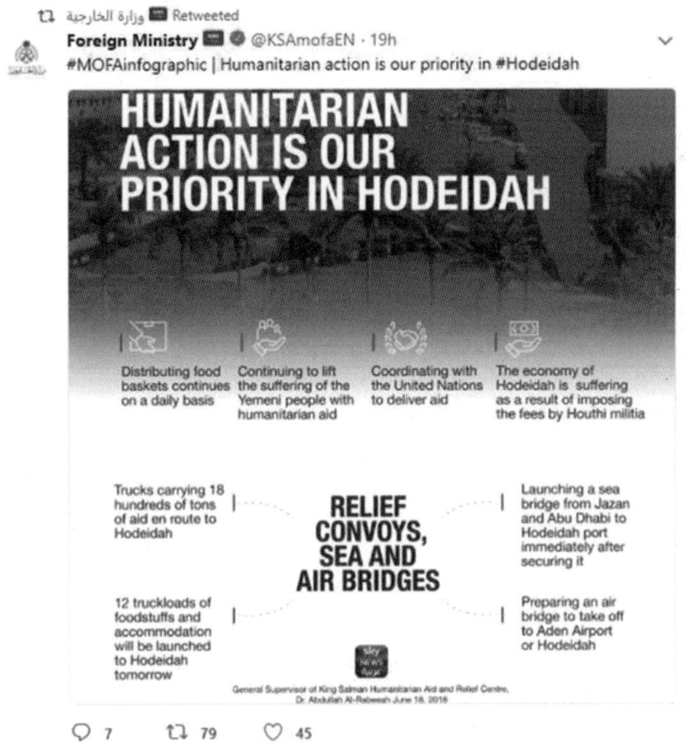

그림 4.3 예멘에서의 군사 작전을 설명하는 사우디아라비아 외무부 트윗(출처: https://twitter.com/KSAmofaEN/status/1009116564510175234)

성과와 정복의 하나이다. 개인과 마찬가지로, 주정부도 디지털 플랫폼을 사용하여 성과에 대한 개인적인 내러티브와 미래에 대한 거창한 계획을 전파하고 있다. 공공외교의 두 번째 단계는 내러티브 공공외교로 전환된 것이지만, 타깃형 커뮤니케이션에서 맞춤형 커뮤니케이션으로 전환된 것이기도 하다.

타깃형에서 맞춤형으로

타깃형(targeting)은 다양하고 많은 수용자에게 반향을 불러일으키는 메시지 형식으로 정의할 수 있다. 예컨대, “음주운전 하지 마세요”라는 메시지는 도로 위의 모든 운전자에게 해당한다. 반면 맞춤형(tailoring)은 특정 수용자의 하위 집단에 반향을 일으키는 메시지 유형으로 정의할 수 있다. 맞춤형 메시지는 수용자의 선호, 행동, 사전 지식, 신념 등을 고려한다. 또한 수용자의 문화, 가치, 역사적 맥락, 세계관까지도 고려한다(Enwald & Huotari, 2010; Kreuter, Strecher, & Glassman, 1999; Noar, Benac, & Harris, 2007; Yap & Davis, 2008). 맞춤형 메시지는 수용자가 선호하는 미디어 채널을 통해 전파된다. 18세 운전자들이 음주 후 도로에 나오지 못하도록 하는 캠페인이 연관 사례이다. 캠페인 초기 단계에서는 설문지와 포커스 그룹을 통해 18세 운전자가 알코올이 자신의 반응시간과 위험의식에 영향을 미칠 수 있다고 생각하는지 여부를 판단하고, 알코올이 운전 능력에 미치는 영향에 대한 지식을 측정하며 음주 후 버스를 타거나 카풀을 선호하는지 여부를 조사한다. 다음으로 캠페인 메시지가 작성되고 나면 라디오, 텔레비전, 소셜미디어 플랫폼 등 수용자가 선호하는 매체를 선정한다. 수용자들에게 캠페인 메시지에 대한 피드백을 받은 이후, 공식적으로 캠페인은 시작된다.

디지털화의 첫 번째 단계에서 외교관들은 주로 타깃형 커뮤니케이션에 의존했다. 파리 주재 스위스 대사관은 페이스북을 이용해 자국민들과 소통한 반면, 암스테르담 주재 폴란드 대사관은 “네덜란드인”과의 교류를 총괄했다. 나아가 공공외교 콘텐츠는 여러 플랫폼에서 중복되는 경우가 많았다. 2015년 캠피 등의 연구에 따르면 11개 MFA가 페이스북에 게시한 콘텐츠의 85%가 트위터에도 개시된 것을 발견했다(Kampf, Manor, & Segev, 2015). 따라서 외교관들은 다양하고 많은 수용자들을 타깃으로 할 뿐만 아니라, 각기 다른 디지털 플랫폼의 고유한 특성에 맞게 자신들의 메시지를 적응하는 데 실패했다고 볼 수 있다.

그러나 공공외교가 디지털화 두 번째 단계로 접어들면서 외교관들은 점차 맞춤형 커뮤니케이션으로 전환하고 있다. 이러한 과정은 디지털 플랫폼마다 다른 수용자를 끌어들여야 한다는 외교관들의 인식에 의해 촉진되었다. 많은 MFA들은 트위터를 언론인, 정치인, 외교관계자들과 상호작용할 수 있는 엘리트 대 엘리트 커뮤니케이션 도구로 간주하고 있다. 또한 페이스북을 일반 시민, 디아스포라, 이익단체와 외교관들이 함께 대화할 수 있는 엘리트 대 대중 간 대중매체로 간주하고 있다.

일부 MFA들의 경우 특정 공공외교 목표를 달성하기 위해 맞춤형이 필요했다. 예를 들어, 전통적인 외교의 한계를 극복하기 위해 이스라엘 MFA는 이스라엘 인접 국가들의 국민들과 소통할 수 있는 소셜미디어 계정을 개설하기로 결정했다. 대중 사이에서 가장 인기 있는 네티워크가 페이스북이었기 때문에 이스라엘 MFA는 아랍어 전용 계정을 만들었다. 아랍어를 사용하기로 결정한 것은 모든 아랍인 페이스북 이용자들이 정치적 이슈를 논할 만큼 영어에 능숙하지 않을 것이라는 판단 때문이었다(G.Rudich, personal communication, May 18, 2014). 따라서 이스라엘 MFA는 의도된 수용자들의 언어와 디지털 선호에 맞게 커뮤니케이션을 맞춰갔다. 현재는 아랍어로 된 MFA 게시물은 약 100만 명 페이스북 이용자에게 도달했다.

외교기관 내 미디어 제작으로의 전환은 맞춤형 공공외교로 향하는 과정도 촉진시켰다. 21세기에 들어, MFA는 비주얼 스토리텔링 중심의 복잡한 미디어 환경에서 자신들이 활동하고 있음을 알게 되었다. 이는 최근 인스타그램 스토리의 인기가 급상승한 것을 통해 명백하게 알 수 있는데, 인스타그램 스토리는 이용자들이 가장 최근의 메시지를 팔로워들에게 업데이트할 수 있는 짧은 영상을 의미한다. 무정부활동가, 테러리스트그룹, 인스타그램 유명인사 등과 디지털 공중의 관심을 놓고 경쟁하기 위해 MFA들도 비주얼 콘텐츠를 제작하기 시작했다. 하지만 플랫폼에 따라 각기 다른 미디어를 수용한다. 인스타그램은 이미지나 스토리를 기반으로 하고, 페이스북은 동영상 기반, 트위터는 이미지 또는 짧은 동영상을 기반으로 한다. MFA들은 각 플랫폼이 서로 다른 미디어를 수용하기 때문에 플랫폼마다 서로 다른 목적으로 사용할 수 있다는 점을 이해했다. 예를 들어, 제네바 주재 영국 대사관은 현재 트위터를 UN 인권이사회에서 대사들의 발언 동영상을 게재하는 데 사용하고 있다. 페이스북은 제네바 기반 이니셔티브를 발표하고, UN 포럼에서 영국 활동을 상세하게 설명하며 질의응답 세션을 운영하는 데 사용된다(Garrad, 2017). 따라서 외교관들은 각각의 디지털 플랫폼의 고유한 특성에 맞게 메시지를 맞춤화하기 시작했다.

맞춤형 커뮤니케이션의 출현은 기술적이고 사회적인 프리즘을 통해 분석될 수 있다. 기술 프리즘은 맞춤형 커뮤니케이션 모델 채택이 디지털 기술을 수용한 결과라는 것을 시사한다. 예를 들어, 공공외교 메시지의 댓글과 공유 횟수를 분석함으로써 MFA는 온라인 콘텐츠를 세밀하게 조정하여 수용자들에게 가장 큰 영향을 미칠 수 있다. 나아가 MFA들은 정서 분석을 통해 팔로워들이 가장 관심을 갖는 주제들을 파악할 수 있었다. 즉 디지털 기술의 수용은 공공외교 실천에 영향을 미쳤다.

사회적 프리즘은 디지털 원주민을 외교기관에 통합하는 것이 공공외교 맞춤화 등장에 동등하게 중요하다는 것을 시사한다. 마크 프렌스키(Mark Prensky)는 1980년 이후에 태어난 사람들을 디지털 원주민이라고 주장해왔다. 이들은 가정에서 태어나 디지털 도구가 있는 학교에 다녔으며 디지털 언어를 모국어로 구사하는 사람들이다. 디지털 원주민들은 새로운 디지털 기술을 쉽게 습득하고 새로운 디지털 환경에 적응하는 데 있어 전문가들이다. 디지털 이민자는 1980년 이전에 태어난 사람들이다. 영원히 아날로그적 사고방식에 갇힌 디지털 이민자들은 디지털 기술을 채택하게 될 수도 있지만, 항상 디지털 억양을 갖고 있고 새로운 기술을 터득하기 위해 시간과 노력을 필요로 할 것이다(Prensky, 2001). 2014년에 디지털 원주민은 34살이 되었고 MFA의 낮은 위치를 채우기 시작했다. 그들은 지속적인 디지털 기술 사용으로 MFA와 대사관에 맞춤형 제작을 도입하게 되었다. 매너와 캠프는 대사관 소셜미디어 계정을 관리하는 디지털 원주민들이 좋아요, 공유하기, 댓글 작성 등 디지털 수용자로부터 받는 피드백에 본능적으로 메시지를 맞춤화한다는 사실을 발견했다(Manor & Kampf, 2019). 나아가 디지털 원주민들은 팔로워들로부터 받은 피드백을 중요하게 여기고, 이러한 피드백 중 수용자들에게 관심이 있는 이슈를 식별하기 위해 시도한다. 마지막으로 디지털 원주민들은 MFA 메시지를 현지 수용자들의 언어, 가치, 규범, 심지어 은어에 맞게 맞춤화한다. 팔로워들을 지식이 없는 사람으로 간주하여 그들의 질문과 피드백을 무시하는 경향이 있는 디지털 이민자들은 할 수 없는 일이다.

맞춤형 커뮤니케이션으로의 전환은 디지털 기술을 통해 전달되는 공공외교가 여전히 공중 중심적이고 디지털 공중과의 상호작용에 초점을 맞추고 있음을 보여준다. 그러나 많은 경우, 이러한 맞춤화의 목표는 관계 구축이 아닌 영향력이다. 2015년부터 2018년 사이에 외교관과 외교기관들이 디지털 수용자들과 정기적으로 교류하지 못하고 온라인 대화의 기회를 갖지 않으며 디지털 네트워크와의 협업에도 적극적이지 않다는 일관된 연구 결과들이 나오기도 했다. 디지털 도구는 대부분 일방향 메시지 배포에 사용되었다. 맞춤형은 메시지가 공중에 영향을 미치고, 공중이 선호하는 매체에 게시됨에 따라 일방적 커뮤니케이션의 효과를 증대시킨다.

그러나 다음 섹션에서는 인도 외교부(MEA)가 실천하고 있는 관계 구축을 위한 맞춤형 커뮤니케이션의 잠재적 적용가능성을 보여주는 두 가지 사례 연구를 검토한다. 이러한 사례 연구가 선택된 이유는 두 가지다. 첫째, 인도 외교부는 디지털 기술을 열렬하게 채택하였으며 디지털 부서를 오래전부터 설립하고 있다(Natarajan, 2014). 이러한 사실에도 불구하고, 현재까지 인도 외교부가 어떻게 디지털 플랫폼을 사용하여 공공외교를 실천하고 있는지 조사한 연구는 거의 없다. 이에 따라, 본 챕터에서는 인도 외교부의 디지털 활동을 탐색함으로써 공공외교에 대한 문헌 고찰을 다양화한다. 둘째, 인도 외교부는 수용자들의 일부가 아닌 개인의 욕구와 관심사에 맞게 개인화할 수 있는 공공외교가 나아갈 방향을 암시하는 스마트폰 애플리케이션을 출시했다. 따라서 이러한 사례 연구들은 공공외교의 디지털화의 세 번째 단계에 대한 이해를 제공한다.

"인도 알기" 프로그램

라나(Rana)가 주장한 것처럼, 인도 외교부는 디아스포라 외교 관행에 상당한 투자를 하고 있다. 외교부의 흥미로운 프로그램 중 하나인 "인도 알기(The "Know India" Program)"는 인도 이민자들의 자녀들과의 관계 형성을 목표로 하고 있다. 2세대 디아스포라들은 인도에 산적이 없기 때문에 인도와 정서적 유대감을 갖지 못할 수도 있다(Rana, 2013).

"인도 알기" 프로그램은 오프라인과 온라인 활동으로 구성되어 있다. 오프라인에서는 2세대 디아스포라가 인도를 방문해 인도 문화, 가치, 전통, 정치 등을 접할 수 있는 기회를 제공한다. 방문 기간동안 참가자들은 소셜미디어를 통해 자신들의 경험과 영감을 공유하도록 독려받는다. 나아가 인도 외교부는 자체 소셜미디어 계정을 통해 인도 방문을 홍보한다. "인도 알기" 방문은 참가자들이 인도와의 정서적 유대감을 발전시키는 동시에 친구 및 동료 네트워크와 자신의 경험을 공유할 수 있는 가능성을 높일 수 있다.

온라인 "인도 알기" 프로그램은 풍부하고 다양한 웹 기반 플랫폼을 통해 방문객들이 인도 역사, 문화, 정치, 사회, 혁신에 익숙해질 수 있는 기회를 제공한다. 이 플랫폼은 젊은 디지털 디아스포라에 두 가지 방식으로 맞춤화되었다. 첫째, 인도의 과거, 현재, 미래에 대한 풍부한 정보를 제공한다. 웹사이트의 한 부분은 인도 인구 및 지리, 기후, 수원, 토지 규모에 주목하고 있다. 또 다른 부분에서는 인도의 국가 정체성에 대한 내용으로 국기, 국가, 국장 등을 다루고 있다. 세 번째 부분에서는 문화와 유산에 초점을 맞추고 인도 역사, 국가 기념물, 시각적 예술, 문학에 대한 정보를 제공한다.

중요한 것은 모든 정보가 간결하게 제공되기 때문에 방문자들이 어느 부분을 자세히 살펴보고 어느 부분을 건너뛸지 선택할 수 있다는 점이다. 즉 정보를 쉽게 탐색하고 검색할 수 있다. 바로 젊은 디지털 원주민들이 온라인에서 정보를 소비하는 방식이다(Rosenwald, 2014). 웹 플랫폼은 시각적으로 작동하기 때문에 젊은 층에 맞춤형으로 제작되었다. 방문자들은 모디 대통령의 대국민 연설, 인도 독립기념일 기념행사, 인도에서 개최된 컨퍼런스 등의 웹캐스트를 시청할 수 있다. 플랫폼에는 라디오 방송국, 텔레비전 방송국 및 인도 영화의 클립 링크와 같은 멀티미디어가 포함되어 있다. 웹사이트에는 인도 역사, 전통, 문화를 아이들이 학습할 수 있는 게임, 퀴즈 등이 다수 포함되어 있어 부모들의 요구에도 맞춤화 되어있다. 또한 플랫폼에는 인도 국가기관과 민주주의 체계의 진화과정에 대한 교육 자료 역시 포함되어있다.

인도 외교부가 2세대 디아스포라에 활동을 집중하기로 한 것은 디아스포라 외교에 대한 네트워크 접근 방식을 보여준다. 인도 이민자 자녀들은 가족, 친구, 동료, 관심 집단 등 수많은 교차 네트워크의 구성원이다. 만약 디아스포라 네트워크에 통합된다면 인도 젊은이들은 그들의 네트워크 사이에서 인도에 대한 정보와 통찰력을 전파하는 역할을 수행할 수 있을 것이다. 예를 들어, 인도를 방문한 프랑스 10대들은 인도의 풍부한 역사와 문화에 대한 자신의 경험과 견해를 다른 프랑스 청소년들에게 공유할 수 있다.

2세대 디아스포라와의 교류를 위해 자원을 투자하는 국가는 인도뿐만이 아니라는 점을 명심해야 한다. 그루지아 디아스포라는 전 세계 디아스포라 아이들에게 무료 그루지아어 수업을 제공하기 위해 스카이프를 사용한다. 언어가 상상과 가상 공동체의 중요한 요소라는 점을 생각하면, 디아스포라부는 그레고리 디아스포라의 미래 응집력에 투자하고 있는 것일지 모른다.

인도의 개인화된 공공외교

구글 플레이스토어에서 10만 번 이상 다운로드받은 인도 외교부가 출시한 애플리케이션도 맞춤화의 또다른 사례이다. 외교부가 자체 애플리케이션을 출시한 것은 인도가 처음이 아니다. 폴란드와 캐나다 외교부 역시 애플리케이션을 출시한 바 있다. 그러나 캐나다 애플리케이션은 자국민들에게 초점을 맞추고 있지만 인도 애플리케이션은 국내외 국민들 모두를 타깃으로 하고 있는 것으로 보인다.

인도 애플리케이션에는 여섯 가지 기능이 있다. 첫 번째는 e-시티즌 기능으로, 전화번호부부터 인도 외교부 채용 기회까지 인도 시민들에게 e-서비스를 제공하는 것이다. 두 번째는 이용자들이 해외 인도 관계자들의 국빈 방문뿐만 아니라 해외 고위 인사들의 인도 국빈 방문을 추적할 수 있게 해준다. 이용가능한 정보의 범위는 국빈 방문 및 공공 성명서 작성시 서명된 이미지에서 양자 및 다자간 문서에 이르기까지 실질적인 정보들이다. 세 번째 기능은 사용자가 가장 가까운 인도 대사관의 위치를 찾을 수 있고, 대사관의 최신 소식을 읽을 수 있으며 인도 대사관의 팟캐스트를 들을 수 있다. 네 번째 기능은 미디어 센터로서 미디어 브리핑의 광범위한 문서, 보도자료, 연설 등으로 구성되어 있다. 다섯 번째 기능은 영사이다. 외국인 이용자가 비자 신청, 양식 다운로드, 외교부와의 소통까지 할 수 있는 기능이 포함된다. 마지막 기능은 공공외교에 초점을 맞춘다. 이용자가 전직 대사관들로부터 인도 외교에 대한 강의를 듣거나 인도 역사에 대한 다큐멘터리를 보거나 외교부 잡지의 이슈를 읽을 수 있는 것이 이 기능 때문이다.

지금까지 인도 외교부 애플리케이션을 검토한 결과를 보면 광범위한 정보를 제공한다는 것을 알 수 있다. 그러나 애플리케이션의 가장 흥미로운 특징은 개인화 메커니즘이다. 개별 이용자는 팔로우하고 싶은 이슈를 보다 구체적으로 선택함으로써 자신만의 애플리케이션을 만들어갈 수 있다. 심지어 이용자들은 검토한 정보들에 대한 메모를

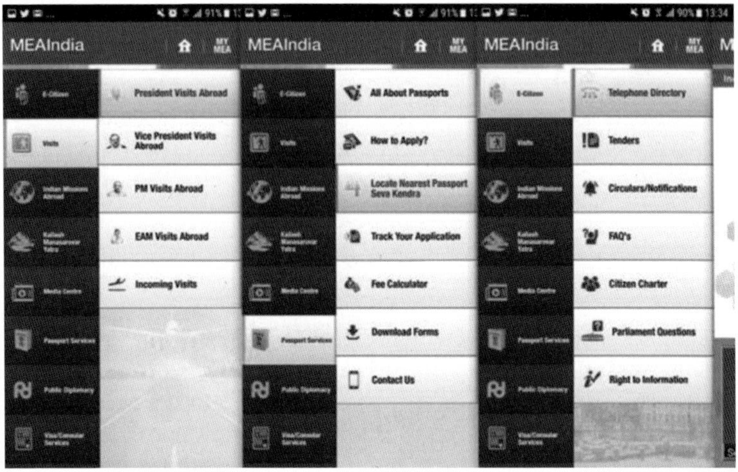

그림 4.4 인도 외교부 스마트폰 애플리케이션 스크린샷

작성할 수 있는 기능도 갖는다. 결국 애플리케이션은 이용자에게 고유한 관심사와 필요에 맞게 맞춤화된 디지털 환경을 제공해준다. 저널리스트들은 언론 브리핑과 국빈 방문을 팔로워할 수 있고, 예비 관광객들은 대사관 소식과 비자 신청을 추적할 수 있다. 또한 이용자들은 다양한 모듈을 통해 외교부와 상호작용할 수도 있다. 외교부는 이용자들에게 개인화된 경험을 제공함으로써 이용자들이 애플리케이션에서 외교부 콘텐츠에 참여하고, 온라인상에서 공유할 가능성을 높인다. 브랜딩의 관점에서 볼 때 인도를 떠오르는 기술 강국으로 묘사하는 데 기여하는 애플리케이션은 주목할 만한 가치가 있다.

인도 스마트폰 애플리케이션은 디지털화 2단계 과정에서 외교관들이 공공외교 활동과 메시지를 개인화된 공공외교의 범위까지 맞춤화하고 있음을 보여준다. 하지만 맞춤화는 커뮤니케이션의 한 형태에 불과하다. 정보가 맞춤화되어 있다는 사실은 그러한 커뮤니케이션의 의도에 대해 많은 것을 말해주지는 않는다. 맞춤화는 외교관들이 대화와 관계 구축을 위해 영향력을 포기하도록 만들지 않는다. 정반대로 맞춤화는 팔로워들이 그들의 관심을 끌 가능성이 가장 높은 콘텐츠에 노출되기 때문에 영향력을 증가시키는 수단이 된다.

결론

이번 장에서는 공공외교의 디지털화 1단계와 2단계 사이의 전환을 살펴봤다. 2014년부터 시작된 디지털화 2단계는 외교관과 외교기관들이 공공외교 목표를 달성하기 위해 디지털 기술을 활용하는 방식에 큰 변화가 있음을 사례 연구들을 통해 확인했다. MFA는 온라인상에서 허위 정보의 흐름을 매핑하기 위해 네트워크 분석을 사용했고, 스마트폰 애플리케이션 및 웹 기반 플랫폼 개발 등 신기술을 채택하고 개발했다.

공공외교 디지털화는 두 가지 유형의 "변화"에 의해 영향을 받을 수 있다는 홈즈(Marcus Holmes, 2015)의 주장을 바탕으로 본 장에서는 상향식(top-down)과 하향식(bottom-up) 방식을 모두 살펴보았다. 본 장에서 보여준 것과 같이, 공공외교의 디지털화는 크림 위기라는 외부 충격에 의해 상당한 영향을 받았다. 러시아가 디지털 기술을 이용해 여론을 조작하고, 디지털 공중의 현실 인식에 영향을 미치면서 외교관의 규범, 업무 일상 등이 변화했다.

외교관의 자기 서술-공공외교를 개념화하기 위해 사용하는 비유-의 관점에서 공공외교의 2단계는 외교관이 내러티브의 비유를 수용하는 것을 살펴봤다. 규범적인 관점에서 외교관들은 내러티브를 디지털 대중이 그들 주변 세계를 이해하는 데 도움을 줄 수 있는 프리즘

그림 4.5 인도 외교부의 스마트폰 애플리케이션의 개인화 적용 원리

으로 여겼다. 그러나 내러티브가 디지털 공중이 사건을 인식하는 방식을 형성할 수 있기 때문에 내러티브를 구성하는 목표는 여전히 영향을 미친다. 새로운 작업 루틴에는 디지털 캠페인 설계, 사전에 작성된 콘텐츠 작성 및 수용자 피드백에 기반한 "트위킹" 캠페인 메시지가

포함되었다. 따라서 MFA는 디지털 사회를 지배하는 맞춤형 논리를 받아들였다.

디지털 기술의 수용은 MFA 규범과 작업 일상의 변화로 이어졌다. 영사 위기 또는 크림 위기 동안 외교관들은 알고리즘이 디지털 공중에게 도달하는 능력을 제한한다는 것을 깨달았다. 알고리즘의 수용은 곧 새로운 규범으로 이어졌고, 여기에는 알고리즘 제한으로부터 자유로워지기 위한 다양한 전략이 포함되었다. 이러한 실험들은 트윗에 유행 해시태그를 포함하거나 팔로워들에게 MFA 콘텐츠를 트위터에 전파하는 데 도움을 요청하는 등 새로운 작업 루틴으로 이어졌다. 이어지는 비유는 선형이 아닌 알고리즘 커뮤니케이션 모델을 통해 디지털 플랫폼을 개념화한 것이다.

그러나 이 장에서는 공공외교의 디지털화 2단계로의 전환이 점진적, 내부적, 그리고 상향식 변화에 의해 촉진되었다는 사실도 보여주었다. 네팔 지진 당시 외교관들이 알고리즘 필터링을 극복하려는 시도는 MFA들로 하여금 다른 전략으로 실험하도록 만들었다. 이와 유사하게, 미국과 영국 외교관들은 서로의 콘텐츠를 공유함으로써 그들의 디지털 도달 범위를 늘리기 위한 전략을 찾아냈다. 즉 디지털화의 2단계는 홈즈가 발견한 두 가지 형태의 변화에 의해 시작되었다.

특히 본 장에서는 맞춤형 커뮤니케이션 채택에 상당한 중요성을 보여했다. 이러한 중요성은 콘텐츠가 디지털 공중의 관심과 수요를 충족시킬 수 있도록 만들어짐에 따라 맞춤형 제작이 디지털 공중과의 관계 형성에 더 큰 노력을 기울이고 있음을 보여주는 데 있다. 그러나 공공외교의 영역 내에서 맞춤화는 영향력 목표를 촉진하는 역할도 한다. 수용자의 역사적 맥락, 문화, 언어를 반영하는 콘텐츠는 일반 언론 보도보다 그들의 세계관에 더 큰 영향을 미칠 수 있다. 따라서 맞춤화는 공공외교의 디지털화에 수반되는 내적 갈등, 즉 온라인 관계를 구축하고자하는 외교관들의 욕망과 영향력을 얻으려는 외교관들의 확실한 목표 사이 갈등을 보여준다. 본 장에서 살펴본 바와 같이, MFA는 관계가 아닌 영향력을 얻기 위해 새로운 작업 루틴을 만들었다. 다에시 전쟁에 대한 공중의 관점을 관리하기 위한 트위터 캠페인의 운영과 이란 협정의 비준을 얻기 위한 공공외교의 활용 등이 이에 해당한다.

디지털 사회의 규범은 이번 장의 설명을 통해 명확해졌다. 예를 들어, 러시아의 레임덕 트윗은 2015년부터 러시아 대사관이 채택한 논조중의 일부로 대립적이면서 냉소적이고 거친 논조였다. 그러므로 러시아 대사관은 런던에 위치한 다른 모든 대사관들과 차별화되는 독특한 iBrand를 자체적으로 형성했다. 이러한 논조가 러시아 공공외교 목표를 달성하는 데 도움이 될지는 또다른 문제이다. 게다가 러시아 대사관이 사용한 비외교적 언어는 절대적인 개방과 투명성, 그리고 수십년 동안 비공개로 교환되었을 정보를 공유했다는 점에서 경의로웠다.

공공외교에서 맞춤형 커뮤니케이션의 출현은 디지털 사회의 논리로도 설명할 수 있다. 2장에서 다뤘듯이, 디지털 사회는 맞춤형 사회이다. 디지털 사회 구성원들은 자신들의 욕망과 관심사를 둘러싸고 알고리즘적으로 맞춤화된 온라인 경험을 기대하게 되었다. 아마존, 넷플릭스, 뉴욕타임즈 등도 마찬가지다. 또한 디지털 사회 구성원들을 끌어들이기 위해 공공외교 실무자들은 수용자들에게 맞춤형 경험을 제공해야만 했다. 디지털 사회는 TMI 사회이기 때문에 맞춤화 역시 공공외교에 있어서 매우 중요한 요소가 되었다.

디지털 사회 구성원들은 매일 업데이트되는 뉴스 기사부터 킴 카다시안의 식단 선호도와 저스틴 비버가 선호하는 속옷에 대한 정보에 이르기까지 방대한 양의 정보에 노출되고 있다. 블로그, 브이로그,

정치 스캔들의 급속한 유입과 함께 이러한 정보의 파도는 디지털 공중로 하여금 디지털 플랫폼에서 접하는 콘텐츠의 상당한 부분에 거의 관심을 기울이지 않게 만든다(Miller & Horst, 2017). 외교관들은 디지털 공중의 필요, 욕망, 관심사에 부합한 맞춤형 콘텐츠를 제작함으로써 공공외교 메시지를 전파할 수 있도록 충분히 오랫동안 그들의 관심을 사로잡으려 시도한다. 본문에서 언급했듯이 이제는 디지털 공중을 사로잡지 않으면 외교관들은 공공외교를 실천할 수 없기 때문이다. 본 장은 크림 위기가 공공외교의 디지털화에 미치는 영향을 보여주었다면, 다음 장에서는 공공외교와 사회 전반에 미치는 허위 정보의 영향력에 관해 살펴볼 것이다.

참고문헌

Adesina, O. S. (2017). Foreign policy in an era of digital diplomacy. *Cogent Social Sciences*, 3(1), 1297175.

Bik, H. M., & Goldstein, M. C. (2013). An introduction to social media for scientists. *PLoS Biology*, 11(4), e1001535.

Bjola, C. (2017, May). Digital diplomacy 2.0 pushes the boundary. *Global Times*. Retrieved from http://www.globaltimes.cn/content/1073667.shtml.

Bjola, C. (2018). *Digital diplomacy and impression management*. Presentation, Canada House, London.

Bjola, C., & Manor, I. (2016a). *How to increase ROI on digital diplomacy?* Presentation, UN Headquarters in Geneva.

Bjola, C., & Manor, I. (2016b, December 3). *10 tips to increase ROI on #DigitalDiplomacy* [Blog]. Retrieved from https://digdipblog.com/2016/12/03/10-tips-to-increase-roi-on-digitaldiplomacy/.

Bjola, C., & Manor, I. (2018). Revisiting Putnam's two-level game theory in the digital age: Domestic digital diplomacy and the Iran nuclear deal. *Cambridge Review of International Affairs*, 31, 1-30.

Copeland, D. (2013). Taking diplomacy public: Science, technology and foreign ministries in a heteropolar world. In R. S. Zaharna, A. Arsenault, & A. Fisher (Eds.), *Relational, networked and collaborative approaches to public diplomacy* (pp. 56-69). New York, NY: Taylor & Francis.

Corcoran, J. P. (2018). *UK FCO open source intelligence unit*. Presentation, the Embassy of the Slovak Republic in London.

Enwald, H. P. K., & Huotari, M. L. A. (2010). Preventing the obesity epidemic by second generation tailored health communication: An interdisciplinary review. *Journal of*

Medical Internet Research, 12(2), e24.

Garrad, M. (2017). *The digital diplomacy activities of the UK Mission to the UN in Geneva* [In person].

Grossman, S. (2015, November). Finland is launching a special set of national emoji. *Time*. Retrieved from http://time.com/4100041/finland-nationalemoji/.

Hanson, F. (2012). *Revolution at state: The spread of ediplomacy*. Sydney, Australia: Lowy Institute for International Policy.

Hayden, C. (2012). Social media at state: Power, practice, and conceptual limits for US public diplomacy. *Global Media Journal*, 11(21), 1-21.

Head of Communications Services, NATO. (2014). *NATO digital diplomacy efforts*. Presentation, Clingendael Institute.

Heine, J. (2016). From club to network diplomacy. In A. F. Cooper, J. Heine, & R. Thakur (Eds.), *The Oxford handbook of modern diplomacy*. Oxford: Oxford University Press.

Holmes, M. (2015). Digital diplomacy and international change management. In C. Bjola & M. Holmes (Eds.), *Digital diplomacy theory and practice* (pp.13-32). Oxon: Routledge.

Israeli Ministry of Foreign Affairs. (2017). *Digital diplomacy conference summary* (pp. 6-19). Retrieved from https://www.state.gov/documents/organization/271028.pdf.

Joseph, S. (2018, January). Organic reach on Facebook is dead: Advertisers expect price hikes after Facebook's feed purge. *Digiday UK*. Retrieved from https://digiday.com/marketing/organic-reach-facebook-dead-advertiserswill-spend-reach-facebooks-feed-purge/.

Kreuter, M. W., Strecher, V. J., & Glassman, B. (1999). One size does not fit all: The case for tailoring print materials. *Annals of Behavioral Medicine*, 21(4), 276.

Manor, I. (2016a). Are we there yet: Have MFAs realized the potential of digital diplomacy? *Brill Research Perspectives in Diplomacy and Foreign Policy*, 1(2), 1-110.

Manor, I. (2016b, March 7). *How the UK & US are fighting ISIS online - part2* [Blog]. Retrieved from https://digdipblog.com/2016/03/07/how-the-uk-us-are-fighting-isis-online-part-2/.

Manor, I., & Kampf, R. (2019). Digital nativity and digital engagement: Implications for the practice of dialogic digital diplomacy.

Metzgar, E. T. (2012). Is it the medium or the message? Social media, American public diplomacy & Iran. *Global Media Journal*, 12(21), 1.

Miller, D., & Horst, H. A. (2017). The digital and the human: A prospectus for digital anthropology. In H. A. Horst & D. Miller (Eds.), *Digital anthropology* (pp. 3-38). London: Bloomsbury Academic.

Miskimmon, A., O'Loughlin, B., & Roselle, L. (2014). *Strategic narratives: Communication power and the new world order*. Oxon: Routledge.

Mostrous, A., Bridge, M., & Gibbons, K. (2017, November). Russia used Twitter bots and trolls 'to disrupt' Brexit vote. *The Times*. Retrieved from https://www.thetimes.co.uk/edition/news/russia-used-web-posts-todisrupt-brexit-vote-h9nv5zg6c.

NATO StratCom Centre of Excellence. (2015). *Analysis of Russia's information campaign against Ukraine: Examining non-military aspects of the crisis in Ukraine from a strategic communications perspectives*. Riga: NATO StratCom Centre of Excellence. Retrieved from https://www.stratcomcoe.org/analysis-russias-information-campaign-against-ukraine-1.

NATO StratCom Centre of Excellence. (2016). *Internet trolling as a hybrid warfare tool: The case of Latvia*. NATO StratCom Centre of Excellence. Retrieved from https://www.stratcomcoe.org/internet-trolling-hybrid-warfare-toolcase-latvia.

Natarajan, K. (2014). Digital public diplomacy and a strategic narrative for India. *Strategic Analysis*, 38(1), 91-106.

Nayak, M. (2006). Orientalism and 'saving' US state identity after 9/11. *International Feminist Journal of Politics*, 8(1), 42-61.

Noar, S. M., Benac, C. N., & Harris, M. S. (2007). Does tailoring matter? Meta-analytic review of tailored print health behavior change interventions. *Psychological Bulletin*, 133(4), 673.

Pamment, J. (2012). *New public diplomacy in the 21st century: A comparative study of policy and practice*. Routledge.

Pamment, J., Nothhaft, H., Agardh-Twetman, H., & Fjallhed, A. (2018). *Countering information influence activities: The state of the art*. Lund University.

Paulauskas, R. (2018). *Understanding Lithuania's digital diplomacy model* [In person].

Prensky, M. (2001). Digital natives, digital immigrants part 1. *On the Horizon*, 9(5), 1-6.

Rana, K. S. (2013). Diaspora diplomacy and public diplomacy. In R. S. Zaharna, A. Arsenault, & A. Fisher (Eds.), *Relational, networked and collaborative approaches to public diplomacy* (pp. 70-85). New York, NY: Taylor & Francis.

Ratson, E. (2018). Understanding Israeli algorithmic diplomacy [In person]. Rosenwald, M. S. (2014, April). Serious reading takes a hit from online scanning and skimming, researchers say. *The Washington Post*. Retrieved from https://www.washingtonpost.com/local/serious-reading-takes-a-hit-from-onlinescanning-and-skimming-researchers-say/2014/04/06/088028d2-b5d2-11e3-b899-20667de76985_story.html?utm_term=.71314e79b92a.

Rudich, G. (2014). *Exclusive interview with Gal Rudich, head of new media section at the Israeli foreign ministry's digital diplomacy unit* [In person].

Slaughter, A. M. (2017). *The chessboard and the web: Strategies of connection in a networked world*. New Haven, CT: Yale University Press.

Soenen, L. (2018). *Belgium's digital diplomacy model* [In person].

Sotiriu, S. (2015). Digital diplomacy: Between promises and reality. In C. Bjola & M. Holmes (Eds.), *Digital diplomacy theory and practice* (pp. 33-51). Oxon: Routledge.

The Economist. His biggest smile. (2013, September). Retrieved from http://www.economist.com/middle-east-and-africa/2013/09/21/his-biggest-smile.

The Foriegn and Commonwealth Office. (2011). *Foreign secretary Twitter Q&A on the London Conference on Cyberspace*. Retrieved from https://www.gov.uk/government/news/foreign-secretary-twitter-q-a-on-thelondon-conference-on-cyberspace.

Wilton Park. (2017). *Diplomacy in the information age: Wednesday 22-Friday 24 February WP1519*. Wilson House. Retrieved from https://www.wiltonpark.org.uk/event/wp1519/.

Yap, T. L., & Davis, L. S. (2008). Physical activity: The science of health promotion through tailored messages. *Rehabilitation Nursing*, 33(2), 55-62.

5장
에코 체임버라는 유령: 허위 정보 시대의 공공외교

> 나는 그들이 음모를 꾸밀 필요가 없다고 말했어. 왜냐하면 그들은 모두 똑같이 생각하니까. GM 회장과 체이스 맨해튼 은행장 뿐만 아니라 뉴욕타임스 편집장도 이에 대해 크게 생각이 다르지 않을 거야. 그들은 모두 비슷하게 생각하는 경향이 있지. 그렇지 않다면 그 직업에 종사하지 않겠지.
>
> 고어 비달(Gore Vidal), 미국 소설가

미국 시인 앨런 긴즈버그는 다음과 같은 대사로 그의 걸작 '울부짖음(Howl)'을 시작한다.

나는 우리 세대 최고 지성들이 광기에 의해 파괴되는 것을 보

> 았다. 불안하고 굶주린 벌거숭이들, 몸을 끌고 분노를 폭발할 곳을 찾아 흑인가를 방황하며 천사 머리의 비트족들이 별빛 가득한 밤에 고대의 성스러운 하늘과의 연대감을 기대하지만 오직 기계의 움직임만이 가득할 뿐이다.

현재, 다수의 소셜미디어 이용자들은 광기에 의해 파괴되고 분노에 가득차 좋아요(like)를 누르고, 공유하고, 리트윗을 하다가 발가벗겨져버리며, 페이스북과 트위터의 빛나지만 음침한 동력들에 대한 연결을 불태우는 공감대가 형성되고 있다. 이러한 논쟁의 중심에는 소셜미디어를 이용자들의 마음에 부패한 영향을 미치는 등 즉 공개 담론의 해체와 민주주의 근간 파괴로서 바라보는 시각이 존재한다.

공공외교의 기관과 실무자들에게 소셜미디어 플랫폼은 대중의 참여를 위한 도구에서 대중을 기만하는 도구로 변모했다. 소셜미디어는 정부가 해외 여론을 흔들고 정치적 과정을 저해하는 무기로서 활용하는 플랫폼이 된 것으로 보인다. 허위 정보를 퍼뜨리고, 공중의 잘못된 정서를 전달하며 감정적인 프로파간다를 통해 불화를 일으키는 것이 해당한다. 디지털 조작의 대표적인 사례는 2016년 미국 선거, 2016년 브렉시트 국민투표, 2017년 독일 선거 동안 러시아가 보여준 모습이다. 외교관들에게도 마찬가지로 걱정되는 것은 소셜미디어 사이트가 정치적 양극화, 초당파주의, 폭력적인 온라인 담론을 주도하고 있다는 가정이다. 이는 모두 소셜미디어 이용자들이 상대 정당의 주장에 노출되지 않도록 하는 필터 버블에 휩싸인 알고리즘 필터링의 결과이며 이에 따라 이용자들은 같은 생각을 갖는 사람들과만 상호작용할 수 있게 된다. 다시 돌아와, 이 논쟁은 러시아의 디지털 활동을 중심으로 진행되는데, 이는 디지털 플랫폼에서 확산되는 음모론을 홍보하거나 봇과 트롤을 사용하여 웹 포럼에서 논쟁을 점화하기 위함이다. 그러나 본 챕터에서 주장하듯, 허위 정보와 공공 조작은 본질적으로 러시아가 아니다. 다른 국가들 또한 외교 정책 목표를 촉진하기 위해 트롤과 봇을 배치하고 있다. 즉 허위 정보 확산을 방지하기 위해서는 외교관들이 이러한 도구를 배치하기 위한 국가적 목표를 이해할 필요가 있다.

여론 조작뿐만 아니라 정치적 극단주의의 등장은 외교관들에게 여러 가지 도전과제를 안겨준다. 격양되고 폭력적인 공중은 의견을 교환하고, 절제된 태도를 보이고, 상호 유익한 관계를 형성하려는 외교관과 대화할 가능성이 낮다. 분노의 시대에서는 중심을 잡기 어렵다. 게다가 허위 정보의 확산은 진실과 현실이 지속적으로 경쟁하는 미디어 환경을 조성한다. 허위 뉴스를 의도적으로 유포하는 뉴스 사이트와 매체들 역시, 민주시민들이 미디어 기관에 대한 믿음을 갖는 데 어려움을 준다. 외교관들은 일부 매체들은 신뢰해야만 하는 반면, 다른 매체들은 무시해야 한다고 주장하면서 공공외교를 "캐치-22"*로 만든다 (Pamment, Nothhaft, Agardh-Twetman, & Fjallhed, 2018). 마지막으로 에코 체임버의 존재 자체는 무지와 동질성에 사로잡힌 온라인 공중과 상호작용하는 외교관의 능력을 디지털 방식으로 제한한다. 만약 외교관이 공중과 접촉할 수 없다면 공공외교를 실행할 수 없게 된다.

본 챕터는 현재 공공외교 시대정신에 문제를 제기하는 목적으로 다섯 가지 광범위한 논쟁으로 시작한다. 이 논쟁들은 현재 논의들을 확장하고, 소셜미디어의 위험성을 이해할 수 있는 넓은 맥락을 제공하기 위한 것이다. 이를 위해, 사회적 프리즘을 채택해 사회가 기술과 어떻게 연계되는지 살펴보고, 기술을 수용하되 기술이 사회의 요구

---

* <역자 주> 조지프 헬러의 소설 제목, '진퇴양난'을 의미.

를 충족할 수 있도록 규제한다. 첫 번째 논쟁은 소셜미디어 사이트가 처음 출시되었을 때에는 민주주의를 열망하지 않았다는 것이다. 두 번째는 모든 기술 매체들이 부패하고, 위험하며 비민주주의적이라고 간주된다는 것이다. 셋째는 소셜미디어 문제처럼 공개 담론의 저울이 격렬하게 좌우로 흔들릴 때, 경계심을 갖고 근본적인 이해관계를 밝혀내야 한다는 점이다. 네 번째는 소셜미디어가 여론 형성에 미치는 영향은 많은 사람들이 생각하는 것보다 더 제한적일 수 있다는 것이다. 마지막 다섯 번째는 소셜미디어가 오프라인에서 발생하는 사회적 과정보다 디지털 행사들에 외교관의 관심을 집중하는 가림막의 역할을 했다는 논쟁이다.

다음으로, 본 챕터에서는 소셜미디어 사이트의 알고리즘 필터링과 관련된 최신 연구 결과를 살펴본다. 필터 버블이 어떻게 생성되는지를 이해하고, 발생 여부를 알아야 버블을 터뜨릴 수 있기 때문이다. 최근 학술적 연구들을 돌아보면, 기술이라는 건축과 디자인이 사회에 어떠한 영향을 미치는지 살펴보는 기술적 프리즘의 관점에서 수행된다. 다음으로, 본 챕터에서는 어떠한 국가가 어떻게 필터 버블을 무기화해 허위 정보 및 프로파간다를 전파하는지 살펴본다. 중요한 것은 온라인 허위 정보의 바이럴리티가 비단 소셜미디어에만 국한되는 것은 아니라는 점이다. 뉴스 사이트, 토론 게시판, 웹 포럼 등도 허위 정보로 가득차고 있다. 따라서 본 챕터에서는 허위 정보와 프로파간다가 다수의 디지털 플랫폼을 통해 확산되는 데 활용되는 도구를 확인한다. 나아가 외교기관들이 에코 체임버를 어떻게 파괴하고, 필터 버블을 터뜨리며 디지털 공중을 위해 신뢰할 수 있는 정보를 보여주는지를 설명하기 위해 두 가지 사례 연구를 제시한다.

명확하게 하기 위해, 본 챕터에서는 "필터 버블"을 알고리즘 필터링을 통해 형성된 같은 생각을 갖는 개인들의 디지털 커뮤니티로 정의한다. 필터 버블은 알고리즘에 의해 형성되며, 알고리즘은 이용자의 정치적 신념, 정파성, 공공영역에서 논쟁중인 이슈에 대한 의견을 맞춤화한다. 필터 버블 안에서 개인은 자신의 견해와 의견을 공유하는 친구 혹은 지인들과만 상호작용할 수 있게 된다. 여기에서 "에코 체임버"라는 용어는 필터 버블의 결과물을 일컫는다. 에코 체임버를 비유하면, 필터 버블 안에서 왜곡된 정보, 사회적 검증, 욕설이라는 모닥불을 통해 개인이 자신의 의견, 태도, 편견을 확대하는 불씨를 지핀다는 것을 시사한다(Garrett, 2017). 혐오의 목소리가 커지면서 개인들은 정치적 지도(map)의 중심에서 바깥으로의 여정을 시작한다. "허위 정보"라는 용어는 개인이 온라인에서 접하게 될 수 있는 정보 유형을 설명하는 데 사용된다(Tucker et al., 2018). 마지막으로, "프로파간다"는 공인, 단체, 정부에 이익이 되도록 여론이나 공중의 인식에 영향을 미칠 목적으로 생성된 정보로서 정의할 수 있다(Tandoc, Lim, & Ling, 2018).

필터 버블, 에코 체임버, 프로파간다에 대한 두려움은 많은 사람들이 소셜미디어 사이트를 민주주의의 붕괴라고 주장하게 만들었다. 그러나 소셜미디어와 민주주의의 관계는 항상 미미한 것이고, 소셜미디어가 반드시 민주주의에 적합한 역할을 하도록 의도된 것은 아니었다.

소셜미디어와 민주주의

우리는 때로 스스로를 소셜미디어 플랫폼의 소비자라고 생각한다. 온라인에서 정보를 찾고, 친구들의 일탈구를 좇아가고, 동료들의 소식과 셀피를 즐기는 것이 바로 우리 자신이기 때문이다. 물론 이는 진실이 아니다. 소셜미디어 플랫폼의 소비자는 광고주이다. 우리는 단지 판매 중인 제품에 불과하다(Lanchester, 2017). 페이스북은 친구나 동료들과의 네트워킹을 위한 도구로서의 역할만을 수행하는 것이 결코 아니다. 이들의 활동은 수익을 남기는 데 목적을 둔다. 페이스북의 이익은 광고주들에게 믿을 수 없을 정도로 정교한 광고 도구를 제공하는 능력에서 비롯된다.

그러기 위해서는 페이스북이 이용자들의 관심사, 정치적 견해, 성적 지향, 여가 활동, 종교적 신념, 예술적 취향 등 가능한 많은 정보를 모아야 한다. 따라서 이용자들이 페이스북에 최대한 오랜 머물 수 있도록 해야 하고, 분석이 가능하고 수익화될 수 있는 정보들을 공유해야 한다. 페이스북상의 모든 좋아요(like), 댓글, 공유 등은 돈으로 환산된다. 이용자로부터 정보를 끌어내는 가장 효과적인 방법은 이용자가 친구, 동료, 지인들과 상호작용할 수 있는 환경을 조성하는 것이다. 이와 같은 현상은 개인 데이터 정보 집합체인 트위터와 유튜브에서도 동일하게 나타난다.

페이스북, 트위터, 그리고 기타 소셜미디어 플랫폼들은 민주주의적 열망을 염두에 두고 탄생한 것이 아니며 마크 주커버그(Mark Zuckerberg)와 잭 도시(Jack Dorsey)가 설립 초기 인터뷰에서도 분명하게 밝혔듯이 애초부터 시민사회단체로서 기능하려는 의도 역시 없었다. 소셜미디어 기업들은 아랍의 봄 이후 민주적인 역할을 부여받았다. 시민사회단체의 아우라로 소셜미디어를 뒤덮은 것은 아랍의 봄과 같은 시위 기간 동안 소셜미디어의 제한된 사용이었다(Arsenault, 2013). 이러한 아우라는 소셜미디어 기업들이 그들의 플랫폼에 게시된 정보를 검증하고, 루머와 거짓정보의 확산을 방지하고, 악의적인 행위자들이 그들의 플랫폼을 남용하는 것을 막기 위한 사람들의 요구로 이어졌다.

그러나 소셜미디어는 시민사회단체가 아니라 포드 자동차 기업과 같이 이윤을 추구하는 기업일 뿐이다. 이런 상황에서 페이스북과 트위터가 민주주의 기관으로서 역할을 수행해야 한다는 것은 터무니없어 보인다. 그럼에도 불구하고 페이스북, 트위터, 기타 소셜미디어 플랫폼들은 모두 이윤을 창출하는 기업에서 윤리적인 가이드라인을 준수하는 기업으로 전환되어야 한다는 목소리가 높아지고 있다.

그 이유는 소셜미디어가 여론 형성에 엄청난 영향을 미칠지 모른다는 두려움 때문이다. 한 개인이 세상을 알게되고 현실의 모습을 구성하는 데에는 게시물과 트윗을 통해서일 가능성이 높다. 서구 젊은 이들이 디지털 플랫폼과 연관된 시간의 절반가까이를 소비한다는 것을 고려할 때 이러한 두려움은 더욱 커진다(Anderson & Jiang, 2018). 트롤, 페이크뉴스, 허위조작정보 등으로 여론이 형성된다면 소셜미디어는 본질적으로 나쁘다는 느낌을 갖게 된다. 저널리스트, 외교관, 활동가들로부터 비롯된 트윗에 의해 여론이 형성된다면 소셜미디어는 본질적으로 좋다는 느낌을 갖게 된다. 명백하게, 소셜미디어는 비민주적이라고 여겨지는 첫 번째 대중매체가 아니다. 사실 20세기 거의 모든 대중매체는 사회에 대한 위협으로 간주되었다.

비민주적으로 간주된 모든 기술 매체들

부패한 매체로서 소셜미디어가 갖는 두려움이 유일한 것은 아니다. 모든 대중매체는 행복감, 두려움, 규제에 의해 환영받아왔다. 1940년대 텔레비전은 대중 교육의 도구로서 간주되었다. 저널리스트 에드워드 머로우(Edward R. Murrow)는 텔레비전을 계몽을 위한 도구로서 생각했다. 그러나 1950년대까지 텔레비전 방송 관계자들은 자신들의 쇼가 현실이라기보다는 드라마로 꾸며진 것임을 밝혔다. 텔레비전은 젊은층의 도덕과 가치관을 형성하는 데 엄청난 영향을 미치는 것으로 여겨졌다. 난잡한 장면이 포함된 프로그램들은 젊은층의 행동에 단번에 영향을 미칠 수 있는 '마법의 탄환(magic bullets)'으로 간주됐다. 1954년까지 의회는 만화책과 청소년 범죄에 대한 텔레비전의 영향을 다루는 청문회를 개최했다. 이러한 10년 동안에는 영화 역시도 마법의 탄환 효과를 갖고있고, 국가 전체를 전복시킬 수도 있다는 점을 감안해 할리우드에서 공산주의자들을 제거하는 것을 목표로 하는 하원 위원회도 나타났다. 할리우드에서 민주주의가 붕괴되고 있었다(Pietila, 1994; Sproule, 1989).

소셜미디어를 둘러싼 논쟁이 텔레비전의 공포와 다른가? 만화책으로부터 왔던 공포와 다른가? 아니면 1950년대 적색공포(Red Scare)와 다르다고 할 수 있는가? 결국에 오늘날 논쟁 역시 온라인을 통해 확산되는 러시아의 위협인 적색공포에 머물러 있다. 어떤 사람들은 소셜미디어 공포가 개인들이 접근하는 정보의 다양성을 감소시키기 때문에 다르다고 주장할 것이다. 텔레비전, 영화, 만화책과는 다르게 소셜미디어 알고리즘은 이용자의 세계관을 좁게 만든다. 사람들이 신문, 라디오, 텔레비전을 포함한 다양한 출처의 뉴스를 소비하던 시대는 지났다. 소셜미디어에서 개인들은 자신의 정치적 성향, 관심사, 습관과 부합하는 정보에만 노출되는 필터 버블에 둘러싸인다. 필터 버블은 여론을 양극화하고, 정치적 과격화를 초래하며, 공론장을 뒤흔들고 있다.

하지만 태양 아래 새로운 것은 없다고 했던가. 특정 계층들은 언제나 특정 신문들만 읽어오지 않았던가? 또는 특정한 텔레비전 쇼만을 시청하지 않았던가? 특정 커뮤니케이터들의 발언에만 귀를 기울이지 않았던가? 영국의 정치풍자 시트콤 '예스, 미니스터(Yes Prime

Minister)'에 등장하는 가상의 영국 수상 짐 해커는 영국 신문을 에코 체임버로 묘사하며 다음과 같이 말했다.

> 데일리 미러(Daily Mirror)는 자신이 국가를 운영한다고 생각하는 사람들이 구독한다. 가디언(The Guardian)은 국가를 통치해야 한다고 생각하는 사람들이 구독한다. 타임즈(The Times)는 실제로 국가를 통치하는 사람들이 구독한다. 데일리 메일(Daily Mail)은 국가를 운영하는 사람들의 아내가 구독한다. 모닝스타(The Morning Star)는 다른 국가에 의해 통치되어야 한다고 생각하는 사람들이 구독한다. 데일리 텔레그래프(The Daily Telegraph)는 그렇게 생각하는 사람들이 구독한다.

본 챕터 도입부에서 인용한 고어 비달의 말처럼, 우리는 계급, 직업, 그리고 선택된 미디어 채널에 의해 강화된 에코 체임버 안에 언제나 존재했을지도 모른다.

"페이크 뉴스", "외국 간섭", "에코 체임버" 등의 용어에 초점을 맞춘 새로운 수사학의 출현을 고려할 때 소셜미디어를 나쁘거나 심지어 위험하다고 보는 시각이 최근 몇 년간 강화되었다. 그러나 항상 그랬던 것은 아니다. 2011년 소셜미디어 사이트는 민주주의 혁명가들의 도구라는 프레임이 형성되었다. 왜 소셜미디어를 둘러싼 시각이 그렇게 부정적으로 자라났을까? 왜 여론 형성의 추가 그렇게 폭력적으로 요동쳤을까?

여론의 추가 격렬하게 흔들릴 때

여론의 추는 항상 움직인다. 보수당 지도부의 10년 집권 이후, 새롭게 노동당이 선출되었다. 공화당 지도부의 10년 집권 이후, 버락 오바마가 당선되었다. 이는 자연스러운 진행이지만 여론의 추가 격렬하게 흔들릴 때 각 개인들은 가능한 한 이익을 추구해야 한다. 2011년부터 2014년까지 트위터와 페이스북은 아랍의 봄의 전조로서 틀지어졌다. 리비아에서부터 카이로, 다마스쿠스에 이르기까지 트윗을 통해 민주주의와 혁명 정신이 확산됐다. 그러나 오늘날 미디어 환경에서 트위터와 페이스북은 대중 감시, 대중 기만, 그리고 '가짜' 혹은 허위 정보가 진짜 뉴스만큼 빠르게 퍼지게 만드는 도구로서 틀지어진다(Pamment et al., 2018; Vosoughi, Roy, & Aral, 2018). 루머는 사실을 허구로, 허구를 사실로 바꾸는가하면, 트윗과 게시물은 외국인의 개입을 위한 도구로서 무기화될 수 있다.

누가 이 프레임에서 이익을 얻겠는가? 여론의 추는 왜 이렇게 격렬하게 흔들리는 것일까?

첫 번째는 올드미디어이다. 즉 공중이 "정확한" 정보에만 접근할 수 있도록 보장하고 객관적인 윤리지침으로 안내받으며 전문성이 보장된 전통적인 게이트키퍼를 의미한다. 아니면 무엇일까? 올드미디어에는 이라크와 아프가니스탄 침공을 정당화한 언론인, 하비 와인스틴(Harvey Weinstein)의 성폭행과 관련된 수십 가지 기사를 작성한 언론인, 관타나모만에서 벌어진 인권침해 사실을 알린 언론인 등이 모두 포함되어 있다. 에코 체임버와 허위조작정보라는 최근의 흐름 가운데 언론인들이 사회에서 수행하는 역할을 간과하는 경향이 있다. 언론인들은 전통적으로 정부 정책을 면밀하게 조사하고, 정부의 문제들을 발견하는 데 탁월했으며 동시에 정부를 열정적으로 지지하고, 어려운 질문을 하지 말아야 할 때를 알고 있었다.

소셜미디어 사이트가 새로운 게이트키퍼가 되면서 올드미디어는 한동안 동떨어져있어야 했다. 당황스럽게도, 올드미디어는 소셜미디어로 옮겨갔다. 가디언과 뉴욕타임스는 독자들에게 다가가기 위해 페이스북에 기사를 게시해야했다. 그러나 지금은 상황이 역전되어 올드미디어가 다시 증가하고 있다. 지난 한 해동안 올드미디어 구독이 10여년 만에 가장 큰 폭으로 증가했다. 중요한 것은 올드미디어 사이트를 통해 유료 구독을 하고 있는 독자가 밀레니얼 세대들이라는 것이다(Newman, Fletcher, Kalogeropoulos, Levy, & Nielsen, 2017). 올드미디어는 소셜미디어에 대한 대중의 신뢰가 무너지면서 다시 한 번 지배적인 게이트키퍼로서의 역할을 유지함으로써 많은 것을 얻을 수 있었다.

두 번째는 정부이다. 서구 정부는 러시아의 새롭고 오래된 위협을 갖고 있다. 위협에 비추어, 정부는 신속한 조치를 취해야만 한다. 소셜미디어 계정은 감시되어야 하고, 사생활은 줄어들어야 하며 법원이 비밀스러운 기소를 할 수 있도록 허용되어야 한다. 심지어 러시아도 금융붕괴 직전의 부도국가에서 세계적인 정보강국으로 주목받는 것과 같이 무언가를 얻게 되었다. 결국, 정치인들은 새로운 희생양을 찾았다. 정부의 각종 잘못과 실수들은 소셜미디어상에서 비난할 수 있게 된 것이다.

따라서 여론의 추는 소셜미디어 사이트가 허위 정보와 악의적인 콘텐츠를 확산하는 데 사용되는 것뿐만 아니라, 소셜미디어의 종말로 인해 다른 사회 주체들이 이익을 얻을 수 있기 때문에 소셜미디어 사이트에 대항하여 흔들렸다. 실제로 전통미디어는 필터 버블과 에코 체임버가 여론 형성에 미치는 실제 영향력을 과대평가하고 있을지 모른다.

소셜미디어의 제한적인 영향력

사람들은 다양한 대상들과 소통하기 위해 디지털 플랫폼을 사용하기 때문에 소셜미디어가 여론 형성에 미치는 영향력은 제한적일 수 있다. 디지털 사회에서 "친구"라는 용어는 동료, 지인, 가족, 헤어진 연인, 고등학교 동창 등 한 개인의 과거와 관련이 있다. 이처럼 한 사람의 온라인 친구는 오프라인 친구보다 훨씬 더 다양할 가능성이 있고, 사람들은 실제로 온라인에서 더 넓은 범위의 의견, 아이디어, 사실적 정보들에 노출될 수 있다. 동시에 중요한 것은 사람들이 온라인에서만 존재하는 것이 아니라는 점이다. 트위터와 페이스북에 로그인한 이후, 개인들은 차를 타고 출근하며 라디오를 듣고, 점심을 먹으며 토론을 하고, 저녁을 먹으며 친구들과 이야기를 나누고 가족과 휴일을 보낸다. 이는 사람들로 하여금 다양한 의견들에 노출시키고 그들의 정치적 성향에 영향을 미친다.

또한 기술적인 측면에서는 소셜미디어 이용자들이 고유한 온라인 경험에 노출되기 때문에 소셜미디어가 여론 형성에 미치는 영향력이 제한적이라는 것을 시사한다. 소셜미디어 피드가 이용자의 관심사, 관심 정보, 쇼핑 습관 등에 맞춰 알고리즘을 개인화하기 때문이다. 한 이용자가 트위터에 접속하여 다음의 트윗 세 개에 노출되어다고 가정해보자: 트럼프 대통령이 북한을 위협국가로 묘사한 트윗, 테레사 메이 총리가 북한에 대항하는 행동을 요구했다는 트윗, 뉴욕타임스가 북한의 군사 훈련을 보도한 트윗. 이 이용자는 전쟁이 임박했다고 느낄 것이다. 반면 트럼프의 트윗에 앞서 피아노를 치는 고양이 트윗, 즐겁게 돌아다니는 강아지 트윗에 먼저 노출된 다른 이용자는 세상 모든 것들이 아름답다고 가정할 것이다(Crilley, 2016). 즉 모든 정보가 모든 소셜미디어 이용자들에게 동일한 방식으로 전달되거나 모든 이용자에게 동일한 영향을 미친다고 얘기할 수는 없다. 각각의 피드가 개인화됨에 따라, 정보에 대한 접근도 여론 형성도 모두 개인화된다. 그만큼 소셜미디어가 이용자의 세계관에 미치는 영향에 대한 우려가 과장되었을 가능성이 있다는 것이다. 실제로 소셜미디어가 오프라인상에서보다는 디지털상에서 사람들의 관심을 집중시키는 강력한 장막으로서 역할할 가능성이 높다.

소셜미디어라는 장막

페이스북이 온라인상 최초로 개설된 소셜미디어 사이트는 아니다. 프렌드스터(Friendster)와 마이스페이스(Myspace)와 같은 디지털 플랫폼이 이용자들이 정보를 공유하고 다른 이용자들과 상호작용할 수 있는 프로필을 공유하는 기능을 수행했다(Boyd & Ellison, 2007). 그러나 대학교 이메일을 통해 이용자 신분을 확인하고 오프라인 신분을 온라인상으로 가져올 것을 요구하는 플랫폼은 페이스북이 최초였다. 이로써 페이스북은 온라인 익명시대를 마감하게 된다. 사람들은 오프라인과 온라인상의 신분 공유가 페이스북상 혐오, 폭력, 인종차별적인 댓글을 작성하는 것을 막을 것이라고 예상했다. 또한 소셜미디어 사이트에서의 혐오 발언을 실질적으로 제한하는 수치심과 규범적인 기준의 장벽이 있을 것이라고 기대했다. 하지만 그러한 일은 일어나지 않았다. 소셜미디어 사이트는 혐오 집단의 번식지로서 자리잡았다. 혐오 집단 구성원들은 오프라인 폭력으로 번질 수 있는 편견과 무지의 디지털 소용돌이 속으로 들어가게 된다. 그러나 이 소용돌이는 소셜미디어에 의해 만들어진 것일까? 아니면 단순히 온라인으로 옮겨간 것일 뿐일까?

답은 둘 다이다. 온라인에서 표출되는 정서는 오프라인 사건에 의해 형성된 것이다. 버락 오바마가 트위터를 통해 밝혔듯이, 사람들은 누군가를 미워하기 위해 세상에 태어나지 않았다. 사람들은 혐오를 학습한 것이다. 오프라인에서 그렇게 한 이후, 온라인 세상을 이용하여 편견이 검증되는 혐오 공동체를 발견하게 된다. 연구들은 혐오와 공포가 연민보다 온라인에서 더 빠르게 확산된다는 것을 보여주는데, 이는 인종주의, 외국인 혐오, 동성애 혐오, 그리고 다른 형태의 차별의 폭력적인 재출현이 사회와 민주주의 응집력에 직접적인 위협이 된다는 점에서 경각심을 가질 필요가 있다(Vosoughi et al., 2018).

그러나 정치적 극단과 혐오를 이끄는 소셜미디어 능력 또한 제한적이다. 기업들, 정치인들은 소셜미디어 콘텐츠를 통해 개인의 의견과 행동을 변화시킨다는 게 어렵다는 것을 알게됐다. 만약 이용자들이 소셜미디어 메시지에 민감하다면, 10억 명의 페이스북 이용자들은 현재 GAP 티셔츠를 입고 소련의 국가를 부르고 있을 것이다.

주목할 것은 소셜미디어가 강력한 장막이 되었을 수 있다는 것이다. 사회 전반, 특히 공공외교를 실천하는 외교관들에게 해당할 수 있다. 외교관들은 오프라인 사회와 정치 구조를 무시할 정도로 소셜미디어, 에코 체임버, 필터 버블에 집중하게 될지 모른다. 외교관들은 트럼프에게 투표하려는 동기를 이해하기보다는 트럼프를 지지하기 위해 소셜미디어를 이용하는 이용하는 것에 집착할 수 있다. 또한 사람들의 편견과 레토릭에 참여하기보다는 단순하게 빅데이터를 분석하는 것을 택할지 모른다. 이러한 "소셜미디어 신격화" 현상은 공공외교를 전략적 소통의 일환으로 축소시키는 동시에 지난 10여년 간 "새로운" 공공외교 활동을 무시하는 행위일 수 있다.

요약하자면, 본 절은 소셜미디어가 부패하는 매체로서 갖는 두려움이 새로운 현상이 아님을 보여준다. 소셜미디어 사이트를 규제하고 정보의 정확성을 보장해야 한다는 요구는 기존 대중매체들에게 적용되었던 방식과 유사하다. 또한 소셜미디어의 종말로 인해 이익을 얻는 사람들도 있다. 필요한 것은 필터 버블의 존재와 그것이 여론 형성에 미칠 수 있는 영향, 그리고 사회적 갈등의 불씨를 살리기 위해 국가에 의해 무기화될 수 있는지 여부를 분석하는 실질적인 연구이다. 이러한 연구들은 다음 절에서 소개한다.

에코 체임버: 사실인가 허구인가?

터커 등(Tucker et al., 2018, p.16)은 "에코 체임버의 전제는 같은 의견을 가진 개인들이 커뮤니티 내에서 온라인 허위 정보를 증폭시키는 것이다"고 주장한다. 에코 체임버 내에서 상반된 목소리와 모순된 정보를 걸러내는 알고리즘 때문에 허위 정보는 문제없이 유통된다(Pariser, 2011; del Vicario et al., 2016). 에코 체임버에 대한 우려는 선진국 성인의 50%가 소셜미디어를 통해 뉴스를 접한다는 통계에서 비롯된다(Newman et al., 2017; Shearer & Gottfried, 2017). 만약 이들이 실제로 에코 체임버에 휩싸인다면, 군중의 절반은 거짓말, 거짓정보, 반쪽 진실에 기반해 정치적 의견을 형성하고 있을 것이다.

그러나 필터 버블과 에코 체임버의 존재 자체가 최근에 의문시되고 있다(Garrett, 2017). 2016년의 한 연구에서는 미국 5만 명의 뉴스 수용자를 조사했다. 대부분의 참가자가 건강하거나 다양한 온라인 식단을 가지고 있으며, 가장 많이 방문하는 뉴스 사이트는 진보와 보수 양쪽 모두의 입맛을 맞추는 사이트라는 것을 발견했다. 정치적 극단만을 다루는 뉴스 사이트는 사람들의 관심을 끌지 못한 것이다(Flaxman, Goel, & Rao, 2016). 또다른 연구에서는 사람들의 오프라인 상호작용이 온라인 뉴스소비보다 정치적으로 걸러질 가능성이 높다는 것을 발견했다(Tucker et la., 2018). 앞서 언급했듯이 친구와 동료, 가족 등을 모두 포괄하는 디지털 사회의 "프렌드십"의 성격을 고려하면 놀라운 발견은 아니다. 즉 개인의 온라인 공론장은 자신의 의견을 공유하는 사람들과 긴밀한 오프라인 프렌드십을 형성하는 경향이 있기 때문에 오프라인 영역보다 정치적으로 더 다양할 수 있다.

2015년 페이스북 이용자 1,000만 명을 대상으로 수행한 연구는 소셜미디어 사이트의 반대 뉴스 제거 역시도 제한적이라는 것을 발견했다. 알고리즘 필터링은 보수주의자의 경우 반대 뉴스의 5%, 진보주의자의 경우 8%의 뉴스만을 제거했다(Bakshy, Messing, & Adamic, 2015). 유사하게 학자들은 사람들이 종종 온라인에서 그들의 정치적 관계를 무시하는 정보를 찾는다는 것을 발견했다. 알고리즘이 사람들의 디지털 활동을 감시하기 때문에, 모순되는 정보를 찾는 것은 간접적으로 온라인 정보 식단을 다양화하게 된다(Garrett, 2017, p.371). 마지막으로 어떤 연구들은 소셜미디어 이용자들이 규칙적으로 "놀라울 정도로" 다양한 정치적 관점에 노출된다는 것을 발견했다(Barbera, 2014). 이는 퓨리서치센터의 연구에서도 나타난 결과이다(Duggan & Smith, 2016). 앞서 언급한 연구들은 알고리즘 필터링이 다양한 정보 및 뉴스 출처에 대한 사람들의 접근을 반드시 제한하지 않는다는 것을 나타낸다. 결과적으로 필터 버블이 정치적 의견 형성에 미치는 영향력에는 한계가 있을 수 있다.

그러나 "필터 버블"이라는 용어 또한 허위 정보를 가리키는 데 사용된다. 허위 정보는 같은 생각을 가진 개인들의 디지털 커뮤니티 내에서 무분별하게 공유되기 때문에 온라인상에서 확대된다고 생각된다(Pariser, 2011). 종종 거짓 정보가 부정적인 감정을 이끌어내고 논쟁적인 이슈를 선정적으로 다루는 보도를 통해 더욱 잘못된 정보로 확산되고, 양극화 사회의 원인이 되기도 한다(Sunstein, 2017). 그러나 몇몇 연구들은 소셜미디어와 인터넷 사용이 정치적 양극화와 무관하며 허위 정보가 정치적 지식 수준에 미치는 영향은 크지 않다는 것으로 밝혀냈다(Allcot & Gentzkow, 2017; Boxell, Gentzkow, & Shapiro, 2017). 다른 연구들에서는 소셜미디어 이용과 정치 지식의 증가 사이 상관관계를 밝혀내기도 했다(Baumgartner & Morris, 2010; Groshek & Dimitorva, 2011; Kenski & Stroud, 2006).

반대로 어떤 연구들에서는 2016년 미국 선거기간 동안 "가짜" 혹은 허위 뉴스들이 광범위하게 공유되었고 많은 시민들에게 전파되었다는 것을 밝혀냈다. 또 다른 연구들은 페이스북이 전통미디어의 뉴스들보다 "가짜" 콘텐츠에 더 참여되어있다는 것을 밝혀내기도 했다(Rogers & Bromwhich, 2016; Timberg, 2016). 그만큼 선거기간 동안 정확한 보도 못지않게 왜곡되고 편파적인 정보가 많이 유통되었다는 것을 가리킨다. 게다가 미국 선거기간 동안 운영된 허위 뉴스 사이트는 선거운동 마지막 한 달 동안 1억 5천 9백만 명이라는 놀라운 방문객 수를 기록했다. 하지만 심층분석 결과 미국인들은 평균적으로 1.14개의 가짜 이야기만 보고 기억하는 것으로 나타났는데 이는 상대적으로 낮은 수치이다(Allcot & Gentzkow, 2017).

마지막으로 음모론의 경우에는 주로 디지털 플랫폼에서 활발하게 유통되는 것으로 나타났다. 즉 이러한 사이트들은 에코 체임버의 가장 결정화된 버전이라고 볼 수 있을 것이다(Wood, Douglas, & Sutton, 2012). 서스테인과 베르뮬은 음모론에는 일반적으로 강력한 집단이 자신의 정체를 숨긴 채 대중을 조종하고 있다는 믿음이 포함되어 있다고 주장한다(Sustein & Vermeule, 2009). 오바마 대통령이 미국에서 태어나지 않았다는 도널드 트럼프의 음모론에 언론의 관심이 쏠린 것처럼, 음모론들은 그로부터 이익을 얻는 대중매체로 흘러간다. 설문조사에 따르면 미국 대중 절반이 최소한 하나의 음모론을 믿거나 지지한다고 나타났다(Oliver & Wood, 2014). 하지만 이 연구는 미국에서만 조사가 진행되었다는 한계를 갖는다.

본 절에서 리뷰한 연구의 대다수는 알고리즘 필터링 혹은 필터 버블이 정치여론의 형성, 허위 정보의 확산, 다양한 뉴스출처의 접근에 미치는 영향을 제한한다는 것을 시사한다. 사실 앞서 언급한 연구들은 에코 체임버와 필터 버블의 개념이 신화에 불과하다는 결론에 도달하게 했다(Garrett, 2017). 본 장은 그렇게 단정적으로 주장하지는 않는다. 그러나 디지털 대중이 자신의 정치적 입장과 다른 다양한 정치적 입장을 갖는 "친구들"과 상호작용하며 뉴스와 정보를 적극적으로 찾아 나서기 때문에 알고리즘 필터링의 영향은 기존에 생각했던 것보다 더 제한적일 수 있어보인다. 필터 버블의 시대에도 소셜미디어에서 공유되는 정치 정보들 대다수는 전통적인 뉴스매체에 의해 작성된다는 점에 유의해야 한다(Tucker et al., 2018).

그러나 앞서 언급한 연구들은 디지털 플랫폼이 이제는 진실과 현실이 경쟁하는 공간이 되었음을 시사한다. 필터 버블이 처음 생각했던 것보다 영향력이 적을 수 있다는 사실은 국가들이 필터 버블을 전략적으로 활용하며 허위 정보와 프로파간다의 영향력을 증가시키려는 시도를 막지는 못했다. 다음 절에 소개할 러시아의 하이브리드 전쟁에서 선정을 활용하는 것이 대표적인 사례이다.

사랑을 담은 러시아로부터

2013년 2월 26일, 러시아 참모총장 게라시모프(Valery Gerasimov)는 전쟁 미래에 대한 기사를 게재했다. 서구권에서는 이 기사가 "게라시모프 독트린"으로 알려지게될 것이다. 이 독트린은 "하이브리드 전쟁(Hybrid Warfare)"로 알려진 관습적이고 비관습적인 전쟁의 혼합을 요구했던 것으로 추정된다. 구체적으로 게라시모프는 군사력을 프로파간다, 파괴적인 NGO, 평화유지활동, 민간군기업, 사이버 전쟁 등과 결합할 것을 요구했다. 하이브리드 전쟁의 목적은 정치적 반대를 불러일으키고 분리주자들의 정서를 자극하며 합법적인 정부의 국정수행을 방해함으로써 해외 국가들을 불안정하게 만드는 것이다(Bartles, 2016).

서구권의 해석에 따르면, 게라시모프 독트린은 러시아가 외국에서 정권교체를 얻어낼 수 있는 방법을 재개념화한다. 첫 번째 단계에서는 소셜미디어, 인터넷, NGO들이 프로파간다를 통해 불협화음을 일으키고, 내부 긴장을 고조시키는 역할을 담당한다. 폭력사태가 일어나 정부의 정통성 위기를 초래할 수도 있다. 내부 보완이 불안정해짐에 따라 수도를 장악할 때까지 혼돈을 촉진하기 위해 민간 군인들과 특수부대가 동원된다. 다음으로 장악된 정부는 군사적이든 재정적이든 제재를 받게 되고, 이는 폭도들의 통치를 가져오게 된다. 마지막으로 평화유지나 인도주의적 중재라는 이름으로 군인들을 배치하여 궁극적으로 보다 편리한 정권을 구축할 수 있게 된다. 나토(NATO)에 따르면, 이는 러시아가 2014년 크림반도를 침공하고 궁극적으로 합병하기 위해 사용한 전략이다(Giles, 2016). 게라시모프 독트린에 비춰볼 때, 디지털 프로파간다는 러시아의 외교 정책 목표를 촉진하기 위한 도구에 불과하다. 즉 프로파간다는 다른 수단들에 의한 러시아 외교의 연속이다.

게라시모프 독트린은 위기 상황에서 공공외교가 소셜미디어, 인터넷, NGO들에 의해 전파되는 러시아 프로파간다에 대항해야 한다는 것을 암시하기 때문에 외교관들에게 큰 영향을 미쳤다. 이를 위해서 MFA가 거의 실시간으로 허위 이야기를 분별하고, 반대 정보가 유통될 수 있는 지역 네트워크를 구축하며 오피니언 리더들과 네트워크를 신속하게 형성하여 가상의 계정을 노출하는 방법 등 아직 구축하지 못한 방법들이 필요하다. 또한 특정 인물의 신뢰도를 추락시키거나 사회적이고 국가적 통합을 증진시키는 수단으로서 긍정적인 국가 내러티브를 조장하고, 러시아의 타깃이 되는 국가의 온라인상 토론에 영향을 미치는 수단으로서 디아스포라 그룹과 협력하는 것이 필요하다.

그러나 바틀스(2016)는 이른바 게라시모프 독트린이 러시아군이 전쟁의 변화를 예측하고 새로운 관행을 채택하기 위한 것의 일부라고 주장했다. 바틀스는 앞서 언급한 하이브리드 전쟁에 대한 설명이 게라시모프가 유고슬라비아, 코소보, 이라크, 아프가니스탄의 서구 정권 변화를 특징짓고, 러시아가 자신들을 향한 공격을 방어하는 수단을 판단하기 위해 사용되었다고 주장했다. 다시 말해, 게라시모프는 러시아가 러시아 땅에서 볼 수 있는 많은 자원을 놓고 치열한 경쟁을 벌이고 있는 것을 고려할 때, 하이브리드 공격하에 놓일 수 있을 수 있다고 주장했다.

"게라시모프 독트린"이라는 신조어를 만들어낸 것으로 보이는 갈레오티(Mark Galeotti, 2018b)는 최근 이러한 독트린은 존재하지 않으며 러시아가 새로운 전쟁수단을 수행하지도 않았다는 내용의 기사를 게재했다. 그는 위협에 대한 인식이 정책을 주도하며 현재 서구 국가들이 러시아의 "분열, 혼란, 실망" 캠페인에 위협을 느끼고 있다는 점을 감안할 때 사람들이 "독트린"이라는 용어로 피난처를 찾고 있다고 주장했다(Galeotti, 2018a).

게라시모프 독트린을 둘러싼 논쟁은 냉전의 정점에 있는 존 르 카레(John le Care)의 책을 떠올리게 한다. 스파이 조지 스마일리(George Smiley)가 독트린을 읽었다면, 아마도 그는 "처음부터 끝까지 완전히 엉망진창이다. 실재일 수도 있다"고 말했을지 모른다(Alfredson, 2011). 게라시모프의 글이 러시아에 대한 위협을 묘사하기 위해 사용된 것인지 아니면 새로운 러시아 군사 독트린을 홍보하기 위해 사용된 것인지에 대해서는 여전히 논쟁의 여지가 있다. 확실한 것은 그것이 유럽의 MFA와 NATO 동맹 회원국들에게 큰 영향을 끼쳤다는 것이다. 2014년 웨일스 NATO 정상회의 당시 영국 외교관은 블로그에 다음과 같이 적었다.

> 먼저, 우크라이나에서의 러시아 행동은 우리가 집단방위라는 전통적인 핵심 NATO 임무에 다시 집중할 것을 요구한다. 그러나 우리가 우크라이나에서 목격한 '하이브리드' 갈등(비정규직, 프로파간다 등)은 적응과 혁신의 필요성을 보여준다. 전력을 현대화하기 위한 또다른 투가 중, 우리는 갑작스럽거나 모호한 공격이나 위기에 신속하게 대응할 수 있는 대응전력을 개발하고자 한다(Leach, 2014).

따라서 NATO와 유럽 MFA는 러시아의 디지털 활동을 식별하고 이에 대응하는 데 디지털 자원을 점차 집중하고 있다. 이러한 과정의 일환으로, 공공외교의 목표는 관계 구축과 대화에 있어서 전략적 소통과 정보 전쟁으로 꾸준하게 전환되어가고 있다. 독일 MFA는 2020년까지 전략적 통신 장치를 재구성하기 위핸 새로운 계획에 돌입했다. 여기에는 더욱 많은 정보를 수집할 수 있는 기능을 개발하고, 특정 온라인 공중을 대상으로 하는 디지털 캠페인에 더 많은 자원을 투자하는 것이 포함될 것이다. 영국 외무·영연방국(FCO)은 오픈소스 정보 수집 업무와 디지털 허위 정보 매핑 업무를 수행하는 2개 부서를 신설했으며 발트해 MFA는 국방부와의 협력을 늘려갔다(R. Paulauskas, personal communication, June 25, 2018). 마찬가지로 2018년 9월, 덴마크 정부는 허위 정보에 대한 복원력을 높이기 위한 새로운 계획을 발표했다. 덴마크 MFA는 이러한 수행의 일환으로, 덴마크를 겨냥한 미디어 허위 정보를 감시하는 능력을 강화하고 허위 정보를 식별해 대응하는 방법을 각 부처 통신관계자들을 대상으로 교육할 예정이다.

특히, 서로 다른 MFA와 기관들은 서로 다른 방식으로 전략적 커뮤니케이션을 정의한다. 그러나 그러한 정의의 반복적인 특징은 영향력과 행동 변화를 강조하고 있다. 예컨대, EU 안보 연구소는 전략 커뮤니케이션을 "전략, 전술, 운영의 수준에 걸쳐 수행되는 일련의 지속적이고 일관성 있는 활동"으로 정의하고 있다(Issue, 2016). 유사하게, 2010년 NATO는 처음으로 전략적 커뮤니케이션의 목표를 "NATO의 수용자들이 우호적이든 적대적이든 동맹을 이해하고 평가할 수 있게 해주는 진실하고 정확하고 시기적절한 정보를 받도록 보장해주는 것"으로 정의했다. 이는 공격성을 억제하고, NATO의 원조와 도움을 촉진할 것이다(NATO, 2010). 이러한 정의들 중 어떤 것도 "새로운" 공공외교의 언어를 불러오거나 대화 및 관계를 조성하기 위해 디지털 공중과 상호작용할 필요성을 강조하지 않는다. 그만큼 MFA가 전략적 소통으로 전환한 것도 "새로운" 공공외교 활동에서 벗어나는 과도기일 수 있다. 하지만 대화든 영향력을 통해서든 러시아 디지털 활동에 대응하기 위해서는 러시아가 허위 정보와 프로파간다를 사용할 때 얻으려는 목표를 이해해야 한다. 이러한 내용은 다음 섹션에서 살펴볼 것이다.

허위 정보를 활용하는 러시아의 목표

러시아 허위 정보의 목표는 자신의 정치적 의견이나 이념에 영향을 주는 것이 아니라, 현실에 이의를 제기하거나 객관적 진실에 의문을 던지면서 현실에 대한 인식을 바꾸는 데 있다(Pamment et al., 2018). 한 가지 사례는 크림 사태 당시 러시아 MFA 디지털 커뮤니케이션에서 찾을 수 있다. 위기가 시작되자 러시아 MFA는 트위터를 통해 네오나치들이 키예프에서 쿠데타를 일으켜 민주적으로 선출된 정부를 불법적으로 전복시켰다고 주장했다. 다음으로 러시아 외교관들은 EU의 지원을 받는 친우크라이나 극단주의자들이 우크라이나 동부의 러시아 소수민족들을 위협하고 있다고 트윗을 올렸다. 또한 MFA는 우크라이나 의회가 러시아 소수민족들의 인권을 짓밟고 있으며, 법치주의는 우크라이나 군부로부터 무기를 탈취한 극단주의자들과 네오나치들에 의해 대체되고 있다고 주장했다. 이후 MFA는 EU와 미국의 지원을 받는 우크라이나 네오나치들이 크림 반도를 점령하고, 러시아 소수민족들을 살해할 수 있기 때문에 러시아에 위협이 된다고 주장했다. 마지막으로 러시아는 크림 반도를 침략한 적이 없다고 거듭 선언했다. 오히려 크림 반도는 지방 의회가 키예프로부터 독립을 선언하자 자발적으로 러시아 연방에 합류했다.

러시아 군인들이 동우크라이나에서 체포되었을 때 러시아 대변인은 그들이 단순히 길을 잃고 국경을 넘어 방황한 것이라고 설명했다(BBC, 2014). 인공위성이 우크라이나에 있는 러시아 군대 이미지를 캡처했을 때, 아랍에미리트 주재 러시아 대사관은 NATO의 증거를 조롱하는 트윗을 올렸다(**그림 5.1** 참조). 미국 외교관이 러시아가 우크라이나를 침공해 국제법을 위반했다고 비난하자, 러시아 외교관은 관타나모 만의 인권침해에 대한 트윗을 올렸다. 이러한 모든 경우에 러시아 외교는 우크라이나에서 벌어지고 있는 사건에 의문을 제기하는 데 초점을 맞췄다.

크림 위기 동안 러시아의 외교적 메시지는 "서구를 한편으로는 공격적이고 확장주의적 존재로서, 다른 한편으로는 허약하고 붕괴 직전에 있는 존재"를 묘사하는 특정 메타 내러티브를 홍보하는 데 초점을 맞춘 전반적인 허위 정보 전략을 상징한다(Pamment et al., 2018).

그림 5.1 NATO 증거를 비난한 러시아 외교관(출처: https://twitter.com/rusembassyuae/status/507226671401824256?lang=en)

실제로 위기 동안, 러시아는 서구 열강이 파시스트와 동맹을 맺고 있으며 민주적으로 선출된 야누코비치 정부가 전복하는 데 서구가 연루되어 있다고 주장했다.

더군다나 네오나치 쿠데타에 대한 러시아 내러티브는 우크라이나에서 민주주의 혁명이 일어났으며, 우크라이나 국민들이 EU와의 무역 협정을 거부한 친러시아 지도자를 축출했다는 서구 MFA들의 주장과 정반대였다. 양측의 주장이 대립하면서 크림 반도에서 벌어지고 있는 현실이 억측의 대상이 됐다.

물론 러시아 MFA만이 크림 반도 위기의 현실에 이의를 제기한 것은 아니다. 사태 내내 러시아 트롤들은 우크라이나 군인과 극단주의자들이 저지른 여성과 아동 살해, 동우크라이나 강제수용소 설립 등 만행을 담은 허위 이야기로 디지털 플랫폼을 도배했다(Sazonov, Kristiina Müür, & Mölder, 2016). 스푸트니크(Sputnik) 등 국영 통신사들은 러시아 구호물자 수송대가 소수민족들을 구출하기 위해 길을 나서는 모습을 네오나치들이 2차 세계대전 승리를 위해 러시아 기념비를 훼손하는 사진과 함께 배포했다. 이와 함께 러시아투데이는 러시아 외교관과 크렘린(Kremlin) 대변인의 성명을 해외에 보도했다.

또한 러시아 MFA는 트위터를 통해 러시아가 시리아 내전에 개입한 본질에도 의문을 제기했다. 러시아 외교관들은 러시아가 이슬람 테러리스트와의 투쟁에서 아사드 정권을 돕고 있다는 트윗을 게재했다. 지난 2년 동안 MFA가 포격 지역에서 나온 식량, 의약품, 인도주의적 호송대의 형태로 시리아 국민들에게 디지털 자원을 지원하면서 시리아에 대한 러시아의 군사적 개입은 인도주의적 개입으로 틀지어졌다. 이러한 논쟁은 시리아 땅에서 발생하는 사건들을 묘사하는 것으로 추정되는 이미지들을 동반했다. 예컨대, 2016년 12월 남아프리카 공화국 주재 러시아 대사관은 해방된 도시 알레포의 크리스마스 축하를 묘사한 트윗을 게재했다. 정확히 같은 시간에 서유럽 MFA들은 잔해가 줄고 유령만 사는 도시로서 알레포의 이미지를 배포했다(**그림** 5.2).

이에 따라 알레포의 운명과 시리아 내전의 성격에 대한 의문도 제기되었으며 이는 트위터에 진실의 눈이 존재함을 시사한다. 크림 반도와 시리아에서 러시아는 디지털 공중 사이에 혼란과 의심을 심어주기 위한 목적으로 왜곡된 정보 미디어 생태계를 만들었다. 이는 혼란이 불안을 낳고, 불안이 긴장과 마비를 낳기 때문이다. 다시 말해, 러시아는 진실과 현실을 다투면서 크림 반도를 병합하고 아사드 정권을 구출한다는 외교 정책 목표를 달성할 수 있을지에 대한 의심스러운 분

그림 5.2 알레포 현실에 대한 상반된 묘사(출처: https://twitter.com/EmbassyofRussia/status/811486637242908672?ref_src=twsrc%5Etfw%7Ctwcamp%5Etweetembed%7Ctwterm%5E811486637242908672&ref_url=https%3A%2F%2Fdigdipblog.com%2F2017%2F01%2F07%2Fonthe-use-of-images-in-the-diplomatic-struggle-over-syria-2%2F; https://twitter.com/foreignoffice/status/808764943365525504)

위기를 조성했다.

러시아의 허위 정보는 현실에 대항하는 데 초점을 맞추는 반면, 러시아 프로파간다는 양극화되는 사회에 주목하고 있다. 이러한 활동들은 모두 2016년 미국 선거 캠페인 기간 동안 페이스북에 유포된 러시아 유료 광고에서 나타났다.

러시아 프로파간다의 목표

애초에 러시아는 우크라이나와 조지아와 같은 이웃 국가를 대상으로 디지털 활동을 집중 수행했지만 2016년부터는 활동 범위를 미국으로 확대했다. 러시아의 디지털 프로파간다는 여전히 전통적인 목표를 고수하고 있는 것으로 보인다. 사회의 불만 요소들을 확인해 논쟁적인 문제를 부각하고, 과거 사건을 이용해 사회적 긴장을 조장하며 불화의 씨앗을 뿌리는 등 사회 집단 간 갈등을 조장하는 것이다(Pamment et al., 2018). 옥스퍼드 디지털 외교 연구팀(Oxford Digital Diplomacy Research Group)은 최근 프로젝트에서 2016년 선거 기간 동안 러시아 기관에서 비용을 지불한 800개의 페이스북 광고를 분석했다. 흥미롭게도 러시아 광고는 아프리카계 미국인과 백인 보수주의자와 같이 상반되는 집단을 동시에 타깃 집단으로 설정했던 것으로 나타났다.

아프리카계 미국인을 타깃으로 한 광고는 두 개의 이미지로 구성되었다(**그림 5.3**). **그림 5.3**은 KKK의 구성원이며 아래 그림은 2012년 플로리다에서 이웃감시 백인 자원봉사자의 총에 맞아 사망한 젊은 흑인청년 트레이번 마틴(Trayvon Martin)이다. 이 광고는 미국인들이 젊은 아프리카계 미국인들의 두건보다 클랜의 두건을 두려워해야 한다고 명시하고 있다. 이 광고는 경찰에 의해 젊은 흑인 남성이 사망하고, Black Lives Matter 운동의 출현으로 인해 미국에서 증가하는 인종적 긴장에 반향을 일으키고 있다. 또한 백인 증오, 차별, 폭력을 견디는 아프리카계 미국인의 현재를 이해하기 위해 아프리카계 미국인의 과거를 소환하고 있다.

동시에, 또다른 러시아 광고는 닉슨(Richard Nixon)이 당선된 이후 공화당이 수용한 법과 질서의 레토릭을 사용하면서 백인 보수주의자들을 타깃으로 설정했다(Zeitz, 2016). 이 광고에는 백인 경찰관을 질식시키려는 흑인 남성과 성조기로 백인 경찰관을 위협하는 다른 흑인 남성이 등장한다. 여기에는 Black Lives Matter 운동을 직접적으로 비난하는 "Blue Lives Matter" 슬로건이 포함되어 있다. 이 광고에는 흑인 청년들이 아니라 법과 질서가 공격을 받고 있음을 시사하는 아프리카계

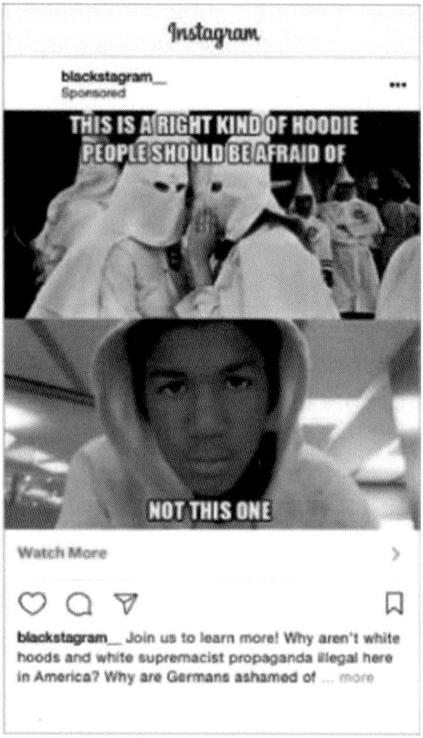

그림 5.3 2016년 선거기간 동안 아프리카계 미국인을 겨냥한 러시아 페이스북 광고

미국인 폭력에 대한 역사적인 백인들의 두려움에 반향을 일으켰다.

두 광고는 논쟁의 여지가 있는 문제에 초점을 두었고, 강한 감정적 반응을 불러일으켰다. 그러나 그들의 목표는 의견을 바꾸는 것이 아니라 사회적 좌절을 유발하고 사회적 양극화를 증가시키는 데 있다. Lund 대학이 최근 발표한 보고서에 따르면 양극화는 러시아 디지털 전략의 핵심이다(Pamment et al., 2018). 결국 러시아 디지털 프로파간다의 고유한 점은 프로파간다가 전통적으로 사회적 결속력을 무너뜨리려했기 때문에, 목표가 아닌 전달 방법에 있다. 이러한 광고들을 페이스북에 유통함으로써 러시아는 소셜미디어 알고리즘을 이용해 가장 반향을 일으킬만한 타깃 수용자에게 메시지를 전달했다. 이는 인쇄물, 라디오, 텔레비전 시대에서 전체 사회에 전달되는 맞춤형(tailored) 프로파간다와 대조되는 타깃 프로파간다의 한 형태였다. 4장에서 주장한 것처럼 맞춤형 커뮤니케이션은 타깃 커뮤니케이션보다 의도된 수용자에게 더 많은 공감을 불러일으켰다.

또한 러시아 페이스북 광고는 필터 버블 효과를 무기화하려는 시도를 보여준다. 이러한 광고는 아프리카계 미국인이든 백인 보수주의자이든 타깃 수용자들 사이에서 논쟁의 여지가 없을 가능성이 높기 때문이다. 나아가 이러한 광고들은 타깃 수용자들의 세계관에 공감하여 널리 확산될 가능성이 있다(McClenghan, 2017). 광고를 게시하고 보급하는 데 드는 비용은 현저히 낮았다. 페이스북에 따르면 2016년 선거 기간 동안 러시아 광고는 46,000달러의 비용으로 2억 1,600만 명의 이용자에게 도달했다(Senate hearing, 2016).

러시아 광고를 확산한 많은 계정들은 모두 미국 풀뿌리 조직의 모습을 하고 있으며 그들의 기원을 가린다. 이 가림막은 현 시대의 허위 정보 및 프로파간다 캠페인을 점점 식별하기 어려우며, "옳고 그름이라는 친숙한 카테고리와 의도적으로 상충"한다는 사실을 보여준다(Pamment et al., 2018, p.10). 마찬가지로 문제는 이러한 광고가 러시아에 의해 타깃이 된 이용자들에게만 노출되었다는 사실이다. 룬드(Lund) 대학에서 발간한 보고서에 따르면, 디지털 플랫폼은 수백만 명의 사람들이 지혜롭지 못한 상태에서 분열적이고 거짓된 광고에 노출될 수 있는 현실을 만든다. 팩트체크 웹사이트 FullFact.org 디렉터 윌 모이(Will

Moy)는 보고서를 인용하며 "정확하지 않은 정보는 아무도 자세히 조사하지 않은 채 확산될 수 있다. 민주주의는 공중 앞에서 수행될 필요가 있다"고 말했다.

그러나 다른 국가들도 정책적 목표를 달성하기 위해 허위 정보를 사용했음을 인지해야 한다. 중국, 이란, 베네수엘라는 모두 민주주의에 반대하고 권위주의를 조장하기 위해 허위 정보를 사용한 것으로 알려져 있다(King, Pan, & Roberts, 2017; Nocetti, 2015; Vanderhill, 2013; Way, 2015). 옥스퍼드 인터넷 연구소(Oxford Internet Institute)의 컴퓨테이셔널 프로파간다 프로젝트에 따르면, 소셜미디어 활동을 전개하는 국가는 2016년 28개국에서 2017년 48개국으로 증가했다. 여기에는 호주, 독일, 헝가리, 이스라엘, 사우디아라비아, 세르비아, 터키, 우크라이나, 영국, 그리고 미국 정부가 포함된다(Bradshaw & Howard, 2018). 또한 러시아는 허위 정보와 왜곡된 정보를 통해 현실에 대항하기 위해 디지털 플랫폼을 사용하는 유일한 국가는 아니다. 다른 소셜미디어에서 사람들은 터키가 민주주의를 강화했으며 전체주의 통치체제에서 벗어났고, 다에시가 시리아와 이라크에 칼리프 왕국을 설립했다는 사실을 알게 될 것이다.

요약컨대 러시아 허위 정보 전략의 목표는 현실에 대항하고, 객관적 진실과 같은 것은 없다고 주장하는 것이다. 러시아 프로파간다의 목표는 환멸을 느끼는 사회 계층을 타깃으로 해서 논쟁의 여지가 있는 이슈에 더 큰 관심을 불러일으킴으로써 불협화음을 조장하는 것이다. 러시아 프로파간다를 퍼뜨리는 한 가지 방법은 본 절에서 살펴본 것과 같이 유료 페이스북 광고를 사용하는 것이었다. 그러나 러시아는 트롤, 봇, 사실이 아닌 허위 정보를 담고 있는 웹사이트를 포함한 추가 도구를 사용했다. 다음 절에서 이에 대해 설명한다.

러시아 허위 정보의 추가 동인

러시아 MFA와 국영 언론이 러시아 허위 정보의 유일한 동인은 아니다. 여기에는 트롤, 봇, "가짜" 혹은 거짓 뉴스 사이트들도 포함된다. 트롤은 불협화음을 일으키고 감정적 반응을 불러오기 위해 디지털 플랫폼에 선동적인 댓글을 작성하는 개인을 가리킨다(Phillips, 2015). 동시에 "트롤"이라는 용어는 온라인상에서 감정적인 열정을 즐기는 개인을 가리키기도 한다. 반면 고용된 트롤은 이용자가 현실을 정확하게 평가하지 못하도록 방지하기 위해 정치인, 정당, 정부 등과 계약을 맺고 디지털 플랫폼에 가짜 논평을 퍼붓는 요원이다(Mihaylov, Georgiev, & Nakov, 2015).

보고서에 따르면 러시아는 국가 및 국제 문제에 대한 디지털 토론에 영향을 미치는 작업을 담당하는 "트롤 농장"을 운영하고 있다. 여기에 속한 트롤들은 음모론을 퍼뜨리고, 러시아에 찬성하고 NATO에 반대하는 여론을 조장하며 유럽에서 권위주의를 홍보하며, 민주주의에 반대하기 위한 목적을 갖고 러시아에 의해 전략적으로 배치된다(Gerber & Zavisca, 2016; Lankina & Watanabe, 2017).

러시아 트롤들은 수많은 디지털 플랫폼, 뉴스 사이트 및 토론 게시판에서 활동하고 있다. NATO Stratcom Centre(2017)의 최근 보고서에 따르면, 러시아 트롤들은 우크라이나, 폴란드, 핀란드, 미국 뉴스 사이트에서 활동하고 있다. 또한 러시아 정부는 위키피디아 기사를 편집하는 데 트롤을 사용하는 등 현실에 대항하는 목표를 보여주는 전략을 시도한다(Tucker et al., 2018).

트롤과 다르게 봇은 매우 반복적인 작업을 수행하여 소셜미디어에서 콘텐츠를 생산하는 컴퓨터 소프트웨어 프로그램이다(Forelle, Howard, Monroy-Hernández, & Savage, 2015; Michael, 2017). 룬드

보고서에 명시된 바와 같이, 봇은 고객지원을 제공하는 채팅 봇 혹은 이용자를 위해 특정 문제에 대한 뉴스 기사를 수집하는 수집기 봇과 같은 긍정적인 작업을 수행하는 데 사용할 수 있다(Boichak, Jackson, Hemsley, & Tanupabrungsun, 2018). 하지만 봇은 허위 정보를 확산시키고, 온라인 공론장에 스팸을 보내고, 매우 감정적인 콘텐츠로 토론 게시판을 뒤덮으며 저렴한 비용으로 허위 콘텐츠의 범위를 늘리고, 부정확한 정보를 선별하는 전문 웹사이트의 트래픽을 리디렉션하는 데 사용될 수 있다(Ratkiewicz et al., 2011). 봇의 활용 범위는 매우 놀라울 정도이다. 베시와 페라라에 따르면, 2016년 미국 선거 마지막 한 달 동안 40만 개의 봇이 380만 개 트윗을 전파하는 데 사용되었다(Bessi & Ferrara, 2016). 또한 학자들은 인간이 특히 봇에 취약하며 자신도 모르는 사이에 메시지를 리트윗하는 경우가 많다고 주장해왔다. 미국 외 연구들에서는 독일 선거(Applebaum, Pomerantsev, Smith, & Colliver, 2017), 카탈로니아 국민투표 및 프랑스 선거에서 러시아 봇이 사용된 사실이 밝혀졌다. NATO는 발트해 연안에서 NATO의 존재에 대해 언급하는 러시아어 트위터 계정의 70%가 자동화된 봇임을 발견했다(Fredheim, 2017).

놀라운 것은, 봇의 사용이 증가하고 있을 뿐만 아니라 봇이 가장 영향력 있는 프로파간다 형태로 밝혀졌다는 점이다. 최근 연구에 따르면 인간 이용자들은 온라인 봇을 구별하지 못하고 실제 이용자로 착각한다. 심지어 이용자가 봇의 존재를 알고 있다고 하더라도, 인간보다 봇에 대한 신뢰가 낮은 것도 아니다(Edwards, Edwards, Spence, & Shelton, 2014). 이러한 봇에 대한 높은 신뢰는 전략적으로 사용되었는데, 예컨대 브렉시트 찬성 해시태그(Howard & Kollanyi, 2016), 반 마크롱, 친 트럼프 트윗으로 소셜미디어를 뒤덮을 목적으로 사용되었다는 점을 보면 매우 우려되는 상황이다(Tucker et al., 2018). 또한 봇은 아제르바이젠, 브라질, 캐나다, 중국, 프랑스, 독일, 이탈리아, 멕시코, 폴란드, 우크라이나의 소셜미디어 생태계에서도 확인되었다. 이 봇은 지도자의 팔로워 수를 늘리고, 정치적 담론에 영향을 미치고, 정치적 반대파를 공격하며 공중의 담론에 영향을 미치는 데 사용되었다(Kollanyi, Howard, & Woolley, 2016; Treré, 2016; Woolley & Howards, 2017).

요컨대 이번 장의 결론은 다소 모순적이다. 한편으로 필터 버블의 영향이 생각보다 크지 않고, 분노의 시대에도 디지털 공중은 건강한 뉴스를 먹고 다양한 정보원을 적극적으로 찾는 것으로 보인다. 더군다나 디지털 공중은 방대한 양의 디지털 프로파간다에 노출되어 있지만 장기적 효과는 제한적인 것으로 보인다. 반면, 일부 국가에서는 필터 버블 효과를 무기화하려고 시도하고 있다. 혐오는 희망보다 더 빠르게 온라인상에서 확산되어 정치적 극단주의를 강화한다. 봇은 사람들의 현실 감각을 왜곡하는 반면, 음모론은 폐쇄된 디지털 커뮤니티에서 번성한다. 이러한 모순된 결론은 나쁜 디지털 활동에 대항해 싸워나가야 할 지속적인 필요성을 보여준다. 본 장의 맥락가운데 제기되는 질문은 프로파간다와 허위 정보의 디지털화가 공공외교의 수행에 어떠한 영향을 미쳤는지에 대해서다. 다시 말해, 디지털 기술을 사용하여 프로파간다, 허위 정보 및 음모론의 확산에 대처하는 외교관의 방식은 무엇인가? 다음 절에서는 이 질문에 대한 답을 제공하는 두 가지 사례 연구를 소개한다.

첫 번째 사례 연구는 영국 FCO가 자체 블로그를 사용하여 시리아 내전과 그 전쟁에 대한 러시아의 개입을 보여준다. FCO는 소셜미디어 사이트로 끌어들여 진실을 놓고 경쟁하는 대신, 디지털 공중을 콘텐츠가 디지털 조작에 덜 취약한 자체 플랫폼으로 유입하려 시도한다. 더군다나 FCO는 시리아 내전의 공포를 직접 경험한 개인뿐만 아니라, 자신의 주장의 신뢰성을 높이기 위해 고위 영국 외교관의 평판과 명성을 구축한다. 즉 FCO는 신뢰할 수 있는 대변인과 목격자 계정을 통해 디지털 프로파간다에 맞서고 있는 것이다. 이와 대조적으로, 이스라엘 MFA는 악성 콘텐츠의 확산을 막고 소셜미디어 알고리즘을 "해킹"하여 점점 더 악성 콘텐츠 자체를 제거할 수 있는 알고리즘 기능 개발에 주목한다. 결국 전통적인 외교자원을 기반으로 하는 FCO와는 다르게, 이스라엘 MFA는 혁신적인 기술 인프라에 의존하는 것이다.

FCO의 블로그

간결함은 공공외교의 디지털화에도 중요한 역할을 담당했다. 때때로 이는 문자수를 280자로 제한한 트위터와 같은 디지털 플랫폼의 결과로 보여진다. 하지만 외교관들은 디지털 공중의 집중 시간이 짧고, 매일 쏟아지는 TMI에 노출되어 있기 때문에 간결한 메시지를 전파해야만 했다. 그럼에도 불구하고 FCO는 2009년 "관료와 장관이 국제 문제와 외교부 업무에 관해 공중과 직접적이고 비공식적으로 대화할 수 있는" 장소를 제공한다는 명확한 목표를 갖고 자체 블로그를 운영하기로 결정했다. 지금까지 영국 대사, 장관 및 외교관들은 인권 보호에서부터 글로벌화, NATO의 미래, 디지털 시대 외교의 변화하는 본질에 이르기까지 다양한 문제를 다루는 수백 개의 게시물을 게재했다.

FCO의 블로그는 간결함을 통찰력과 성찰로 대체함으로써 공공외교를 향한 고유한 접근 방식을 보여줬다. 대사관이나 고위 외교관이 작성한 게시물은 훑어보거나 즉시 공유하기 어렵다. 대조적으로, 공무원들은 복잡한 문제를 해결하고, 외교 정책의 딜레마를 제시하고,

구독자와 자신의 전문적이고 개인적인 경험을 공유하며 글로벌 이벤트에 대한 영국의 입장을 이해할 수 있는 맥락을 제공하는 것을 목표로 한다.

2012년부터 FCO는 블로그를 사용하여 시리아 내전을 설명하고 해석하곤 했다. 블로그를 통해 시리아 내전을 틀지었고, 아사드 정권의 끔찍한 인권침해를 비난하고, 러시아의 시리아 개입을 서술함으로써 FCO는 러시아 프로파간다와 허위 정보에 더욱 효과적으로 대항할 수 있었다. 그 이유는 진실을 둘러싼 경쟁이 때로 디지털 공격자에게 이익이 될 수 있기 때문이다. 시리아에서 테러리스트들을 물리치고 있다든지 알레포가 해방되었다는 러시아의 주장들에 대응함으로써, 우리는 현실이 논쟁의 여지가 있고 진실은 의견의 문제라는 점을 무의식적으로 인정한다. 모든 것이 진실이 되고, 모든 것이 거짓이 되며, 모든 것은 관점의 문제가 된다. FCO가 블로그를 사용하여 시리아 사태에 대해 논평하기로 한 선택은 이러한 경쟁을 완전히 피했다. 나아가 FCO가 수용자들을 소셜미디어 플랫폼이나 인터넷 토론 게시판으로부터 멀어지게 하여 러시아 트롤, 봇이 FCO 콘텐츠를 가로채거나 허위 정보로 계정을 범람시키거나, 분노로 뒤덮인 메시지를 잠식시킬 수 있는 범위를 제한할 수 있다.

2012년 이후 영국 외교관은 시리아 내전과 관련된 197개의 블로그 글을 게시했다. 그 게시물에서 시리아를 다룬 이슈는 2012년에서 2018년 사이 크게 변경되었다. 2012년 민중봉기로 시작된 것이 끔찍한 내전으로 바뀌었고, 곧 중동과 유럽의 난민 위기로 번졌다는 점을 감안하면 놀라운 일은 아니다. 러시아가 전쟁에 개입한 것도 2015년 9월이었다. 본 장에서는 2012년부터 2018년까지 게시된 69개의 시리아 관련 게시물들을 분석했다. 2018년 4월 FCO 블로그 게시물에 접근했으

그림 5.4 워드클라우드 - 2014년 시리아관련 FCO 블로그 게시물

며 2018년 5월 한 달동안 분석했다. 특정 연도에 게시된 모든 게시물을 워드클라우드를 통해 유행하는 주제를 식별했다. 예컨대 **그림** 5.4는 2014년 시리아 관련 게시물의 워드클라우드를 나타낸다.

2014년 FCO 게시물은 주로 요르단과 레바논의 안정을 위협하고 유럽 국가의 외교 정책에 도전하는 것으로 묘사된 난민 위기를 다뤘다. 게시물들은 또한 아사드 정권과 시리아 반군을 협상 테이블로 끌어들임으로써 내전의 정치적 해결을 촉진하기 위한 제네바 회담도 다뤘다. 제네바에 본부를 둔 유엔 인권 이사회는 영국이 아사드 정권에 대항하는 국제 연합을 구성하고 끔찍한 인권침해에 주의를 집중하려는 시도를 설명하는 게시물에서도 자주 언급되었다. 마지막으로 외교관들은 전쟁으로 인해 실향한 어린이와 여성에 대한 재정적 지원을 확충할 필요성을 강조했다.

2015년 워드클라우드는 시리아 관련 게시물에서 다루는 문제가 1년 사이 어떻게 변경되는지를 보여준다. 실제로 2015년 영국 외교

그림 5.5 워드클라우드 - 2015년 시리아 관련 FCO 블로그 게시물

관은 시리아에서 다에시의 활동과 다에시 반대 연합의 노력, 다에시 테러리스트에 의해 학살되는 시리아 소수 기독교인들의 곤경, 아사드 정권의 자국민에 대한 화학무기 사용 혐의, 영국이 레바논의 시리아 난민들에게 제공한 재정적 지원의 확대, 아사드가 면책없이 화학무기를 사용할 수 없도록 하기 위한 영국의 국제사회와의 협력 등에 주목했다(**그림** 5.5).

마지막으로, 2018년 워드클라우드는 FCO 블로그에서 러이사의 현저성이 증가했음을 보여준다. 2018년 블로그 게시물은 러시아가 시리아 문제에 대한 유엔 결의를 방해함으로써 화학무기를 사용하도록 만들었다는 것, 솔즈베리 공습 동안 영국에서 러시아가 신경 작용제를 사용한 것, OPCW(화학무기금지기구)의 시리아 화학무기 사용에 관한 조사결과를 받아들이려는 러시아의 의지 부족 등을 다루었다(**그림** 5.6).

내용 측면에서 시리아 관련 블로그 게시물은 다음의 세 가지 카

그림 5.6 워드클라우드 - 2018 시리아 관련 FCO 블로그 게시물

테고리로 분류할 수 있다. 첫 번째 카테고리에 포함된 게시물들은 주로 감정적으로 다뤄졌으며 시리아 내전이라는 인도주의적 재앙을 조명하는 데 주목했다. 게시물들은 영국 외교관들이 요르단의 난민 수용소를 방문하거나 시리아를 탈출한 사람들의 증언을 들을 때 마주하는 장면을 묘사하곤 했다. 감정적인 성격의 게시물들은 외교 정책 문제를 인간화하고 구독자와 공감할 수 있도록 하며 외교적 조치의 긴급성을 강조하면서 시리아에 대한 영국 정책을 설명하는 효과적인 방법일 수 있다. 또한 도덕적인 영국과 부도덕한 시리아와 러시아 간의 이분법적 관점을 제공한다. 가치와 규범은 행위자가 자신의 행위를 정당화하는 동시에 다른 행위자의 행위를 정당화할 수 있도록 하기 때문에 공공외교 메시지에서 중요한 역할을 담당한다(Van Ham, 2013). 감정 위주의 게시물들은 또한 구독자들에게 시리아의 현실에 대한 목격자의 깊이 있는 증언을 제공했으며 하나의 트윗이나 2분 길이의 영상에 비해 러시아의 허위 내러티브에 대응하는 데 더 효과적일 수 있다. 감정적인

게시물의 한 가지 사례는 2013년 요르단의 난민 캠프를 방문한 리비아 주재 영국 대사인 밀렛(Peter Millet)에 의해 작성되었다. 그는 캠프를 설명할 때 다음과 같이 적었다.

> 요르단으로 유입되는 시리아 난민의 흐름은 이제 위기에 봉착했다. 18개월 전에 물방울로 시작했던 것이 이제는 홍수가 되었다. 몇 주 전까지만 해도 UN은 매일 밤 300~400명의 새로운 입국자를 보고했다. 지금은 대부분 하루에 3,000~4,000명이 되었다. 모든 통계와 마찬가지로 그들은 다양한 인간비극과 개인적인 고통의 현실을 뒤덮는다. 이번 주 자타리(Za'atari)를 방문했을 때 홈스 출신의 한 여성을 만났다. 그녀는 요르단에 도착할 때까지 가족들과 함께 두 달동안 남쪽으로 길을 떠났지만 나머지 가족들에 대한 소식을 들을 수 없었다. 우리는 국경 바로 너머 데라(Dera'a) 근처 마을을 떠나 밤을 지새며 시리아 군대의 순찰을 피하는 새로운 도착자들을 만났다. 모든 경우, 그들은 마을이 헬리콥터의 공격을 받고 탱크의 포격을 받아 무너졌다는 이야기를 들었다. 해결책은 무엇일까? 최상의 답은 알 아사드를 제거하는 것과 새롭게 민주주의와 다원주의 정부로 전환하는 것이다. 그것이 우리의 정치적 목표이다.

FCO 게시물의 두 번째 카테고리는 행동을 요청하기 위한 게시물이다. 이들은 시리아에서 파괴적인 전쟁을 끝내는 시급성과 인권침해와 화학무기 사용에 대해 아사드 정권의 책임을 강조하는 성격을 갖는다. 이러한 게시물은 FCO가 시리아와 러시아 정부에 대항하는 다양한 UN 포럼에서 영국의 행동을 위한 온라인 지원을 집결하는 데 사용되었을 수 있다. 필리핀 주재 영국 대사는 2018년 게시한 게시물을 통해 "러시아는 규칙에 기반한 국제 시스템을 지지합니까?"라고 질문을 던졌다. 러시아를 일관된 국제법 위반자이자 도덕적으로 의심스러운 외교적 행위자로 묘사하고 있다.

> 희생자들뿐만 아니라 자국의 국제적 명성에 대해서도 냉담한 태도를 취하면서, 지난주 러시아는 책임으로부터 아사드 정권을 보호하기 위해 열 두 번째 거부권을 행사했다. 시리아 두마에서 공포가 펼쳐지면서 OPCW(화학무기금지기구)는 영국 솔즈베리 공습에 사용된 독소에 대한 보고서를 주의깊게 편집하고 있었다. 우리는 이제 그 결과를 얻었다. 국제 감시 기관은 솔즈베리에서 방출된 독소가 소련 시대에 개발된 것이고, 러시아에서 생산된 Novichok으로 알려진 유형의 군용 신경 작용제임을 확인했다. OPCW 절차의 무결성에 대해서는 의심의 여지가 없지만, 러시아는 독립적인 국제 기구의 결과를 받아들이지 않을 것이라고 사전에 선언했다. …
>
> 실제로 지난 10년 동안 러시아는 자신들의 소름끼치는 행동에 대한 답을 회피하려는 시도로 인해 수치스럽게도 안전보장이사회 상임이사국으로서의 책임을 박탈당했다. 조지아와 우크라이나를 포함해 법과 품위의 경계를 허물고 있는 분명한 패턴이 있다. 종합해보면, 러시아가 이제 화학무기금지협약에 직접적인 위협이 되고 있다는 것이 분명하다.

마지막 카테고리는 아사드 정권과 러시아 동지들의 잔혹성을 직접 경험한 시리아인들의 증언이다. 증언은 특히 무감각하고 냉담하며 다른 사람들의 불행에 공모하는 사람들로 보일 위협이 있기 때문에 프로파간다나 트롤로 반박하기가 어렵다. 증언이 포함된 FCO 게시물들은 화학무기 사용이나 캠프 내 실향민들의 삶에 초점을 맞추고 있다. 게시물에 증언들을 통합함으로써 영국 외교관이 허구보다는 사실을 다루고 있음을 구독자들에게 보여줄 수 있었다. 2015년 게재된 한 증언에서는 화학 공격의 여파에 대해 다음과 같이 설명한다.

> 부상자는 약 10,000명이었다. 경련이 있는 사람들은 도처에

> 널려있었으며 이들은 낙엽처럼 떨어졌다. 잠들었던 많은 사람들이 다시 깨어나지 않았다. 조용히 죽어갔다. 깨어난 일부는 살아나갈 수 없었다. 어머니는 다섯 자녀 중 두 명만을 선택해야 했다. 그들을 밖으로 꺼내왔지만 이미 죽은 상태였다. 집 입구와 도로에는 질식된 시체들이 곳곳에 흩어져 있었다. 희생자들을 구출하려던 구조대원들은 부상을 입었다. 그들의 일부만이 살아남았다.

FCO는 자체 디지털 플랫폼을 사용함으로써 시리아 사태와 국제 행위자들의 행동을 설명함으로써 세 가지 중요한 목표를 달성할 수 있었다. 첫째, 디지털 공중을 상대적으로 디지털 허위 정보, 프로파간다, 트롤링에 덜 취약한 자체 플랫폼으로 끌어들였다. 봇은 영국 블로그 댓글 섹션에 감정을 자극하는 댓글을 작성하거나 음모론을 퍼뜨리는 수상한 웹사이트 링크를 통해 구독자들을 블로그에서 떠나게 만들 수 없다. 둘째, FCO는 대사와 같이 고위 외교관의 위신을 활용하여 시리아 내전의 주장과 서술의 신뢰도를 높였다. 마찬가지로 전쟁의 공포를 설명하기 위해 직접 설명하며 주장의 신뢰도를 증대시켰다. 마지막으로, FCO는 진실과 현실을 놓고 소셜미디어 경쟁에 참여하는 것을 거부함으로써 러시아가 시리아에서 발생한 사건이 관점의 문제라고 주장하는 것을 막았다. 또한 블로그 방문객들에게 시리아에서 벌어지고 있는 사건과 이웃 국가들, 나아가 유럽과 세계에 미치는 영향을 이해할 수 있는 포괄적인 설명을 제공했다. 따라서 FCO는 디지털 공중에게 희귀한 상품, 즉 끊임없이 변화하는 것처럼 보이는 세상을 이해하는 능력을 제공했을지 모른다. FCO와 다르게 이스라엘 MFA는 알고리즘 외교를 개발하거나 외교적 목적을 위해 알고리즘을 만들고 조작하는 능력을 개발하여 허위 정보에 대항하는 쪽을 선택했다.

이스라엘의 알고리즘 민주주의

2017년 이스라엘 MFA는 알고리즘 외교에 대한 첫 번째 해커톤을 개최했다. 50명의 웹 개발자로 구성된 11개 팀은 소셜미디어 사이트에서 반이스라엘 및 반유대주의 프로파간다에 대항하기 위한 알고리즘 솔루션을 탐색하는 임무를 부여받았다. 해커톤은 새로운 디지털 기술 개발에 중점을 둔 MFA를 대표한다. 얼마동안 이스라엘 MFA는 알고리즘 기능을 개발하여 온라인 콘텐츠의 확산을 예측하고, 특정 종류의 콘텐츠를 공유하는 네트워크를 구축하며, 이러한 콘텐츠가 범람할 수 있는 필터 버블을 분별할 수 있도록 노력했다. 이를 위해 MFA는 런던 주재 이스라엘 대사관에 상주하는 알고리즘 외교 국장을 임명했다. 전직 하이테크 경영자였던 이사는 MFA의 알고리즘 능력 개발, 소프트웨어 개발자와 같은 관련 기술을 갖춘 외교관 모집, 기술 부문 파트너 및 협력자를 구하고, 이스라엘 대사관에서 사용할 수 있는 알고리즘 전략 개발을 담당한다. 전 세계적으로 다른 MFA 디지털 외교 부서와의 유대를 강화하고 컴퓨터 프로파간다, 디지털 허위 정보 및 소셜미디어 분야를 연구하는 학자들과 협력한다.

해커톤은 또한 소셜미디어에서 반이스라엘 및 반유대주의 콘텐츠에 대항하는 이스라엘 MFA의 접근방식을 대표했다. MFA의 최우선 과제는 악성 콘텐츠가 온라인으로 확산되는 것을 애초에 방지하는 것이다. 최근에는 반이스라엘 혹은 반유대주의 콘텐츠가 83초마다 온라인상에서 공유되는 것으로 추정된다(Chan, 2017). 반이스라엘 콘텐츠에 의해 MFA는 공개적으로 이스라엘인에 대한 폭력 행위를 요구하는 하마스 운동처럼 테러리스트 그룹이 공유하는 프로파간다를 의미한다. MFA는 팔레스타인 정부가 생산하는 콘텐츠 흐름을 제한하는 것을 목표로 하지 않으며 이스라엘 정책에 대한 온라인상의 비판을 제한하려는 것도 아니다. 반유대주의 프로파간다에 의해 MFA는 유대인에 대한 폭력을 요구하는 콘텐츠, 유대인에 대한 허위 정보나 음모론을 포함하는 콘텐츠, 혹은 세계 경제를 압박하거나 유럽을 침몰시키려는 시도 등 유대인에 대한 고정관념을 조장하는 콘텐츠를 언급한다. 그러한 프로파간다는 오늘날 소셜미디어 사이트와 다른 디지털 플랫폼, 즉 대안 우파 뉴스 사이트에서 공유된다. MFA의 두 번째 우선순위는 반유대주의 및 반이스라엘 프로파간다를 공유하거나 이에 노출된 디지털 공중의 인식을 바꾸는 것이다.

한 인터뷰에서 알고리즘 외교 국장은 2017년 이후 MFA가 페이스북에서 알고리즘 능력을 획기적으로 높일 수 있었다고 말했다. 현재 MFA는 페이스북에서 어떤 유형의 반유대주의 콘텐츠가 확산될지 꽤 정확하게 예측할 수 있다. 이를 위해 MFA는 자체 코드를 개발하고 플랫폼과 연동된 자체 알고리즘을 개발했다. 우선 반이스라엘 혹은 반유대주의 콘텐츠가 확산되면, MFA는 디지털 자산을 배치하고 페이스북 알고리즘이 해당 콘텐츠를 제거하게 된다. MFA가 스스로 콘텐츠를 제거할 능력은 없다는 것을 의미한다. 하지만 문제의 콘텐츠가 페이스북 이용약관을 위반하기 때문에 페이스북 알고리즘이 디지털 프로파간다를 주목해 이를 삭제하게 할 수 있다. 알고리즘 외교 국장은 현재 MFA가 페이스북에서 반이스라엘 및 반유대주의 프로파간다의 50%를 차단하고 있다고 예상했다. 메커니즘을 설명해달라는 요구에 대해서는 "우리는 페이스북 알고리즘을 한 쪽에서 자극하면 다른 쪽에서 콘텐츠를 제거한다는 것을 알게되었다"고 답했다.

또한 이스라엘 MFA는 온라인상에서 퍼지는 허위 정보에 대항하기 위해 알고리즘 외교를 사용한다. 이러한 경우에 MFA는 자체 알고리즘을 사용하여 유대인에 대한 긍정적인 서술 혹은 유대인에 대한 잘못된 정보를 홍보하는 필터 버블을 설계한다. 그런 다음 MFA는 디지털 자산 혹은 책임자의 설명에 따라 "긍정적이고 부정적인 필터 버블 사이를 연결해줄 수 있는 소셜미디어 이용자"를 구별한다. 본질적으로 연결 역할을 하는 것은 부정적인 필터 버블에 연결점이 있는 디지털 이용자들이다. 이러한 연결점은 부정적인 필터 버블에 새로운 정보를 도입하는 데 도움이 될 수 있다. 이는 유대인에 대한 긍정적 내러티브나 고정관념을 불식시킬 수 있는 정보로 허위 정보에 대항하기 위한 목적으로 MFA에 의해 사용된다. 이어서 부정적인 필터 버블이 터진다. 이 경우, 잘못된 정보에 대항하는 것은 외교관이 아니라 다른 소셜미디어 이용자들이다. 따라서 이는 개인이 온라인 혐오의 물결을 막는 데 도움을 줄 수 있는 P2P(peer-to-peer) 공공외교의 한 형태로 개념화될 수 있다(Attias, 2012). 소셜미디어 이용자들이 외교관들의 메시지를 국가가 후원하는 프로파간다로 볼 수 있기 때문에 P2P 외교는 허위 정보 및 혐오와 싸우는 더욱 효과적인 방법이 될 수 있다. 게다가 유대인에 대해 부정적인 관점을 갖는 수용자들은 이스라엘 외교관들로부터 시작된 메시지들을 수용하지 않을 것이다. 하지만 윤리적 관점에서 바라보면, 이스라엘 MFA가 허위 정보에 대항하기 위해 페이스북 이용자들에게 의존하는 것이 이스라엘 디지털 활동을 방해하는 것은 아닌지 의심해야만 한다.

결론

알고리즘은 디지털 사회의 주요 기능이다. 디지털 공중의 온라인 경험을 맞춤화하고, 연관되고 원하는 정보에 도달할 수 있도록 도와주며 온라인 관계를 촉진하는 주체가 알고리즘이다. 소셜미디어 알고리즘은 원래 이익을 창출하는 데 사용될 수 있는 지식을 생산하기 위해 이용자에 대한 가능한 한 많은 정보를 수집하기 위한 목적에서 의도된 것이었다. 알고리즘은 프로파간다와 허위 정보의 효력을 증가시키기 위한 것이 아니었다. 그러나 본 장에서 설명했듯이, 일부 국가는 객관적인 진실 존재 자체에 의문을 제기하고 사회적 불협화음을 촉진하기 위해 소셜미디어 알고리즘을 무기화하려고 시도했다. 이러한 알고리즘의 활용은 기술이 완벽하게 결정적이지는 않음을 시사한다. 사회 행위자들은 애초 의도하지 않았던 방식으로 디지털 기술을 사용할 수 있는 것이다.

그러나 알고리즘의 기능은 사회에도 영향을 미쳤다. 알고리즘 필터링을 포함해 기술 수용가능성은 사회가 디지털화를 개념화하는 수많은 메타포를 가져왔다. 가장 흔한 비유는 필터 버블과 에코 체임버이다. 필터 버블 비유가 다소 긍정적이지만, 에코 체임버는 디지털 영역이 필연적으로 사회구조를 풀어내는 영역임을 암시하기 때문에 위협적이라고 할 수 있다.

사회 및 기술적 프리즘은 본 장에서 검토한 사례 연구에서도 분명하게 드러난다. 영국 FCO가 러시아의 시리아 내전 개입을 설명하기 위해 블로그를 사용하는 것은 사회 행위자들이 그들의 목표를 달성하기 위해 기술을 활용하는 것을 보여준다. FCO는 소셜미디어 사이트에 강제적으로 노출되기보다는 콘텐츠가 디지털 조작에 덜 취약한 자체 플랫폼으로 디지털 공중을 끌어들인다. 또한 대사의 신뢰도와 같은 전통적인 공공외교 자산을 온라인에서도 활용한다. 분노를 중심으로 하는 가짜뉴스의 시대에서는 대변인의 신뢰도 등이 무엇보다 중요하다. 대변인의 신뢰도가 높을수록 트롤에 의해 이미지가 실추되거나 그의 발언이 “대안적 사실”이라든지 단순한 의견 등으로 폄하되는 일도

적어진다. 대사들은 공식적인 특사로서의 역할, 평화 중재자로서의 이미지, 그리고 최고 권력자에 대한 접근에서 비롯된 그들의 위신을 고려할 때 어느 정도 신뢰를 갖는다. FCO는 대사의 위신을 바탕으로 다른 사람들이 허구적인 이야기를 하는 동안 사실을 다룬다고 주장한다.

이스라엘의 사례 연구는 디지털 인프라가 디지털 해결책을 결정함을 보여준다. 이스라엘 MFA는 에코 체임버 효과에 대항하기 위한 최선의 방법이 소셜미디어 알고리즘을 조작하고 디지털 자산 혹은 유대인에 대한 긍정적인 정보를 유대인이나 이스라엘에 대해 부정적인 의견을 갖고 있는 커뮤니티에 전달할 수 있는 개인들을 통해 거품을 터뜨리는 것으로 봤다. 이스라엘 MFA 활동은 전통적인 공공외교 자산에 덜 의존하며 새로운 디지털 기술 개발에 더욱 초점을 맞추고 있다.

그러나 두 사례연구 모두 디지털화의 과정이 외교관들의 내러티브, 비유, 일상적 업무와 규범에 영향을 미쳤음을 보여준다. 이스라엘 알고리즘 외교 국장과의 인터뷰는 이스라엘 MFA가 혐오 정보에 디지털 이용자들을 노출시키는 필터 버블의 비유를 받아들였음을 보여준다. 이 비유는 네트워크 분석을 통해 디지털 자산 혹은 연결고리를 분별하고 혐오 콘텐츠의 확산을 제한하는 알고리즘을 생성하는 것과 같이 새로운 작업 절차를 위한 길을 만들어 주었다. 규범적인 관점에서 MFA는 "보이지 않는 손"의 역할을 수행한다. 이스라엘 외교관이 아닌 디지털 공중과 교류하는 대상이 소셜미디어 이용자인만큼 공공외교 활동은 P2P 외교를 통해 이뤄진다. 따라서 공공외교는 윤리적 문제를 제기하는 절차로 나아가고 있을지 모른다.

영국 FCO는 디지털 프로파간다와 허위 정보에 더욱 취약한 것으로 간주되는 소셜미디어 플랫폼에서 공중을 멀어지게 만들려는 열망을 고려해서 에코 체임버라는 비유를 채택했을지도 모른다. 이로 인해 대사, 고위 외교관, 목격자 등의 증언에 의존해 시리아 전쟁과 영국의 전쟁 대응에 대해 묘사하는 등 새로운 업무가 이어지고 있다. 규범적인 관점에서 보면 FCO의 접근법은 페이스북이나 트위터와 같은 대중 민주주의의 도구가 현재 영국 외교관들에 의해 대중 기만의 도구로서 간주되고 있다고 볼 수 있다.

두 사례연구 모두 공공외교의 디지털화에 대한 디지털 사회의 영향력을 보여준다. FCO 블로그 게시물에서 다뤄지는 주제는 시리아 현실이 변화함에 따라 달라졌다. 즉 FCO는 전 세계 주요 이슈들을 둘러싼 이야기의 진행과정을 다루는 실시간 공공외교 형태를 취했다고 볼 수 있다. 디지털 사회는 끊임없이 시간을 소멸시키기 위해 노력하는 사회이기 때문에 외교 기관들에 의해 요구된다. 이스라엘 사례연구는 MFA가 유대인과 이스라엘인에 대한 정확한 정보를 전파하는 데 도움이 되는 초국가적 디지털 자산 네트워크를 형성하는 외교의 한 형태를 보여준다. 디지털 사회와 마찬가지로 공공외교 역시 이스라엘에서는 국가로부터 개인 디지털 이용자에게 권력이 이동하면서 네트워크화 되었다.

중요한 것은, 두 사례연구 모두 MFA가 진실을 둘러싼 경쟁에 참여할 필요가 없다는 것을 보여준 점이다. FCO는 알레포의 운명과 시리아 인도주의적 상황에 대한 러시아 트윗에 답하기보다는 아사드 정권의 만행에 대한 증언을 게시했다. 이스라엘 MFA는 유대인의 재정능력과 관련된 음모론에 대항하기보다 허위 정보의 확산을 줄이는 데 주목한다. 진실을 둘러싼 경쟁이 때로는 침략자에게 이득이 된다는 사실을 고려해보면 이 같은 노력은 매우 중요해 보인다.

외교관들이 디지털 플랫폼상에서 벌이는 현실 공방은 공공외교의 영역을 뛰어넘는 광범위한 결과를 야기한다. 첫째, 현실이 없는 세상에서는 외교가 제 기능을 할 수 없다. 시리아 위기의 존재여부에 대해 합의되지 않는다면, 국가들은 반쪽뿐인 공화국을 인정할 수 없으며 긴장상태를 완화시킬 수도 없다. 최근 북한의 침략에 대한 논쟁은 양자 외교와 다자 외교가 현실에 대한 최소한의 공통된 정의를 필요로 한다는 것을 보여준다. 외교관들이 전쟁발발 가능성에 동의하지 않는다면 해결을 위한 시도조차 할 수 없기 때문이다. 마찬가지로 정치적 실체의 존재에 대해서도 합의가 되지 않는다면 국민의 권리는 외교적 숙고를 통해 확보될 수 없다. 공유된 위협과 도전은 외교관들이 가장 잘 해결할 수 있는 것이다. 하지만 유엔 안전보장이사회에서 나타나듯이 공통의 위협, 도전, 현실이 없는 세계는 외교적 마비 상태라고 볼 수 있다. 게다가 경쟁적인 현실은 현재 전 세계 사람들이 느끼는 불안정과 혼란에 기여한 사실과 뉴스가 확산되는 것을 보면 점점 균형이 맞지 않아가는 것처럼 보인다.

마지막으로 현실의 경쟁은 한쪽이 정보를 숨기거나 여론을 조작하고 있다고 주장하거나 진실된 행동을 감춤으로써 음모를 꾸민다고 주장하며 전 세계 긴장 상황에 기여한다. 결국 외교는 관계를 촉진시키기보다는 오히려 악화시키는 결과를 낳게 된다. 본 챕터에서 언급했듯이 에코 체임버와 필터 버블에 대한 두려움은 공공외교의 디지털화 방향을 바꿔놓았다. 일부 서구 MFA들 중에서 디지털 기술은 더 이상 관계 구축과 대화를 위해 활용되지 않고, 오히려 사람들의 행동에 대한 정보 지배와 영향력을 우선시하는 전략적 커뮤니케이션에 활용되고 있다. 그러나 본 장에서 검토한 연구들은 에코 체임버와 필터 버블에 대한 두려움이 다소 과장되었을 수 있음을 암시한다. 디지털 공중은 다양한 정보원을 찾고, 다양한 의견을 가진 "친구들"과 교류하며 소셜미디어 사이트에서도 자신의 의견과 반대되는 콘텐츠에 노출된다.

마찬가지로 디지털 프로파간다와 허위 정보도 시간이 오래 지나면 그 영향력이 제한적인 것으로 보인다. "가짜" 뉴스에 노출된 미국인들은 시간이 지난 뒤에는 기억하지 못하는 것으로 나타났다.

특히 FCO가 최근 발간한 보고서에서는 향후 영국 공공외교의 디지털화 방향을 엿볼 수 있다(Wilton Park, 2017). 2017년 작성된 보고서에는 FCO가 빅데이터 분석과 정서 분석을 위한 도구, 예측 모델 등의 활용을 모색해야 한다는 내용이 담겨있다. 이를 위해 FCO가 교육을 통해 외교관들 간 데이터 스킬을 발전시키고 데이터 과학자 영입에 집중하며 협업을 육성하는 프로젝트를 만들도록 유도한다. 따라서 영국 공공외교의 미래 방향은 관계구축보다는 영향력의 논리에 내재되어있는 것으로 보인다. 신입직원들은 디지털 사회처럼 현재가 아닌 미래에 시선이 고정되는 동안 디지털 공중과 직접 대화하기보다는 빅데이터를 분석하는 능력을 요구받을 것이다. 하지만 본 장에서 제시된 분석을 고려해보면, 영향력을 위해 "새로운" 공공외교 목표를 포기하는 것 역시 정당화될 수 없다. 다음 장에서 살펴볼 것처럼 이는 오히려 역효과를 가져올 수도 있기 때문이다.

참고문헌

Allcott, H., & Gentzkow, M. (2017). Social media and fake news in the 2016 election. *Journal of Economic Perspectives*, 31(2), 211–236.

Anderson, M., & Jiang, J. (2018). *Teens, social media & technology. Pew Research Center*. Retrieved from http://www.pewinternet.org/2018/05/31/teenssocial-media-technology-2018/.

Applebaum, A., Pomerantsev, P., Smith, M., & Colliver, C. (2017). 'Make Germany great again': Kremlin, alt-right and international influences in the 2017 German elections. *Institute for Strategic Dialogue and the Arena Project at the LSE's Institute of Global Affairs*. Retrieved from http://www.isdglobal.org/wp-content/uploads/2017/12/Make-Germany-Great-Again-ENG-081217.pdf.

Arsenault, A. (2013). Networks of freedom, networks of control: Internet policy as a platform for and an impediment to relational public diplomacy. In R. S. Zaharna,

A. Arsenault, & A. Fisher (Eds.), *Relational, networked and collaborative approaches to public diplomacy* (pp. 192–208). New York, NY: Taylor & Francis.

Attias, S. (2012). Israel's new peer-to-peer diplomacy. *The Hague Journal of Diplomacy*, 7(4), 473–482.

Bakshy, E., Messing, S., & Adamic, L. A. (2015). Exposure to ideologically diverse news and opinion on Facebook. *Science*, 348(6239), 1130–1132.

Barberá, P. (2014). How social media reduces mass political polarization. Evidence from Germany, Spain, and the US. *Job Market Paper, New York University, 46.*

Bartles, C. K. (2016). Getting Gerasimov Right. *Military Review*, 96(1), 30–38.

Baumgartner, J. C., & Morris, J. S. (2010). MyFaceTube politics: Social networking web sites and political engagement of young adults. *Social Science Computer Review*, 28(1), 24–44.

BBC News. (2014, August). Captured Russian troops 'in Ukraine by accident'. *BBC News*. Retrieved from https://www.bbc.co.uk/news/worldeurope-28934213.

Bessi, A., & Ferrara, E. (2016). Social bots distort the 2016 US Presidential election online discussion. *First Monday*, 21(11), 14.

Bevan, T., Fellner, E., & Slovo, R. (Producers), & Alfredson, T. (Director). (2011). *Tinker Taylor soldier spy*. [Motion picture]. UK: Focus Features.

Boichak, O., Jackson, S., Hemsley, J., & Tanupabrungsun, S. (2018, March). Automated diffusion? Bots and their influence during the 2016 US Presidential election. In *International conference on information* (pp. 17–26). Cham: Springer.

Boxell, L., Gentzkow, M., & Shapiro, J. M. (2017). Greater internet use is not associated with faster growth in political polarization among US demographic groups. *Proceedings of the National Academy of Sciences*, 114(40), 10612–10617.

Boyd, D. M., & Ellison, N. B. (2007). Social network sites: Definition, history, and scholarship. *Journal of Computer-Mediated Communication*, 13(1), 210–230.

Bradshaw, S., & Howard, P. N. (2018). Challenging truth and trust: A global inventory of organized social media manipulation. *Computational Propaganda Research Project*. Retrieved from http://comprop.oii.ox.ac.uk/wp-content/uploads/sites/93/2018/07/ct2018.pdf.

Chan, M. (2017, March). There's a new anti-Semitic message on social media every 83 seconds: Study. *Time*. Retrieved from http://time.com/4712439/anti-semitic-posts-world-jewish-congress/.

Crilley, R. (2016). Like and share forces: Making sense of military social media sites. In *Understanding popular culture and world politics in the digital age* (pp. 67–83). Oxon: Routledge.

del Vicario, M., Bessi, A., Zollo, F., Petroni, F., Scala, A., Caldarelli, A., ..., Quattrociocchi, W. (2016). The spreading of misinformation online. *Proceedings of the National Academy of Sciences*, 113(3), 554–559.

Duggan, M., & Smith, A. (2016). *The political environment on social media*. Pews Research Center. Retrieved from http://www.pewinternet.org/2016/10/25/the-political-environment-on-social-media/.

Edwards, C., Edwards, A., Spence, P. R., & Shelton, A. K. (2014). Is that a bot running the social media feed? Testing the differences in perceptions of communication quality for a human agent and a bot agent on Twitter. *Computers in Human Behavior*, 33, 372–376.

Flaxman, S., Goel, S., & Rao, J. M. (2016). Filter bubbles, echo

chambers, and online news consumption. *Public Opinion Quarterly*, 80(S1), 298–320.
Forelle, M., Howard, P., Monroy-Hernández, A., & Savage, S. (2015). *Political bots and the manipulation of public opinion in Venezuela*. Retrieved from https://arxiv.org/ftp/arxiv/papers/1507/1507.07109.pdf.
Fredheim, R. (2017). Robotrolling. *NATO StratCom Centre of Excellence*. Retrieved from https://www.stratcomcoe.org/robotrolling-20171.
Galeotti, M. (2018a). The mythical 'Gerasimov Doctrine' and the language of threat. *Critical Studies on Security*, 1–5.
Galeotti, M. (2018b). I'm sorry for creating the 'Gerasimov Doctrine'. *Foreign Policy*.
Garrett, R. K. (2017). The "echo chamber" distraction: Disinformation campaigns are the problem, not audience fragmentation. *Journal of Applied Research in Memory and Cognition*, 6(4), 370–376.
Gerber, T. P., & Zavisca, J. (2016). Does Russian propaganda work? *The Washington Quarterly*, 39(2), 79–98.
Giles, K. (2016). *Russia's 'new' tools for confronting the West: Continuity and innovation in Moscow's exercise of power*. Royal Institute of International Affairs Chatham House.
Ginsberg, A. (2015). *Howl and other poems*. San Francisco, CA: Martino.
Groshek, J., & Dimitrova, D. (2011). A cross-section of voter learning, campaign interest and intention to vote in the 2008 American election: Did Web 2.0 matter. *Communication Studies Journal*, 9(1), 355–375.
Howard, P. N., & Kollanyi, B. (2016). Bots, #StrongerIn, and #Brexit: Computational propaganda during the UK-EU referendum.
Issue. (2016). *Strategic communications: East and south*. Paris: EU Institute for Security Studies. Retrieved from https://www.iss.europa.eu/sites/default/files/EUISSFiles/Report_30.pdf.
Kenski, K., & Stroud, N. J. (2006). Connections between internet use and political efficacy, knowledge, and participation. *Journal of Broadcasting & Electronic Media*, 50(2), 173–192.
King, G., Pan, J., & Roberts, M. E. (2017). How the Chinese government fabricates
social media posts for strategic distraction, not engaged argument. *American Political Science Review*, 111(3), 484–501.
Kollanyi, B., Howard, P. N., & Woolley, S. C. (2016). Bots and automation over Twitter during the first US Presidential debate. *Computational Propaganda Research Project*. Retrieved from http://comprop.oii.ox.ac.uk/wp-content/uploads/sites/89/2016/10/Data-Memo-First-Presidential-Debate.pdf.
Lanchester, J. (2017). You are the product. *London Review of Books*, 39(16), 3–10.
Lankina, T., & Watanabe, K. (2017). 'Russian spring' or 'Spring betrayal'? The media as a mirror of Putin's evolving strategy in Ukraine. *Europe-Asia Studies*, 69(10), 1526–1556.
Leach, K. (2014, September). *Building stability in an unpredictable world—The NATO SUMMIT IN Wales 4–5 September* [Blog]. Retrieved from https://blogs.fco.gov.uk/katherineleach/2014/09/04/building-stability-in-an-unpredictable-world-the-nato-summit-in-wales-4-5-september/.
McClenaghan, M. (2017). The 'Dark Ads' election: How are pollical parties targeting you on Facebook? *The Bureau of Investigative Journalism*. Retrieved from https://www.thebureauinvestigates.com/stories/2017-05-15/the-dark-adselection-how-are-political-parties-targeting-you-on-facebook.
Michael, K. (2017). Bots trending now: Disinformation and calculated manipulation of the masses. *IEEE Technology and Society Magazine*,

36(2), 6–11.
Mihaylov, T., Georgiev, G., & Nakov, P. (2015). Finding opinion manipulation trolls in news community forums. In *Proceedings of the nineteenth conference on computational natural language learning* (pp. 310–314).
NATO. (2010). *Military concept for NATO strategic communications*. Deputy Secretary General of NATO. Retrieved from https://info.publicintelligence.net/NATO-STRATCOM-Concept.pdf.
Newman, N., Fletcher, R., Kalogeropoulos, A., Levy, D. A., & Nielsen, R. K. (2017). Reuters Institute digital news report 2017.
Nocetti, J. (2015). Contest and conquest: Russia and global internet governance. *International Affairs*, 91(1), 111–130.
Oliver, J. E., & Wood, T. J. (2014). Conspiracy theories and the paranoid style (s) of mass opinion. *American Journal of Political Science*, 58(4), 952–966.
Open hearing social media influence 2016 US election before Senate Intelligence Committee. Senate, 115th Congress (2017).
Pamment, J., Nothhaft, H., Agardh-Twetman, H., & Fjallhed, A. (2018). *Countering information influence activities: The state of the art*. Lund University.
Pariser, E. (2011). *The filter bubble: What the Internet is hiding from you*. London: Penguin.
Paulauskas, R. (2018). *Understanding Lithuania's digital diplomacy model*. [In person].
Phillips, W. (2015). *This is why we can't have nice things: Mapping the relationship between online trolling and mainstream culture*. Cambridge, MA: MIT Press.
Pietilä, V. (1994). Perspectives on our past: Charting the histories of mass communication studies. *Critical Studies in Media Communication*, 11(4), 346–361.
Ratkiewicz, J., Conover, M., Meiss, M. R., Gonçalves, B., Flammini, A., & Menczer, F. (2011). Detecting and tracking political abuse in social media. *ICWSM*, 11, 297–304.
Rogers, K., & Bromwhich, J. E. (2016, November). The hoaxes, fake news, and misinformation we saw on election day. *The New York Times*. Retrieved from https://www.nytimes.com/2016/11/09/us/politics/debunk-fake-newselection-day.html.
Sazonov, V., Kristiina Müür, M. A., & Mölder, H. (2016). *Russian information campaigns against the Ukrainian state and defence forces*. Tartu: NATO StratCom Centre of Excellence. Retrieved from https://www.stratcomcoe.org/analysis-russias-information-campaign-against-ukraine-1.
Shearer, E., & Gottfried, J. (2017). *News use across social media platforms 2017*. Pew Research Center. Retrieved from http://www.journalism.org/2017/09/07/news-use-across-social-media-platforms-2017/.
Sproule, J. M. (1989). Progressive propaganda critics and the magic bullet myth. *Critical Studies in Media Communication*, 6(3), 225–246.
Sunstein, C. R. (2017). *#Republic: Divided democracy in the age of social media*. Princeton: Princeton University Press.
Sunstein, C. R., & Vermeule, A. (2009). Conspiracy theories: Causes and cures. *Journal of Political Philosophy*, 17(2), 202–227.
Tandoc, E. C., Jr., Lim, Z. W., & Ling, R. (2018). Defining "fake news" a typology of scholarly definitions. *Digital Journalism*, 6(2), 137–153.
Timberg, C. (2016, November). Russian propaganda effort helped spread "fake news" during election, experts say. *The Washington Post*. Retrieved from https://www.washingtonpost.com/business/economy/russian-propaganda-efforthelped-spread-fake-news-during-election-experts-say/2016/11/24/793903b6–8a40-4ca9-b712-716af66098fe_story.

html?utm_term=.6a0b32245a72.

Treré, E. (2016). The dark side of digital politics: Understanding the algorithmic manufacturing of consent and the hindering of online dissidence. *IDS Bulletin*, 47(1), 127–138.

Tucker, J., Guess, A., Barberá, P., Vaccari, C., Siegel, A., Sanovich, S., ..., Nyhan, B. (2018). *Social media, political polarization, and political disinformation: A review of the scientific literature*. Hewlett Foundation.

Vanderhill, R. (2013). *Promoting authoritarianism abroad*. Boulder, CO: Lynne Rienner.

Van Ham, P. (2013). Social power in public diplomacy. In R. S. Zaharna, A. Arsenault, & A. Fisher (Eds.), *Relational, networked and collaborative approaches to public diplomacy* (pp. 17–28). New York, NY: Taylor & Francis.

Vosoughi, S., Roy, D., & Aral, S. (2018). The spread of true and false news online. *Science*, 359(6380), 1146–1151.

Way, L. A. (2015). The limits of autocracy promotion: The case of Russia in the "near abroad". *European Journal of Political Research*, 54(4), 691–706.

Williams, E. (2014). *Ev Williams on Twitter's early years* [Print]. Retrieved from https://www.inc.com/issie-lapowsky/ev-williams-twitter-early-years.html?cid=em01011week40day04b.

Wilton Park. (2017). *Diplomacy in the information age: Wednesday 22–Friday 24 February WP1519*. Wilson House. Retrieved from https://www.wiltonpark.org.uk/event/wp1519/.

Wood, M. J., Douglas, K. M., & Sutton, R. M. (2012). Dead and alive: Beliefs in contradictory conspiracy theories. *Social Psychological and Personality Science*, 3(6), 767–773.

Woolley, S. C., & Howard, P. N. (2017). Computational propaganda worldwide: Executive summary. *Computational Propaganda Research Project*. Retrieved from http://comprop.oii.ox.ac.uk/wp-content/uploads/sites/89/2017/06/Casestudies-ExecutiveSummary.pdf.

Zeitz, J. (2016, July). How Trump is recycling Nixon's 'Law and Order' playbook. *Politico*. Retrieved from https://www.politico.com/magazine/story/2016/07/donald-trump-law-and-order-richard-nixon-crimerace-214066.

Zuckerberg, M. (2018). *Mark Zuckerberg's 2004 CNBC interview shows how far he and Facebook have come* [TV]. Retrieved from https://www.cnbc.com/video/2018/04/16/facebook-founder-mark-zuckerbergs-first-tv-interviewin-2004-on-cnbc.html.

6장 새로운 공공외교: 사실 혹은 허구

우리의 노력은 계속되고, 희망은 살아있으며 꿈은 결코 사라지지 않을 것입니다.

에드워드 케네디(Edward Kennedy), 1980년 민주당 전당대회 연설

루머가 대서양을 건너오기까지는 시간이 걸렸다. 당시 예술가들은 매우 가난했고 대부분 전보를 보낼 여유가 없었다. 여유가 되는 사람들은 전신국이 유럽에서 전쟁 소식을 전달하는 데 점유되어 있다는 것을 알게 되었다. 결국 루머는 배를 통해 전달되어야 했다. 바다에서 3주간의 고통스러운 시간을 보낸 후, 루머는 마르세유에 정박하고 기차를 타고 파리로 향했다. 그곳에서 현대 예술가들이 거주하는 몽파

르나스 마을의 도로를 천천히 올라갔다. 그곳에서 마침내 루머가 드러났고 청취자들에게 마르셀 뒤샹이 뉴욕의 한 전시장 안에 소변기를 설치했다는 사실이 전해졌다. 소변기의 목적은 단순하지만 심오한 질문을 던졌다. 예술이란 무엇인가?

공공외교의 디지털화 과정 전반에 걸쳐 외교관들은 외교적 행위를 구성하는 요소에 대해 거듭 의문을 제기한다. 프로필 사진을 바꾸는 것은 새로운 정책을 발표하는 것과 마찬가지인가? 이 질문은 2018년 7월 러시아 MFA와 대사관이 트위터 프로필 사진을 2016년 대통령 선거를 방해한 혐의로 미국에 억류된 러시아 시민 마리아 부티나(Maria Butina)의 사진으로 대체하면서 부각되었다. 한편, 외교관들은 두 대사관 사이에 보내진 문자메시지를 두 정부를 특정 행동방침으로 묶는 공식 외교 문서로 간주해야 하는지, 아니면 이메일이 외국 정부에 공식 항의서를 제출하는 데 사용될 수 있는지에 관해 의문을 제기했다.

이와 유사하게 디지털화 과정 전반에 걸쳐 외교관들은 디지털 공중과의 관계가 무엇인지에 관해 의문을 품기 시작했다. 몇몇 MFA에서 "참여"라는 용어는 디지털 공중이 온라인에서 MFA 콘텐츠와 상호작용하는 방식과 관련된 포괄적인 용어이다(R. Paulauskas, personal communication, July 25, 2018). 이러한 기준으로 보면, 참여는 페이스북 게시물이 끌어들이는 좋아요 및 공유 수를 계산해서 측정할 수 있다. 다른 MFA에서는 "참여"라는 용어를 사용해 온라인에서 공유되는 콘텐츠 유형을 나타낸다. 참여하는 콘텐츠는 디지털 사회 구성원들 사이에서 관심을 불러일으키고 입소문을 일으킬 수 있는 콘텐츠이다(Manor, 2016a). 또다른 MFA에서 참여는 온라인으로 받은 질문에 대사관이나 외교관이 응답하는 정도와 관련되었다. 마지막으로 일부 MFA에서 참여는 "대화"라는 단어와 외교관이 디지털 공중과 나누는 대화의 양과 같은 뜻으로 이해된다(A. Lutyens, personal communication, July 10, 2018).

"참여"라는 용어는 초기부터 공공외교의 디지털화 과정을 수반했다. 공공외교의 디지털화는 "새로운" 공공외교의 등장과 한 국가의 외교 정책을 수용할 수 있는 환경을 조성하기 위해 해외 국민과의 온라인 관계를 구축하고자 하는 소망과 본질적으로 연결되어 있기 때문이다. 참여는 그러한 관계를 만드는 수단이었다. 2002년 미국 외교위원회(Council on Foreign Relations)라는 싱크탱크는 디지털 기술이 공공외교 행위자가 외국인에게 초점을 맞춰야 한다고 주장하며 "청취, 대화, 토론 및 관계 형성을 수반하는 참여 접근방식을 채택하고, 여론 연구의 양과 효과를 증대시킨다"고 주장했다(Pamment, 2013).

따라서 외교위원회는 "참여"라는 용어를 관계 구축 과정과 연결지었다. 2008년 국무부는 디지털 기술을 통해 제공되는 공공외교 활동의 네 가지 목표를 정의했다. 해외 공중을 이해하고, 알리고, 참여시키며, 영향을 미치는 것. 따라서 국무부는 "참여"라는 용어를 영향력이라는 전통적인 공공외교 목표와 연결지었다. 2013년까지 영국 FCO는 정기적으로 "참여" 단어를 사용하며 다양한 디지털 활동을 언급했다. 예를 들어, 이란에서 FCO의 작전을 설명할 때 한 외교관은 다음과 같이 썼다.

> 우리는 작년 새로운 웹사이트 "UK for Iranians"를 개설하여 이란인들에게 영국 정책에 대해 설명하고 토론하고 참여시켰다. 그 이후 우리는 역대 가장 많은 청중을 모은 올림픽 사진 보도, 이란 사형에 반대하는 'prezis', 핵 제재 문제에 대한 페이스북 Q&A, 이란에 대한 Farsi 동영상을 포함해 문화에서

정치에 이르기까지 다양한 주제를 통해 점점 더 강력해졌다. (Russo, 2013)

2013년에는 뉴질랜드 교육부 디지털 활동을 위한 새로운 프레임워크를 설명하는 내부 보고서가 뉴질랜드 MFA에 의해 발표되었다. "디지털 커뮤니케이션 전략"이라는 제목의 문서에서는 참여라는 용어가 39번 등장한다. 처음에 참여는 소셜미디어에서 홍보 위기를 관리하려고 시도한 민간 기업을 언급하는 데 사용된다. 보고서에 다르면 기업의 소셜미디어는 "참여보다는 방송에 초점을 맞췄다"고 한다. 즉 뉴질랜드 MFA는 "참여"라는 용어를 방송 혹은 일방향 통신 모형에 대한 반대어로서 정의했다. 뉴질랜드 MFA 디지털 부서장이자 보고서 저자인 알렉산드라 루티엔스(Alexandra Lutyens)에 따르면, 디지털 공중과의 대화는 MFA가 디지털 기술을 채택하기로 결정한 핵심 요인이었다. 다른 MFA들과 마찬가지로 뉴질랜드 역시 2011년 아랍의 봄 사태동안 디지털 플랫폼의 중요성을 처음으로 인지했다. 이집트와 튀니지에서 일어난 사태는 디지털 플랫폼이 해외 사건을 예측하고, 그에 따라 정책을 형성하는 MFA 능력의 핵심이 되었음을 암시했다. 또한 뉴질랜드 정부 전체에서 추진력을 모은 디지털 트렌드를 감안할 때 온라인으로 이동하도록 동기를 부여했다. 루티엔스는 뉴질랜드가 이미 강력한 디지털 입지를 구축한 미국, 영국, 캐나다와 같은 가까운 동맹국의 발자취를 따라가야 할 필요성을 느꼈다고 말했다.

그러나 무엇보다도 뉴질랜드 MFA는 디지털 플랫폼이 공공외교를 민주화할 수 있기를 희망했다. 그들의 비전은 디지털 공중이 외교정책 수립 과정에 참여할 수 있는 지속적인 온라인 대화의 하나였다. 이는 방송과 정반대되는 양방향 소통 행위라는 교육부의 정의가 포함된 것이었다. 이러한 비전을 달성하기 위해 뉴질랜드 정부는 국내외 대중이 가장 우려하는 문제를 이해하고, 공동 문제에 대한 해결책을 크라우드 소싱을 통해 공유하고, 정책을 공동으로 만들 수 있는 기회를 제공하고, 정책 수립 과정을 보다 개방적이고 투명하게 만들기 위해 노력했다(A. Lutyens, personal communication, July 10, 2018).

뉴질랜드 MFA는 그들의 비전을 성공적으로 수행하고 있진 못하다. 대사관과 외교관은 디지털 플랫폼으로 옮겨갔지만 협력적인 공공외교를 실현하지 않기 때문이다. 오히려 그들 역시 뉴질랜드와 뉴질랜드 정책에 관한 사람들의 인식을 형성하기 위해 방대한 양의 정보를 온라인에 게시하고 있다. 민주화된 공공외교의 비전을 얻는 데 걸림돌이 되는 한 가지는 참여라는 용어를 둘러싼 모호함이다. 루티엔스는 인터뷰에서 다음과 같이 말했다.

> 현 시점의 질문은 바로 참여가 무엇을 의미하는 것인지에 관해서이다. 디지털 세계는 MFA가 참여를 위한 도구가 있다고 말한다. 그것이 우리가 디지털 세계를 선택한 이유다. 그러나 단순히 소셜미디어에 있는 것이 참여를 의미하지는 않는다. 종종 트윗을 할 때 공중이 참여하고 있다고 느끼지만 이는 사실이 아니다. 사람들이 참여하는 것은 대화, 행동, 그리고 응답을 통해서이다.

지금까지 뉴질랜드 외교부는 민주화된 공공외교라는 목표를 포기하지 않았다. 대조적으로 루티엔스는 MFA 디지털화의 첫 번째 단계가 외교관들에게 디지털 플랫폼의 장점과 단점을 교육하는 것이라고 주장했다. 이제 디지털화의 두 번째 단계가 시작될 수 있다. 이 단계에서 MFA와 해당 대사관은 다음과 같이 질문한다. "디지털 활동의 영향은 무엇이며 각 플랫폼을 최대한 활용하여 고유한 비전을 달성할 수 있는 방법은 무엇인가? 현재의 활동을 수행하다보면 허점이 많을 수 있는 어려운 질문이다". 루티엔스는 MFA가 서유럽, 미국, 러시아 간의 디지털 투쟁에서 제거되었기 때문에 전략적 커뮤니케이션과 반대로 공공 중심의 디지털 활동을 여전히 우선시한다고 말한다. 다시 말해, 뉴질랜드 공공외교의 디지털화는 뉴질랜드의 비전과 가치, 다른 정부부처의 디지털 기술 채택, 지리적 위치의 영향을 받아온 것이다. 뉴질랜드의 경우 공공외교의 민주화 작업은 계속되고 있고, 희망은 살아있으며 그들의 비전은 여전히 사라지지 않았다.

외교 기관과 마찬가지로 공공외교 학자들도 의미를 명확하게 정의하지 않은 상태에서 일상적으로 "참여"라는 용어를 사용한다. 이는 "새로운" 공공외교에 대한 학계의 정의에서 가장 분명하다. 예컨대, 컬(Cull)은 "해외 공중의 참여를 통해" 외교 정책 목표를 달성하려는 국제 행위자들의 시도로서 정의한다. 멜리센(Jan Melissen)의 정의는 "연결된 공중의 참여"에 중점을 둔다. 마이너(Manor)와 세게프(Segev)는 외교관과 디지털 공중 간의 온라인 대화를 언급하기 위해 "참여"라는 용어를 사용해 국가 이미지를 재창조한다. 하지만 이러한 정의는 온라인 대화 혹은 참여 행위에 해당하는 것을 정의하지는 못한다.

메츠가(Emily Metzgar)는 참여라는 용어가 두 가지 상호연관 된 활동을 의미한다고 주장했다. 다양한 디지털 네트워크에 모인 공중과 의사소통하고 디지털 공중의 목소리를 "청취"하여 해외 공중을 이해하고 그에 따라 외교 정책을 결정하는 것이다. 메츠가가 정의한 참여는 학자들이 "새로운" 공공외교를 언급할 때 "대화"라는 단어를 사용하는 것과 유사하다. 21세기 공공외교가 "대화적이고 협력적이며 포괄적"이라는 패먼트(2013)의 주장과 "새로운" 공공외교가 독백의 형태에서 대화와 협력으로 전환된다는 코완과 아르세놀트의 주장(Cowan &

Arsenault, 2008)이 대표적인 경우다. 하지만 이러한 연구들 역시도 디지털 플랫폼에서 대화 혹은 참여 행위를 구성하는 것이 무엇인지 명확하게 정의해주지는 못한다.

놀라운 사실은 "참여"라는 용어는 디지털 활동의 중심을 차지하며 외교관들이 공통적으로 사용함에도 불구하고 다수의 MFA에서 정의된 적이 없다는 것이다. 최근 연구에서 마이너와 캠프(Kampf)는 여섯 군데 MFA(호주, 캐나다, 인도, 이스라엘, 뉴질랜드, 스위스)의 외교관에게 "참여"라는 용어를 정의하도록 요청했다. 그 결과, 같은 부처에 속한 외교관들이 자신의 경험, 디지털 플랫폼의 일상 사용범위, 디지털 능력 수준 등에 따라 용어를 다르게 정의하는 것으로 나타났다. 디지털 원주민은 참여를 양방향 커뮤니케이션 절차로 정의하는 경향이 강했고, 디지털 이민자는 이를 단방향 정보보급 수단으로 정의했다. 대사관 자원, 현지 문화, 디지털 커뮤니케이션 담당자의 정체성 또한 외교관이 "참여"를 정의하는 데 영향을 미쳤다(Manor & Kampf, 2019).

"참여"와 "대화"라는 용어를 둘러싼 모호함은 공공외교 연구와 실천 모두에 심각한 영향을 미친다. 실무자의 입장에서 모호함은 MFA의 디지털 활동을 개선하는 데 방해가 될 수 있다. 각 대사관이 참여에 대한 자체적으로 정의를 내리게 되면, MFA는 다른 사람이 모방할 수 있는 모범사례를 식별하는 수단으로 대사관의 활동을 비교하지 못할 수도 있다. 더군다나 참여의 정의는 공공외교 활동을 결정한다. 참여가 양방향 대화와 관련될 경우, MFA는 외교관과의 실시간 상호작용 기회를 제공하기 위해 디지털 자원을 투자할 것이다. 그러나 만약 참여가 매력적인 콘텐츠와 관련된다면 MFA는 팔로워 및 좋아요 수를 계산하는 데 자원을 할당할 것이다. 즉 "참여"의 정의는 MFA가 공공외교 목표를 달성하기 위해 디지털 기술을 활용하는 방법의 핵심이다.

핵심 요소인 참여와 대화를 정의하지 않고서는 "새로운" 공공외교를 연구할 수 없는 학자들도 마찬가지 상황이다. 여러 대사관이나 부처들의 디지털 활동을 비교하기 위해서도 용어를 정의하는 것이 필요하다. 마지막으로 "참여"를 정의하는 것은 공공외교의 디지털화를 조사하는 데 필요한 디딤돌이다. 참여가 외교관과 공중 간 온라인 상호작용을 가리키게 된다면, 참여 측정은 의사소통 과정에 대한 통제를 포기하고 새로운 규범과 업무 방식을 채택하려는 외교관의 의지에 대한 통찰력을 제공할 수 있다. 즉 외교관이 방송에서 의사소통 패러다임으로 전환함에 따라 참여는 MFA가 디지털화 과정을 겪고 있음을 시사한다(McNutt, 2014).

스프라이(Damian Spry, 2018)는 공공외교 실천을 연구할 때 학자들이 다음의 네 가지 질문을 던져야 한다고 주장한다. 공공외교의 주체는 누구인가? 타깃은 누구인가? 이들 사이의 관계는 무엇인가? 공공외교는 어떻게 수행되는가? 이번 장에서는 지금까지 학자들에 의해 무시되었던 주체들—아프리카 및 동유럽 MFA—을 중점적으로 살펴보고자 한다. 본 장에서 언급되는 분석은 이러한 주체들이 해외 공중 및 디아스포라와 상호작용하는 방법을 탐색한다. 이들 사이 관계와 공공외교가 실행되는 방식은 외교관과 디지털 공중 간 대화 참여 범위를 측정하려는 새로운 모델을 통해 분석된다. PR 연구자들의 연구를 바탕으로 "대화 참여"라는 용어를 도입해 "대화" 및 참여라는 용어에 대한 명확성의 부족을 해결한다. 다음으로 비졸라(Bjola)와 장(Jiang)의 작업과 마이너의 작업을 기반으로 하는 외교관과 디지털 공중 간 대화 참여 범위를 측정하기 위한 새로운 모델을 소개한다. 마지막으로, 다섯 개의 아프리카 MFA와 네 개의 리투아니아 대사관의 대화 활동을 분석한다. 다음 섹션에서는 "참여"라는 용어에 대한 정의를 찾을 수 있는

지점으로서 공공외교와 PR 사이 교차지점을 검토한다.

PR과 공공외교 사이

외교관들은 언제나 PR 전문가였다. 예를 들어, 해외 법원의 대사관은 자국의 문화적 지적 재산을 대표하는 임무를 수행하게 된다. 그들은 자국의 최신 패션으로 옷을 입고, 거주지에 예술작품을 전시하고, 시인과 음악인들을 초대한다. 영국 법원의 프랑스 대사는 영국 내 프랑스의 화신이었다(Sharma, 2015). 오늘날에도 공공외교 활동은 세계 엑스포, 새로운 대사관의 건축 설계 및 문화 기관의 네트워크에서 명확하게 드러나듯 국가의 문화 및 지적 성과 증진에 중점을 둔다.

"새로운" 공공외교의 도래는 공공외교와 PR 학문과의 융합을 보여주었다. 이는 PR과 마찬가지로 "새로운" 공공외교가 본질적으로 관계 중심형이며 이해관계자와의 관계를 생성(및 아마도 활용)하는 데 중점을 두기 때문이다. 손더스(Saunders, 2013)의 주장처럼, 현대 공공외교는 연결된 개인과의 관계구축에 주목하고 있다. 이러한 관계는 정부가 글로벌 문제에 직면하는 데 도움이 될 수 있는 미개척 자원이기 때문이다. 테일러(Taylor)와 켄트(Kent) 등의 홍보학자들은 조직의 이해관계자와의 디지털 상호작용을 조사하는 연구에 명확한 정의없이 종종 "대화", "참여", 및 "관계"라는 용어가 포함된다고 주장했다. 때때로 연구에서는 조직이 이해관계자가 아닌 당사자와 의사소통하는 정보의 단방향 흐름을 언급하기 위해 "참여"라는 용어를 사용하기도 한다. 결국 공공외교와 PR학 모두 용어에 대한 모호성을 보인다.

"참여"와 "대화"의 의미를 정의하기 위해 테일러와 켄트는 구성원 간 이해를 개선하고 기관과 이해관계자 모두에게 이익이 되는 결정을 내리는 것을 목표로 하는 조직과 공중의 양방향 관계인 "대화 참여"라는 용어를 사용한다(Taylor & Kent, 2014, p.391). 대화 참여에는 다섯 가지 구성요소, 즉 ① 이슈·핵심 공중·문화적 변수를 식별하기 위한 선행연구, ② 공중의 경험 및 요구에 대한 긍정적 고려, ③ 문제 해결보다 관계 구축을 목표로 하는 상호작용, ④ 공통 관심사에 대한 공중과의 협의 모색, ⑤ 공동체의 이익을 위한 상호의존성 및 협력에 대한 인식 등이 포함된다. 그러나 대화는 고정된 상태가 아니다. 오히려 윤리적인 의사소통 환경과 함께 정보의 지속적인 양방향 흐름이 필요한 프로세스이다. 그러한 환경 중 하나는 조직과 개인 간 권력 관계를 완화하는 소셜미디어 사이트일 수 있다(ibid, p.388). 페이스북에서 개인은 국가나 대기업만큼 영향력이 있을 수 있다. 또한 개인은 기업 및 국가가 소셜미디어에서 주장하는 내용에 공개적으로 이의를 제기할 수 있다.

"대화 참여"의 구성요소는 "새로운" 공공외교의 정의와 매우 유사하다. 예컨대, 공중의 의견에 대한 긍정적 존중은 온라인 공중의 "청취"와 그에 따라 외교 정책을 결정한다는 메츠가의 개념과 일치하다. 공통 관심사에 대해 조언을 구하는 것은 패먼트가 "새로운" 공공외교를 협력적이고 포용적인 것으로 정의한 것과 일치한다. 이슈, 핵심 공중, 문화적 변수를 식별하기 위한 선행연구는 공공외교가 해외 문화, 태도, 행동을 이해하기 위한 도구라는 그레고리(Gregory, 2011)의 주장과도 일치한다.

중요한 것은, "새로운" 공공외교가 외교 정책 전략을 위한 수동적인 역할을 하는 것이 아니라 의사소통 행위에 적극적으로 참여하는 공중의 역할을 재정의할 수 있는 기회를 제공한다는 것이다(Hocking, 2005; Spry, 2018). MFA의 디지털 활동을 검토해보면, 일부는 이미 대

그림 6.1 FCO의 트위터 설문 문항(출처: https://twitter.com/UKagainstDaesh/status/699249615074430976?ref_src=twsrc%5Etfw&ref_url=https%3A%2F%2Fdigdipblog.com%2F2016%2F02%2F28%2Fhow-the-uk-U.S.-are-fighting-isis-online%2Fa)

화 참여 및 청취 요소들을 공공외교 노력에 포함하고 있다. 예를 들어, 영국 FCO는 트위터 설문 조사(**그림** 6.1)를 통해 다에시와의 전쟁에 관한 팔로워들의 관심사를 조사한다(Manor, 2016b).

갈등 지역에서 성폭력을 종식시키기 위한 FCO의 디지털 캠페인은 NGO 및 시민사회단체와의 여러 온라인 협력을 보여주었고, 이에 따라 공통 관심사에 대한 협의를 구했다(Pamment, 2016). 반대로 인도 MEA는 2세대 디아스포라에게 인도를 방문할 기회를 제공한다. 특정한 문제를 해결하기보다는 디아스포라 아동과의 관계 형성을 목적으로 하는 것이다. 또한 대화 참여의 개념은 외교관이 디지털 공중의 요구를 이해하고, 디지털 공중이 효과적인 외교 정책을 공식화하는 데 필요한 통찰력을 제공하므로 상호 이익이 되는 민주화된 공공외교에 대한 뉴질랜드의 비전을 반영한다.

따라서 대화 참여의 개념화는 디지털 플랫폼에서 "새로운" 공공외교 활동을 측정하기 위한 모델의 일부로 작용할 수 있다. 이 모델은 다음 절에서 소개한다.

디지털 의제 설정에서 디지털 참여에 이르기까지

MFA와 대사관이 소셜미디어 사이트를 사용하여 "새로운" 공공외교를 실천하는 방법을 조사한 연구에서는 참여와 대화를 측정할 수 있는 모델을 제공하지 못했다. 메츠가의 2012년 이란 국무부의 가상대사관을 분석한 결과 역시 마찬가지였다. 메츠가는 가상대사관이 주로 단방향 메시지 보급에 사용되어 참여를 위한 디지털 플랫폼의 잠재력을 인지하지 못했다는 것을 발견했다. 그러나 메츠가(2012)는 참여를 측정할 수 있는 수단을 제공하지 않았다 - 대사관이 답변하는 질문의 수로 측정할 수 있을까? 대사관이 팔로워들에게 던지는 질문의 수는? 혹은 페이스북 이용자가 대사관 게시물에 좋아요를 누르는 것을 포함해 쌍방향 상호작용의 형태가 어떤 것이 있을까?

반크(Vanc, 2012)는 고위 외교관들이 관계가 디지털 수단이 아닌 대면 참여를 통해서만 구축될 수 있다고 믿고 있다는 사실을 발견했다. 그녀는 외교관들이 잘 정착된 업무 방식으로 인해 새로운 기술에 저항하고 있으며, 그러한 업무관행이 디지털화 과정의 장벽으로 작용하라 수 있음을 지적했다. 하지만 반크는 대면이든 디지털이든 참여의 범위를 측정하는 모델을 제공하지는 않았다. 아르체티(Archetti, 2012)는 런던 소재 대사관이 디지털 참여에 더 많은 자원을 할애한다는 사실을 발견했다. 과거에는 대사관이 한 정부 혹은 지도자에서 다른 정부로 정보를 전달하는 중개자 역할을 수행했다. 그러나 디지털 시대에서는 전 세계 지도자들과 MFA가 서로 직접 커뮤니케이션을 할 수 있게 되었다. 게다가 커시와 하워드(Causey & Howard, 2013, p.144)가 주장한 것처럼, 자본은 뉴스 사이트나 트위터를 통해 저렴한 비용으로 해외 이벤트를 모니터링할 수 있다. 따라서 두 국가 사이의 중개자로서 대사관의 역할이 축소되었다. 이러한 손실을 상쇄하기 위해 대사관은 점점 더 디지털 공중과 소통하고 있다. 그러나 아르체티 역시 외교관과 공중 간 참여를 측정하는 모델을 제공하지 않는다.

2015년에 캠프, 마이너, 세게프는 참여를 "MFA가 팔로워와 직접 상호작용하는 모든 경우(예컨대, 질문에 답변하고, 비판에 대응하고, 요청된 정보를 제공하는 등)"로 정의했다. 11개 MFA(에티오피아, 인도, 이스라엘, 일본, 케냐, 폴란드, 르완다, 소말리아, 한국, 영국, 미국)의 페이스북 및 트위터 활동을 비교할 때 대부분의 MFA가 일방적인 정보 보급을 위해 소셜미디어 사이트를 사용하는 것으로 나타났다. 마찬가지로 비졸라와 장(2015)은 대사관이 답변한 질문의 수와 자신이 태그된 이미지에 응답한 사례를 측정하여 중국 대사관의 소셜미디어 참여를 측정했다. 두 연구 모두 대화 참여의 측정에 대한 통찰력을 제공하지만 협력적 성격, 디지털 공중의 요구를 충족하려는 목표, "청취"를 통한 외교 정책 형성, 관계 형성에 대한 강조를 포함한 "새로운" 공공외교의 기초에 대해서는 고려하지 않는다.

본 장에서는 대화 참여의 개념에 기반한 모델을 생성함으로써 외교 기관과 디지털 공중 간의 쌍방향 대화 참여 범위와 외교관들이 "새로운" 공공외교를 실천하는 정도를 측정할 수 있다고 규정한다. 이 모델은 소셜미디어 사이트가 기관과 이해관계자 간의 관계 형성, 상방향 상호작용 촉진, 권력 관계 완화에 중점을 두고 있다는 것을 고려할 수 있다(Bortree & Seltzer, 2009; Waters, Burnett, Lamm, & Lucas, 2009).

여기에서 개발한 모델은 비졸라와 장(2015)의 작업과 마이너(2017)의 작업을 결합한 것이다. 이들은 중국 대사관의 디지털 활동을 조사할 때 먼저 디지털 공중과의 온라인 토론 의제를 설정하는 대사관의 능력을 측정했다. 의제 설정은 공중 의제에서 주제 중요성에 영향을 미치는 능력으로 광범위하게 정의할 수 있다(Reynolds & McCombs, 2002). 전통적으로 미디어는 특정 이슈나 장소에 대해 언론 보도를 할애하여 공공의제를 설정할 수 있는 권한이 있었다. 마찬가지로 MFA는 무역이나 문화와 같은 특정 문제를 반복적으로 다루고 정치적 분쟁이나 논쟁적인 외교 정책과 같은 다른 문제는 소홀하게 간주함으로써 디지털 공중과의 토론을 위한 의제를 설정하려고 노력할 수 있다. MFA의 의제 설정 활동은 대화 참여가 공통 관심사에 대한 대화를 요구한다는 점에서 중요하다. 외교관은 특정 주제를 강조하거나 반복적으로 언급함으로써 관심있는 문제를 식별한 다음, 이를 가장 잘 해결할 수 있는 방법에 대해 공중과의 대화에서 찾을 수 있다. 비졸라와 장은 대사관이 온라인상에서 가장 많이 다루는 문제를 분석하고 이러한 문제가 디지털 공중으로부터 높은 수준의 의견과 공유를 이끌어내는지 여부를 측정하여 대사관의 의제설정 능력을 평가했다.

그러나 비졸라와 장은 대화 참여의 두 번째 요소인 디지털 공중과 외교관 간의 실제 쌍방향 대화를 측정하지는 않았다. 2017년 마이너는 테일러와 케트의 "대화 참여" 정의를 구성하는 다섯 가지 요소 중 네 가지를 재개념화하여 국무부의 대화 참여를 측정했다(**표 6.1**).

다음 절에서는 비졸라, 장, 그리고 마이너의 연구를 5개 아프리

표 6.1 Manor(2017)의 대화 참여 모형

Taylor와 Kent(2014) 요인	개념화	측정
이해 관계자/공중의 의견, 경험, 요구사항에 대한 긍정적 관심 표시	외교기관은 질문에 답변하고 요청받은 정보를 제공해 온라인 팔로워 요구를 충족하며 의견에 답하는 등 팔로워들의 댓글에 대응한다	외교 기관이 팔로워의 질문에 응답하거나 요청에 따라 정보를 제공하거나 이용자 생성 콘텐츠를 게시하거나, 게시물에 대한 팔로워들의 댓글에 다른 방식으로 응답하는 모든 경우
즉각적인 문제 이외의 관계적 목적을 위해 이해 관계자/대중과의 상호작용	외교기관은 팔로워들이 공통 관심사에 대해 대화하도록 초대할 것이다. 외교기관은 팔로워들의 관심사에 주목해 온라인 공중과 지속적으로 대화를 나눌 것이다	외교기관이 팔로워들에게 대화를 요청한 모든 경우와 팔로워들의 의견에 응답한 모든 경우
기관/커뮤니티 문제에 대한 조언 및 협의를 위해 이해관계자/공중과의 상호작용	외교기관은 활동과 관련된 질문을 게시하여 팔로워들과 소통할 것이다. 또한 팔로워들이 요구하는 정보나 서비스와 관련된 게시글을 통해 소통한다. 국가 정책을 팔로워들이 어떻게 인식하고 있는지 묻는다	개별 게시물/트윗/메시지 혹은 팔로워가 게시한 댓글에 답을 다는 등 외교기관이 소셜미디어 팔로워들과 소통하는 모든 경우
기관과 대중이 상호의존성을 깨닫고 지역사회의 이익을 위해 함께 행동하는 완전한 기능의 사회에 기여하는 상호작용	팔로워들에게 상호관심을 갖는 문제에 대한 인식을 높이는 것을 목표로 하는 온라인 옹호 캠페인 형성을 위한 협력 기회를 제공할 것이다	팔로워들과 영향력 있는 커뮤니티를 형성하거나 온라인 옹호 캠페인을 공유하거나, 공통의 문제에 대한 인식을 높이기 위한 콘텐츠를 제작하는 등 외교기관이 협력활동의 기회를 제공한 모든 경우

카 MFA의 대화 참여를 측정하는 단일 모델로 통합한다. 지난 10년 동안 공공외교에서 디지털 플랫폼의 활용에 대한 학문적 관심이 증가했지만 아프리카 공공외교의 디지털화에 초점을 맞춘 연구는 거의 없었다. 실제로 현재 학계에서는 서구와 나머지를 분리하는 경향이 있다. 이는 두 가지 이유에서 놀랄만하다. 첫째, 공공외교에서 디지털 기술의 활용은 비용 효율적인 공공외교 연구와 연관되어 있다. 아데시나(Adesina, 2017)가 주장한 것처럼, 디지털 기술은 아프리카 국가를 포함하여 자원이 제한적이고 해외 대사관 수가 제한적인 국가에 특히 유용할 수 있다. 즉 아프리카 MFA는 공공외교 활동을 강화하고 전 세계적으로 연결된 공중에게 다가가고, 외교 정책을 수용할 수 있는 환경을 조성하기 위해 디지털 기술을 열성적으로 채택할 것으로 가정할 수 있다. 둘째, 디지털 플랫폼은 모든 사용자가 디지털 청중의 관심을 두고 서로 경쟁하는 iBrand로 변화함에 따라 보다 공평한 외교적 경쟁 환경을 만든다. 브랜드가 디지털 시장에서 성공적으로 경쟁하기 위해 필요한 것은 스마트폰과 인터넷 연결뿐이다. 디지털 기술을 채택함으로써 아프리카 국가들은 언론인, 오피니언 리더, 블로거, 기술 기업 및 기타 외교기관과 같은 디지털 인플루언서와 디지털 공중에 관심을 두고 더욱 많은 동료와 경쟁할 수 있게 되었다. 따라서 본 장에서는 다섯 개의 아프리카 MFA의 대화 참여를 평가하여 중요한 실증적 차이를 비교한다.

아프리카 공공외교의 디지털화

디지털 기술을 활용하면 아프리카 MFA가 해외에서의 제한된 대표성을 극복할 수 있을 뿐만 아니라, 디아스포라와 긴밀한 관계를 유지하고 다른 국가의 재정적 번영에 지속적으로 기여할 수 있도록 함으로써 아프리카에 대한 고유한 공공외교 과제를 해결할 수 있다. 옥스퍼드 대학 소속 아디쿠(Adiku)가 주장했듯이, 최근 몇 년 동안 아프리카 디아스포라 이미지는 조국을 저버린 배신자에서 출신 국가를 경제적으로 지원하는 구원자의 이미지로 바뀌었다. 현재 디아스포라 송금은 에티오피아 GDP의 0.6%, 케냐 GDP의 1.6%, 르완다 GDP의 1.9%를 차지한다(OECD, 2012). 디아스포라에 대한 의존도가 높아짐에 따라 여러 아프리카 정부는 디아스포라 공동체와의 유대 강화를 목표로 하는 새로운 외교 계획을 시작했다(Kenya MFA, 2014).

라나(Rana, 2013)는 이민자 커뮤니티가 출신 국가에 대한 기억과 정서적 유대를 유지하면 디아스포라가 된다고 주장했다. 디지털 플랫폼을 사용하고 "새로운" 공공외교를 실천함으로써 아프리카 외교관은 디아스포라와 지속적인 관계를 유지함으로써 디아스포라 커뮤니티를 특징짓는 정서적 유대를 강화할 수 있다. 나아가 MFA는 디지털 플랫폼을 사용하여 출신 국가를 형성하는 이벤트에 대해 디아스포라를 업데이트할 수 있기 때문에 이전 국가에 대한 디아스포라의 감정적 투자가 증가하게 된다. 마지막으로 MFA는 외교관과 디아스포라 커뮤니티를 형성할 수 있는 협력 기회를 제공하는 데 디지털 플랫폼을 사용할 수 있다.

연구 결과에 따르면 아프리카 MFA는 서구 혹은 아시아 MFA와 마찬가지로 디지털 플랫폼 활용에 능숙하다. 2015년까지 대부분의 아프리카 MFA는 일종의 디지털 존재감을 구축했다. 아프리카 13개 MFA(보츠와나, 이집트, 에티오피아, 케냐, 리비아, 나미비아, 나이지리아, 르완다, 소말리아, 남아프리카공화국, 수단, 튀니지, 우간다) 부처를 포함하여 페이스북 프로필을 설정했으며 가나, 말리, 니제르 등의 MFA는 트위터로 눈을 돌렸고, 반면 나머지 MFA(베냉, 차드, 기니, 모잠비크, 수단, 탄자니아, 잠비아, 짐바브웨)는 여전히 웹사이트에 머물렀다. 아프리카 MFA는 또한 영사 지원을 제공하기 위해 디지털 플랫폼을 최초로 활용한 국가 중 하나이다(Manor, 2015a, 2015b). 2013년 내전이 발생하자 케냐 MFA가 수단에서 자국민 대피를 알리기 위해 트위터를 사용한 경우가 대표적이다(Manor, 2018). 며칠 동안 케냐 외교관들은 MFA의 트위터 계정을 관리하여 시민들에게 실시간 대피 항공편 정보를 제공하고 질문에 답했다.

2015년 분석을 보면, 케냐, 소말리아, 에티오피아와 같은 일부 아프리카 MFA가 인도, 일본, 한국, 미국 MFA보다 더 많은 페이스북 게시물과 트윗을 업로드하는 것으로 나타났다. 또한 소말리아와 에티오피아 MFA가 일본, 한국, 영국, 미국 MFA보다 소셜미디어 사이트에서 콘텐츠를 복제할 가능성이 낮음을 발견했다. 즉 아프리카 MFA는 서구와 아시아 MFA만큼 매체에 적합하게 콘텐츠를 조정하는 데 능숙한 것이다. 실리콘 밸리의 신자유주의자들에게 있어서 디지털 시장에서 모든 iBrand가 동등하게 경쟁한다는 것을 시사하는 놀라운 소식이다. 신자유주의자들이 주장하는 디지털 능력은 서구에서 나머지 지역으로 조금씩 내려오고 있다.

지금까지 아프리카 공공외교의 디지털화를 조사한 연구는 거의 없었다는 사실과 아프리카 MFA가 공공외교 활동을 강화하기 위해 디지털 플랫폼을 사용할 것이라는 전제를 고려해 본 장에서는 페이스북에서 다섯 개 아프리카 MFA의 대화 참여를 조사했다. 페이스북을 주목하기로 한 이유는 트위터가 정보수집과 의견 공유의 수단이라면 페이스북은 관계를 형성하고 유지하는 매체라는 점 때문이다(Hughes, Rowe, Batey, & Lee, 2012; Kwak, Lee, Park, & Moon, 2010). 일부 학자들은 MFA가 트위터는 오피니언 리더, 언론인, 외교관, 정책 입안자와 외교관이 상호작용할 수 있는 엘리트 대 엘리트 매체로 바라보는 반면, 페이스북은 외교관이 디지털과 상호작용할 수 있는 엘리트 대 공중 매체로 바라본다고 주장했다(Bjola, 2018). 본 장에서 평가된 MFA는 보츠와나, 에티오피아, 케냐, 르완다, 우간다였다. 이들은 두 가지 이유에서 선택되었다. 첫째, 5개 MFA 모두 초기 디지털 플랫폼으로 이동했으며 이미 2015년부터 디지털을 활용하고 있었다. 따라서 이들 MFA는 디지털 플랫폼에서 활성화되고 공공외교 목표를 위해 이러한 플랫폼을 활용하려고 시도할 수 있다고 보았다. 둘째, 에티오피아, 케냐, 르완다의 MFA는 2015년 캠프, 마이너, 세게프의 연구에서 먼저 분석이 진행된 바 있다. 결국 3년이 지나 아프리카 MFA와 서구 혹은 아시아 MFA 간의 디지털 격차가 좁혀지고 있는지 여부를 확인할 수 있게 되었다.

아프리카 MFA의 대화 참여에 대한 분석은 다음 세 가지로 구성되었다. 첫 번째 단계에서는 각 MFA에서 제시한 100개의 페이스북 게시물 샘플을 수집했다. 2017년과 2018년 게시된 게시물은 주제별로 분류되어 각 MFA가 의제설정 활동의 일부로서 강조한 문제를 식별한다. 다음으로 디지털 공중이 각 MFA에서 강조한 문제를 다루는 게시물에 실재로 댓글을 작성하고 공유하는 정도를 측정했다. 마지막으로 5개 MFA의 대화 참여를 측정했다. 아프리카 MFA가 게시하는 시각적 콘텐츠(이미지, 동영상 등) 유형과 이들의 평균 일일 활동 범위를 분석했다. 이후 디지털 격차의 축소 가능성을 측정하기 위해 서구 및 아시아 부처의 활동과 비교했다.

내용 분석

아프리카 MFA 게시물을 분류하기 위해 본 장에서는 주제 패턴을 식별, 분석 및 보고하는 방법으로 정의할 수 있는 주제별 분석방법론을 사용했다(Clarke & Braun, 2014). 분석 첫 번째 단계에서는 다섯 개 MFA 모두 게시한 100개의 게시물을 임의로 조사했다. 다음으로 게시물 내용을 기반으로 카테고리 집합을 만들었다. 예를 들어, 많은 게시물들이 아프리카 대륙의 안정성이나 아프리카 국가의 안정성을 높이는 활동을 다루었다. 따라서 "안정과 번영"으로 카테고리 이름을 붙였다. 마찬가지로, 공중 보건에 대한 투자 필요성을 다루는 게시물은 "공중 보건" 카테고리로 분류되었다. 이를 통해 총 7개의 카테고리를 형성했다. 다음으로 식별된 카테고리의 유효성을 확인하기 위해 또다른 100개의 게시물을 분석했다. 이 과정에서 4개의 카테고리가 추가로 형성되었다. 관광사업이 아프리카 국가 번영에 미치는 영향을 다루는 게시물과 아프리카 지도자의 국빈 방문을 묘사하는 게시물 등이 해당한다. 주제별 분석 방법론은 이전에 이스라엘 MFA, 오바마 백악관 및 미국 국무부의 디지털 활동을 분석하는 데 사용되었다. 총 5개 MFA에서 게시한 500개의 게시물은 14개 카테고리로 분류되었다. 모든 게시물은 2018년 5월 수집해 2018년 6월 분석됐다(**표 6.2**).

500개 게시물을 모두 분류한 뒤, 각 카테고리의 유효성을 계산해 5개 MFA 각각에서 다루는 주요 주제를 구분했다.

분석 결과는 다음과 같다. 첫째, 케냐의 경우 17%, 르완다의 경우 50%에 육박하는 등 5개 MFA 모두에서 양국 간 현안이 매우 우세했다. 외교의 주된 임무가 다른 나라들과의 관계를 관리하는 것이라는 점을 고려하면 놀라운 결과는 아니다. 양국 현안을 다루는 게시물은 매우 다양했으며 두 외교부 장관의 만남과 새로운 대사관 취임식 등이 포함된다. 그러나 모든 MFA에서는 양국 간 직책 상당 부분이 신임 대사의 임명장 수여를 다루었다. 또한 게시물들은 종종 상품과 개

표 6.2 아프리카 MFA의 페이스북 게시물 주제 카테고리

카테고리명	게시물 이슈	사례
교육	아프리카 학자들의 학문적 업적을 다룬 게시물, 외국 대학과의 교류 프로그램, 새로운 연구센터의 설립	유전 다양성을 탐구하기 위해 새로운 연구시설을 설립한 에티오피아 MFA
양국 간 현안	의회 간 대화, 다른 아프리카 국가에 대한 해외 원조, 안보/무역/인프라 시설 개발에 관한 양자 협정 서명, 새로운 대사관 취임	유럽 의회 의원과 케냐 의회 의원 간 회의를 발표한 케냐 MFA
애도	전·현직 지도자의 사망에 대한 조의를 표함, 르완다 대학살 등 역사적 비극을 추모	만델라 사망 이후 남아프리카에 조문을 표한 보츠와나 외무장관
문화	국가적 문화행사 홍보, 새로운 문화적 성과 촉진, 국가 규범과 가치를 보여주는 문화 활동 투자	케냐 국민의 규범과 가치에 동성애는 부합하지 않는다고 CNN에 밝힌 케냐 대통령
디아스포라	디아스포라 문제를 다룬 MFA 간행물, 정책 입안자 및 지도자들이 디아스포라 그룹과 만나 국가에 대한 기여를 인정	브뤼셀에서 르완다 디아스포라와 국경일은 기념한 르완다 외무장관
경제 성장	GDP 성장률, 민간 기업과의 파트너십을 통한 성장 촉진을 위한 컨퍼런스, 경제 성장을 위한 자원 모색, 경제 성장을 위한 신기술 활용	5.5% 상승한 케냐 GDP
다국 간 현안	아프리카 연합 회담, 유엔 기관 임명, 유엔 안전보장이사회 결의안, G7에 참석하는 아프리카 지도자, 유엔 인권이사회 및 세계은행 등 다자기구 이사의 방문	런던에서 영연방 정상들과 회담한 우간다 대통령
국제 성과	스포츠 행사 메달 획득, 군사 승리 기념 행사 등 스포츠 성과, 유엔 기구의 아프리카 정책 입안자 선출	신규 목적지로 직항 노선을 운영한 에티오피아 항공
공공보건	새로운 의료시설 설립, 공중보건 개입 형태로 해외 원조, 공중보건 문제에 관한 글로벌 정상회담 참석	런던 말라리아 정상회담에서 연설한 르완다 외무장관
안정성 및 번영	아프리카 전역의 안보와 안정을 강화하기 위한 정책에 대한 국가지도자 연설, 소말리아 평화유지 임무, 수단 긴장 종식을 위한 협상, 국가 간 공동 인프라 프로젝트, 아프리카 연합의 날 기념	"부패와의 전쟁에서 승리하기"라는 주제로 아프리카의 날을 기념하는 보츠와나 MFA

카테고리명	게시물 이슈	사례
국가 방문	아프리카 국가 지도자들의 해외 국빈 방문, 아프리카 국가에 대한 외국 지도자들 환영	보츠와나를 방문한 남아공 대통령
여행	양국 간 관광 활성화를 위한 협정, 관광 명소 소개, 국가 성장에 기여한 관광, 관광 증진을 위한 파트너 모색	에티오피아에서 가장 매력적인 관광지 영상을 올린 에티오피아 MFA
무역/투자	국가 정상과 무역 대표단 간 회의, 글로벌 기업의 해외 직접 투자, 아프리카 국가 간 새로운 무역 협정 체결	카이로에서 무역포럼을 개최한 우간다 장관

표 6.3 아프리카 MFA별 주제 카테고리 현황(샘플 페이스북 게시물 500개 대상)

	아프리카 MFA				
토픽 카테고리	보스나와(%)	에티오피아(%)	케냐(%)	르완다(%)	우간다(%)
교육	5	2	2	—	1
양국 간 현안	36	19	17	50	31
애도	1	—	2	—	2
문화	3	6	3	9	1
디아스포라	—	4	5	7	—
경제 성장	1	8	8	1	7
다국 간 현안	14	6	10	7	10
국제 성과	—	10	11	1	4
공공보건	—	1	3	1	1
안정성/번영	10	18	12	18	14
국가 방문	26	4	9	3	7
여행	—	10	1	—	6
무역/투자	5	12	17	3	14
기타	—	—	—	1	3

인의 이동을 용이하게 하는 새로운 국경 연결 터미널과 같이 공동 기반 인프라 구축 프로젝트에 착수하기 위한 아프리카 국가 간 양자 협정을 다루었다. 모든 MFA에서 확인된 또다른 카테고리는 안정성과 번영이었다. 특히 에티오피아와 르완다 MFA에서 나타났다. 이 카테고리를 구성하는 게시물들은 세 가지 핵심 문제에 초점을 맞췄다. 아프리카 대륙의 안정적인 상황을 보여주고, 아프리카 안정을 증진하기 위한 외교적 조치를 취하고, 안정이 아프리카의 재정적 번영의 핵심이라는 주장이다. 따라서 이 카테고리의 많은 게시물에서 아프리카 경제의 회복을 다루고 있었다. 최근 정치 구조에 대한 국내 불안정성을 고려한다면 에티오피아 MFA가 이 문제에 집중했을 가능성이 높다.

르완다 MFA는 "세계 경제 및 안보 환경을 재편하는 세력이 아프리카의 미래가 자신들의 대륙 내 협력에 달려있음을 의미한다"며 아프리카 연합의 지도자로서 국가의 새로운 역할을 주로 언급했다. 케냐 MFA는 소말리아의 평화유지 활동에 대한 기여와 수단의 긴장 완화를 포함한 케냐 정책을 다뤘다. 케냐 외무부 장관은 페이스북 영상에서 "세계는 케냐를 사상적 리더이자 지역 리더로서 바라본다"고 말했다.

무역과 투자 카테고리는 에티오피아(12%), 케냐(17%), 우간다(14%) MFA에서 만연했다. 여기에는 국가 지도자와 무역 대표단 간의 논의, 글로벌 기업의 해외 직접 투자 및 새로운 무역 협정 서명 등이 포함된다. 경제 카테고리는 에티오피아,케냐, 우간다 MFA에서 게시한 페이스북 게시물의 3분의 1 이상을 차지했다. 다국 간 문제는 에티오피아 6%에서 보츠와나 14%에 이르기까지 5개 부처 모두에서 많이 나타났다. 이 수치는 아프리카에서 활동하는 다국 기구의 수를 고려할 때 놀라운 일은 아니다. 샘플링 기간동안에도 유엔 인권이사회 의장, 세계은행 위원, 이주 기구 임원 등 고위 정책 입안자들이 아프리카 국가를 여러 차례 방문했다. 이 카테고리가 등장한 또다른 이유는 샘플링 기간에 보츠와나, 케냐, 르완다, 우간다 대통령이 참석한 정상 회담이 포함되었기 때문이다.

특히 두 카테고리는 놀라울 정도로 낮은 수치를 보였다. 첫 번째는 문화 문제를 다루는 게시물로서 우간다의 경우 1%에서 르완다 8%까지 다양했다. 이 결과는 문화적 성취, 국가의 문화, 역사, 전통, 예술에 대한 행사가 해당 국가와 다시 연결되기를 갈망하는 디아스포라에게 특별한 의미를 가질 수 있다. 즉 문화를 다루거나 문화행사를 묘사하는 게시물은 디아스포라 커뮤니티가 출신 국가에 대한 정서적 유대를 유지할 수 있게 도와준다. 더군다나 문화적 이슈는 유럽 MFA의 디지털 프로필에서 만연하는 경향을 보인다. 일부 유럽 MFA는 국가의 문화를 보여주는 것을 국가 이미지 관리 도구로서 간주한다(Manor, 2016a).

둘째, 디아스포라 문제를 다루는 게시물의 수치는 모든 MFA들 사이에서 압도적으로 낮은 편에 속한다. 디아스포라에 초점을 맞춘 게시물은 국경일을 다루는 것이 가장 많았으며 대사관과 외무부 장관이 해외 디아스포라 커뮤니티와 미팅하는 게시물들이 포함되었다. 아프리카 경제가 디아스포라 송금에 의존하고 그들과의 유대를 강화하기 위한 국가 정책을 수립했다는 점에서 이 범주의 낮은 수치는 의미가 있다.

5개 아프리카 MFA가 발표한 내용에는 어느 정도 유사점이 있었지만, 국가별 MFA마다 고유한 커뮤니케이션 스타일도 발견되었다. 예를 들어, 보츠와나 MFA의 많은 게시물들은 "보도 자료"로 분류되어 디지털 사회구성원이 아닌 언론인과 미디어 기관을 대상으로 했음이 나타났다. 보츠와나 MFA는 또한 비아프리카 문제에 대해 언급한 유일한 기관이기도 하다. 다른 4개의 MFA가 아프리카 대륙을 형성하는 사건에만 초점을 맞춘 반면, 보츠와나는 북한의 도발 비난, 짐바브웨의 로버트 무가베 축출 찬성, 시리아 사태 종식에 대한 유엔 안전보장이사회의 결의 등 여러 국제 문제에 대해 논평했다. 미국 대사관을 예루살렘으로 이전하기로 한 트럼프의 결정에 대해서도 규탄했다. 보츠나와 내각은 또한 부통령으로 평화적인 권력 이양이라는 자국 이슈에도 주목했다. 이는 아프리카의 다른 나라들이 배워야할 과정으로 묘사되었다.

반면 에티오피아는 에티오피아와 아프리카의 뿔(Horn of Africa)의 번영과 안정에 관한 문제에 초점을 맞췄다. MFA는 에리트레아에 대한 경제 제재, 수단 국빈 방문, 아프리카 연합 회의에 대해 논평했다. 또한 에티오피아 항공에 의해 수행된 혁신기술과 분주한 관광산업에 의해 달성된 에티오피아의 경제 성장을 자주 다루었다. 대부분의 디아스포라 게시물에는 MFA 잡지인 'A Week in the Horn'의 홍보가 포함되어 있다. 이 잡지는 에티오피아의 모든 대사관에서 온라인으로 배포하고 에티오피아의 시사, 문화적 업적 및 외교 활동에 대한 리뷰를 제공한다.

케냐 MFA는 외국인 투자와 경제 성장이라는 주제에 초점을 맞췄다. 케냐 게시물에는 국가의 성장하는 GDP, 지속적인 금융 성장을 보장하기 위한 세계 은행과의 협력, 금융 성장을 위해 세계 경제 회담을 소집하려는 케냐의 계획이 포함된다. 또한 디아스포라 문제를 다룰 때 경제 성장과 재정적 안정성을 강조했다. 케냐 외교관의 인터뷰 등도 포함된다.

MFA가 반복적으로 르완다 대학살을 언급했기 때문에 르완다 게시물에 많이 포함되었다. 르완다 집단학살 기념비에서의 세레모니,

집단학살의 위험에 대항하는 조직, 집단학살의 교훈이 잊혀지지 않도록 하기 위한 문화행사를 묘사한 게시물의 경우가 해당한다. 대량학살은 대륙의 안정과 번영을 다루는 게시물에서도 분명히 나타났다. MFA는 리비아 난민 수용에 동의하면서 "르완다의 정치철학과 우리 역사를 고려할 때 인간이 학대당하거나 경매에 부쳐지는 상황에서 가만히 있을 수 없다"고 말했다.

보츠와나의 경우와 마찬가지로 우간다 MFA가 게시한 게시물 대부분은 장기간의 보도자료였다. 우간다는 재정적인 프리즘을 채택하는 경향을 보였다. 예를 들어, 우간다 외무장관은 한국 광복절을 축하하면서 "50년 전만 해도 우간다를 비롯해 많은 아프리카 신생독립 국가들의 경제가 한국과 같은 수준의 발전을 이루었다. 그러나 한국은 1960년대 이후 전략적으로 산업화와 수출을 성장 동력으로 삼아 OECD G-20 국가에 합류하여 세계 11위 경제 대국으로 도약했다"고 발표했다.

요약하면, 내용 분석은 5개 아프리카 MFA가 디지털 공중에게 아프리카 대륙과 관련된 이벤트 및 이슈 등 광범위한 정보를 제공했음을 보여준다. 경제 관련 게시물은 5개 MFA 모두에서 나타났고, 디아스포라 게시물은 매우 적었지만 각 MFA는 고유의 내러티브를 형성했다. 다음 절에서는 이러한 MFA가 디지털 공중과의 토론을 위한 의제를 성공적으로 설정했는지에 관해 평가한다.

의제 설정 분석

디지털 공중과의 토론을 위해 의제를 설정하는 MFA 능력을 분석하기 위해 먼저 각 MFA가 강조하기로 선택한 문제를 판단해야 했다.

비졸라와 장의 연구를 따라 MFA에서 게시한 전체 게시물의 10%에 달하는 주제를 강조된 이슈로서 정의했다. 예를 들어, 보츠와나의 MFA에서 게시한 모든 게시물의 36%는 양국 간 현안, 25.5%는 국빈 방문, 13%는 다국 간 현안, 10%는 아프리카의 안정과 번영을 다루고 있다. 따라서 이 네 가지 주제는 보츠와나 MFA가 강조한 의제로 보았다.

다음으로 페이스북에서 평균보다 높은 팔로워들의 반응을 이끌어낸 게시물을 구별해야 했다. 평균 이상의 공유 및 댓글 수를 보이는 게시물은 팔로워의 반응을 이끌어내는 데 가장 성공적이며 대화 참여 기반을 마련할 수 있을 것이다. 이는 공유와 댓글이 MFA 콘텐츠와 상호작용하는 데 있어 더 많은 형식을 요구하기 때문이다. 마지막으로 평균보다 높은 공유와 댓글수를 기록한 게시물의 비율을 계산했다. MFA가 가장 관심 있어하는 이슈에 대한 공유와 댓글 참여를 이끌어낼 수 있다면 상호 관심 문제에 대한 공통된 숙의 과정을 촉발할 수 있다. MFA 게시물이 기록한 평균 공유 및 댓글 수, 평균보다 높은 공유 및 댓글을 유도하는 게시물 수, 각 MFA에서 강조한 이슈를 다룬 게시물의 비율을 계산했다.

표 6.4 페이스북상 아프리카 MFA의 의제설정 분석 결과(샘플 페이스북 게시물 500개 대상)

MFA	평균 공유 수	평균 댓글 수	댓글이나 공유 수가 평균 이상인 게시물 수	댓글이나 공유 수가평균 이상인 게시물 비율
보스와나	14	2	24	91
에티오피아	17	2	50	64
케냐	17	3	8	63
르완다	3	0	32	78
우간다	2	1	47	64

5개 아프리카 MFA 모두, 평균보다 많은 공유 및 댓글을 다룬 게시물 대부분은 각 MFA에서 강조한 문제를 다뤘다. 따라서 본 장에서는 아프리카 MFA가 페이스북 팔로워와 논의할 의제를 설정할 수 있음을 발견한다. 이러한 발견은 비졸라와 장의 발견과 일치한다. 그러나 남은 질문은 이러한 MFA가 대화 참여의 기회도 제공하는지 여부이다. 다음 절에서 답할 것이다.

대화 참여 분석

500개의 샘플 게시물을 바탕으로 5개 아프리카 MFA의 대화 참여 분석을 진행했다. MFA 게시물은 평균 0.1~3개의 댓글을 기록했다. 이는 상대적으로 낮은 수치로 인식될 수 있지만 디지털 공중이 MFA 게시물에 일상적으로 댓글을 작성한다는 것을 알 수 있다. 하지만 결과는 또한 5개 MFA 모두 대화 참여를 실행하지 못한다는 것을 보여준다. MFA는 팔로워의 댓글이나 질문에 응답하지 않았으며 요청된 정보를 제공하지 않았고, 팔로워의 요구와 관심을 확인하는 데 소홀했으며 협업 및 공유가치 창출 기회를 제공하는 것을 자제했다.

가장 대화가 활발했던 우간다 MFA에서도 쌍방향 상호작용의 사례는 드물었다. 한 가지 사례를 말하자면 우간다 MFA는 팔로워들에게 외국 주재 우간다 대사관의 활동에 관심이 있는지 물었다. 그러나 MFA는 팔로워의 답변이나 댓글에 답하지는 않았다. 또 팔로워들에게 캄팔라와 몸바사 간 새로운 열차와 관련한 질문에 응답한 팔로워들과 더 이상 소통하지 않았다. 케냐의 경우 MFA는 디지털 공중이 트위터에서 외무부 장관을 팔로우하도록 초대하는 게시물을 게시했다. 이러한 결과는 본 장에서 평가된 5개 아프리카 MFA가 페이스북을 정보보

표 6.5 아프리카 MFA의 페이스북 이용자들과의 대화 참여 분석(페이스북 게시물 500개 샘플)

대화 참여 요인 (Manor, 2017)	MFA				
	보스나와	에티오피아	케냐	르완다	우간다
게시물당 평균 댓글 수	2.0	2.0	3.1	0.2	1.5
팔로워의 댓글이나 반응에 대한 MFA의 답변	—	—	—	—	—
팔로워 질문에 대한 답변 수	—	—	—	—	—
요청받은 정보 제공	—	—	—	—	1.0
이용자가 생산한 콘텐츠 수	—	—	—	—	—
팔로워 댓글에 대한 전체 댓글 수	—	—	—	—	1.0
대화 참여를 위한 초대 수	—	—	1.0	—	1.0
팔로워가 언급된 관심에 대한 답변 수	—	—	—	—	—
페이스북 문의	—	—	—	—	2.0
공유가치 창출을 위한 협업 수	—	—	—	—	—

급을 위한 일방향 매체로 사용한다는 것을 보여준다. 즉 그들은 디지털 플랫폼을 활용하여 "새로운" 공공외교를 실행하고 해외 공중과 관계를 형성하거나 디아스포라와 함께 디지털 커뮤니티를 구축하는 데 실패한다. 아프리카 MFA가 대화 참여를 실천하지 못하는 유일한 국가는 아니라는 점을 기억해야 한다. 연구에 따르면 핀란드, 이스라엘, 노르웨이, 폴란드, 미국 등을 포함한 서구 MFA도 일방향 메시지 보급을 위해 디지털 플랫폼을 사용하고 있다(Clarke, 2015; Comor & Bean, 2012; Hocking & Melissen, 2015).

공공외교 학자들은 디지털 활동이 팔로워들을 양산한다고 주장해왔다(Hocking & Melissen, 2015). 이는 개인 정보의 지속적인 공유가 관심을 끌기 위한 수단인 디지털 사회의 논리이기도 하다. 디지털에서 활동하지 않는 MFA는 디지털 공중을 유입하는 데 실패할 수 있으며 결과적으로 참여할 사람이 없게 될 수 있다. 따라서 본 장에서는 아프리카 MFA의 페이스북 일일 활동 비율을 서구 및 아시아 MFA 비율과 비교했다. 샘플에는 2015년 연구에서 캠프, 마이너, 세게프가 평가한 MFA도 포함되었다. 나아가 TMI 시대에 중요한 기능인 많은 양의 정보를 간결하게 전달하는 시각적 도구(이미지, 비디오)의 활용도 디지털 콘텐츠의 매력을 증가하는 것으로 비교되었다(Miller & Horst, 2017). 마지막으로 MFA 페이스북 팬의 하루 평균 변화수와 MFA가 받는 하루 평균 좋아요 수를 비교분석했다. 이 분석은 'Social Bakers' 애플리케이션을 사용해 2018년 7월 수행되었다.

에티오피아 MFA는 영국 FCO와 이스라엘, 폴란드, 일본, 한국 MFA보다 더 많이 게시물을 등록한 반면, 케나 MFA는 일본 MFA보다 더욱 활동적이고 한국 MFA만큼 게시물을 많이 게시했다. 반대로 르완다와 우간다 MFA는 12개 MFA 중 가장 활동이 저조했다. 또한 에티오피아 MFA는 FCO, 일본, 폴란드 및 한국 MFA보다 하루 더 많은 좋아요(like)를 기록했고, 케냐 MFA는 일본과 한국 부처를 능가했다. 한편 평균 좋아요 수가 가장 적은 MFA는 보츠와나, 르완다, 우간다였다.

시각 자료의 사용에 있어서는 아프리카, 서구, 아시아 MFA 간 큰 차이는 없었다. 케냐의 비디오 활용은 폴란드, 한국, 이스라엘, 인도 MFA보다 더 많았다. 이는 비디오 영상 제작이 가장 자원 집약적인 시각 제작 형태이기 때문에 중요한 발견이라고 할 수 있다. 유사하게 우간다의 비디오 활용은 폴란드, 한국, 일본 MFA보다 더 많았다. 마지막

표 6.6 아프리카, 서구, 아시아 국가들의 페이스북 활동

MFA	페이스북 활동과 이용자들의 참여율			
	하루 평균 게시물 수	하루 평균 좋아요 수	게시물 유형[a]	하루 평균 팬 변동률
보스와나	0.6	13	76% 사진 24% 링크	_[b]
에티오피아	3.0	397	85% 사진 9% 링크 7% 동영상	+144
FCO	1.6	228	83% 동영상 11% 사진 4% 텍스트 2% 메모	+25
인도	4.3	1200	75% 사진 18% 동영상 5% 텍스트 2% 링크	-120
이스라엘	1.3	1600	75% 동영상 20% 사진 3% 상태 3% 링크	+75
일본	0.7	29	81% 사진 13% 동영상 6% 링크	+4
케냐	0.9	29.3	71% 사진 15% 동영상 7% 링크 7% 상태	+13
대한민국	0.9	29.3	68% 사진 18% 링크 14% 동영상	_b
폴란드	1.7	142	63% 링크 38% 사진	+22
르완다	0.4	7	90% 사진 10% 링크	_[b]
우간다	0.2	4	71% 사진 15% 동영상 15% 링크	+4
미국	4.2	2000	45% 동영상 32% 사진 23% 링크	+108

[a] 반올림으로 인해 전체 합계가 100이 넘을 수 있음.
[b] 데이터 부족으로 인한 결측값.

으로 에티오피아 MFA는 하루 평균 증가하는 팬 수가 가장 많았고, 케냐는 일본과 인도보다 평균이 높았다. 하루 평균 좋아요 수에서 에티오피아 MFA는 영국, 일본, 한국 MFA보다 더 많은 수를 기록했다. 그러나 다른 모든 아프리카 MFA는 서구 MFA들보다 성과가 높았다.

요약컨대, 이러한 결과는 아프리카 MFA가 많은 서구 및 아시아 MFA만큼 디지털 플랫폼에서 활발히 활동하고 시각적 콘텐츠를 만드는 데 능숙하며 매일 비슷한 수의 새로운 팬을 유입할 수 있음을 보여준다. 아프리카 MFA의 디지털화가 지속되면서 공공외교의 디지털 격차는 더욱 좁혀지는 것으로 보인다.

아프리카 MFA에 대한 분석은 그들이 대화 참여를 실천하지 않는다는 것을 보여주지만, 대사관이 MFA보다 더 대화적일 가능성을 보여준다. 선행연구에 따르면 대사관은 두 국가 사이의 중개자로서의 역할 상실을 상쇄하기 위해 디지털 공중과 더욱 많이 상호작용한다(Archetti, 2012). 리투아니아 공공외교 사례여구를 통해 대사관의 대화 참여 관행을 분석해봤다.

리투아니아 MFA의 디지털화

리투아니아 공공외교의 디지털화는 2013년 시작되었다. 커뮤니케이션 및 문화 외교부 국장 파울라우스카스(Paulauskas)에 따르면, MFA는 EU를 홍보하기 위해 디지털 기술을 처음 채택했다. 그 이후 MFA는 네 가지 목표를 달성하기 위해 디지털 도구를 활용하고자 했다. 첫째, 언론인, 싱크탱크, 동서 인접국, 외교 커뮤니티 구성원을 포함한 지역 및 글로벌 엘리트들에게 리투아니아 정책을 홍보한다. 파울라우스카스는 다른 MFA가 리투아니아에서 특히 인기 있는 선거구라고 말했다. 리투아니아 MFA는 디지털 도구를 통해 글로벌 외교 커뮤니티에 정책 이니셔티브를 발표하고 다른 국가 정책에 대해 논평하며 특정 정책에 대해 이의를 제기할 수 있기 때문에 리투아니아에 중요한 문제에 주의를 집중시킬 수 있다. 둘째, MFA는 디지털 기술을 활용해 EU와 NATO와 같은 동맹국의 정책에 대한 리투아니아 지원을 표현한다. 셋째, 디지털 플랫폼은 해외에서 물리적 대표성이 제한되어 있기 때문에 MFA의 공공외교 활동 범위를 늘리는 데 사용된다. 파울라우스카스에 따르면, 디지털 기술을 통해 MFA는 전 세계 대중과 소통할 수 있기 때문에 소수 대사관이 갖는 단점을 상쇄할 수 있다. 네 번째는 리투아니아 디아스포라와의 유대를 증진하고 유지하는 것이다(R. Paulauskas, personal communication, July 25, 2018).

아프리카 국가와 마찬가지로, 리투아니아 디아스포라는 그 규모와 전 세계적으로 분산되어 있는 중요한 디지털 주체이다. 해외에 거주하는 리투아니아인은 130만 명으로 추정되며 리투아니아 인구는 280만 명으로 추정된다(Ferguson, Salominaite & Boersma, 2016). 리투아니아 디아스포라는 리투아니아에 대한 정치적, 재정적 지원의 원천이며 따라서 MFA와 리투아니아 대사관은 디아스포라와 의사소통하는 데 디지털 자원을 할애한다. 여기에는 재능있는 리투아니아인들이 서유럽과 북미에서 취업과 학업 기회를 찾아 떠나는 "브레인 누출"을 되돌리려는 시도가 포함된다.

디아스포라 외교와 관련된 또 다른 중요한 디지털 목표는 젊은 이들에게 많은 기회를 제공하는 번영하는 북부 발트해 국가로서의 리투아니아에 대한 긍정적 설명을 홍보하는 것이다. 이 설명은 "브레인 누출"의 흐름을 막는 데 도움이 될 수 있지만 러시아의 디지털 활동에도 대항하는 데 도움이 된다. 파울라우스카스는 최근 몇 년 동안 러시아가 EU와 NATO의 도움 없이는 독립할 수 없는 재정붕괴 직전의 실패한 국가로 리투아니아를 홍보해 왔다고 말했다. 디지털 플랫폼을 통해 유포된 다른 주요 주제로는 크림 반도에서 발생한 사건과 관련된 진실의 중요성, 리투아니아의 경제적 성과(OECD 가입 포함), 리투아니아 문화 홍보 등이 있다(R. Paulauskas, personal communication, July 25, 2018).

2018년 기준 MFA의 디지털 활동은 소셜미디어 사이트로 제한되며 MFA는 페이스북, 트위터, 유튜브, 플리커 등 여러 플랫폼에서 활성화된다. 2018년까지 MFA는 소셜미디어 사이트 이용에 대한 기관 차원의 교육을 실시하지 않았으며 온라인으로 이주하는 대사관 및 외교관에 대한 가이드라인을 아직 발표하지 않았다. MFA는 모든 대사관에 배포되는 분기별 보고서에 모범 사례를 게시한다. 나아가 주요 대사관에서 근무할 예정인 대사들은 출국 전에 커뮤니케이션 부서와 만나 대사관 활동을 하면서 디지털 기술을 사용할 수 있는 방법을 논의한다. 지금까지 MFA는 네 가지 매개변수를 통해 디지털 활동을 평가했다. 전체 팔로워 수, 디지털 콘텐츠 도달범위, 콘텐츠가 이끌어내는 반응, 댓글의 감정이다. 대화 참여는 현재 MFA에서 디지털 콘텐츠가 얻는 좋아요, 공유 및 댓글 수로 정의된다. 그러나 리투아니아 MFA는 최근 새로운 "디지털 팀"의 신설과 내부 교육 과정의 생성 등 내부적인 절차를 시작했다. 이 과정은 리투아니아 MFA, 영국 총리실의 전략 커뮤니케이션 부서, Oxford Digital Diplomacy Research Group 간의 협력을 기반으로 한다. 따라서 리투아니아 공공외교의 디지털화 과정은 부처의 구조, 가치, 업무 방식 모두를 변화시키고자 한다. 구조적 변화 측면에서 MFA는 곧 전략적 커뮤니케이션, 공공 정보 및 모니터링 부서의 세 부서에서 구성원이 되는 수평적 디지털 팀을 만들 것이다.

이 수평적 팀은 리투아니아의 정책 목표를 홍보하고 다른 국가의 이야기에 대응하기 위한 디지털 캠페인을 만들 것이다. 나아가 디지털 팀은 다른 국가의 온라인 네트워크를 "청취"하고 MFA 관련 정보를 제공한다. 또한 빅데이터 분석을 기반으로 디지털 콘텐츠를 만들어 디지털 공중의 요구와 관심사에 맞게 콘텐츠를 만들 것이다. 따라서 MFA의 작업 루틴에는 디지털 방송과 디지털 청취가 모두 포함되며 외교관은 디지털 공중이 공유하는 콘텐츠를 정책수립 프로세스를 알려주는 정보출처로 간주하도록 요구받을 것이다(R. Paulauskas, personal communication, July 25, 2018).

파울라우스카스는 MFA 소셜미디어 채널에서 쌍방향 상호작용과 대화식 참여가 거의 발생하지 않는다고 인터뷰에서 언급했다. 이는 부분적으로 자원의 부족 때문이지만 MFA의 보수적인 커뮤니케이션 문화와도 관련이 있다. 외교부의 일부는 여전히 긴밀한 업무 관계를 수립하고 활용할 수 있는 면대면 상호작용에 외교 기초가 있다고 믿는다. 다른 MFA와 마찬가지로 잘 정착된 업무루틴은 디지털 활동을 강화하는 데 장애물이 된다. 그러나 파울라우스카스는 리투아니아 대사관이 디아스포라와 의사소통하기 위해 페이스북을 지속적으로 사용하면서 팔로워와 많은 대화를 나눌 수 있었다고 말한다.

리투아니아 MFA에 대한 디아스포라 지원활동의 중요성과 현재까지 리투아니아 공공외교의 디지털화를 조사한 연구가 없기 때문에 본 장에서는 네 곳의 리투아니아 대사관(캐나다, 아일랜드, 영국, 미국)의 페이스북 활동을 평가했다. 이 대사관들은 디아스포라 커뮤니티가 많은 국가에 있기 때문에 선택되었다. 더군다나 네 개의 대사관은 모두 상대적으로 많은 직원들을 포함하고 있으므로 디아스포라 지원활동에 디지털 자원을 투자하기 적합한 위치에 있다. 주제 분석을 통해

표 6.7 리투아니아 대사관의 디아스포라 관련 주제 카테고리

카테고리명	게시물 이슈	사례
100주년 기념	리투아니아 독립 100주년 맞은 2018년 기념	런던 지하철역 100주년 기념 광고 게시
양국관계	타국에 거주하는 리투아니아 시민을 위한 정보, 양국 간 유대, 양국 간 관계 기념식, 국가 간 군사 관계	브렉시트 이후 영국 내 리투아니아인의 권리에 관한 정보
디아스포라 참여	대사관 직원이 디아스포라와 상호작용하는 경우	주아일랜드 대사의 지방의회 순방 시 현지 디아스포라 커뮤니티와의 회동
인재 유출	리투아니아에서의 비즈니스 기회에 대한 정보 제공, 리투아니아에서의 학술 기회 홍보, 리투아니아 경제 자산에 대한 정보 제공, 학생들과 이민에 대한 토론	새로운 프로그램은 리투아니아 수출 기업에서 인턴십을 제공
문화/교육	리투아니아 문화기념 행사, 리투아니아 문화 성과 홍보, 문화 성과를 얻는 디아스포라 회원, 교환 프로그램, 리투아니아어 수업 제공 교육	리투아니아 대사관 영화 상영
공동체 행사	포크송, 댄스콘테스트, 가족을 위한 스포츠행사 등 디아스포라 이벤트	국가와 포크송을 노래하기 위해 모인 디아스포라
리투아니아 역사 기념	리투아니아 독립을 위해 싸운 투사, 소련 통치 기간 동안 사망한 사람들 추모, 독일 통치 기간 동안의 사망자 기념	디아스포라 공동체를 만나기 위한 리투아니아 게릴라들의 아일랜드 방문
영사관 서비스	다른 도시에 대한 영사관 임무, 새로운 영사관 업무 추진, 대사관 개·폐관 시간	캐나다 주재 리투아니아 대사관, 토론토 주재 디아스포라를 위한 영사관 임무

페이스북에서 대사관이 공유한 콘텐츠를 분석했다. 그중 디아스포라를 직접 다룬 콘텐츠만을 분석했다. 디아스포라를 타깃으로 하는 페이스북 게시물은 영어가 아닌 리투아니아어로 작성되거나 디아스포라 커뮤니티에서 조직한 이벤트 및 활동을 다룬 게시물이었다. 마지막으로 대사관의 대화 참여 활동도 분석했다. 특히 리투아니아 대사관 분석에는 디아스포라 관련 게시물에만 초점이 맞춰져 있어서 의제 설정

활동에 대한 평가는 포함되지 않았다.

각 대사관에 대한 분석은 2017년과 2018년 8월 사이 게시된 70개의 페이스북 게시물을 대상으로 했다. 리투아니아어로 된 모든 게시물은 페이스북 번역과 구글 번역을 통해 번역했다. 4개 대사관의 페이스북 게시물 대부분이 리투아니아어로 되어있어 대사관이 디아스포라를 대상으로 하고 있음을 알 수 있다. 나아가 모든 대사관에서 독립 100주년 기념행사가 많이 발견됐다. 100주년 기념식에는 피아노 연주회, 민속 축제, 미술 전시회, 지역 교회 축하행사, 광고 캠페인 등 디아스포라 관련 행사가 많았다. 청소년 재능 대회, 런던 도서 박람회, 리투아니아 언어 교육과정을 제공하는 아일랜드 학교, 리투아니아 작가와의 만남 등도 포함되었다.

특히 샘플링 기간 동안 모든 대사관은 디아스포라가 전 세계 리투아니아인과 함께 애국가를 부르도록 초청하는 게시물을 여러 개

표 6.8 리투아니아 대사관의 주제 카테고리[a] (280개 페이스북 게시물 샘플)

주제 카테고리	대사관			
	캐나다(%)	아일랜드(%)	영국(%)	미국(%)
100주년 기념	19	8	34	26
양국관계	4	13	11	6
디아스포라 참여	7	2	11	8
인재 유출	4	2	9	4
문화/교육	20	49	30	32
공동체 행사	15	17	—	9
리투아니아 역사 기념	15	4	4	15
영사관 서비스	17	2	2	—
리투아니아 게시물(%)	78	73	81	80

[a]반올림으로 인해 전체 합계가 100이 넘을 수 있음

게시했다. 이는 모든 리투아니아 독립을 위한 투쟁을 기념하기 위한 것이었다. “100주년 기념” 및 “리투아니아 역사 기념” 카테고리는 리투아니아 공공외교가 디지털화되었음을 보여준다. 세계적으로 국가를 부르고, 과거를 소환해 리투아니아의 현재, 즉 리투아니아가 성공하고 번영하는 발트해 북부 국가인 현재를 이해함으로써 시간과 공간 차를 없애버린다. 이러한 특성은 “브레인 누출”을 뒤집고 출신 국가로 기꺼이 재이주하려는 젊은 리투아니아인을 기다리는 기회를 강조하는 데 초점을 맞춘 게시물에서 명확하게 발견되었다.

아프리카 MFA와 다르게 리투아니아 대사관은 양국의 문제를 거의 다루지 않았다. 브렉시트 이후 국외 거주자의 권리를 다룬 영상을 공개한 런던 주재 대사관과 아일랜드 대통령의 리투아니아 방문사진을 공개한 더블린 주재 대사관은 예외였다. “디아스포라 참여” 카테고리는 주로 대사관 직원과 디아스포라 커뮤니티 간 회의에서 이미지와 영상을 포함했다. 영사관 이슈는 토론토와 다른 도시들에 영사 사절을 조직한 캐나다 주재 대사관에 의해서만 나타났다.

요약컨대 4개의 대사관이 게시하는 디아스포라 게시물은 디아스포라와 유대감을 형성하고 출신국과의 정신적 유대감을 유지하는 데 중점을 두고 있는 것으로 확인됐다. 리투아니아의 독립을 축하하고, 과거의 투쟁을 기념하고, 학문과 문학을 존중하며 문화를 축하하는 것은 모두 공동체 유대를 형성하는 것을 촉진한다. 그러나 디지털 커뮤니티가 형성되기 위해서는 이러한 활동에 대화 참여가 수반되어야만 한다.

리투아니아 대사관에서도 대화 참여는 드물었다. 2~3개월 동안 대부분의 대사관은 팔로워들에게 그들의 필요나 욕구를 이해하기 위해 질문하거나 콘텐츠 공동 제작 기회를 제공하거나, 요청된 정보를 제공하는 방식으로 팔로워들과 교류하는 데 실패했다. 팔로워들의 관심사 또한 일상적으로 무시되어왔다.

대화 참여율이 가장 높은 대사관은 영국 주재 리투아니아 대사관이었지만 이 경우에도 팔로워들의 댓글에 대한 답변은 6개로 낮은 수준이다. 영국 대사관이 댓글에 답글을 남길 때는 대부분 디아스포라 관련 사건의 시간, 장소 정보를 제공하거나 대사관의 이메일 주소를 남기는 것이었다. 주미 대사관과의 대화 참여 사례로는 대사관 팔로워들 대상 사진 경연과 리투아니아 활동가의 마지막 거주지를 묻는 게시물이었다. 유사하게, 아일랜드 대사관과 대화를 나눌 수 있는 유일한 기회는 디아스포라 어린이들을 대상으로 한 추첨이었고, 캐나다 대사관측의 유일한 답변은 영사관 문제를 처리한 것이었다. 리투아니아 게시물의 평균은 팔로워의 댓글이 거의 없다는 점에 주목해야 하지만 대

표 6.9 리투아니아 대사관의 페이스북 이용자들과의 대화식 참여 분석

대화 참여 요인 (Manor, 2017)	대사관			
	캐나다	아일랜드	영국	미국
게시물당 평균 댓글 수	—	2	3	2
팔로워의 댓글이나 반응에 대한 MFA의 답변	2	1	5	—
팔로워 질문에 대한 답변 수	1	—	4	—
요청받은 정보 제공	1	—	3	—
이용자가 생산한 콘텐츠 수	—	—	1	—
팔로워 댓글에 대한 전체 댓글 수	1	—	6	—
대화 참여를 위한 초대 수	—	—	—	—
팔로워가 언급된 관심에 대한 답변 수	—	—	2	—
페이스북 문의	1	—	1	1
공유가치 창출을 위한 협업 수	—	2	—	2

사관은 일반적으로 팔로워들에게 응답하지 않기 때문에 거의 댓글을 받지 못할 수 있다.

결론

1980년 민주당 전당대회에서 에드워드 케네디는 케네디 왕조의 몰락을 인정할 수밖에 없었다. 민주당 후보 지명을 받는데 실패하면서 "가장 잘생긴 케네디"가 마지막으로 선거운동 지지자들에게 연설하기 위해 무대에 올랐다. 미국 정치 웅변술 규범에 충실하게 케네디는 낙관적인 태도로 대통령 자리를 떠났다. 본 장의 서두에 인용한 것처럼 그는 "우리의 노력은 계속되고, 희망은 살아있으며 꿈은 결코 사라지지 않을 것입니다."라고 선언했다.

공공외교의 디지털화 초기 단계에서 유사한 낙관론을 볼 수 있었다. MFA, 대사관, 외교관은 디지털 기술을 전통적 외교의 많은 한계를 극복할 수 있는 것으로서 간주했다. 디지털 플랫폼을 사용하여 외교관은 해외 공중과 대화할 수 있고, 대사관은 디아스포라와 관계를 형성할 수 있으며 MFA는 적대국 시민들에게 접근하여 평화 기반을 마련할 수 있다. 그러나 2014년까지 이러한 낙관주의는 대부분 사라졌다. "트롤", "봇", "허위 정보" 등의 단어가 외교 세계를 지배하게 되면서 디지털 플랫폼은 신뢰, 믿음, 관계를 체계적으로 침식하는 데 활용되는 도구로서 외교를 망치는 것으로 간주되었다. 여전히 일방적 소통이 공공외교 활동을 지배했다.

본 장의 결과는 현재의 비관적인 공공외교 전망에 추가될 것이다. 아프리카 MFA와 리투아니아 대사관의 디지털 활동에 대한 깊이 있는 검토는 외교 기관이 디지털 플랫폼을 활용해 디지털 대중과의 관계 구축 및 대화 참여에 실패하고 있음을 다시 한 번 보여준다. 공공외교는 공중을 중심으로 하지만 MFA가 디지털 공중과 대화하지 않는다는 점에서는 자기중심적이기도 하다. 게다가 분석한 사례 연구는 상대적으로 규모가 작은 국가의 MFA가 적은 해외 대사관 수와 같은 물리적 제한을 극복하기 위해 디지털 기술을 활용하지 않는다는 것을 보여준다. 2011년에서 2018년 사이에 발표된 다수의 연구와 일치하는 결과이다.

그럼에도 불구하고, 이 장은 낙관적으로 끝난다. 대화 참여가 이루어지지 않을 수도 있지만, 외교단체들은 디지털 플랫폼을 사용하여 온라인 공중에게 내러티브를 제공함으로써 국가와 세계를 형성하는 이벤트들을 이해시킬 수 있다. 에티오피아의 내러티브는 아프리카의 뿔의 안정과 번영에 초점을 맞추는 반면, 르완다의 내러티브를 통해서는 과거를 통해 현재를 조명할 수 있다. 두 경우 모두 MFA가 디지털 공중이 복잡한 세상을 이해하도록 돕는다는 공통점을 갖는다. 또한 케냐 MFA 추종자는 재정 성장을 늘리기 위한 국가적 노력에 대해 배울 수 있고, 보츠와나 팔로워들은 시리아 내전에서 북한 핵무기 프로그램에 이르는 세계적인 사건에 대해 배울 수 있다. 또한 케냐 MFA 팔로워들은 재정 증대를 위한 국가의 노력에 대해 알게 되고, 보츠와나 팔로워들은 시리아 내전에서 북한 핵무기 프로그램에 이르는 세계적인 사건에 대해 알게 될 수 있다.

내러티브는 국내외 공중 모두에게 중요한 기능을 한다. 코프랜드(Copeland, 2013)가 주장했듯이 외교관은 시민들이 글로벌 이벤트를 이해할 수 있는 국가 내러티브를 생성하는 데 전문가이다. 온라인으로 아프리카 MFA를 팔로우하는 시민들과 해외 공중은 아프리카 국가의 외교 목표, 비전, 정책 우선순위에 대해 통찰력을 갖게 된다. 이처럼 외교 민주화 과정은 느리긴 하지만 계속해서 진행 중에 있다.

마찬가지로 중요하게, 본 장에서는 아프리카 MFA와 서구 혹은 아시아 부처 간 디지털 격차가 계속해서 좁혀지고 있음을 발견했다. 이스라엘, 노르웨이, 폴란드, 미국 MFA는 대화 참여에 능숙하지 않을 수 있지만 Q&A 세션, MFA 블로그 환경에서의 상호작용, 스마트폰 애플리케이션 및 트위터 설문조사 형태로 디지털 공중이 외교관과 소통할 수 있는 기회를 제공한다. 디지털 격차가 계속해서 줄어들면서 아프리카 MFA도 유사한 관행을 채택할 수 있다. 따라서 본 장에서는 디지털화가 외교관 및 외교기관의 규범, 가치, 내러티브에 점진적으로 영향을 미치는 장기적인 과정임을 다시 한 번 강조한다.

마지막으로 리투아니아 4개 대사관의 페이스북 활동에 대한 분석은 디아스포라와 출신 국가 간 정서적 유대를 키우려는 시도를 보여준다. 리투아니아 대사관은 디아스포라와의 대화 참여를 실천하지 못했지만 문화 박람회, 장학금 지원, 언어 교육 및 국경일 축하 등 지역 사회 구성원이 관심을 가질만한 광범위한 정보를 제공한다. 결국 대사관 페이스북 프로필은 디아스포라 커뮤니티에 없어서는 안될 게시판이 되었고, 대사관과 국가, 그리고 디아스포라 간의 유대를 더욱 강화한다.

빈과 코모(Bean & Comor, 2017)는 공공외교의 디지털화가 공공외교 활동 영향력을 측정한다는 전제를 내포한다고 주장했다. MFA의 디지털 도달 범위, 팔로워 수, 평균 좋아요 및 공유 비율과 같은 정량적인 변수들은 공공외교 활동의 효율성을 "증명"할 수 있다. 그러나 측정 기준은 불가피하게 디지털 활동을 결정한다. 디지털 도달범위를 측정하는 데 중점을 둔 MFA는 곧 좋아요(like)와 공유(share) 수 등과 같은 "허수 지표"에 의해 소비되고, 대화에는 주목하지 않을 것이다. 결과적으로 MFA들은 디지털 공중과의 관계를 형성하고 국가의 외교 정책을 받아들이는데 실패할 수 있다. 본 장의 정량적 모델은 "새로운" 공공외교의 실천에 초점을 맞춘다는 점을 고려할 때 MFA, 대사관, 디지털 공중 간 대화와 참여의 범위를 측정했다. 자체 평가를 위해 이 모델을 받아들이는 MFA는 곧 대화식 작업루틴, 규범, 비유 등을 적용할 수 있을 것이다.

이 책에서 검토한 모든 MFA 중에서 디지털화가 외교기관에 미치는 영향을 가장 잘 보여주는 국가는 리투아니아이다. MFA를 디지털 플랫폼으로 옮기면서 디지털 기술을 활용하게 되었고 규범, 가치, 작업루틴에 영향을 받았다. 최근 MFA는 "청취"의 내러티브와 비유를 적용했다. 디지털 대화를 관찰함으로써 MFA는 다른 국가의 정책 우선순위, 외국인이 리투아니아를 보는 시선, 동맹국의 새로운 정책에 대한 통찰력을 얻을 수 있다. "청취"는 곧 디지털 대화를 모니터링 및 분석하고, 관련 데스크에 통찰력을 제공하는 임무를 수행하는 "디지털 팀" 형태의 새로운 작업 루틴 형성으로 이어질 것이다. 규범적 관점에서 보면, 리투아니아 외교관은 소셜미디어 콘텐츠를 정책 수립 과정을 알리는 또다른 형태의 외교 보고로 간주해야 한다.

디지털 사회의 발자취도 이번 챕터의 전반에 걸쳐 확인할 수 있다. 아프리카 MFA에 대한 분석은 그들도 디지털 공중에게 자신을 소개하는 내러티브를 생성한다고 제안한다. 이는 또다른 형태의 디지털 브랜딩이다. 케냐 iBrand는 지역 리더십 중 하나이며 보츠와나 역시 좋은 거버넌스 중 하나이다. 또한 뉴질랜드의 협력적 정책 결정 비전은 MFA가 디지털 사회가 인정하는 규범과 가치를 적용했음을 시사한다. 첫째, MFA는 한때 비공개로 유지되었던 정보를 디지털 공중과 공유해 투명성과 개방성 규범을 준수하는 보다 개방된 형태의 외교를 수행한다. 두 번째로, MFA는 연결된 개인들 간 고리를 형성하여 공유된 문제에 대한 솔루션을 공동으로 제공할 수 있는 네트워크를 적용했다. 마지막으로, MFA는 국내와 해외 공중이 정책 수립 과정에 참여하도록 초대되기 때문에 국내와 해외 사이 엄격한 구분을 흐릿하게 만들고자 한다. 결국 공간과 국경은 소멸되고, 외교는 글로컬화될 것이다.

본 장의 결과를 보다 자세하게 설명하기 위해 기술적, 사회적 프리즘을 모두 적용할 수 있다. 기술적 관점에서 볼 때 아프리카 MFA가 디아스포라와 상호작용하기 위해 디지털 플랫폼을 사용하는 것은 아프리카의 국경이 확장되고 해외에 거주하는 아프리카인을 포함하게 됨에 따라 재영토화의 효과를 가질 수 있다. 버널(Victoria Bernal, 2014)이 주장한 것처럼, 디지털화를 통해 국가와 시민권의 개념은 근본적인 변화를 마주한다. 예컨대 외교관과 디아스포라 간의 디지털 상호작용으로 인해 해외 거주자가 출신 국가의 정치에 더 많이 참여할 수 있게 된다. 결국 시민권의 개념은 더 이상 물리적인 속성에 얽매이지 않을 것이다. 디아스포라가 전 세계적으로 흩어짐에 따라 국가라는 개념도 물리적 경계에서 분리되고, 디아스포라와 시민이 실시간으로 협력하여 국익을 도모하면서 지역과 세계가 하나의 하이브리드 공간으로 충돌할 것이다. 그 과정에서 디아스포라와 출신 국가를 연결하는 정서적 유대감은 더욱 강화될 수 있다.

하지만 본 챕터에서는 아프리카 MFA가 디아스포라 지원활동을 강조하지는 않는 것을 발견했다. 그 이유 중 하나는 디지털 플랫폼이 전 정부를 공개적으로 비판하고 온라인에서 그러한 비판을 공유할 수 있는 디아스포라에게 힘을 실어주기 때문일 수 있다. 더군다나 디아스포라는 디지털 방식으로 조직하여 이전 정부의 정책을 규탄하고 정부 내러티브에 대항할 수도 있다. 디지털 플랫폼을 사용해 공개적으로 이전 정부를 비난하고 반대 의견을 결집시킨 에리트레아 디아스포라의 경우가 이에 해당한다. 이러한 이유로 일부 MFA는 디아스포라 지원활동에 디지털 기술을 사용할 때 더 보수적일지 모른다. 따라서 기술은 외교 관행을 결정하지 않는다. 사회적 존재와 사회적 제도는 기술이 어떻게 사용될 것인지를 결정한다. 디아스포라와 상호작용하지 않음으로써 일부 국가의 MFA는 국가와 디아스포라 간의 경계선을 명확하게 구분짓는 탈영토화 효과를 불러올 수도 있다. 본 장의 마지막 부분에 나오는 어려움과 관련한 내용은 다음 장으로 이어지며, 디지털화를 통해 전통적인 외교의 한계를 극복할 수 있는 방법을 살펴볼 것이다.

참고문헌

Adesina, O. S. (2017). Foreign policy in an era of digital diplomacy. *Cogent Social Sciences*, 3(1), 1297175.

Archetti, C. (2012). The impact of new media on diplomatic practice: An evolutionary model of change. *The Hague Journal of Diplomacy*, 7(2), 181–206.

Bean, H., & Comor, E. (2017). Data-driven public diplomacy: A critical and reflexive assessment. *All Azimuth*, 1.

Bernal, V. (2014). *Nation as network: Diaspora, cyberspace, and citizenship*. Chicago: University of Chicago Press.

Bjola, C. (2018). *Digital diplomacy and impression management*. Presentation, London: Canada House.

Bjola, C., & Jiang, L. (2015). Social media and public diplomacy: A comparative analysis of the digital diplomatic strategies of the EU, US and Japan in China. In C. Bjola & M. Holmes (Eds.), *Digital diplomacy theory and practice* (pp. 71–88). Oxon: Routledge.

Bjola, C., & Manor, I. (2018). Revisiting Putnam's two-level game theory in the digital age: Domestic digital diplomacy and the Iran nuclear deal. *Cambridge Review of International Affairs*, 1–30.

Bortree, D. S., & Seltzer, T. (2009). Dialogic strategies and outcomes: An analysis of environmental advocacy groups' Facebook profiles. *Public Relations Review*, 35(3), 317–319.

Causey, C., & Howard, P. N. (2013). Delivering digital public diplomacy. In R. S. Zaharna, A. Arsenault, & A. Fisher (Eds.), *Relational, networked and collaborative approaches to public diplomacy* (pp. 144–156). New York, NY: Taylor & Francis.

Clarke, A. (2015). Business as usual? An evolution of British and Canadian digital diplomacy as policy change. In C. Bjola & M. Holmes (Eds.), *Digital diplomacy theory and practice* (pp. 111–126). Oxon: Routledge.

Clarke, V., & Braun, V. (2014). Thematic analysis. In *Encyclopedia of quality of life and well-being research* (pp. 6626–6628). Springer: Dordrecht.

Comor, E., & Bean, H. (2012). America's 'engagement' delusion: Critiquing a public diplomacy consensus. *International Communication Gazette*, 74(3), 203–220.

Copeland, D. (2013). Taking diplomacy public: Science, technology and foreign ministries in a heteropolar world. In R. S. Zaharna, A. Arsenault, & A. Fisher (Eds.), *Relational, networked and collaborative approaches to public diplomacy* (pp. 56–69). New York, NY: Taylor & Francis.

Cowan, G., & Arsenault, A. (2008). Moving from monologue to dialogue to collaboration: The three layers of public diplomacy. *The Annals of the American Academy of Political and Social Science*, 616(1), 10–30.

Cull, N. J. (2008). Public diplomacy: Taxonomies and histories. *The Annals of the American Academy of Political and Social Science*, 616(1), 31–54.

Ferguson, J. E., Salominaite, E., & Boersma, K. (2016). Past, present and future: How the Lithuanian diaspora in the Netherlands accumulates human capital from social capital. *Journal of Ethnic and Migration Studies*, 42(13), 2205–2225.

Gregory, B. (2011). American public diplomacy: Enduring characteristics, elusive transformation. *The Hague Journal of Diplomacy*, 6(3–4), 351–372.

Hocking, B. (2005). Rethinking the "new" public diplomacy. In J. Melissen (Ed.), *The new public diplomacy: Soft power in international relations* (pp. 28–44). New York: Palgrave Macmillan.

Hocking, B., & Melissen, J. (2015). *Diplomacy in the digital age*. Clingendael: Netherlands Institute of International Relations.

Hughes, D. J., Rowe, M., Batey, M., & Lee, A. (2012). A tale of two sites: Twitter vs. Facebook and the personality predictors of social media usage. *Computers in Human Behavior*, 28(2), 561–569.

Kampf, R., Manor, I., & Segev, E. (2015). Digital diplomacy 2.0? A crossnational comparison of public engagement in Facebook and Twitter. *The Hague Journal of Diplomacy*, 10(4), 331–362.

Kwak, H., Lee, C., Park, H., & Moon, S. (2010, April). What is Twitter, a social network or a news media? Proceedings of the 19th international conference on world wide web (pp. 591–600). AcM.

Lutyens, A. (2018). *Investigating New Zealand's model of democratized public diplomacy* [In person].

Manor, I. (2015a, January 19). *In digital diplomacy a narrowing digital dividepart 1* [Blog]. Retrieved from https://digdipblog.com/2015/01/19/divide/.

Manor, I. (2015b, January 26). *In digital diplomacy a narrowing digital divide-part 2* [Blog]. Retrieved from https://digdipblog.com/2015/01/26/divide-2/.

Manor, I. (2016a). Are we there yet: Have MFA s realized the potential of digital diplomacy? *Brill Research Perspectives in Diplomacy and Foreign Policy*, 1(2), 1–110.

Manor, I. (2016b, February 28). *How the UK & US are fighting ISIS online* [Blog]. Retrieved from https://digdipblog.com/2016/02/28/how-the-uk-us-are-fighting-isis-online/.

Manor, I. (2017). America's selfie—Three years later. *Place Branding and Public Diplomacy*, 13(4), 308–324.

Manor, I. (2018, April 27). *Delivering digital consular aid* [Blog]. Retrieved from https://digdipblog.com/2018/04/27/delivering-digital-consular-aid/.

Manor, I., & Crilley, R. (2018). Visually framing the Gaza War of 2014: The Israel Ministry of Foreign Affairs on Twitter. *Media, War & Conflict*.

Manor, I., & Kampf, R. (2019). Digital nativity and digital engagement: Implications for the practice of dialogic digital diplomacy (Forthcoming).

Manor, I., & Segev, E. (2015). America's selfie: How the US portrays itself on its social media accounts. In C. Bjola & M. Holmes (Eds.), *Digital diplomacy theory and practice* (pp. 89–108). Oxon: Routledge.

McNutt, K. (2014). Public engagement in the Web 2.0 era: Social collaborative technologies in a public sector context. *Canadian Public Administration*, 57(1), 49–70.

Melissen, J. (2005). The new public diplomacy: Between theory and practice. In J. Melissen (Ed.), *The new public diplomacy: Soft power in international relations* (pp. 3–27). New York: Palgrave Macmillan.

Metzgar, E. T. (2012). Is it the medium or the message? Social media, American public diplomacy & Iran. *Global Media Journal*, 12(21), 1.

Miller, D., & Horst, H. A. (2017). The digital and the human: A prospectus for digital anthropology. In H. A. Horst and D. Miller (Eds.), *Digital anthropology* (pp. 3–38). London: Bloomsbury Academic.

Ministry of Foreign Affairs of Kenya. (2014). *Kenyan diaspora policy*. Retrieved from http://www.mfa.go.ke/wp-content/uploads/2016/09/Kenya-Diaspora-Policy.pdf, July 22, 2017.

OECD. (2012). *Connecting with emigrants: A global profile of diasporas 2015*. Retrieved from http://www.oecd.org/publications/connecting-with-emigrants-9789264239845-en.htm.

Pamment, J. (2013). *Introduction. In J. Pamment, New public diplomacy in the 21st century: A comparative study of policy and practice* (pp. 1–19). Abingdon: Routledge.

Pamment, J. (2016). Digital diplomacy as transmedia engagement: Aligning theories of participatory culture with international advocacy campaigns. *New Media & Society*, 18(9), 2046–2062.

Paulauskas, R. (2018). *Understanding Lithuania's digital diplomacy model* [In person].

Rana, K. S. (2013). Diaspora diplomacy and public diplomacy. In R. S. Zaharna, A. Arsenault, & A. Fisher (Eds.), *Relational, networked and collaborative approaches to public diplomacy* (pp. 70–85). New York, NY: Taylor & Francis.

Reynolds, A., & McCombs, M. (2002). *News influence on our pictures of the world. In Media effects* (pp. 11–28). Abingdon: Routledge.

Russo, P. (2013, February 28). *Digital diplomacy in the Middle East and North Africa* [Blog]. Retrieved from https://blogs.fco.gov.uk/pipparusso/2013/02/28/digital-diplomacy-in-the-middle-east-and-north-africa/.

Saunders, H. H. (2013). The relational paradigm and sustained dialogue. In R. S. Zaharna, A. Arsenault, & A. Fisher (Eds.), *Relational, networked and collaborative approaches to public diplomacy* (pp. 132–143). New York, NY: Taylor & Francis.

Sharma, D. (2015, June). Digital diplomacy: Making friends in the age of Facebook. *Tablet Magazine*. Retrieved from https://www.tabletmag.com/jewish-news-and-politics/192177/digital-diplomacy.

Spry, D. (2018). Facebook diplomacy: A data-driven, user-focused approach to Facebook use by diplomatic missions. *Media International Australia*, 168(1), 62–80.

Taylor, M., & Kent, M. L. (2014). Dialogic engagement: Clarifying foundational concepts. *Journal of Public Relations Research*, 26(5), 384–398.

Vanc, A. M. (2012). Post-9/11 US public diplomacy in eastern Europe: Dialogue via new technologies or face-to-face communication? *Global Media Journal*, 11(21), 1–19.

Waters, R. D., Burnett, E., Lamm, A., & Lucas, J. (2009). Engaging stakeholders through social networking: How nonprofit organizations are using Facebook. *Public Relations Review*, 35(2), 102–106.

7장 전통적 외교의 한계 극복

> 우리는 소수, 행복한 소수이자 형제 군단이오. 오늘 나와 함께 피 흘리는 사람은 앞으로 내 형제가 될 것이고, 신분이 비천한 사람도 오늘부터는 귀족의 반열에 오르게 될 것이오. 그리고 지금 조국의 잠자리에서 단잠을 자는 사람들은 훗날 이곳에서 함께 싸우지 않은 것을 스스로 저주하고 이날 우리와 함께 싸운 용사들의 무훈을 들을 때마다 남자의 체면을 구겼다고 생각할 것이오.
>
> 〈헨리 5세〉 윌리엄 셱스피어

1420년 5월 21일, 프랑스 트로이 성당에서 조약이 체결되었다. 언뜻 보기에, 이 조약은 대부분의 외교 조약과 다르지 않았다. 왜냐하면, 이 조약은 영국의 헨리 5세와 발루아의 프랑스 공주 캐서린이 결혼을 통해 두 나라 사이에 동맹을 맺으려고 했기 때문이다. 왕실의 결혼은 군사 동맹을 만들고, 평화를 추구하며, 값비싼 대가를 치러야 하는 전쟁을 종식하고, 국가의 재산을 늘리는 일반적인 수단이었다. 그러나 트로이 조약은 영국과 프랑스의 왕위를 합쳐 새로운 연합 왕국을 만들기 위해서였기에 역사적 의미가 컸다. 또한 처음으로 영국 왕이 "프랑스 왕국의 계승자이자 섭정자"가 된 것이다(Jones, 2014, p. 10).

헨리 5세의 프랑스 지배는 오래가지 못하였다. 트로이 조약이 체결된 지 2년 만에 헨리 5세는 급사하게 된다. 영국과 프랑스의 왕위 계승자는 어린 헨리 6세였다. 영국은 이제 위태로운 처지에 놓였다. 프랑스 국민은 자신들의 나라와 전쟁을 벌였던 헨리 5세의 분노를 알고 있기에 그에게 충성하였다. 그러나 프랑스 국민은 영국의 외딴 성에 갇혀 있는 헨리 5세의 어린 아들에 대해 전혀 알지 못했고, 충성심을 느끼지 못했다. 영국인들은 그러한 상황에서 프랑스의 귀족들이 프랑스인을 다시 왕위에 복귀시키려고 시도할 것을 우려하게 되었다.

이러한 합법성의 위기에 맞서기 위해 영국은 공공외교 캠페인을 시작했다. 이 캠페인의 목표는 프랑스 국민에게 어린 헨리 6세가 헨리 5세의 군사적 승리 때문만이 아니라, 신이 서품을 한 프랑스의 합법적인 왕이라고 설득하는 것이었다. 이를 위해 영국인들은 영국 왕과 프랑스 왕비의 계승 계보를 보여주는 훌륭한 태피스트리*를 프랑스 전역에 걸었는데, 이 두 가지 계보는 영국 왕과 프랑스 왕비의 아들인 헨리 6세로 끝이 났다. 헨리 6세의 프랑스 왕좌에 대한 정당성 논의는 그

* 〈역자 주〉 다채로운 선염색사로 그림을 짜넣은 직물.

의 혈통을 강조함으로써 해결되었다. 또한, 태피스트리는 성 루이스(St. Louis) 옆에 서 있는 유아를 묘사했는데, 이는 헨리 6세가 잔인한 내전으로 황폐해진 프랑스에 평화를 가져올 수 있었던 통일의 원천이었음을 시사한다(Jones, 2014, p. 40). 영국인들은 태피스트리 외에도 헨리의 장엄한 왕좌 등극을 노래하기 위해 시인들을 고용했다.

교회에 걸려 있는 태피스트리와 지역에서 낭송되는 시가 퍼지면서 프랑스 국민은 영국의 공공외교 노력에 영향을 받을 수밖에 없었다. 그런데도, 영국은 헨리의 권위를 확고히 할 화려한 시각적 행사—프랑스 파리에서의 대관식—를 연출하기로 했다. 1431년 12월 2일 아침, 영국과 프랑스 귀족, 행정관, 관료들이 모두 최고급 의복으로 치장하고 부유해 보이는 행렬을 대동하고 헨리 6세가 백마를 타고 파리로 입성하였다. 대관식에 참여한 이들은 상징적으로 두 개의 왕관을 쓰고 있는 어린 왕을 묘사했으며, 프랑스와 영국의 팔을 든 금빛 캐노피 아래에서 영국인과 프랑스인 고문과 의논하는 모습을 보여주었다(Styles & Allmand, 1982).

그러나 영국 캠페인은 공공외교보다 선전에 가까웠다. 헨리의 혈통을 묘사한 태피스트리를 만들면서, 영국인들은 역사를 다시 쓰고, 프랑스 법을 무시하고, 사실을 무시하고, 왜곡했다. 프랑스인도 그 사실을 알아채고 있었다. 파리에서 열린 화려한 대관식에서, 영국인들은 프랑스 귀족들의 관습과 의식을 무시하고 영국 스타일로 의식을 진행하였다. 하지만 헨리 6세의 프랑스 왕좌에 관한 정당성은 여전히 미약했고 결국 1453년에 파국을 맞이하게 되었다.

프랑스의 영국 공공외교 캠페인은 현대적 관점에서 트윗과 같은 방식이 아닌 태피스트리를 활용해 다소 시대에 뒤떨어진 것처럼 보일 수 있지만, 이는 전통적 외교의 한계를 극복하기 위해 기술을 활용한 공공외교의 측면을 보여준다. 헨리 6세 시대의 외교는 주로 왕실에 파견된 대사들이 수행하였다. 한편 영국이 프랑스 국민의 마음과 정신을 사로잡기 위해서 성벽을 벗어나 새로운 시민들과 교류를 하는 방식을 선택했다. 그러나 프랑스는 넓은 나라였고 영국 통치자들이 모든 도시를 방문하고, 모든 교회 예배에 참석하고, 프랑스의 모든 시청에서 귀족들을 대상으로 연설할 수는 없었다. 거리가 너무 멀고, 비용이 너무 많이 들었으며, 인력이 제한적이라는 한계가 있었다. 따라서 그들은 모든 프랑스 시민, 귀족, 농민이 이해할 수 있도록 역사적 사건을 시각화하고 서술하는 태피스트리 방식을 선택하였다. 더욱이 프랑스 인구 대부분이 볼 수 있는 교회에 태피스트리를 전략적으로 걸었다. 15세기에 종교는 캘리포니아 라이프스타일을 선택하느냐의 문제가 아니라, 지옥을 가지 않는다는 보증으로 절대적이었다. 따라서 태피스트리와 같은 기술은 영국 공공외교의 공간적, 재정적 한계를 극복하기 위한 목적에서 선택되었다.

그로부터 약 6세기가 흐른 뒤에도, 기술은 비슷한 역할을 하고 있다. 이번 챕터에서 설명하겠지만, 오늘날의 외교관들은 디지털 기술을 사용하여 시간과 공간을 극복하고, 국경을 초월하여 전 세계의 지지층을 확보하고, 적대적인 미디어 환경을 극복하고, 적국의 인구와 상호 작용하려고 노력한다. 이처럼 전통적 외교의 한계를 극복할 필요성이 증가하면서 공공외교가 디지털화하고 있다. 무엇보다도 디지털 기술은 외교관이 이동할 수 있는 거리를 지속해서 확장시키고 있다. 태피스트리를 통해 영국인은 프랑스 전역에 다가갈 수 있었지만, 디지털 기술을 통해 외교관은 전 세계를 돌 수 있다. 따라서 전통적인 외교의 한계를 극복하기 위한 디지털 기술의 활용은 원거리 외교의 프리즘을 통해 이해될 수 있으며, 이에 대해서는 다음 절에서 자세히 설명하겠다.

원거리 외교

지그문트 바우만과 데이비드 리옹(Zygmunt Bauman & David Lyon, 2016)은 디지털 사회는 원거리에서 작동하는 사회라고 주장했다. 디지털 기술을 통해 디지털 사회 구성원이 훨씬 더 멀리 떨어진 곳에서 행동할 수 있기 때문이다. 파키스탄 상공을 비행하는 미국 드론은 라스베이거스 외곽의 트레일러에서 작동할 수 있으며, 파리에 사는 간호사는 쇼파에 앉아 베를린에서 진행하는 강의를 들을 수 있다. 바우먼과 리옹은 자동화와 결합된 원격성이 행동과 그 행동에 책임이 있는 사람 사이에 도덕적 격차를 만드는 것이 중요하다고 주장하였다(Bauman & Lyon, 2016, pp. 85-87). 높은 고도를 비행하는 드론이 목표물을 선택하고 자동으로 목표물을 공격하면 드론의 오퍼레이터는 단순한 구경꾼이 된다. 개인의 윤리 원칙의 범위는 눈에 보이는 범위로 제한되기 때문에 자동화된 무인 항공기의 행동에 대해 즉각적인 책임 의식이 없다. 멀리서 일어나는 일은 인간의 시야를 넘어 개인 윤리의 범위를 벗어나게 한다. 디지털 기술은 사람들이 점점 더 먼 거리에서 행동할 수 있게 함으로써 인간 윤리의 범위를 체계적으로 감소시킨다. 원격성과 자동화에 대한 바우먼과 리옹의 분석은 기술이 사회 구성원의 도덕적 판단 기준뿐만이 아니라 사회적 규범을 형성한다고 규정하기 때문에 기술 프리즘을 상징한다.

물론 원격성과 자동화는 군사 기술에 국한되지 않는다. 바우먼과 리옹은 많은 디지털 기술의 기능이 디지털 사회 구성원을 차등 범주로 분류하는 역할을 하기도 한다고 주장하였다(ibid., pp. 92-93). 상용 고객 신용 카드, 특정 상점에 대한 로열티 카드 또는 아마존 웹사이트의 할인을 받을 수 있는 사람을 결정하는 알고리즘의 경우가 그렇다. 더 중요한 것은 이제 알고리즘이 주택담보대출이나 대학 대출을 받을 자격이 있는 사람을 결정한다는 것이다. 이러한 결정은 이제는 현지 은행가나 지점 관리자(또는 현장)가 아니라 멀리 떨어진 위치에 있는 데이터베이스를 선별하는 자동화된 알고리즘에 의해 이루어진다. 따라서 주택담보대출이나 대출을 받을 사람에 관한 결정은 또다시 먼 거리에서 이루어지며 윤리적인 문제에서 자유롭게 된다.

자동화 및 원격성은 이제 출입국 관리에서 입국 대상자를 결정하는 데 사용된다. 대량 데이터베이스를 통한 알고리즘은 불법 이민자와 단순 방문자를 구분하기도 한다. 바우먼과 리옹(2016)은 이러한 분류가 이제는 제한된 국경에서 수행되지 않고 전 세계적으로 이뤄진다고 주장한다. 입국을 원하지 않는 이민자들은 목적지에 도착할 때가 아니라 출발지에서 미리 선별하게 된다. 이런 식으로 공간은 디지털 기술에 의해 조작된다. 이민자가 비행기를 타지 않을 수도 있어서 출발지와 목적지 사이의 거리가 기하급수적으로 늘어난다. 반대로, 누가 비행기에 탑승할 것인지에 관한 결정은 원격 알고리즘에 의해 이루어지며, 멀리 떨어진 곳에서 국경 경찰에게 실시간으로 전달된다. 따라서 이민자에게는 공간이 확장되고 이민 담당자에게는 축소된다.

따라서 자동화와 원격성의 기술적 기능은 디지털 사회를 멀리서도 운영되는 사회로 변화시킨다. 디지털 사회 구성원의 운명을 결정하며 알고리즘이 점점 더 많이 사용되고, 신기술이 원격성을 증가시키면서, 원격 전쟁과 은행업무, 의료에 이르기까지 점점 더 많은 일상생활의 양상을 원거리에서 수행할 수 있게 된다. 기술 프리즘을 통해 분석하면, 멀리서 행동하는 능력은 수많은 사회적 영역에서 먼 곳에서 일하는 논리를 강요한다. 은행 업무와 전쟁이 원거리에서 가능하다면, 외교의 영역은 안 될까.

Manuel Castells(2013)도 시간과 공간의 조작이 디지털 사회의 근본적인 특성이라고 믿었다. 사회적 프리즘을 사용하여 카스텔은 산업 시대에는 특정 행위를 하는 것은 시간적인 규정이 있었다고 주장하였다. 노동자들은 9시부터 5시까지 공장에서 일하고, 6시에는 저녁을 먹고, 8시에는 가족과 함께 라디오를 듣는다. 이에 반해 디지털 사회와 네트워크 사회는 시간적인 규정을 없애기 위해 디지털 기술을 체계적으로 활용하는 사회다. 이는 몇 초 안에 완료되는 글로벌 금융 거래의 경우와 같이 시간을 단축하고 무의미하게 만들어 버리면서 실현된다. 스카이프(Skype) 국제 통화의 경우와 같이 먼 거리에서 두 개의 이벤트가 동시에 발생할 수 있게 되어 공간이 소멸한다. 즉 카스텔은 공간적, 시간적 한계를 극복하고자 하는 욕구가 디지털의 본질이며, 따라서 디지털 사회의 구성원들이 흔히 추구하는 기대라고 확신하였다.

이 장에서는 공공외교의 디지털화가 원거리에서 일하는 논리와 시간과 공간을 초월하려는 시도로 어떤 영향을 받았는지 설명하고자 한다. 전통외교의 한계를 극복하려는 욕구가 공공외교의 디지털화 과정의 중심이라는 게 주요 주장이다. 실제로 외교관은 디지털 기술을 시험하기 시작하면서 양자 관계의 부족을 극복하고, 주요한 미디어 환경을 우회하며, 접근할 수 없었던 해외 대중과의 상호 작용이 가능하게 되었다. 이러한 시도는 모두 디지털 기술을 이용하여 원격으로 행해지는 외교의 한 형태이기 때문에 디지털 사회의 논리를 대변하는 것이다. 더욱이 이 장에서는 공공외교가 현재 시공간을 압축하려는 시도에 몰두하고 있음을 보여줄 것이다.

그러나 이 장에서는 멀리서의 전쟁처럼 원거리 외교에도 시야에 따른 한계가 수반될 수 있음을 제시하고자 한다. 이 장에서 살펴본 바와 같이 전통적인 외교의 한계를 극복하기 위한 디지털 기술의 사용은 외교관들이 디지털 대중과 의미 있게 상호 작용하거나 대화할 수 없으므로 종종 방해받았다. 이는 외교관들이 누구와 교류하고 있는지 보지 못한 결과였을지도 모른다. 외교관이 대학 강의에서 연설할 때, 그는 그의 청중들을 볼 수 있다. 하지만 일정한 형태의 여건을 가지지 못한 볼 수 없는 디지털 관객들은 전혀 다른 존재이다. 따라서 시야가 드론 조작자의 윤리적 범위를 제한하는 것처럼 외교관의 관계적 범위도 제한할 수 있다.

외교관들이 전통적인 외교의 한계를 극복하기 위해 활용한 기술들 가운데, 가상대사관처럼 시간과 공간을 극복하는 데 초점을 맞춘 기술은 없었다. 가상대사관을 통해 외교관들은 국경을 초월하고 시간을 단축하려고 했다. 따라서 본 장에서는 2007년부터 2015년까지 시작된 4개의 가상대사관의 활동을 검토하고 분석하는 것으로 시작한다. 이 검토는 디지털화가 외교 기관의 규범과 업무 루틴에 영향을 미치는 장기적인 과정임을 입증하기 위한 연대적인 설명의 순서이다. 다음으로, 이 장은 2015년 말에 시작된 팔레스타인의 가상대사관의 활동이라는 새로운 사례를 검토한다. 마지막으로, 2개의 공공외교 캠페인 사례연구를 통해 시간과 공간을 무의미하게 하여 글로벌 공중에게 다가가는 것을 목표로 했던 시도에 대해서 살펴보고자 한다. 다음 섹션은 2007년 스웨덴 연구소가 시작한 세계 최초의 가상대사관 중 하나를 살펴보도록 하겠다.

가상대사관

가상대사관은 2000년대 초부터 공공외교의 디지털화와 함께 등장했다. 초기 가상대사관 중 하나는 2007년 스웨덴 연구소가 세컨드라이프(Second Life)*의 가상 세계에 개설했다. 스웨덴 제2의 대사관으로 명명된 이곳은 워싱턴 DC에 세워진 스웨덴의 플래그십 대사관의 가상대사관 확장판이었다. 그러나 스웨덴 가상대사관의 목적은 다른 나라와의 양자 관계를 강화하거나 방문객 영사 서비스를 제공하는 것이 아니었다. 스웨덴 가상대사관은 스웨덴의 문화예술을 선보여 스웨덴의 국가 브랜드를 강화하는 문화기관으로 활용을 위한 것이었다 (Pamment, 2013).

스웨덴 정부는 디지털 시도에 낯설지 않았고, 외무장관 칼 빌트(Carl Bildt)는 디지털 기술을 외교에 활용하는 것을 지지하는 열렬한 디지털 전도자였다. 1994년 빌트는 클린턴(Bill Clinton) 미국 대통령에게 최초로 외교 이메일을 보냈다(Sotiriu, 2015). 2005년까지 빌트는 스웨덴 외교 정책과 세계 문제에 대한 스웨덴 관점에 관한 글이 게시되는 블로그 사이트를 운영하는 최초의 외무장관이 되었다. 당시 스웨덴 주재 해외대사들은 스웨덴 정부의 정책 우선순위에 대한 독특한 통찰력을 제공하는 이 블로그를 자세히 검토하였다(E. Manor, 개인 커뮤니케이션, 2018년 1월 18일). 2007년 빌트는 가상 세계인 세컨드라이프(Second Life)에 대사관을 개설한 최초의 외무장관이 되었다.

스웨덴 가상대사관은 문화를 활용하여 국가 브랜드를 홍보하는 전통적인 공공외교 목표를 달성하기 위한 목적으로 운영되었지만, 이는 전통 외교의 공간적, 시간적 한계를 극복하기 위한 시도이기도 하였다. 스웨덴 연구소는 세컨드라이프(Second Life)의 가상 세계에 대사관을 개설해 세계 최초로 인터넷 연결로 전 세계 모든 개인이 방문할

---

* 〈역자 주〉 세컨드라이프는 린든 랩이 개발한 인터넷 기반의 가상 세계로 2003년에 시작했다.

수 있는 글로벌 대사관을 만들었다. 또한 방문자들은 물리적 거리에 상관없이 서로, 그리고 스웨덴 관리와 예술가들과 교류할 수 있었다. 세컨드라이프(Second Life)에는 시간대가 없어서 시간적 제한도 의미가 없었다. 세컨드라이프(Second Life)의 가상 세계는 캘리포니아의 시간에 맞춰져 있었다.

스웨덴의 가상대사관은 전 세계 사람들과 교류하는 데 전념하는 글로벌 문화기관이었다. 2007년과 2012년 사이에 대사관은 영화제, 미술 전시회, 스웨덴어 수업, 스웨덴 예술가와의 가상 만남, 책 출간 등 수많은 행사를 개최하였다. 그러나 3장에서 자세히 설명했듯이 모든 세컨드라이프(Second Life) 이용자가 스웨덴 정부가 가상 세계에 대사관을 개설한 것에 대해서 만족한 것은 아니다. 일부는 옥상에서 섹스 파티를 하겠다고 위협하거나, 대사관 행사를 해킹해 방해하거나, 나치 제복을 입고 대사관을 방문하는 등 항의를 하였다. 더욱이 가상대사관은 방문자에게 독특한 디지털 경험을 제공했지만, 대부분은 이벤트에 참석하지 못했고 대사관은 정기적으로 상호 작용할 수 있는 가상 커뮤니티를 만드는 데 실패하였다(Pamment, 2013).

2012년 스웨덴 연구소는 가상대사관을 폐쇄하기로 했다. 빌트는 2년 안에 외무장관직을 사임해야 했다. 그의 사임은 스웨덴의 디지털화 과정에 변화가 있었음을 시사했다. 특히 스웨덴 외교부(MFA)는 디지털 근절이라는 극단적인 조치는 아니었지만, 디지털 커뮤니케이션에 보수적인 접근 방식을 변화한 노선을 채택하게 되었다. 공공외교 실무자들은 외무장관의 퇴진에 따른 소통문화의 변화를 '칼 빌트 효과'라고 지칭하였다. 장관과의 이별은 이렇게 달콤한 슬픔을 증명했다.

가상대사관, 시간 및 공간 간의 관계는 스웨덴 가상대사관을 평가할 때 분명해지기 시작한다. 전통적으로 외교 기관의 범위는 상당히 제한적이었다. 대사관과 그 직원들은 주로 국가의 수도에서 운영되었으며 한정된 사람들과 상호 작용할 수 있었다. 대사관 직원들은 대학, 디아스포라 행사, 학교, 상공회의소에서 회담하거나 언론과 인터뷰를 할 수는 있겠지만, 그들은(전 세계는 말할 것도 없고) 국가 전체와 교류할 수는 없었다. 그러나 스웨덴이 바로 이 한계를 뛰어넘고자 했다. 스웨덴 연구소의 희망은 시간대가 없는 영역에서 글로벌 대사관을 운영함으로써 시간과 공간을 무의미하게 만드는 디지털 기술을 사용하는 것이었다. 마누엘 카스텔스(Manuel Castells)는 스웨덴의 비전이 디지털 사회의 논리를 외교적으로 표현한 것이라고 주장하였다.

스웨덴의 가상대사관과 원격 업무 간 관계는 더 복잡하다. 한편, 스톡홀름에서 가상대사관을 운영하는 스웨덴 공무원은 스페인, 이스라엘 또는 아르헨티나의 세컨드라이프(Second Life) 이용자와 실시간으로 상호 작용할 수 있었다. 따라서 라스베가스의 무인 항공기 운영자와 마찬가지로 스웨덴 외교관은 원거리에서 업무를 수행할 수 있었다. 반면, 스웨덴 관리들의 시야는 원거리에 의해서 제한되지 않았다. 세컨드라이프(Second Life)에서 스웨덴 관리들은 다른 사용자들의 아바타와 교류했다. 따라서 대사관 방문자와 물리적인 상호 작용이 어느 정도 유사하게 작동하여서 거리 미치는 시각적 부재와 디지털 상호 작용에 미치는 영향을 완화했을 수 있다. 다음으로 평가되는 이란 주재 미국 대사관의 경우는 그렇지 않았다.

이란에 구축한 미국의 가상대사관

미국 국무부는 2011년 12월 미국 외교관들과 이란 시민들 간의 상호 작용을 쉽게 하기 위한 웹 기반 플랫폼인 버추얼 대사관 이란

(Virtual Embassy Iran)을 출범시켰다. 당연히, 이 대사관은 힐러리 클린턴 국무장관과 그녀의 두 디지털 자문관인 알렉 로스(Alec Ross)와 재러드 코헨(Jared Cohen)이 재임하는 동안 구상되었다. 이 세 사람은 미국 국무부 내에서 디지털 기술을 사용하여 외국 시민들과 공개적으로 교류할 것을 주장하는 디지털 시대정신을 만들었다(이 역동적인 3인방의 활동에 대한 자세한 설명 3장 참조).

스웨덴 가상대사관과 달리 미국 국무부의 가상대사관은 1979년 양국이 관계를 단절한 이후로 이란에 외교 주재가 없었기 때문에 실물 대사관을 대체할 예정이었다. 따라서 이란주재 미국 가상대사관은 이란인에게 여행에 대한 정보를 제공하고, 미국 비자 신청 및 미국 대학에서 공부할 기회를 제공하고자 하는 목적이었다. 마찬가지로, 가상대사관은 미국 외교관들과 이란인들 간의 양방향 대화를 촉진하고, 이 지역에서 미국의 정책을 설명하고, 미국의 가치관이 외교 이니셔티브에 어떻게 영향을 미치는지 보여주며, 향후 이란과의 관계에 대한 미국의 비전을 설명하고, 이란과의 포용 의지를 보여주는 것이었다(교류는 버락 오바마 행정부 외교 정책의 핵심 기조가 된다. 3장 참고). 한 고위 정책 입안자는 가상대사관 출범 당시 "이란 정권과의 현격한 차이에도 불구하고 오바마 행정부는 여전히 이란 국민과의 관계를 만들고 대화를 하는 것에 대해 깊은 열망을 하고 있다. 그래서 우리에게 가상대사관을 만들어서 관계 구축과 대화를 시도하는 것은 이란 국민에 대한 사명이다(Metzgar, 2012)."고 말하였다.

가상대사관 이란의 목표는 클린턴 장관이 방문객들을 환영하고, 아래와 같이 말하는 동영상에서 분명하게 드러났다.

> 가상대사관은 미국과 우리의 정책, 우리 문화 및 미국 국민

> 에 대해 두려움 없이 공개적으로 소통할 수 있는 플랫폼입니다. 또한, 여기에서 미국에서 공부할 기회나 미국을 방문하기 위한 비자를 받을 기회에 대한 정보를 찾을 수 있습니다. (Clinton, 2011)

그리고 클린턴 장관은 대사관이 이란인들의 필요와 욕구를 충족시키기 위해 설계되었으며 "이란 국민이 원하는 대로 형성되었다"라고 말했고, 당신이 생각하는 것과 그 이유에 대해 더 많이 말할 기회를 제공하겠다고 말했다. 이란 정권은 이 가상대사관의 출시 직후 웹사이트를 차단했지만 프록시 서버를 사용하여 이란의 검열을 우회하는 방식으로 약 300,000명이 접속하였다(Metzgar, 2012). 웹 기반 플랫폼 외에도 이란에 개설한 미국의 가상대사관에는 페르시아어 페이스북 프로필, 유튜브 채널, 인스타그램 계정 및 트위터 피드가 포함되었다. 2018년 8월을 기준으로 이 플랫폼들의 총 이용자 수는 110만 명에 이르며, 페르시아어 유튜브 동영상은 300만 번 이상의 시청자 수를 기록하였다.

가상대사관이란 공공외교 도구였으며, 이 경우에는 미국과 이란 간의 양자 관계 부재라는 전통적인 외교의 한계를 극복하기 위해 디지털 기술을 활용한 사례이다. 가상대사관의 출범은 클린턴 국무장관의 디지털 승인, 외교 정책 도구로서의 교류에 대한 오바마 행정부의 강조, "전통적인 외교 정책 도구와 우리 상호연결 세계의 네트워크, 기술, 인구통계학을 완전히 활용하는 새로운 혁신적이고 적응된 국가 도구"로 보완함으로써 기술로 외교를 강화하기를 희망하는 국무부의 디지털 마인드 덕분에 가능하였다(Metzgar, 2012에서 인용).

그러나 이란에서 미국의 가상대사관 활동을 평가할 때 메츠가(Metzgar)는 미국 외교관과 이란인 간의 양방향 상호 작용에 대한 증거를 거의 찾지 못했다. 그녀는 대사관이 주로 일방적인 메시지 전파와 미국에 대한 신화를 드러내는 데 사용되었다고 결론지었다. 그러나 메츠가Metzgar(2012)는 가상대사관을 통해 미국이 이란인들 사이에서 미국의 이미지를 관리하고, 미국이 이란에서 거대한 악마로 인식되는 것에 대해서 대항하며, 기술에 친숙한 이란인들 사이에서 소프트파워 자원을 구축할 가능성을 강조했다.

메츠가와 마찬가지로 학자들은 외교관들과 디지털 대중 간의 온라인 상호작용과 양방향 대화가 거의 일어나지 않는다는 것을 일관되게 밝혀왔다(Bjola & Jiang, 2015; Clarke, 2015; Comor & Bean, 2012; Hocking & Melissen, 2015; Manor & Crilley, 2018b). 일부에서는 팔로워에게 질문을 던지고, 답변을 분석하고, 우려를 해소하고, 협업 기회를 창출하고, 소셜미디어 계정을 지속해서 관찰해야 하는 자금(resources)이 디지털 상호작용의 중요한 장벽이 될 수 있다고 주장한다(Cha, Yeo, Kim, 2014). 이 모든 것을 수행하기 위해서는 헌신적인 디지털 기술 활용 직원 또한 필요하다. 그러나 외교부에서 디지털 기술을 활용하는 대부분의 디지털 부서는 과도한 업무 부담, 과도한 업무 확장과 인력 부족에 시달리고 있다. 미국 국무부와 영국 외무성(Foreign and Commonwealth Office) 등 대형 외교부(MFA)도 마찬가지다. 또한, 디지털 대중의 요구, 욕구 및 관심을 분석하려면 빅데이터 및 정서 분석 도구를 활용할 필요가 있다. 예를 들어, 이러한 도구는 외교관이 흥미 있는 주제를 식별하거나 논쟁의 소지가 있는 것으로 간주하는 정책 문제를 탐지하는 데 도움이 될 수 있다. 특정 소프트웨어를 사거나 무료 분석 소프트웨어를 사용하는 외교관을 교육하는 데에도 빅데이터 및 감성 도구를 사용하려면 자금이 필요하다. 따라서, 재원이 부족하면 일방적인 메시지 보급으로 이어지는 경우가 많은데, 이는 디지털 상호 작용에 비해 훨씬 적은 비용과 노력이 요구되는 사항이다. 친애하는 브루투스여, 잘못은 외교관에게 있는 것이 아니라 한정적 재원에 있다.

다른 사람들은 외교부의 의사소통 문화가 온라인 대화의 장벽으로 작용할 수 있다고 주장한다. 맥넛McNutt(2014)는 디지털 상호작용을 위해서는 방송 패러다임에서 커뮤니케이션 패러다임으로 대중 참여 활동을 전환하려는 조직의 의지가 필요하다고 주장한다. 그녀는 투명성, 참여 기회(크라우드 소싱과 같은), 공동 제작, 협업 및 개방성을 포함하는 의사 소통 정신의 수용을 언급하기 위해 "정부 2.0"이라는 용어를 사용했다. 그러나 학자들은 외교부를 커뮤니케이션 프로세스에 대한 통제력 상실을 두려워하고 양방향 디지털 대화보다 단방향 메시지 전파를 선호하는 변화를 거부하는 조직으로 특징지었다(Copeland, 2013). 따라서 미국이 이란인들과 대화할 수 없는 것은 보수적인 의사소통 문화에서 비롯된 것일 수 있다.

Comor and Bean(2012)은 외교부가 외국 국민과의 상호작용보다 설득과 반대 의견 관리를 우선시하기 때문에 온라인 대화가 드물다고 주장하였다. 마지막으로 Spry(2018)와 Lengel과 Newsom은 외교관들이 종종 그들이 상호작용하고자 하는 청중의 지역 문화를 고려하지 않는다고 주장한다. 이것은 디지털 상호 작용에 대한 장벽으로 작용한다. Seo(2013)는 주한미국대사관의 디지털 활동을 평가할 때도 비슷한 결론을 내렸다.

또 다른 가능한 설명은 원격 업무가 갖는 특성 자체에 있다. 스웨덴 가상대사관의 경우와 마찬가지로 미국 대사관도 디지털 기술을 사용하여 국경을 초월하고 공간을 극복하였다. 워싱턴의 외교관은 테헤란의 한 개인과 마치 나란히 앉아 있는 것처럼 실시간으로 상호작용할 수 있었다. 그러나 스웨덴의 가상대사관과 달리 미국의 가상대사관을 방문하는 이란인들은 물리적인 형태가 전혀 없었다. 그들은 신체적 특징을 지니지 않았고, 물리적 형태를 갖추지도 않았고, 대리인 역할을 하는 디지털 아바타도 활용하지 않았다. 이처럼 미국 외교관들이 소통해야 하는 이란 대중은 비정형 대중이었다. 그것은 은유나 이미지처럼 미국 외교관들의 마음에서 존재하는 것이었다. 이는 무인 항공기 운영자나 현대 은행 관리자가 자신들이 하는 일이 원거리에서 실제로 이뤄지기 때문에 어떤 윤리적인 고려사항을 충분히 검토하지 않은 것과 마찬가지로 미국 외교관의 시야를 벗어나 있는 문제이기 때문에 이란의 디지털 대중과 상호작용하고자 하는 외교관의 능력을 감소시켰을 수 있다.

중요하게도, 비정형 디지털 대중과의 상호작용의 어려움은 근접성에 기초하는 외교의 전통적 의존성과 관련이 있을 수 있다. 역사적으로 외교관이 영향력 높은 귀족과의 유대를 강화하고, 유력한 가문과 동맹을 맺으며, 군주의 기질을 가늠할 수 있도록 외국 법원에 대사로서 상주했다(Roberts, 2017). 오늘날 외교는 여전히 근접성에 달려 있다. 언론 담당자는 영향력 있는 언론인과 긴밀한 협력 관계를 구축하고, 다자 포럼 대사는 동료와 연합을 만들고, 공공외교관은 디아스포라 지도자와 함께 일한다. 따라서 원거리 외교는 외교의 전통적인 근거리 관계와 정반대되는 것이다. 원격이 근접을 대체함에 따라 외교의 청중은 서서히 시야에서 사라진다. 세컨드라이프(Second Life)에 주재하는 스웨덴 대사관과 달리 이란에 개설한 미국의 가상대사관은 여전히 활동 중이다. 미국 발자취를 따라 이스라엘은 2013년 트위터 대사관을 설립하였다.

페르시아만 6개국 대상 이스라엘 가상대사관

2013년 7월 21일, 이스라엘 외교부는 트위터 계정 형태의 첫 번째 가상대사관을 설립하였다. 'GCC*의 이스라엘'이라는 이름의 이 대사관은 이스라엘 외교관과 이스라엘을 공식적으로 인정하지 않는 걸프만 6개국(바레인, 쿠웨이트, 오만, 사우디아라비아, 아랍에미리트, 카타르)과의 관계를 증진하기 위한 것이었다(Ravid, 2013). 라비드Ravid에 따르면 이란이 핵무기 개발을 방지하는 것에 대해서 수니파 6개국 모두 이스라엘과 전략적 이해관계가 일치하였다. 이스라엘 가상대사관이 밝힌 사명은 아랍과 이슬람 트위터 사용자들과의 비즈니스, 과학, 정치, 시민사회 등 다양한 이슈에 대한 대화를 촉진하는 것이었다. 이를 위해 대사관 측은 대통령과 총리 등 이스라엘 지도자들과의 온라인 질의응답에 추종자들을 초청했다. 대사관은 이와 함께 이스라엘 지도자의 친선 메시지와 이스라엘 총리가 라마단 카림**의 인사를 하는 영상을 전 세계 이슬람교도들에게 공유했다.

스웨덴과 미국의 가상대사관의 경우와 마찬가지로 이스라엘의 가상대사관도 전통적인 외교의 한계, 즉 이스라엘과 걸프만 6개국 간의 외교 관계 부족을 극복하기 위해 설계되었다. 그러나 이란에 설립한 미국의 가상대사관과 달리 이스라엘의 트위터 대사관은 영사 정보를 제공하거나 이스라엘에서 공부할 기회를 논의하지 않았다. 오히려 이스라엘 외교관들이 걸프만의 트위터 사용자들과 디지털 관계를 형성하기 시작할 수 있게 해 주었는데, 이는 GCC 정부의 정책에 영향을

* 〈역자 주〉 Gulf Cooperation Council: 걸프 협력 회의(페르시아만 연안 6개국 협력기구).

** 〈역자 주〉 Ramadan Karim. "은혜로운 라마단이 되자!"는 라마단 기간의 아랍어 인사.

미치기 위해 활용될 수 있는 관계였다. 더욱이 대사관은 이러한 관계를 이란 핵폭탄의 위협과 같은 공통 관심사에 기반을 두려고 하였다. 모든 가상대사관의 경우와 마찬가지로 걸프만의 6개국을 대상으로 개설된 이스라엘 가상대사관은 이스라엘 외교관이 이스라엘 시민에게 폐쇄된 국경 뒤에 거주하는 트위터 사용자와 대화를 나눌 수 있게 됨으로써 시간과 공간을 초월하여 작동되었다.

이스라엘의 트위터 대사관은 또 다른 외교적 도전인 매우 비판적인 언론 환경을 극복하는 수단이기도 했었다. 걸프만에서 운영되는 간행물, 언론 매체 및 언론인은 이스라엘 관리를 인터뷰하거나 이스라엘 외교관의 자료를 출판하거나 이스라엘 정책 입안자가 이 지역에서의 중요 사건, 문제 및 행위자에 대해 논평하는 것을 거의 허용하지 않았다. 더욱이 걸프만 지역 출판물에서 이스라엘에 대한 프레임은 매우 부정적이다. 따라서 미디어 게이트키퍼는 이스라엘 외교관이 이스라엘의 외교 및 안보 정책과 관련해서 주변 국가를 비판하거나, 자국의 정책을 설명하는 것을 게재하는 것을 금지하였다. 이스라엘 외교부는 트위터 대사관을 개설함으로써 이 불리한 미디어 환경을 우회하고, 트위터로 연결된 대중에게 이스라엘 이야기를 직접 전달할 수 있기를 희망하였다. Sotiriu(2015)가 말했듯이 공공외교의 디지털화에는 국가 통제 미디어를 우회하겠다는 기대가 포함된다. Causey와 Howard(2013)는 소셜미디어를 통해 외교관이 국가 통제의 미디어를 회피하고 정보를 수직적으로는 디지털 대중에게, 수평적으로는 다른 엘리트에게 전파할 수 있다고 하였다(**그림** 7.1).

2018년 8월에 걸프만의 6개 국가를 대상으로 하는 이스라엘의 트위터 가상대사관은 약 2,000명의 팔로워를 유치했는데, 이는 다른 이스라엘의 트위터 대사관에 비해 상대적으로 낮은 수치이다. EU

그림 7.1 걸프협력회의 계정에서의 이스라엘 첫 트윗(출처: https://트위터.com/IsraelintheGCC/status/357739965435744257)

주재 이스라엘 대사관 팔로워는 7,000명 이상, 케냐 주재 이스라엘 대사관 팔로워는 5,000명, 뉴욕 주재 이스라엘 영사관 팔로워는 40,000명 이상이다. 이렇게 적은 수의 팔로워만이 있는 한 가지 이유는 걸프만 국가들의 국민이 이스라엘 외교관들과 공개적으로 교류하는 것을 꺼리기 때문일 수 있다. 그러나 이는 대사관 측의 제한된 디지털 활동의 결과일 수도 있다. **그래프** 7.1에서 볼 수 있듯이 GCC의 이스라엘은 2013년 7월 첫째 주에 상당히 활동적이었지만 다음 달에는 대사관에서 게시한 트윗 수가 급격히 감소했다. 디지털 활동의 적극성이 팔로워 확보와 디지털 사회 구성원의 관심을 유발할 수 있기에 이스라엘 대사관의 부족한 활동은 팔로워 성과가 높지 않은 것에 영향을 미쳤을 것으로 판단된다.

게다가 Manor(2018)는 대사관이 외교관과 대화할 기회를 거의 제공하지 않는다는 것을 발견했다. Q&A 등 디지털 스펙터클을 제외하

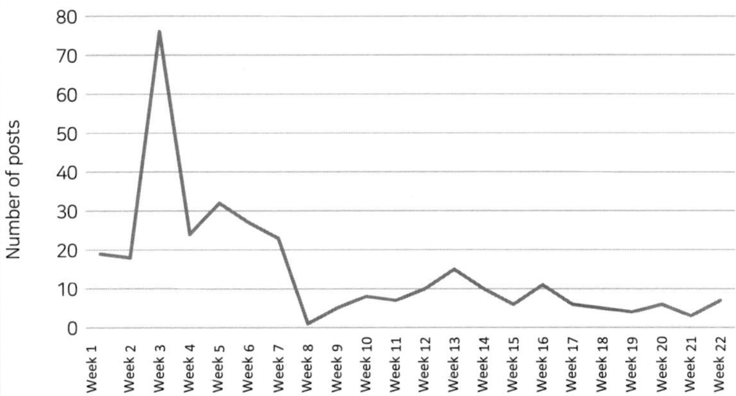

그래프 7.1 걸프협력회의에서 이스라엘의 주당 트윗 숫자(2013년 7월부터 2014년 1월까지)

고는 팔로워들의 댓글과 질문에 대한 반응이 전혀 이뤄지지 않고 있었다. Manor는 이란에 설립한 미국대사관의 경우와 마찬가지로 이스라엘 대사관도 주로 단방향 메시지 전달에 초점을 맞추고 있다고 결론내렸다. 그러나 이것은 대부분의 이스라엘 사람들이 걸프만 국가에 가본 적이 없고 걸프만 시민들과 교류하는 것을 본 적이 없어서 이스라엘 외교관과 걸프 시민들 사이의 거리가 멀기 때문일 수 있다. 여기서 원거리 외교의 결과가 더욱 분명해진다. 만약 거리가 외교관과 디지털 대중 사이의 상호작용을 제한한다면, 외교부는 공공외교 목표를 위해 디지털 기술을 완전히 활용하는 것도 막는다. 디지털 대중은 이제 양방향 교류를 중심으로 디지털 플랫폼의 상호작용을 기대하기 때문이다.

지금까지 가상대사관의 분석을 통해서 다음의 중요한 질문이 제기될 수 있다. 디지털 기술에 기반한 공공외교 이니셔티브는 왜 그렇게 오래가지 않는가? 스웨덴의 가상대사관은 5년 이내에 폐쇄되었고,

이스라엘의 트위터 대사관은 3개월 이내에 휴면 상태가 되었고, 이란 주재 미국 가상대사관은 시작 직후 운영 목표를 포기했다. 이 장은 앞서 살펴본 세 가지 사례를 통해 이 질문에 대한 세 가지 가능한 답을 하고자 한다. 각 예는 디지털 활동의 시련과 고난이 재원이 제한된 소규모 외교부에 절대로 제한되지 않는다는 것을 보여주기 위해 상대적으로 크고 풍요로운 외교부를 선정하였다.

첫 번째 예는 디지털 사회 구성원과 지속해서 상호 작용하려는 외교부의 시도와 관련이 있다. 디지털화 과정 전반에 걸쳐 외교부와 대사관은 더 많은 디지털 대중을 확보하기 위해 다른 디지털 플랫폼으로 이동하는 경우가 많다. 예를 들어 2017년 1월 일본 외교부는 가상대사관을 인스타그램으로 이전했다. 왜냐하면, 인스타그램이 일본에서 가장 빠르게 성장하는 소셜 네트워크이기 때문일 가능성이 크다(Neely, 2018). 하지만 새로운 인스타그램 채널을 런칭 한 후, 외교부는 다른 모든 디지털 채널을 관리함과 동시에 지속해서 동영상을 제작하고, 이미지를 업로드하고, 팔로워의 댓글에 응답해야 하는 힘든 작업에 직면하였다. 외교부가 수행하는 디지털 노력이 많을수록 한정적 자원을 더욱 여러 곳으로 확장해서 사용해야 한다. 결과적으로 디지털 이니셔티브는 발표 직후 포기되는 경우가 많다. 실제로 일본의 인스타그램 계정을 검토한 결과 일상 활동 수준이 낮은 것으로 나타났다.

디지털 이니셔티브는 새로운 행정부가 새로운 업무 루틴을 구현함에 따라 정부의 변화로 인해 포기된다. 한 가지 주목할 만한 예는 캐나다이다. 스티븐 하퍼(Stephen Harper)의 보수 정부에서 캐나다 외교는 종종 총리실에서 디지털 메시지를 사전 승인하면서 제약이 따랐다. 따라서 외교관은 팔로워와 실시간으로 대화할 수 없었다(Manor, 2018). 하퍼Harper 정부는 또한 자체 디지털 이니셔티브를 시작했다.

그중 하나는 이란의 민주주의를 촉진하기 위한 것이었다. 캐나다 정부는 이란 시민들이 이란 정권의 감시로부터 자유롭게 자기 생각을 말할 수 있는 디지털 퍼블릭 광장 프로젝트(Digital Public Square Project) 또는 디지털 포럼을 만드는 데 도움을 주기로 했다. 쥐스탱 트뤼도(Justin Trudeau)가 당선되면서 정부의 정책과 업무수행 방식에 즉각적인 변화가 나타났다. 외교관은 자유로워졌고 이제는 오타와로부터 디지털 콘텐츠를 승인받을 필요가 없었다. 그 이후 'Digital Public Square Project'는 캐나다 소셜미디어 채널에서 비중이 작아졌다. 이것은 놀라운 일이 아니다. 캐나다 외교관이 기존 디지털 플랫폼을 사용하여 이란인과 상호 작용하고 민주적 가치를 증진할 수 있는데 왜 새로운 디지털 광장에 집중해야 하는가?

한편 디지털 플랫폼의 영향을 과대평가하여 디지털 이니셔티브가 포기되기도 한다. 그러한 예로 국무부의 트위터 채널인 "Think Again Turn Away"가 있었는데, 이는 사람들이 Daesh*에 가입하거나 온라인으로 소통하는 것을 막고자 하는 국무부 시도의 일부였다. 일부 미국 외교관들은 트위터 채널이 사람들의 신념에 영향을 미치고 행동을 바꿀 만큼 충분히 강력할 수 있다고 가정했다(Katz, 2014). "Think Again Turn Away" 트위터 채널은 Daesh 테러리스트에 의한 성폭력 사례와 동료 무슬림에 대한 폭력, 유적지 파괴, 이라크와 시리아의 영토 상실을 게시하였는데, 이는 미국인들이 대시와 소통하고 그 주문에 빠지는 것을 막겠다는 목적이었다. 그러나 국무부는 곧 소셜미디어 콘텐츠에만 기반하여 누군가의 행동을 바꾸는 것은 힘들고,

---

* <역자 주> 이라크와 시리아 내 국제테러조직 다에시(Daesh·IS의 아랍어 약자).

최악의 경우 아무런 효과가 없다는 비판과 싸워야 했다. 사람들의 행동을 바꾸려면 시각적 콘텐츠뿐만 아니라 상호작용과 장기적인 관계 구축 또한 필요하다(Taylor & Kent, 2014). 아이러니하게도 대화를 통한 참여와 관계 구축은 Daesh의 온라인 채용 노력의 핵심 요소였다(Callimachi, 2015). "Think Again Turn Away"는 마침내 폐기되었고 Daesh에 반대하는 글로벌 연합체의 여러 국가가 공동 관리하는 트위터 계정으로 대체되었다.

마지막으로 디지털 이니셔티브의 수명이 짧은 또 다른 이유는 청중 선호도의 급격한 변화다. 예를 들어, 증가된 가짜 뉴스와 허위 정보 기반의 설득 기술은 일부 온라인 청중의 행동에 변화를 가져왔다. 2016년도는 지난 10년이 넘는 기간 동안 전통적인 미디어 구독이 가장 크게 성장했다(Newman, Fletcher, Kalogeropoulos, Levy, & Nielsen, 2017). 이러한 변화는 청중이 외교관이 선별한 정확한 정보에 액세스할 수 있는 외교 블로그 플랫폼을 만드는 것과 같은 새로운 디지털 이니셔티브 시도를 하게 할 수도 있다. 영국 외교부FCO는 2009년부터 자체 블로그를 운영해왔다(자세한 내용은 5장 참조). 그러나 표준에는 예외가 있다. 다음 섹션에서 살펴보겠지만 디지털 상호 작용과 수명에 대한 새로운 기준을 세우고 있는 팔레스타인 가상대사관의 경우가 그러하다.

팔레스타인의 히브리어 페이스북 대사관

외교적 관점에서 팔레스타인은 난해한 사례 연구의 대상이 된다. 한편으로는 유엔과 다른 다자기구의 회원국이다. 반면에, 팔레스타인은 국제적으로 인정된 국경선을 갖고 있지 않다. 마찬가지로 일부 국가에서는 팔레스타인이 공식 대사관을 가지고 있지만, 다른 국가에서는 미국과 같이 팔레스타인해방기구(PLO)에 의해서 관리되는 이해관계자 사무실을 가지고 있다. 현재 팔레스타인 정부도 두 개 있다. 하나는 하마스 테러 운동이 이끄는 가자 지구에 있는 정부가 있고 다른 하나는 팔레스타인 국가 당국이 이끄는 요르단강 서부에 있는 정부가 있다. 요르단강 서안의 팔레스타인 정부에는 공식 외교부가 없으며, 여러 부서가 개입하여 외교 정책의 다양한 측면을 관리한다. 이스라엘과의 양자 관계 및 협상을 관리하는 PLO 교섭사무부(Negotiations Affairs Department)의 경우가 그렇다.

2018년 8월 이 장의 일부로 수행된 분석에 따르면 팔레스타인 공공외교의 디지털화는 상당히 일관성이 없었다. 예를 들어, 팔레스타인은 PLO 또는 팔레스타인 대사관을 호스팅하는 모든 국가에 디지털 방식으로 존재하지 않았다. 더욱이 팔레스타인 디지털 프로필의 모습은 국가마다 크게 다르며 이러한 채널에 게시되는 콘텐츠 유형도 달랐다. 일부 대사관은 이스라엘과의 장기간의 갈등과 이스라엘이 전쟁 범죄를 저질렀다고 비난하는 데 초점을 맞추지만, 다른 대사관은 팔레스타인과 다른 국가 간의 양자 관계에 더 초점을 맞추는 곳도 있기에 팔레스타인 디지털 커뮤니케이션의 어조는 다양하게 나타나고 있었다.

이스라엘이 요르단강 서부의 팔레스타인 정부를 부분적으로는 인정하지만 가자 지구의 하마스 정부는 인정하지 않기 때문에 팔레스타인과 이스라엘의 관계도 복잡하다. 이스라엘과 팔레스타인은 여러 협정에 서명했지만, 공식적인 양자 관계를 수립하지는 않았다. 그 결과 이스라엘에 팔레스타인 외교관이 없고 팔레스타인 외교관이 이스라엘 시민과 교류할 기회가 매우 제한적이다.

요르단강 서부의 팔레스타인 정부가 2015년 11월에 "히브리어로

된 팔레스타인" 페이스북 페이지를 개설한 것은 외교적으로 제한적인 인지도에 따른 조치이다. 히브리어로만 된 이 페이지는 PLO의 이스라엘 사회와의 상호작용 위원회가 관리하는데, 이 위원회는 "1967년 6월 4일의 경계선과 난민 문제에 대한 유엔 결의 194호에 근거하여 정당하고 합의된 해결책에 기초하여 이스라엘과 나란히 팔레스타인 독립 국가를 수립함으로써 중동 분쟁에 대해 정당하고 지속 가능한 해결책에 도달하는 것"을 명시적인 목표로 가지고 있다(TOI Staff, 2015).

2018년 7월에 페이스북 페이지는 약 1,200명의 팔로워와 11,600개의 좋아요를 받았다. 이스라엘인과 팔레스타인 외교관 사이에 제한된 상호작용이 있고 팔레스타인 정부 관계자가 이스라엘 언론에서 거의 인터뷰하지 않는다는 점을 감안할 때 히브리어로 된 팔레스타인 페이스북 페이지는 디지털 기술을 통해 전통적인 외교의 한계를 극복하려는 정부의 또 다른 시도를 나타낸다. Manor와 Holmes(2018)는 페이스북 페이지가 팔레스타인 정부관계자와 이스라엘인 간의 직접적인 접촉을 위한 유일한 채널 중 하나이기 때문에 본질적으로 팔레스타인이 정책을 설명하고 분쟁에 대한 팔레스타인의 관점을 제공할 수 있도록 하는 가상대사관 역할을 한다고 주장하였다. 팔레스타인 정부에 대한 이스라엘인의 인식과 공통 관심사(많은 것이 있음)에 대해 이스라엘인과 대화한다. 트위터에 있는 이스라엘 가상대사관과 달리 팔레스타인은 페이스북에 대사관을 개설하였다. 이러한 선택은 트위터가 의견 형성 및 공유를 위한 플랫폼인 반면 페이스북은 관계 관리를 위한 플랫폼이라는 점에서 팔레스타인 대사관이 이스라엘인과의 대화에 중점을 두고 있음을 시사한다(Hughes, Rowe, Batey, & Lee, 2012; Kwak, Lee, Park, & Moon, 2010).

본 장은 팔레스타인 대사관의 온라인 활동의 특성을 분석하기 위해 2017년 1월에서 5월 사이에 게시된 54개의 게시물을 분석하였다. 이 시기는 트럼프 행정부가 이스라엘과 팔레스타인 간의 직접 협상을 촉진하려는 강력한 시도를 하였기 때문에 선택되었다. 미국의 다양한 외교 구상에 대해 논평하고 이스라엘 추종자들 사이에 협상을 위한 수용적 환경을 조성해야 한다는 점에서 팔레스타인 대사관이 페이스북에서 특히 적극적일 것으로 추정됐다. 이 분석은 Manor and Holmes(2018)의 작업을 기반으로 확장하였다. 팔레스타인이 히브리어로 게시한 모든 페이스북 게시물은 주제별 분석을 사용하여 주제별로 분류되었다. 게시물은 2017년 8월에 수집되어 2018년 2월에 분석되었다. 주제 분석 결과 대사관 게시물에서 이스라엘과 팔레스타인 모두를 위해 더 나은 미래를 건설하는 것, 미래 팔레스타인 국가의 가치를 보여주는 것을 포함해서, 팔레스타인 국가 지위에 대한 지지를 표명하는 이스라엘 지도자들, 팔레스타인 관리들과 이스라엘인들 사이의 대화, 이스라엘의 팔레스타인 점령에 대한 비난, 이스라엘 내 정치적 논쟁에 대한 참여, 팔레스타인을 "건국 중인 국가"로 묘사하는 것, 팔레스타인에 대한 이스라엘의 편협성, 이스라엘 국방군(IDF)의 팔레스타인을 대상으로 하는 폭력성의 9개의 주제를 다룬 것으로 나타났다.

그래프 7.2에서 알 수 있듯이 가장 널리 퍼진 페이스북 게시물 카테고리는 팔레스타인의 가치를 보여주는 데 중점을 두고 있다. 여기에는 팔레스타인 사회에서 여성의 역할을 긍정적으로 평가하는 게시물, 연극 축제 및 팔레스타인 국가 오케스트라와 같은 팔레스타인 문화의 요소를 다루는 게시물, 비판에 열려 있는 팔레스타인 정부를 묘사하는 게시물, 비폭력 저항의 미덕을 기념하는 게시물이 포함된다. 이 게시물은 미래의 팔레스타인 국가를 전쟁이 아닌 문화를 중시하는 국가, 언론의 자유와 정부에 대한 대중의 비판과 같은 민주주의 원칙에

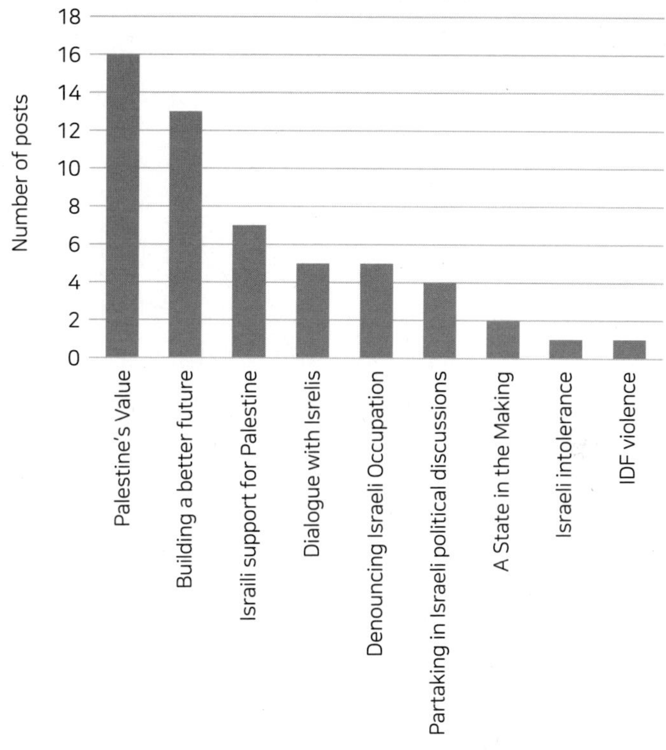

그래프 7.2 팔레스타인 페이스북 게시물에서 언급된 주제(2017년 1월에서 5월까지)

헌신하는 국가로 묘사한다. 이 범주의 게시물은 팔레스타인 독립의 기초가 될 만한 국가 축구 대표팀, 아랍 아이돌 리얼리티 쇼의 국가 대표 경쟁자, 국가 필하모닉 오케스트라 및 호황을 누리는 경제와 함께 팔레스타인을 "건국 중인 국가"로 묘사한 덜 일반적인 범주의 게시물과 매우 흡사하다.

두 번째로 핵심 주제 카테고리는 이스라엘인과 팔레스타인인 모두를 위해 더 나은 미래를 만들 필요성을 강조하는 게시물로 구성되었다. 그러한 게시물은 상생하는 미래만이 번영할 수 있을 것이라는 내용을 강조하는 경향이 있다. 주목할 만한 예는 이스라엘이 행복한 유월절을 보내기를 바라고 내년까지 이스라엘과 팔레스타인이 이웃으로서 평화롭게 살아가기를 바라는 게시물이었다. 추가 게시물에는 압바스 팔레스타인 대통령이 텔아비브에서 평화를 위해 항의하는 이스라엘인에게 보낸 서한, 예루살렘을 독립적이지만 밀접하게 관련된 두 국가의 발상지이자 미래의 수도로 묘사한 게시물, 이스라엘과 팔레스타인이 공동으로 개최한 평화 집회를 축하하는 게시물, 더 나은 미래를 꿈꾸는 팔레스타인 어린이들을 묘사한 게시물 등이 포함되어 있었다.

팔레스타인 국가에 대한 이스라엘의 지원은 대사관 게시물에서 세 번째로 많았던 주제였다. 이 게시물은 베를 카츠넬슨(Berl Katznelson)(이스라엘 건국 시대의 영향력 있는 정치인)과 알버트 아인슈타인Albert Einstein을 포함하여 팔레스타인과의 평화를 공개적으로 지지한 이스라엘 또는 유대인의 역사적 지도자의 모습을 묘사하는 내용이었다. 이 범주에는 이스라엘의 고위 정치인과 보안 관리들이 팔레스타인 국가에 대해 지지를 표명하고, 팔레스타인의 안정화가 이스라엘의 국가 안보에 필수적이라고 주장한 게시물도 포함되었다. 역사적 유대 지도자들에 대한 언급은 과거 사(史)가 대사관 게시물에 매우 많이 존재하고 있음을 보여. 이스라엘이 존재하기 전에는 팔레스타인 국가가 없었고 팔레스타인 민족 운동도 없었다는 이스라엘의 일반적인 이야기를 부정하는 데 사용되었을 수도 있다.

이스라엘인과 대화를 하려는 팔레스타인의 열망을 보여주는 게시물이 네 번째로 대중적인 카테고리인 것으로 나타났다. 여기에는 팔레스타인 관리와 이스라엘 대학생 또는 이스라엘 NGO 회원 간의 회의 이미지와 비공식 회담을 위해 팔레스타인 지도자를 접대하는 이스라엘인의 이미지가 포함되었다. 추가 게시물에는 팔레스타인 대통령 압바스와 좌익 이스라엘 활동가 간의 만남이 묘사되고 있기도 하였다.

놀랍게도 이스라엘의 팔레스타인 점령을 비난하는 게시물이 가장 적은 주제였다. 이러한 게시물은 오늘날의 폭력적인 표현보다는 갈등의 역사적 기원에 초점을 맞추는 경향이 보였다. 이 범주에 포함된 게시물은 팔레스타인 나크바*(또는 대재앙), 팔레스타인 반환권, 이스라엘의 팔레스타인 점령 불법성을 다루고 있다. 여섯 번째로 가장 널리 퍼진 주제는 이스라엘 국내 정치에 대해 논평한 게시물이 포함되었다. 한 가지 예는 팔레스타인 사람들이 단식 투쟁을 벌이고 있는 감옥 맞은편에서 바비큐 파티를 개최하는 것에 대해 지지를 표명한 이스라엘 정치인들을 비난한 게시물이다. 마찬가지로 팔레스타인의 페이스북 게시물에는 히브리어로 이스라엘의 조세 정책을 언급하는 만화를 출판하기도 하였다.

가장 흔하지 않은 주제에는 팔레스타인에 대한 이스라엘의 편협성을 묘사하는 게시물과 이미지와 비디오를 통해 팔레스타인에 대한 IDF의 폭력을 보여주는 게시물이 포함되었다. 이스라엘 점령의 역사적 기원에 대한 강조와 함께 히브리어로 이스라엘이 폭력적인 군사 점령을 유지하고 있다고 비난하기보다는 대화와 평화로운 관계에 대한 열망을 표현하는 데 초점을 맞춘 것으로 보인다.

히브리어로 된 팔레스타인 페이스북 계정과 이스라엘 페이스북 사용자 간의 상호작용 범위를 평가하기 위해 이 장에서는 먼저 이스라

---

* 〈역자 주〉 팔레스타인 나크바(Nakba): 나크바는 아랍어로 대재앙을 뜻한다. 1947년 시오니스트 운동이 인종청소를 시작했을 때를 지칭한다. 나크바는 팔레스타인 시민들과 시민들의 공동 정체성을 물리적으로 전멸시키려는 시도이다.

엘인이 팔레스타인 페이스북 게시물과 상호 작용하는 정도를 분석하였다. 평균 팔레스타인 게시물은 47개의 좋아요와 4개의 공유를 받았다. 더 중요한 것은 평균 게시물에 15개의 댓글이 달렸다는 것이다. 게시물에 댓글을 남기는 것은 더 큰 노력이 필요하고 페이스북 콘텐츠를 좋아하는 것보다 더 공개적이기 때문에 더 적극적인 상호작용 형태이다. 이러한 결과는 이스라엘 페이스북 사용자가 기꺼이 팔레스타인 콘텐츠를 친구들과 공유함으로써 팔레스타인 메시지의 도달 범위를 넓힐 수 있음을 시사한다. 그러나 이스라엘 이용자의 댓글을 정성적으로 분석한 결과, 이러한 논평에는 욕설, 폭력 조장, 증오심 표현, 인종적 고정관념이 포함되어 극도로 부정적인 경향이 있는 것으로 나타났다.

다음으로 이스라엘 이용자의 댓글에 대한 히브리어의 월별 응답률로 팔레스타인 페이스북을 분석했다. **그래프** 7.3에서 볼 수 있듯이 이 분석은 더 복잡한 결과가 나타났다. 2017년 1월에 히브리어로 된 팔레스타인 페이스북은 이스라엘의 댓글과 질문에 66번 답변하였다. 3월에도 5월과 마찬가지로 총 13회 응답했다. 그러나 2월과 4월 이스라엘 사람의 댓글에 대한 답변은 없었다. 또한, 1월과 5월 사이에 응답이 상당히 감소하였다. 이러한 결과는 단정적으로 결론을 내려서는 안 되겠지만 히브리어로 된 팔레스타인 페이스북은 목표 대상과위 대화에만 집중하는 것으로 보인다. 더욱이 응답률 하락은 많은 이스라엘 이용자의 댓글이 부정적이고 폭력적이라는 점과 관련이 있을 가능성도 있다. 페이스북 이용자들의 폭력적인 감정이 끔찍한 결말을 가져왔을 수도 있다.

히브리어로 된 팔레스타인 페이스북은 광범위한 문제를 다루었지만, 이스라엘 사람들에게 논쟁의 여지가 있고, 평화로 가는 길에 장애물로 간주하는 문제는 다루지 않았다는 점에 주목해야 한다. 여기

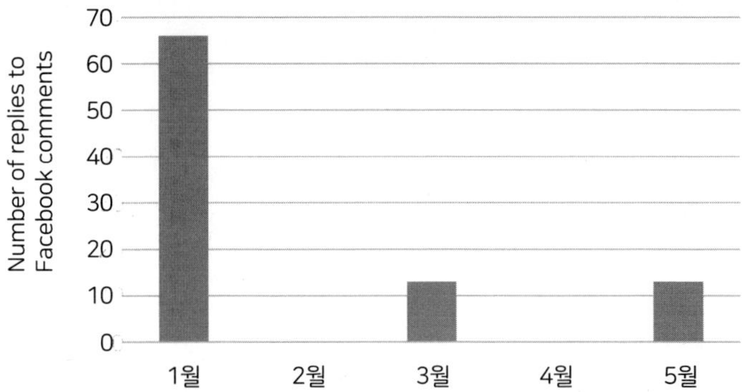

그래프 7.3 이스라엘 페이스북 댓글에 대한 팔레스타인의 히브리어 월별 답장 비율

에는 무엇보다도 팔레스타인 학교의 폭력 선동, 유죄 판결을 받은 테러리스트의 가족에 대한 재정 지원, 이스라엘을 전멸시키려는 하마스의 선동, 요르단강 서안 정부가 하마스의 영향에서 벗어나는 방법에 관한 내용이 포함된다(Palestinian Center for Policy and Survey Research, 2017; Palestinian-Israeli Pulse, 2018). 그러나 이스라엘에 또 다른 중요한 문제인 예루살렘의 성지를 통제하려는 팔레스타인의 욕망을 묘사한 게시물도 없었다. 게다가, 팔레스타인과 이스라엘 모두에게 예루살렘의 중요성에 대한 언급이 자주 있었고, 언젠가는 예루살렘이 동예루살렘과 서예루살렘의 두 국가의 수도가 될 것이라는 희망을 드러낸 게시물도 있었다.

요약하면, 히브리어로 된 팔레스타인 페이스북은 팔레스타인의 미래 국가의 속성과 그 가치를 표현하는 데 주로 중점을 두었다. 이스라엘과 마찬가지로 팔레스타인도 국민이 비판할 수 있는 민주주의 정부를 갖게 될 것이다. 또한, 이스라엘과 마찬가지로 팔레스타인도 소수자와 성평등을 기념하고 문화를 소중히 여길 것이다. 이러한 메시지는 종종 이스라엘을 "중동의 유일한 민주주의 국가"로 여기는 이스라엘 사람들에게 반향을 일으켰을 것이다. 가상대사관은 또한 비폭력 저항의 가치를 옹호함으로써 이스라엘에 대한 팔레스타인 내부의 폭력 조치에 대한 요구를 거부하였다. 또한, 히브리어로 된 팔레스타인 페이스북은 팔레스타인 정부를 이스라엘 경제에 전적으로 의존하지 않는 재정적으로 독자 생존이 가능한 "건국 중인 국가"로 표현했다. 이러한 메시지는 독립 팔레스타인의 경제적 파장을 두려워하고 요르단강 서안과 가자지구 정부 간의 불화를 감안할 때 통일된 팔레스타인이 어떤 모습일지 상상하지 못하는 이스라엘인들에게도 반향을 일으켰을 수 있다.

팔레스타인의 가상대사관에서 가장 적게 제기된 문제는 이스라엘의 점령을 비난하는 문제나 팔레스타인에 대한 이스라엘의 폭력성의 문제를 강조하는 게시물과 같이 명백히 부정적인 문제였다. 따라서 팔레스타인은 히브리어 페이스북을 활용하여 이스라엘 사람들에게 미래에 대한 긍정적이고 신뢰할 수 있는 비전을 제시하고자 한 것 같았다. 그것이 번영을 가져올 것이라는 점에서 긍정적이고, 이스라엘 지도자들과 보안 관리들의 지지를 받음으로 신뢰될 수 있다. 이처럼 팔레스타인의 가상대사관은 전통적인 외교의 한계를 극복하기 위한 디지털 기술의 잠재적인 적용 가능성을 제시한다. 팔레스타인은 페이스북에서의 공공외교 활동을 통해 팔레스타인은 주요 외교 정책 목표인 국가 지위를 달성하기 위해 이스라엘인들 사이에서 수용적인 환경을 조성할 수 있을 것이다.

팔레스타인 대사관의 월별 응답률 분석은 대사관과 팔로워 간의 상호작용 횟수는 월별로 차이가 있었지만, 팔레스타인 대사관은 디지털 대중과 지속해서 대화하고 있다는 것을 보여준다. 이처럼 팔레스타인의 가상대사관은 다른 국가들이 실패한 것과 달리 성공한 것 같다. 그렇다면 "팔레스타인은 왜 성공한 것인가?"와 같은 질문이 떠올리게 될 것이다.

한 가지 답변은 활용된 플랫폼에 있을 수 있다. 이스라엘의 가상대사관은 의견 공유 및 뉴스 수집을 위한 플랫폼인 트위터에 만들어졌다. 그에 반해 팔레스타인이 활용한 페이스북은 관계 형성에 중점을 둔 플랫폼이다. 팔레스타인은 정보 전파보다 관계 구축에 노력을 집중하기 위해 페이스북에 대사관을 개설하기로 했을 수 있다. 이러한 가정은 팔레스타인 대사관이 이스라엘인과 교류를 목표로 하는 PLO 이스라엘사회교류위원회(Committee for Interaction with Israeli Society)에서 관리한다는 사실에 의해 확증될 수 있다. 또한, 페이스북 프로필은 트위터 프로필보다 훨씬 더 개인화되어 있어서 페이스북은 외교관과 디지털 대중 사이의 거리감을 줄일 수 있다. 실제로 트위터 프로필에는 사진과 짧은 약력만이 포함되지만, 페이스북 프로필에는 사용자의 친구가 나열되고 사진 앨범과 다른 사용자와의 가장 최근 상호작용 내용이 표시된다. 따라서 페이스북 청중은 더욱 구체적이며, 외교관에게 더 시야적으로 잘 확인 될 수 있다. 마지막으로 팔레스타인 외교관과 이스라엘 외교관의 물리적 거리는 미국 외교관과 이란, 이스라엘 외교관과 걸프만 간의 거리보다 훨씬 좁다. 요르단강 서안의 팔레스타인 외교관과 관리들은 이스라엘과 차로 가까운 거리에 있으며, 팔레스타인 일상에 이스라엘 사람들과 매일 접촉을 할 정도로 물리적인 거리가 가깝다. 따라서 물리적 거리는 디지털 거리의 인식에 영향을 미쳤을 수 있다.

이스라엘, 팔레스타인, 스웨덴, 미국의 가상대사관 모두 전통적인 외교의 한계를 극복하려는 노력이 많은 외교부(MFA)에서 공공외교의 디지털화의 핵심 동력이 되었음을 보여준다. 또한, 외교적 한계를 극복하려는 시도가 디지털 사회의 논리를 상징한다는 것을 보여준다. 가상대사관은 시간과 공간을 극복하고, 국경을 초월하고, 고려하지 않아도 되는 원거리 행위를 외교 관행에 통합시켰다. 가상대사관과 마찬가지로 글로벌 공공외교 캠페인을 통해 외교부는 기존 외교의 한계를 극복할 수 있다. 다음 섹션에서 이에 대해 살펴보고자 한다.

공공외교가 세계화가 될 때

외교부를 디지털 플랫폼으로 이전한 것은 부분적으로 디지털 대중의 관심을 두고 기존 및 새로운 미디어 행위자와 경쟁하려는 열망으로 동기가 부여되었다. 디지털 공간에서는시민 언론인, 블로거 및 소셜미디어 이용자와 같은 새로운 미디어 행위자가 세계 사건을 서술하고 세계 공론장에 내러티브를 전파가 가능한 곳이다. 그렇게 됨으로써 새로운 미디어 행위자는 디지털 사회 구성원이 사건을 이해하고, 그들의 세계를 형성하는 행위자들에게 영향을 미칠 수 있다(Clarke, 2015). 더욱이, 뉴미디어 행위자들은 국가별 사건 담론에 의견을 제기할 수 있다. Causey와 Howard(2013)가 주장했듯이 아랍의 봄 동안 부패와 폭력에 대한 블로거의 디지털 담론은 아랍 정부의 디지털 담론을 능가했다. 새로운 미디어 행위자의 등장과 함께 전통적인 미디어 행위자의 온라인 이동과 함께 외교관도 디지털 대중의 세계 사건 및 국가 정책에 대한 이해에 영향을 미치려면 참여해야 하는 경쟁적인 디지털 영역을 만들었다(Manor, 2016).

현대 사회에서 기존 및 새로운 미디어 행위자는 뉴스를 구성하는 능력을 통해서 영향력을 행사한다. 로버트 엔트만(Robert Entman)에 따르면 프레이밍은 "지각된 실재의 특정 측면을 선정하는 것이며, 커뮤니케이션 텍스트 속에서 그러한 측면을 더욱 두드러지게 만들고, 이와 같은 방법으로 특수한 문제를 정의하며, 인과적으로 해석하고, 도덕적 평가나 그에 대한 처치 방법을 추천"하는 방식으로 작동한다(Entman, 1993). 다시 말해, 프레임을 만든다는 것은 자신의 세계를 형성하는 사건과 문제에 대해 학습 프리즘을 만드는 것이다. 저널리스트와 블로거는 사건을 프레이밍할 때, 사건을 단순히 설명하는 것이 아니라 청중에게 미치는 잠재적 영향을 예증하고 사건을 해석하고 맥락화한다. 따라서 프레이밍은 현실과 행동에 대한 사람들의 인식을 형성에 영향을 미치며, 따라서 권력의 의도대로 사건을 인식하도록 만든다(ibid.).

예를 들어, 2018년 7월 CNN은 이스라엘 정부가 하얀 헬멧(White Helmets)으로 알려진 시리아 자원봉사자 그룹이 시리아에서 이스라엘을 통해 요르단으로 탈출하는 것을 도왔다고 보도했다. 시리아 내전 기간에 하얀 헬멧 지원병들은 러시아군과 시리아군의 폭격을 받은 지역에 남아 구조작업을 도왔다. CNN 보도에 따르면 시리아 자원봉사자의 생명이 곧 위험에 처할 수 있다는 문제가 있다는 것이었다. 문제의 원인은 아사드 정부군이 시리아 방위대가 거주하는 민간이 거주 영역을 무차별적으로 폭격하기 시작하였기 때문이다. 해결책은 시리아에서 자원봉사자들과 그 가족들을 신속히 대피시키는 것이었고, 이스라엘이 화이트헬멧 가족들의 특정한 죽음에서 탈출할 수 있도록 도움으로써 그들의 인간성과 연민을 보여주었다는 도덕적 평가도 기술되었다(Liebermann & McKenzie, 2018).

또한, 레거시미디어와 뉴미디어는 사회에서 어떤 문제를 중요하게 논의할지 결정하는 데 역할을 한다. 특정 사건이 미디어의 관심을 끌면 사회적 대화의 중심이 될 가능성이 커진다. 언론 보도에서 특정 이슈가 주목받을수록 식당이나 의회 토론에서 더 지배적 대화의 주제가 될 것이다. 마찬가지로 언론이 보도하지 않는 문제는 시민이나 정책 입안자의 관심을 끌 가능성도 작아지게 된다. 연구에 따르면 언론에서 부각하는 문제가 외교 정책과 외교 계획에도 영향을 미친다는 사실이 밝혀졌다. 내전, 기근 또는 자연재해가 언론의 주목을 받으면 여론에 영향을 미치기 시작하여 궁극적으로 외교 정책 담당자가 해당 외교 정책을 중요하고 생각하고 대책을 수립하게 되는 것이다. 사건에 대한 CNN 뉴스 보도가 미국 외교 정책을 형성하는 것으로 나타났기 때문에 이러한 영향의 과정을 "CNN 효과"라고 부른다(Gilboa, 2005a, 2005b; Robinson, 1999).

20세기의 대부분을 통틀어 외교부, 대사관, 외교관은 전통적인 미디어를 통해서만 다수의 외국 시민에게 다가갈 수 있었다. 더욱이 그들은 저널리스트, 편집자, 언론 매체와 어울리면서 국가와 정책의 틀에 영향을 미칠 수밖에 없었다. 따라서 언론에 대한 접근은 공공외교를 실천하기 위한 전제조건이었다. 결과적으로 외교관들은 언론과의 긴밀한 관계를 구축하는 데 상당한 노력과 자원을 투입했다. 대사관 차원에서 중요한 칼럼니스트와의 와인과 식사는 대사관의 은밀한 업무였으며, 대사는 관저에서 고위 편집자를 초대하여 식사했다. 외교부(MFA) 차원에서 대변인은 글로벌 언론기관이나 외신 현지 특파원과의 친목관계를 관리했다.

그러나 공공외교의 디지털화는 디지털 플랫폼이 외교관이나 대사관 또는 외무부(MFA) 차원에서 외국의 대중과 직접 상호 작용할 수 있게 됨에 따라 외교관과 언론 간의 관계가 붕괴할 것으로 예상할 수 있다. 새로운 디지털 플랫폼에는 소셜미디어 계정, 블로그, 웹사이트, 메시징 애플리케이션 및 스마트폰 애플리케이션이 포함된다. 결정적으로, 외교관은 디지털 플랫폼을 활용하여 자신의 프레임을 만들고 이를 디지털 대중에게 직접 전파하여 미디어를 완전히 건너뛸 수 있게 되었다.

James Pamment(2014)는 디지털화 과정의 일부로 외교부가 미디어 기관의 논리와 관행을 채택했다는 점에서 "매개화"되었다고 주장했다. Manor와 Crilley(2019)는 이것이 현재 네 가지 방식으로 나타난다고 주장한다. 첫째, 외교부는 정기적으로 문제와 사건을 프레이밍하여 디지털 청중이 자기 세계를 이해할 수 있는 프리즘을 만든다. 둘째, 이러한 프레임은 거의 실시간으로 생성되고 배포된다. 2장에서 논의한 바와 같이 디지털 사회는 실시간 사회이며 대중은 현장에서 일어나는 사건에 대해 배우기를 기대하여 일종의 실시간 외교를 발생시킨다(Seib, 2012). 셋째, 외교부는 인포그래픽에서부터 사진과 비디오에 이르기까지 특정 프레임이 포함된 다양한 시각 자료를 생성함에 따라 시각 제작자가 되었다. 이는 디지털 대중의 관심을 사로잡고 많은 양의 정보를 간결하게 전달하는 데 도움이 된다. 마지막으로 미디어의 경우와 마찬가지로 도덕성은 외교부 프레이밍에서 중심적인 역할을 한다. 가치와 도덕이 국가의 행동을 제한하거나 촉진할 수 있기 때문이다.

Peter Van Ham(2013)이 주장했듯이 공공외교는 국가가 준수해야 하는 새로운 규범과 가치를 촉진한다. 예를 들어, 국가는 배척과 제재를 받을까 두려워 국제사회에서 받아들여진 규범을 준수하려고 노력할 것이다. 반대로 국가가 국제사회의 보편적으로 인정된 가치를 증진하는 것으로 평가되면 군사력 사용과 같은 외교 정책에 대해서도 반대나 저항이 거의 없을 수도 있다(Mor, 2012). 평화 증진과 질서 회복 또는 인도주의적 고통을 종식하기 위해 국가가 군사력을 사용한다고 선언하는 경우가 그렇다(Quelch & Jocz, 2009).

공공외교의 디지털화를 통해 외교부는 글로벌 규모의 사건 또는 문제에서의 프레이밍이 가능하다. 4장에서 특정 국가 대중의 가치와 규범에 맞게 콘텐츠를 맞춤화하기 위한 디지털 플랫폼의 사용에 중요성을 강조하였다. 그러나 때때로 외교부는 전 세계 청중에게 단일 프레임을 제공하기 위해 단일 글로벌 캠페인을 진행할 수도 있다. 2015년 6월 미국 대법원이 동성 결혼을 합법화한 후 국무부의 소셜미디어 공세가 그랬다.

미 대법원의 판결이 있은 지 몇 분 만에 국무부, 백악관, 영부인의 프로필 사진이 모두 무지개 깃발이 달린 사진으로 바뀌었다. 곧 브뤼셀, 더블린, 예루살렘, 런던, 리가, 유엔에 있는 미국 대사관은 모두 "사랑은 사랑이다."라는 사실을 축하하는 트윗을 올렸다. 편견에 대한 사랑의 승리를 축하하기 위해 전문 계정을 사용한 대사도 마찬가지였다(Manor, 2015). 이어 백악관 자체가 무지개 깃발의 빛으로 장식돼서 CNN, BBC, 뉴욕타임즈 등 언론의 주목을 받았다. 다음 날, 국무부가 관리하는 거대한 소셜미디어 제국은 모두 대법원의 판결을 축하했다.

LGBT 판결에 대한 국무부의 프레임은 **그림** 7.2에서 볼 수 있듯이 유엔 주재 미국 대사가 게시한 트윗에서 분명하게 나타났다. 트윗에는 대법원의 판결과 같은 날 유엔이 헌장을 무지개색으로 재출간했다고 적혀 있다. 이 트윗은 미국의 LGBT 인권과 전 세계 인권 사이의 연결 고리를 만든다. 이 프레임에 따르면 발생하는 문제는 UN 헌장의 규정된 지 수십 년이 지났음에도 불구하고 아직 비전이 아직 달성되지 않았다는 것이다. 이러한 문제의 원인은 인권이 아직 보편적으로 존중되지 않고 있다는 것에 있다. 해결책은 미국이 LGBT의 결혼 권리에 대해 한 것과 같이 평등과 인권을 위해 그 어느 때보다 열정적으로 옹호

그림 7.2 유엔 주재 미국 대사의 트윗(출처: https://twitter.com/AmbPower44/status/614570083667562496)

하는 것이다. 좋은 도덕적인 평가를 위해서는 인권을 보장하는 방식으로 평등이라는 핵심 가치를 획득하거나, "사랑은 사랑이다."과 같은 대법원의 판결 이후 몇 시간 후에 게시된 트윗을 통해서 거의 실시간으로 전 세계적인 도덕적 프레임 이미지를 구축을 위한 공공외교의 미디어 매개효과와 디지털화를 시도해야 한다.

미국 국무부가 LGBT 판결에 그토록 많은 관심을 기울인 이유가 무엇인지 궁금할 수 있다. 가능한 답은 부시 이후의 미국의 이미지에 있다. 21세기의 첫 10년 동안, 미국의 글로벌 이미지는 이라크와 아프가니스탄의 침공, 테러와의 글로벌 전쟁, 교토 기후 의정서에 가입에 거부로 인해 손상을 입어왔다. 여론조사 결과, 미국은 많은 사람에게 탐욕스럽고 공해적이며, 특정 지역에 배치할 수 있는 전투기의 수에 의존하는 외교 정책을 펼치는 군국주의적인 제국으로 인식되는 것으로 나타났다(Anholt & Hildreth, 2005; Rawson, 2007; Silver & 힐, 2002). 버락 오바마는 2008년 선거에서 외교적 교류, 연합 구축, 인권 증진에 대한 약속을 보여줌으로써 미국의 이미지를 재탄생시키려 했다(Manor, 2017). 국무부의 소셜미디어 공세는 미국이 군사력보다는 보편적 가치와 국제적 규범 준수에 표본이 되는 변화된 국가를 보여주기 위한 시도 일부였을 수 있다. 따라서 미국의 글로벌 국가 이미지를 다시 형성하는 기회로 대법원의 판결을 적절하게 활용하였다.

미국의 LGBT를 위한 소셜미디어 활용 집중적 게시와 같은 글로벌 공공외교 캠페인은 시간과 공간의 제약에 더욱 도전하려는 외교관의 열망을 드러낸다. 단일 메시지 또는 프레임을 거의 실시간으로 전 지구에 전파될 수 있다. 이 경우 외교관과 디지털 대중 사이의 물리적 거리감은 영향력이 거의 없다. 이러한 활동의 목표가 디지털 사용자와 상호 작용하는 것이 아니라 가능한 한 많은 디지털 이용자에게 도달하는 것이기 때문이다. 따라서 글로벌 캠페인의 청중은 본질적으로 고정적인 형태를 보이지 않는다.

그러나 디지털 프레이밍의 좋은 활용성 곧 외교관들이 자신이 온라인으로 프레임을 유포할 수 있는 많은 행위자 중 한 명에 불과하다는 것을 깨달으면서 문제가 있다는 것을 알게 된다. 시민 언론인, 블로거, 소셜미디어 인물, 외국 정부, NGO, 시민 사회 단체 및 활동가는 모두 프레이밍을 목적으로 디지털 플랫폼을 활용할 수 있다(Manor, 2016). 또한, 블로거와 활동가눈 미디어가 사건을 묘사하는 내용과 언론 보도에서 문제의 중요성에 영향을 미칠 수 있다. 예를 들어, 아랍의 봄 동안 글로벌 미디어는 종종 아랍 국가에 거주하는 블로거와 시민 언론인의 보도에 의존하고, 사건 프레임을 채택하기도 하였다(Causey & Howard, 2013). 마찬가지로 크림반도의 위기 동안 온라인에서 많이 유포된 기사는 곧 전통적인 뉴스 매체에 포착되어 보도되기도 하였다. 따라서 외교의 디지털화는 디지털 플랫폼이 공격적인 프레이밍 영역으로 변모하는 것을 보았다. 이러한 분야의 경쟁에서 승리하려면 외교부가 로컬, 지역 및 글로벌 사건에 대해 가장 먼저 언급할 필요가 있게 되었다. 이것은 외교부에 규범적 및 구조적 변화를 가져왔다. 예를 들어, 리투아니아 외교부는 외국의 소셜 네트워크를 모니터링하고 외교부가 언급해야 하는 트렌드 주제 또는 사건을 식별하는 "모니터링 부서"를 설치하였다(R. Paulauskas, personal communication, July 25, 2018). 이스라엘 외교부는 그래픽 디자이너와 협력하여 인포그래픽에서 만화 및 비디오에 이르기까지 매력적인 시각적 콘텐츠를 제작하고(Manor & Crilley, 2018a), 반면 미국 국무부는 위기 상황을 관리하기 위한 비상 태스크 포스에 디지털 직원을 포함했다(이스라엘 MFA, 2017). 경쟁 구도에서는 타이밍이 전부이다. 세계적으로 주목을 받는 특정 사건에 대해 마지막으로 언급하거나 침묵하는 외교부는 사건에 대한 디지털 대중의 인식에 영향을 미칠 기회를 상실하게 된다. 2016년 쿠데타 시도 이후 터키 외교부가 그랬다.

2016년 7월 15일 저녁, 블로거와 독립 뉴스 매체는 이스탄불과 앙카라 전역의 주요 위치에서 불규칙한 터키군 이동에 대해 트윗하기 시작했다(Calamur et al., 2016). 곧 터키 공군 제트기가 정부 시설 위를 비행하는 모습이 나타난 이미지가 온라인에 퍼졌고, 터키 국적의 탱크가 주요 다리와 국영 텔레비전 스튜디오 근처에 배치된 사진도 유포되었다. 저녁 늦게 뉴스 앵커는 레젭 타입 에르도안(Recep Tayyip Erdogan) 정부를 축출하기 위한 쿠데타가 진행 중임을 발표하기 위해 국가평화위원회(Peace at Home Council)의 성명을 공식적으로 읽어야 했다. 쿠데타는 성공하지 못했고 정부에 충성하는 세력은 몇 시간 만에 국가평화위원회를 제압하였다. 그러나 다음 날 터키에서는 10,000명의 군인과 2,000명 이상의 판사를 포함하여 전례 없는 규모의 인원을 체포하는 일이 발생했다. 또한, 약 15,000명의 교육 직원과 수천 명의 사립 학교 교사가 정직 처분을 받았다(Said-Moorhouse, 2016). 터키에서 대규모 체포가 이뤄지는 사진이 등장하자 외국 국가의 정부는 디지털 플랫폼을 통해 법치에 대한 통제와 존중을 촉구했다. 동시에 매스미디어는 에르도안 정부가 쿠데타에 대한 대응을 빌미로 자국의 모든 반대 세력을 잠재우려는 시도라고 비난하기 시작했다. 쿠데타의 여파에 대한 프레이밍은 이코노미스트Economist 잡지 표지에 "에르도안의 복수(Erdogan's Revenge)"로 가장 잘 특징되고 있다. 이 매체는 에르도안이 악역을 맡기로 했다고 주장했다.

쿠데타 시도 후 처음 5일 동안 터키 외교부, 터키 대사관, 대부분의 터키 외교관은 디지털 공간에서 침묵으로 일관하였다. 그들은 쿠데타 시도나 그 여파에 대해 논평하지 않았으며 외국 정부와 언론기관에서 제기한 주장에 대해서도 어떠한 논쟁도 하지 않았다. "에르도안의 복수Erdogan's Revenge"의 프레임에 대한 어떤 반론도 제기하지 않았다. 헨리 6세 시대에는 5일이라는 기간이 공공외교 캠페인에 거의 영향을 미치지 않았을 것이다. 그러나 디지털 사회에서 5일은 많은 일이 벌어질 수 있는 긴 시간이다. 터키 외교부가 언론이 만들어 가는 사건 프레임에 대응할 준비를 마쳤을 때는 이미 구금자 목록은 트위터에서 전파되고 있었다(**그림** 7.3).

그럼에도 불구하고 7월 20일 터키 외교부는 "에르도안의 복수

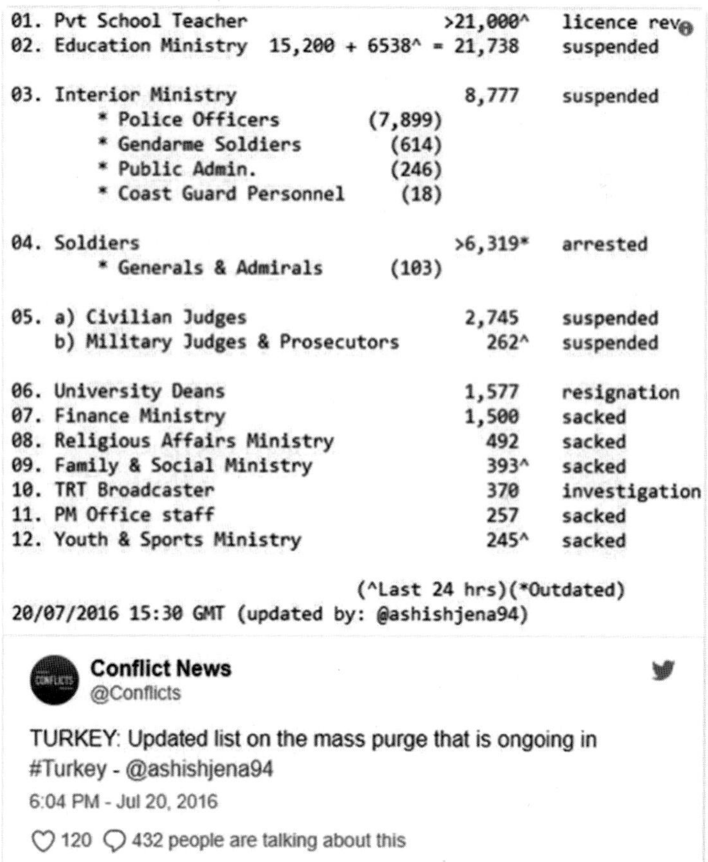

```
01. Pvt School Teacher                        >21,000^   licence rev
02. Education Ministry  15,200 + 6538^ = 21,738     suspended

03. Interior Ministry                          8,777     suspended
        * Police Officers            (7,899)
        * Gendarme Soldiers            (614)
        * Public Admin.                (246)
        * Coast Guard Personnel         (18)

04. Soldiers                                  >6,319*    arrested
        * Generals & Admirals          (103)

05. a) Civilian Judges                         2,745     suspended
    b) Military Judges & Prosecutors             262^    suspended

06. University Deans                           1,577     resignation
07. Finance Ministry                           1,500     sacked
08. Religious Affairs Ministry                   492     sacked
09. Family & Social Ministry                     393^    sacked
10. TRT Broadcaster                              370     investigation
11. PM Office staff                              257     sacked
12. Youth & Sports Ministry                      245^    sacked

                              (^Last 24 hrs)(*Outdated)
20/07/2016 15:30 GMT (updated by: @ashishjena94)
```

Conflict News
@Conflicts

TURKEY: Updated list on the mass purge that is ongoing in #Turkey - @ashishjena94

6:04 PM - Jul 20, 2016

120 432 people are talking about this

그림 7.3 2016년 쿠데타 시도 이후 터키 정부에 의해 체포된 인물 목록(출처: https://twitter.com/Conflicts/status/755810585598685186)

(Erdogan's Revenge)"에 반대되는 프레임을 제시하는 것을 목표로 자체 글로벌 소셜미디어 공세를 시작했다. 터키의 프레임에 따르면 이번 사건의 문제는 군대 내의 한 그룹이 민주적으로 선출된 정부를 축출하려고 시도했다는 것이었다. 런던 주재 터키 대사관의 트윗에는 에르도안 정부가 쿠데타의 선동자가 아니라 희생자임을 시청자에게 상기시킨 터키 외교관과의 인터뷰가 포함되었다. 이번 사태의 핵심은 터키 시민과 터키 정부에 무력을 사용한 쿠데타 음모자들의 폭력적 성향을 지적하였다. 베를린, 브라질리아, 런던, 텔아비브, 유엔에 있는 터키 대사관은 모두 탱크를 사용해 민간인을 덮치거나 헬리콥터에서 비무장 민간인에게 발포한 쿠데타 세력의 잔혹성을 드러내는 비디오를 게시했다. 쿠데타가 민주주의 자체에 대해 공격하였음을 문제로 지적하였다. 따라서 외교부와 대사관 트윗에는 쿠데타 밤 동안 폭격을 받은 국회와 기타 국가 기관의 이미지가 여럿 포함되었다. 마지막으로 문제의 해결책은 모든 터키 정당이 함께 모여 터키 민주주의와 국가적 통합에 대한 믿음을 회복하는 것이었다. 이를 위해 외교부와 터키 대사관은 통합 정당의 공동성명과 함께 국회 합동 회의 모습을 공개했다. 이러한 글로벌 캠페인을 배포할 때, 외교부들은 메시지와 콘텐츠가 외교부 수준에서 생성되고, 대사관을 통해 수많은 교차하는 지구 네트워크로 전파되는 사실상 글로벌 네트워크가 된다.

터키 캠페인은 외교부가 사건의 프레임 및 담론에 대해 다른 행위자와 어떻게 경쟁하려고 시도하는지를 잘 보여준다. 터키 외교부는 신규 및 기존 미디어 기관, 외국 정부, 시민 언론인 등 다른 디지털 행위자들의 주장을 직접 반박하는 글로벌 프레임을 만들었다. 그러나 터키의 디지털 역습이 "에르도안의 복수"라는 구도에 대응할 수 있었는지는 불분명하다. 터키 외교부의 자체 프레임을 발표하기 이전 5일 동안, 3,282,200,000개의 트윗이 게시되었고, 25,970,976,000개의 Google 검색이 수행되었으며, 4,320,000개의 Wikipedia 페이지가 발행되었다. 디지털 공간은 특정 공식 의견이 발표되기를 기다려주지 않는다. 터키 외교관이 공식적 프레임을 배포할 때쯤이면 디지털 청중은 새로운 문제나 새로운 스캔들로 관심이 전환된다. 이 캠페인은 시간과 공간을 극복하고자 시도하는 공공외교의 능력의 한계를 잘 드러낸다. 외교부는 5일 동안의 시간을 무의미하게 만들고자 했지만, 그동안의 발생된 디지털 공간에서의 일들은 그대로 유지되었다. 디지털 공간에서는 시계는 멈출 수도, 되돌릴 수도 없는 것이다.

결론

학자들은 디지털 공간은 시간적 한계를 극복하고, 공간을 지배할 수 있는 특성이 있다고 주장하였다. Bauman과 Lyon에 따르면 디지털 사회는 모기지 승인에서 드론 작동에 이르기까지 모든 일이 원격으로 이루어지는 특성을 주장하였다. 기술적 프리즘을 사용할 때, Bauman과 Lyon은 디지털화가 여전히 근접성에 묶여 있는 인간 도덕에 영향을 미친다고 주장했다. 디지털 사회의 구성원은 자신의 눈앞에서 일어나는 일에 대해서만 책임감을 느끼게 된다. 따라서 공간의 디지털 조작은 심각한 사회적 함의를 갖는다. Manuel Castells는 디지털 사회는 단 몇 초 만에 돈이나 정보가 지구 전체로 확산할 수 있게 하는 기술을 활용해서 시간과 공간을 극복하기 위해 지속해서 노력한다고 주장했다.

디지털 사회의 논리와 시간과 장소의 관계는 공공외교의 디지털화 과정에서 분명하게 드러난다. 이 장에서 논의하였듯이 외교관들은 디지털 기술을 활용하여 상호 관계의 부재, 적대적인 미디어 환경, 글로벌 지지층 확보의 무능력 등 전통적인 외교의 한계를 극복하기를 기대하였다. 외교관들이 이러한 한계를 극복하기 위해 선택한 수단은 공간과 시간을 무의미하게 만들려고 한다. 스웨덴, 미국, 이스라엘의 가상대사관도 마찬가지이다. 이들은 모두 국경을 초월하고 먼 거리를 횡단하며 실시간으로 멀리 떨어진 사람들과 교류하고자 하였다. 이는 몇 가지 예시에 불과하지만 디지털 사회와 마찬가지로 현대 공공외교가 시간과 공간을 압축하려는 시도에 전념하고 있음을 잘 보여준다.

그러나 디지털 사회와 마찬가지로 공공외교에서도 시간과 공간은 여전히 영향력이 있다. 원거리에서 무엇인가를 한다는 것은 근접성에 기초하는 전통적 외교의 의존성과는 완전히 모순된다. 디지털화는 외교관들이 물리적으로 전혀 닮은 모습을 보이지 않는 비정형적이고 멀리 떨어져 있는 대중과 상호 작용하고 대화할 것을 요구한다. 외교관이 소통해야 할 청중을 볼 수 없다는 것이 디지털 대중과 대화하지 못하는 이유 중 하나일 수 있다. 무인 항공기 운영자의 윤리가 눈에 보이는 모든 것에 국한되는 것처럼, 외교관은 눈에 보이는 구체적 대중에 국한하여 관계를 발전시키는 데 익숙할 것이다. 외교관과 디지털 대중 사이의 물리적 거리가 멀수록 외교관의 관계를 맺는 관행은 제한될 수밖에 없다. 따라서 미국 외교관은 이란 시민과 거의 교류할 수 없는 반면 팔레스타인 외교관은 이스라엘 이웃과 더 쉽게 대화할 수 있었다. 따라서 공간은 디지털 사회에서와 마찬가지로 외교에서도 여전히 강력한 힘을 발휘한다. Lupton(2014)이 주장했듯이 많은 디지털 응용 프로그램과 기술은 사용자의 지리적 위치를 파악하는 데 중점을 두고 있으며 이는 디지털 사회에서 공간이 실제로 더 중요해짐을 시사한다.

또한 시간도 공공외교의 디지털화에서 중심적인 역할을 한다.

디지털 사회는 실시간으로 작동하는 사회이다. 뉴스, 돈, 지식은 모두 몇 초 안에 전 세계를 돌고 있다. 이는 필립 세이브(Philip Seib)가 주장했듯이 외교도 실시간으로 이루어져야 함을 의미한다. 그렇게 하지 않으면 외교관이 디지털 대중의 세계 사건에 대한 이해를 의도대로 형성시키지 못하게 된다. 2016년 발생한 쿠데타 시도에 대해서 뒤늦게 프레이밍을 시도한 터키의 경우처럼 시간 지연은 공공외교 활동을 무의미하게 만들 수 있다. 따라서 공간과 마찬가지로 시간은 디지털 사회와 공공외교에서 여전히 중요한 요소로 작동한다.

실시간 외교의 필요성은 외교관들이 디지털 플랫폼을 경쟁 프레임 영역으로 개념화한 비유나 자기 서술의 결과이기도 하다. Manor(2016)가 기술한 바와 같이, 미국은 알카에다의 프레이밍 및 이야기 확산 활동에 대응해야 하므로 국무부가 처음부터 온라인으로 외교 활동을 하는 데 이미 동기가 있었다. 그리고 아랍의 봄 이후, 외교부와 외교관들은 디지털 플랫폼을 세계 이벤트에 대한 디지털 대중의 인식을 형성하는 능력을 놓고 수많은 행위자와 경쟁하는 영역으로 점점 더 주목하고 있다. 이러한 경쟁자에는 새로운 미디어 행위자, 온라인으로 이전한 매스미디어 조직, 시민 사회 단체 및 기타 국가가 포함된다.

프레임 경쟁은 새로운 일과와 새로운 규범과 가치로 이어졌다. 업무 루틴의 관점에서 볼 때, 외교부의 디지털 부서는 이 책 서문에서 살펴보았던 @theIranDeal 트위터 채널의 경우와 같이 이제 일상적으로 다른 행위자들을 모니터링하여 사건 프레이밍을 반박하거나 대응 조치를 취한다. 더욱이 James Pamment(2014)가 주장한 바와 같이 외교부는 시각매체의 생산자로서 매개화되고 있다. 2014년 가자 지구 전쟁 동안, 이스라엘 외교부는 700개 이상의 트윗을 게시하였고, 그 중의 다수는 외교부에서 개발한 비디오, 인포그래픽 및 만화와 함께 게시되었다(Manor & Crilley, 2018a). 시각적 표현물은 온라인에서 확산되는 다른 행위자의 프레임을 반박하고, 이스라엘 외교부의 프레임의 효과를 더욱더 높이기 위해서 활용된다. "보이는 것이 믿는 것"이므로 시각자료는 외교부가 자신의 주장과 사건의 프레임을 유효하게 하는 데 도움이 될 수 있다. 규범과 가치 측면에서 외교관은 이제 자신의 프레임을 온라인으로 작성하고 배포할 수 있으므로 미디어와의 전통적인 관계에 도전할 수 있다. 외교관은 대중에게 다가가기 위해 기존 미디어에 덜 의존할 수 있게 된다. 이것은 언론이 외교 정책을 형성하는 행사하는 영향력을 약화할 수도 있다. 사건과 온라인 행위자에 대한 프레이밍을 통해서 외교부는 언론이 외교 정책의 우선순위를 결정하도록 하기보다는 언론의 사건 보도에 영향을 미치려고 시도할 수 있다. 이것은 결과적으로 "CNN 반대 효과"로 나타난다. 도널드 트럼프 대통령은 트위터의 폭언을 사용하여 미국 언론의 의제를 설정할 수 있으므로 역효과의 대표적인 사례가 된다.

그러나 공공외교 목표는 외교부의 업무 방식에도 영향을 미친다. 전통적인 외교의 한계를 극복하려는 열망으로 인해 외교부는 가상 대사관을 실험하게 되었다. 가상 대중과 대화하려는 시도를 포함하여 새로운 작업 루틴이 곧 채택되었다. 이후 채택된 규범은 접근할 수 없는 적국의 인구와 대화하는 규범이었다. 외교관들이 채택한 자기 서사는 가상 외교, 즉 공식적인 물리적 유대 대신 가상 외교 관계를 수립하는 것이었다. 가상 대중과 대화하려는 시도를 포함하여 새로운 작업 루틴이 곧 채택되었다. 그 후에 채택된 표준은 온라인을 통하지 않으면 접근할 수 없는 적대적 국가의 국민과 대화하는 것이다. 외교관들이 채택한 자기 서사는 가상 외교, 즉 공식적인 물리적 유대 대신 가상 외교 관계를 수립하는 것이었다.

마지막으로 이 장에서는 공공외교의 디지털화는 여전히 그 형태를 갖춰가고 있는 장기적 과정임을 다시 한 번 보여주었다. 이것은 가상대사관의 진화를 살펴보면 분명하다. 스웨덴의 가상대사관(Second House of Sweden)은 글로벌 문화기관으로, 이란의 가상대사관은 오프라인 대사관을 대체할 예정이었고, 걸프만 6개국을 대상으로 하는 이스라엘 가상대사관은 비판적인 미디어 환경과 해외 국민과의 관계 구축을 향한 공동 위협을 활용하기 위한 것이다. 그러나 모든 대사관은 대상 청중과 상호 작용에 실패하였다. 그러나 가장 최근에 시작한 팔레스타인의 가상대사관 운영은 실패하지 않았다. 이 장에서 제시된 분석은 팔레스타인이 다른 사람들이 실패한 곳에서 성공했음을 보여줬다. 이것은 세 가지 이유 때문일 수 있다. 첫째, 팔레스타인 관리와 이스라엘 이웃 간의 근접성; 둘째, 관계 구축에 중점을 둔 디지털 플랫폼인 페이스북의 사용; 셋째, 가상대사관을 이스라엘 사회와 교류가 핵심 목표로 하는 팔레스타인 전담부서에서 관리하기 때문이다.

따라서 디지털화 프로세스가 계속됨에 따라 외교관이 디지털 기술을 활용하여 새로운 "공공" 외교의 목표를 달성할 수 있는 능력도 향상된다. 그런 의미에서 15세기의 기술과 태피스트리로 시작되는 과정은 21세기에도 여전히 형태를 갖춰가고 있다. 다음 장에서 일상생활에서 국가의 존재 또한 여전히 진화하고 있다는 내용을 살펴보도록 하겠다.

참고문헌

Anholt, S., & Hildreth, J. (2005). Let freedom and cash registers ring: America as a brand. *Place Branding*, 1(2), 164–172.

Bauman, Z., & Lyon, B. (2016). Remoteness distancing an automation. In Z. Bauman & B. Lyon (Eds.), *Liquid surveillance* (pp. 76–99). Cambridge: Polity Press.

Bjola, C., & Jiang, L. (2015). Social media and public diplomacy: A comparative analysis of the digital diplomatic strategies of the EU, US and Japan in China. In C. Bjola & M. Holmes (Eds.), *Digital diplomacy theory and practice* (pp. 71–88). Oxon: Routledge.

Calamur, K., Vasilogambros, M., Weston Phippen, J., Graham, D. A., Yasmin, S., & Ford, M. (2016, July). What's going on in Turkey? *The Atlantic*. Retrieved from https://www.theatlantic.com/news/archive/2016/07/turkey-government/491579/.

Callimachi, R. (2015, June). ISIS and the lonely young American. *The New York Times*. Retrieved from https://www.nytimes.com/2015/06/28/world/americas/isis-online-recruiting-american.html.

Castells, M. (2013). *Communication power*. Oxford: Oxford University Press.

Causey, C., & Howard, P. N. (2013). Delivering digital public diplomacy. In R. S. Zaharna, A. Arsenault, & A. Fisher (Eds.), *Relational, networked and collaborative approaches to public diplomacy* (pp. 144–156). New York, NY: Taylor & Francis.

Cha, H., Yeo, S., & Kim, B. (2014). Social media's dialogic communication of foreign embassies in Korea and public diplomacy: Based on dialogic communication theory. *Advanced Science and Technology Letters*, 63, 175–178.

Clarke, A. (2015). Business as usual? An evolution of British and Canadian digital diplomacy as policy change. In C. Bjola & M. Holmes (Eds.), *Digital diplomacy theory and practice* (pp. 111–126). Oxon: Routledge.

Clinton, H. [US State Department]. (2011, December 12). *Secretary Clinton announces virtual embassy Tehran* [Video File]. Retrieved from https://www.youtube.com/watch?v=c70SKkcvUlw.

Comor, E., & Bean, H. (2012). America's 'engagement' delusion: Critiquing a public diplomacy consensus. *International Communication Gazette*, 74(3), 203–220.

Copeland, D. (2013). Taking diplomacy public: Science, technology and foreign ministries in a heteropolar world. In R. S. Zaharna, A. Arsenault, & A. Fisher (Eds.), *Relational, networked and collaborative approaches to public diplomacy* (pp. 56–69). New York, NY: Taylor & Francis.

Entman, R. M. (1993). Framing: Toward clarification of a fractured paradigm. *Journal of Communication*, 43(4), 51–58.

Gilboa, E. (2005a). The CNN effect: The search for a communication theory of international relations. *Political Communication*, 22(1), 27–44.

Gilboa, E. (2005b). Global television news and foreign policy: Debating the CNN effect. *International Studies Perspectives*, 6(3), 325–341.

Hocking, B., & Melissen, J. (2015). *Diplomacy in the digital age*. Clingendael: Netherlands Institute of International Relations.

Hughes, D. J., Rowe, M., Batey, M., & Lee, A. (2012). A tale of two sites: Twitter vs. Facebook and the personality predictors of social media usage. *Computers in Human Behavior*, 28(2), 561–569.

Israeli Ministry of Foreign Affairs. (2017). *Digital diplomacy conference summary* (pp. 6–19). Retrieved from https://www.state.gov/documents/organization/271028.pdf.

Jones, D. (2014). *The Hollow Crown: The wars of the roses and the rise of the Tudors*. London: Faber & Faber.

Katz, R. (2014, September). The State Department's Twitter war with ISIS is embarrassing. *Time*. Retrieved from http://time.com/3387065/isis-twitter-war-state-department/.

Kwak, H., Lee, C., Park, H., & Moon, S. (2010, April). *What is Twitter, a social network or a news media?* Proceedings of the 19th international conference on world wide web (pp. 591–600). ACM.

Lengel, L., & Newsome, V. A. (2012). Framing messages of democracy through social media: Public diplomacy 2.0, gender, and the Middle East and North Africa. *Global Media Journal*, 11(21), 1.

Liebermann, O., & McKenzie, S. (2018, July). Israel helps evacuate Syria's White Helmets to Jordan. *CNN*. Retrieved from https://edition.cnn.com/2018/07/22/middleeast/israel-evacuation-syria-white-helmets-jordan-intl/index.html.

Lupton, D. (2014). A critical sociology of big data. In D. Lupton (Ed.), *Digital sociology* (pp. 93–116). New York, NY: Routledge.

Manor, E. (2018). *Serving in Sweden in the days of Carl Bildt* [In person].

Manor, I. (2015, July 1). The US's LGBT digital diplomacy blitz [Blog].

Retrieved from https://digdipblog.com/2015/07/01/the-uss-lgbt-digitaldiplomacy-blitz/.

Manor, I. (2016). Are we there yet: Have MFA s realized the potential of digital diplomacy? *Brill Research Perspectives in Diplomacy and Foreign Policy*, 1(2), 1–110.

Manor, I. (2017). America's selfie–Three years later. *Place Branding and Public Diplomacy*, 13(4), 308–324.

Manor, I. (2018, June 1). *The ebb and flow of digital diplomacy* [Blog]. Retrieved from https://uscpublicdiplomacy.org/blog/ebb-and-flow-digital-diplomacy.

Manor, I., & Crilley, R. (2018a). Visually framing the Gaza War of 2014: The Israel Ministry of Foreign Affairs on Twitter. *Media, War & Conflict*.

Manor, I., & Crilley, R. (2018b). The aesthetics of violent extremist and counter violent extremist communication. In C. Bjola & J. Pamment (Eds.), *Countering online propaganda and extremism: The dark side of digital diplomacy*. Oxon: Routledge.

Manor, I. & Crilley, R. (2019). The mediatization of MFAs: diplomacy in the new media ecology. *The Hague Journal of Diplomacy*.

Manor, I., & Holmes, M. (2018, May–August). Palestine in Hebrew: Overcoming the limitations of traditional diplomacy. *Revista Mexican de Politicia Exterior*, 113, 1–17.

McNutt, K. (2014). Public engagement in the Web 2.0 era: Social collaborative technologies in a public sector context. *Canadian Public Administration*, 57(1), 49–70.

Metzgar, E. T. (2012). Is it the medium or the message? Social media, American public diplomacy & Iran. *Global Media Journal*, 12(21), 1.

Mor, B. D. (2012). Credibility talk in public diplomacy. *Review of International Studies*, 38(2), 393–422.

Neely, C. (2018, January). Japan's top social media networks for 2018. *Humble Bunny*. Retrieved from http://www.humblebunny.com/japans-top-social-media-networks-2018/.

Newman, N., Fletcher, R., Kalogeropoulos, A., Levy, D. A., & Nielsen, R. K. (2017). *Reuters institute digital news report 2017*.

Palestinian Center for Policy and Survey Research. (2017). *Palestinian-Israeli pulse*. Retrieved from http://www.pcpsr.org/en/node/678.

Pamment, J. (2013). *New public diplomacy in the 21st century: A comparative study of policy and practice*. Abingdon: Routledge.

Pamment, J. (2014). The mediatization of diplomacy. *The Hague Journal of Diplomacy*, 9(3), 253–280.

Quelch, J. A., & Jocz, K. E. (2009). Can brand Obama rescue brand America? *The Brown Journal of World Affairs*, 16(1), 163–178.

Ravid, B. (2013, July). Israel open a 'Virtual Embassy' to Gulf States. *Haaretz*. Retrieved from https://www.haaretz.com/.premium-israel-opens-gulfvirtual-embassy-1.5297843.

Rawson, E. A. G. (2007). Perceptions of the United States of America: Exploring the political brand of a nation. *Place Branding and Public Diplomacy*, 3(3), 213–221.

Roberts, I. (2017). Diplomacy—A short history from pre-classical origins to the fall of the Berlin Wall. In I. Roberts (Ed.), *Satow's diplomatic practice* (pp. 3–19). Oxford: Oxford University Press.

Robinson, P. (1999). The CNN effect: Can the news media drive foreign policy? *Review of International Studies*, 25(2), 301–309.

Said-Moorhouse, L. (2016, August). This is how many people Turkey has arrested since the failed coup. *CNN*. Retrieved from https://edition.cnn.com/2016/07/29/europe/turkey-post-coup-arrest-numbers/index.html.

Seib, P. (2012). *Real-time diplomacy: Politics and power in the social media era*. New York, NY: Palgrave Macmillan.

Seo, H. (2013). The "Virtual Last Three Feet": Understanding relationship perspectives in network-based public diplomacy. In R. S. Zaharna, A. Arsenault, & A. Fisher (Eds.), *Relational, networked and collaborative approaches to public diplomacy* (pp. 157–169). New York, NY: Taylor & Francis.

Silver, S., & Hill, S. (2002). Marketing: Selling brand America. *Journal of Business Strategy*, 23(4), 10–15.

Sotiriu, S. (2015). Digital diplomacy: Between promises and reality. In C. Bjola & M. Holmes (Eds.), *Digital diplomacy theory and practice* (pp. 33–51). Oxon: Routledge.

Spry, D. (2018). Facebook diplomacy: a data-driven, user-focused approach to Facebook use by diplomatic missions. *Media International Australia*, 168(1), 62–80.

Styles, D., & Allmand, C. T. (1982, May). The coronations of Henry-VI. *History Today*, 32, 28–33.

Taylor, M., & Kent, M. L. (2014). Dialogic engagement: Clarifying foundational concepts. *Journal of Public Relations Research*, 26(5), 384–398.

The Tami Steinmetz Center for Peace Research. (2018). *Palestinian-Israeli pulse: A joint poll*. Retrieved from http://www.ps.undp.org/content/dam/papp/docs/Publications/UNDP-papp-research-PSR-%20summaryreport.pdf.

TOI Staff. (2015, November). PLO launches Facebook page—In Hebrew. *The Times of Israel*. Retrieved from https://www.timesofisrael.com/plo-launches-facebook-page-in-hebrew/.

Van Ham, P. (2013). Social power in public diplomacy. In R. S. Zaharna, A. Arsenault, & A. Fisher (Eds.), *Relational, networked and collaborative approaches to public diplomacy* (pp. 17–28). New York, NY: Taylor & Francis.

8장 셀피 외교: 소셜 미디어를 활용한 국가 이미지 관리

> 나는 마치 대본을 해골에 살과 혈관이라는 이미지를 더해 붙이는 것처럼 쓴다.
>
> 잉그마르 베르히만(Ingmar Bergman)

위대한 지도자들은 전통적으로 이미지와 상징이 한 사람의 명성에 미치는 영향의 중요성을 깨달았다. 율리우스 카이사르(Julius Caesar)는 자신의 장엄함을 기념하고, 신과 같은 지위를 부여하기 위해 로마에 자신의 위대한 동상을 세웠다. 영국의 찰스 1세는 왕권 장악을 상징하는 의미를 담아 영국 의회 앞에 앉아 있는 자신의 그림을 의뢰하였다. 1800년에 스페인 왕은 프랑스와 화해 또는 새로운 우정을 상징하는 수단으로 알프스를 넘는 나폴레옹의 그림을 제작했다. 이는 나폴레옹이 불타는 말에 앉아 산꼭대기를 가리키고 있는, 광채와 자신감, 대담함이 묻어나는 그림이다.

국가는 명성을 관리하기 위해 이미지를 활용하였다. 1940년 6월, 나치 독일은 정복된 파리시에서 군사 열병식을 하는 이미지를 유포하였다. 제1차 세계대전의 운명이 역전되었음을 의미하는 이 이미지는 유럽 전역에 고뇌와 절망의 심금을 울렸다. 약 5년 후 소련은 파시즘에 대한 공산주의의 궁극적인 승리를 나타내는 독일 의회에 깃발을 게양하는 이미지를 유포하였고, 1969년에는 달에 깃발을 꽂은 미국 우주비행사의 이미지가 전 세계에 유포되면서 하늘조차도 미국의 우수한 능력을 제한할 수 없다는 것을 과시하였다.

그러나 공공외교의 디지털화는 외교관에게 국가의 이미지와 평판을 관리하기 위한 새로운 도구를 갖추게 했다. 소셜미디어를 통해 외교관은 국가 성취를 기념하고 국가 문화를 홍보하며, 국가 규범을 나타내는 자국의 자화상을 표현할 수 있게 된 것이다. 이러한 자화상은 한 국가의 외교 정책이 자국의 가치와 신념에서 어떻게 비롯되었는지를 보여주는 데 사용될 수 있다. 더욱 중요한 것은 외교관이 이러한 자화상(스스로 지정한 국가의 특정 이미지)을 사용하여 휴일이나 바이러스성 인터넷 밈, 그리고 지정학적 위기에 이르는 일상적인 사건에 대해 논평할 수 있다는 것이다. 따라서 국가 이미지는 달 착륙이나 제2차 세계대전의 승리와 같은 중대한 사건에만 국한되지 않는다. 어빙 고프만Erving Goffman(1990)의 말을 빌리자면 오히려 소셜미디어는 일상생활에서 국가의 표현을 쉽게 한다.

디지털 사회의 관점에서 이러한 자화상은 '셀피'*로 볼 수 있으며, 이러한 자화상을 제작하는 것은 '셀피 외교'의 한 형태로 분류될 수 있다. 개인의 셀피와 마찬가지로 국가의 셀피도 온라인에서 능숙한 페르소나(개성)를 연출하기 위한 것이다. 국가 스스로의 이미지 관리에는 실패나 부도덕의 여지가 없다. 또한, 개인 셀피와 마찬가지로 국가의 셀피도 개성이라기보다는 순응의 도구이다(Manor & Soone, 2018). 소셜미디어를 활용한 국가 이미지 관리를 통해 국가는 국제사회에서 바람직하다고 간주하는 규범과 가치를 준수하고 있음을 입증한다. 마지막으로 셀피 외교를 통해 국가는 인격화된다. 소셜미디어 프로필, 프로필 사진, 좋아하는 것과 싫어하는 것까지 포함하는 디지털 개인의 특성을 담는다. 바로 이러한 개인화를 통해 국가가 소셜미디어 시장에서 다른 개인과 경쟁할 수 있게 된 것이다.

이번 장에서는 셀피 외교를 통해 디지털 사회의 논리가 국가 브랜딩에 어떤 영향을 미쳤는지 살펴보고자 한다. 개념적으로 셀피 외교는 국가 브랜딩과 공공외교의 교차점에 있다. 따라서 이 장에서는 '국가 브랜딩'이라는 용어를 정의하는 것으로 시작하여 국가 브랜딩과 공공외교의 개념적 관계를 분석한다. 다음으로 셀피 외교라는 용어를 소개하고 디지털 플랫폼에서의 국가 브랜딩 활동이 대중 매체를 통해 수행되는 활동과 어떻게 다른지 비교한다. 마지막으로 셀피 외교 활동의 두 가지 사례인 트럼프 시대의 미국 셀피와 폴란드의 역사적인 셀피에 대해 살펴보고자 한다. 다음 섹션에서는 국가 브랜드를 만들고 관리하는 능력에 대한 국가 브랜딩 학자들의 논의를 짚어볼 것이다.

* 〈역자 주〉 셀피(Selfie)는 일반적으로 셀프카메라라는 이르는 말. 본 책에서는 셀피를 소셜미디어를 활용하여 국가 이미지를 관리해 가는 활동을 의미.

코카콜라에서 글로벌 브리튼까지

21세기로 접어들면서 학자, 외교관 및 브랜드 전문가들은 국가도 코카콜라 캔처럼 브랜드화될 수 있다는 주장을 펼쳤다(Gudjonsson, 2005). 이는 학자들 간 논쟁을 야기하여 세 가지 주장이 제기되었다. 구드욘슨(Gudjonsson)에 따르면 절대주의자들은 국가는 브랜드와 유사한 특성과 규칙을 따른다고 주장한다. 상업 브랜드와 마찬가지로 국가도 차별화하기 위해 노력한다. 절대주의자들에 따르면 "자유, 평등, 박애"라는 모토는 프랑스가 이전 정부 체제와 차별화하려는 시도인데, 나이키의 슬로건 "Just Do It"과 유사한 것이라고 주장하였다. 온건파는 상업 브랜드와 달리 국가는 독특한 특성을 가진 수많은 개인으로 구성되어 있다고 믿었다. 이러한 연유로 국가는 단일 단위 또는 나이키 운동화 한 켤레로 상품화될 수는 없다. 그러나 온건파는 일부 브랜딩 기술이 국가 이미지를 관리하고 국가의 산업 브랜드를 강화하는 데 사용될 수 있다고 믿었다. 이에 구드욘슨은, 왕정주의자는 국가에 영향을 미치는 과정이 코카콜라 캔에 영향을 미치는 과정보다 훨씬 더 심오하다고 주장하면서 국가 브랜딩의 개념을 거부한다. 왕정주의자 관점에서 국가는 국민의 영혼에 영향력을 행사하기 때문에 거의 신성한 구조이다.

국가 브랜딩을 둘러싼 논쟁이 오늘날까지 지속되며 전 세계 외교부와 정부는 국가 브랜딩 캠페인에 상당한 자원을 투자했다. 멕시코에서 대만, 말레이시아에서 케냐에 이르기까지 국가가 브랜드화될 수 있다는 믿음은 정부와 외교부(MFA) 관료들에게 매력적으로 여겨지고 있다. 모든 정부가 국가를 하나의 상품과 동일시하는 것은 아니지만 많은 정부가 국가 이미지를 사전에 관리하고 개선할 수 있다고 믿는다. 따라서 그들은 국가 브랜딩이란 "목표 국제 청중들 사이에서 국가의 명성을 향상 또는 향상하기 위한 국가 이미지의 생성, 모니터링, 평가 및 사전 관리될 수 있는 프로세스"라는 팬(Fan)의 정의에 동의한다(Fan, 2010). 팬이 정의한 이미지는 시민들이 그들의 나라에 대해 가장 독특하고, 오래 지속되며, 중심적인 것으로 간주하는 것과 관련이 있다. 이때 명성은 한 나라의 주장에 대한 신뢰성에 대하여 외부 세계로부터 받은 피드백과 관련이 있다. 즉, 국가는 외부 세계에 의해 받아들여지거나 거부될 수 있는 특정한 자신의 이미지를 투사한다.

팬의 정의에는 세 가지 중요한 구성 요소가 있다. 첫 번째는 국가 브랜딩이 하나의 과정이라는 점이다. 전 세계 외교관들이 익히 알고 있듯 특정 국가에 대한 사람들의 인식을 바꾸는 것은 어려운 작업이다. 그 이유는 국가 이미지가 고정관념처럼 사람들이 자신만의 세계를 이해하는 데 도움이 되는 인지 메커니즘이기 때문이다(Kotler & Gertner, 2002; Papadopoulos & Heslop, 2002). 사람들이 다른 국가를 생각할 때 특정 이미지나 연상이 즉시 떠오르기 마련이다. 독일은 자동차 공학, 축구 리그 및 어두운 역사와 관련이 있을 수 있지만, 스위스는 알프스 풍경, 개인 은행 및 나무 시계와 관련이 있을 것이다. 이처럼 국가 이미지가 인지 메커니즘이라면 이를 수정하기 위한 장기적인 헌신과 노력이 필요하다.

둘째, 국가 브랜딩의 목표는 국가의 명성을 향상하거나 강화하는 것이다. 일부 학자들은 국가 이미지나 명성을 개선하여 국가의 투자 유치 능력 향상 효과를 언급하기도 한다. 이는 국가 브랜딩을 각 국가들이 제한된 자원을 놓고 서로 경쟁하는 것으로 보는 세계화의 경제적 논리에 뿌리를 두고 있다. 이러한 한정적 자원을 확보하기 위해 국가는 각각 독특한 국가 이미지 개발을 통해 서로를 차별화해야 한다

(Anholt & Hildreth, 2005; Aronczyk, 2008; Kaneva, 2011; Van Ham, 2008). 예를 들어 이스라엘은 스스로를 "인크레더블 인디아(Incredible India)"나 "글로벌 브리튼(Global Britain)"이 아닌 "독창성과 스타트업 국가"의 중심으로 브랜딩한다.

셋째, 국가 브랜딩 캠페인은 외국 국민을 대상으로 한다. 그렇다면 "외국 국민이 국가 이미지를 거부하는 상태인가?"라는 질문이 가능하다. 학자들은 국가 브랜드가 현실에 충실해야 한다고 제안한다. 전쟁을 자주 일으키는 국가를 평화를 사랑하는 국가로 브랜딩할 수 없고, 시민 불안에 시달리는 국가는 매력적인 투자 대상으로 차별화시킬 수 없다. 니콜라스 컬Nicholas Cull(2008)이 주장했듯이 국가 이미지는 인식된 현실과의 괴리가 너무 클 때 거부될 가능성이 크다. Causey and Howard(2013)는 한 국가의 대외 성명서와 정책이 일치하지 않으면 디지털 활동이 역효과를 낼 가능성이 있다고 말했다.

Aronczyk(2013)는 국가 이미지가 외교적 성취를 촉진할 수 있다고 주장함으로써 팬의 정의에 중요한 차원을 추가하였다. 이에 따르면 국가 브랜딩은 국가가 글로벌 외교의 테이블에 자리를 차지하도록 도와주는 합법성과 권위의 이미지를 만드는 데 사용된다. 이러한 이유로 국가 이미지는 종종 국가가 준수하는 가치와 규범을 명시하고, 그러한 규범이 국가의 외교 정책을 어떻게 인도하는지를 보여준다(Natarajan, 2014). 국제적 인권 증진에 대한 헌신을 보여줌으로써 한 국가는 유엔(UN) 인권이사회에 의석을 확보할 수 있을 것이다. 마찬가지로, 갈등을 겪고 있는 국가 간의 긴장을 중재하기 위한 노력을 강조함으로써 한 국가는 유엔 안전보장이사회의 비상임이사국이 될 수 있다.

그러나 학자들은 코카콜라와 달리 국가 브랜드는 마케터와 외교관이 통제할 수 없는 사건의 영향을 크게 받는다고 주장한다. 전쟁,

위기, 재정적 격변, 심지어 국내 정치 등이 국가 이미지에 영향을 주어 국가 브랜드 활동을 무의미하게 만들어 버릴 수 있기 때문이다. 또한, 국가 지도자도 국가 브랜드에 영향을 미칠 수 있다. 때때로 국가지도자의 이미지는 소위 "후광 효과(Halo effect)"(Papadopoulos & Heslop, 2002)로 불리며, 국가 이미지에 영향을 미치는 것으로 보인다. 예컨대 이라크와 아프가니스탄 침공, 테러와의 전쟁 이후 조지 W. 부시의 브랜드가 미국 브랜드 전체에 부정적인 영향을 미쳤다. 반대로 버락 오바마의 당선은 일시적으로 미국 브랜드에 긍정적인 영향을 끼치기도 했다(Quelch & Jocz, 2009). 그 외 국가 이미지에 "후광 효과"를 미쳤을 수 있는 지도자로는 캐나다의 쥐스탱 트뤼도(Justin Trudeau)와 터키의 레젭 타입 에르도안(Recep Tayyip Erdogan)이 있다.

물론 "후광 효과"가 반드시 전 세계적으로 동일한 형태로 영향을 미치는 것은 아니다. 캐나다 트뤼도 총리는 서구에서 인기가 있지만, 인도에서는 인기가 없다. 부시는 서구에서는 인기가 없지만, 동티모르에서는 사랑받았다. 따라서 한 국가의 브랜드는 아군과 적을 동시에 가지고 있을 수 있다. 이는 국가 브랜드화 과정에서 외교관들이 고민해야 하는 어려운 질문으로 다가온다. 우리가 누구를 얻어야 하고 누구를 기꺼이 포기해야 하는가?

국가 브랜딩 활동이 외국인을 대상으로 하고 국가의 번영을 목적으로 한다는 사실은 공공외교와 국가 브랜딩이 겹치는 영역에 있을 수 있음을 시사한다. 외교관은 디지털 시대에 두 가지 활동 모두에 소셜미디어를 활용하기 때문에 이는 더욱 강화된다. 예를 들어, 이스라엘 외교부는 이스라엘 문화, 가치 및 기술적 성과를 홍보하는 데 전념하는 @Israel 트위터 채널을 운영한다. 그러나 이스라엘 외교부는 중동에서 이스라엘의 정책을 설명하는 것과 같은 공공외교 활동에 중점을 둔 열정적 소셜미디어 계정도 관리한다. 유사하게, 폴란드 외교부는 폴란드의 문화적 성취를 기념하고 국가의 외교 정책 이니셔티브에 초점을 맞춘 트위터 채널과 함께 Polska 브랜드를 홍보하는 Polska.pl 페이스북 계정을 관리한다(Manor, 2016). 다음 섹션에서는 공공외교와 국가 브랜딩 간 중첩되는 부분을 살펴보겠다.

국가의 셀피(소셜미디어를 활용한 국가 이미지 관리)

Geyorgy Szondi(2008)는 국가 브랜딩과 공공외교 사이의 관계를 개념화하기 위해 네 가지 모델을 제시한다. 첫 번째 모델은 국가 브랜딩과 공공외교를 별개의 개념으로 본다. 국가 브랜딩은 경제적 성과(예: 외국인 투자 유치) 달성에 초점을 맞추고, 공공외교는 일련의 정책 목표를 촉진하기 위함이다. 두 번째 모델은 대외 정책이 외국인들 사이에서도 브랜드화될 수 있다는 점을 감안하여 국가 브랜드의 일부로 공공외교를 개념화한다. 오바마 행정부가 트위터를 통해 이란과의 협상을 국내외 대중에게 홍보했을 때도 마찬가지였다. 세 번째 모델은 외국 대중이 두 활동의 의도된 청중이기 때문에 국가 브랜드를 공공외교의 일부로 개념화한다. 마지막으로 네 번째 모델은 공공외교와 국가 브랜드는 별개의 개념이지만 중복되는 개념으로 본다. 이때 중첩되는 영역은 긍정적인 이미지 창출, 국가 정체성, 문화 및 가치의 증진, 양방향 상호 작용 및 관계 구축이다.

Szondi(2008)는 공공외교에 대한 관계적 접근의 출현 이후 국가 브랜딩과 공공외교의 개념이 더욱 유사해졌다고 주장한다. “새로운” 공공외교와 마찬가지로 국가 브랜드 활동도 양방향 상호작용과 관계 구축에 기반을 두고 있다. 개인 수준의 경험이 다른 국가에 대한 사람들의 인식을 형성하기 때문이다(Lodge, 2002; Skuba, 2002). 사람들이 외국의 시민이나 외교관과 긍정적인 상호작용을 할 때, 그들은 해당 국가에 대해 긍정적인 존경심을 가질 가능성이 더 크다. 따라서 국가 브랜딩 전문가는 외국 대중과 상호작용하고 그들과의 관계를 구축하여 브랜드 충성도 또는 외국에 대해 일관된 긍정적인 관점 확보의 필요성을 강조한다.

Aronczyk(2013)는 국가 브랜딩이 대내외 또는 국내 정책으로 인해 손상될 수 있는 국가의 명성을 복구할 수 있는 사전 예방적 도구라고 제안함으로써 Szondi의 네 번째 중복 모델을 자세히 설명한다. 마찬가지로 Manor와 Segev(2015)는 국가가 소셜미디어를 사용하여 새로운 자화상(스스로의 이미지 규정) 또는 셀피를 할 수 있으므로 과거와 거리를 두고 브랜드를 재창조할 수 있다고 제안한다. 셀피 외교는 자국에 대한 특정 이미지를 스스로 만들기 위해 소셜미디어를 이용하는 것을 의미한다. 예컨대 분쟁 중 성폭력 근절을 위한 영국의 트위터 캠페인은, 영국이라는 브랜드를 인본주의적 가치와 연관시키고 영국을 테러와의 전쟁의 유산에서 멀어지게 하려는 시도의 목적으로 기획되었다.

셀피 외교는 각국이 외국인의 우리 국가에 대한 인식 변화를 시도하는 데 활용될 수 있다. 재미없게 인식되는 국가는 유머를 사용하여 명성을 변경할 수 있고, 전쟁과 관련된 국가는 문화와 민주주의 전통을 강조할 수 있다(Manor & Segev, 2015). 핀란드 외교부는 핀란드를 냉정하고 방탕한 국가로 보는 관점에 대응하기 위하여 핀란드의 국가 이모티콘 캠페인을 소셜미디어를 통해 홍보한 바 있다(Grossman, 2015). 잉그마르 베르히만Ingmar Bergman의 말을 빌리자면 국가는 해골인 상태에서 살과 힘줄이라는 이미지가 더해지기를 기다리는 것과 같다.

개인 셀피의 경우와 마찬가지로 국가 셀피는 국가의 행동과 정책이 국가 고유의 가치에서 비롯된 방법을 보여주는 서사로 구성된다. 하지만 국가 셀피도 개성보다는 순응을 드러내는 수단이다. Manor와 Segev가 쓴 것처럼 셀피 외교는 국제사회에서 바람직하다고 간주하는 가치와 규범을 준수하고 있음을 보여주기 위해 활용된다. 예를 들어 나타라잔Natarajan은 인도가 "서구의 영향을 받은 세계 질서에서 확립된 규범"을 고수할 필요가 있어서 "소프트파워"와 문화적으로 다양한 민주주의를 채택했다고 주장한다(Natarajan, 2014). 또한 개인 셀피와 마찬가지로 국가 셀피는 특정 이슈에 초점을 맞추면서 고유한 톤을 사용하여 진정한 자기 서사를 만들어낸다. 마지막으로 개인 셀피와 마찬가지로 국가 셀피도 실패와 실망보다는 성과와 성취에 초점을 맞춘다. 외교부 셀피의 이슈와 톤을 분석하면 한 국가가 소셜네트워크서비스(SNS)에 홍보하는 이미지를 분석할 수 있다.

Manor와 Segev는 셀피 외교를 외교부가 소셜미디어 채널을 사용하여 국가의 자화상이나 브랜드를 만들어내는 것이라고 정의한다. 따라서 셀피 외교는 디지털 플랫폼을 통해 수행되는 국가 브랜딩의 한 형태다. 그러나 이 장에서 셀피 외교라는 용어는 소셜미디어에서 국가의 인간화를 다루는 또 다른 의미가 있다. 2장에서 살펴본 것처럼 디지털 사회에서 소셜미디어 사이트는 개별 주체가 디지털 대중의 관심과 지지를 놓고 서로 경쟁하는 영역으로 이뤄진다. 이를 위해 개별 주체는 고유한 어조, 관심 및 외양을 가진 독특하고 독특한 온라인브랜드(iBrand)를 만든다. 따라서 소셜미디어에서 개인은 브랜드가 된다. 국가의 경우 반대 과정이 발생한다. 공공외교 활동을 위해 소셜미디어를 사용할 때 외교관은 개인 또는 다른 국가의 온라인브랜드(iBrand)와 디지털 대중의 관심을 끌기 위해 경쟁할 수 있는 국가 온라인브랜드(iBrand)를 만들어낸다.

다른 온라인브랜드(iBrand)와의 경쟁은 무역 현실, 문화 또는 디아스포라 지원 활동 등의 뚜렷한 형태, 어조 및 관심사를 가진 고유한 소셜미디어 입지를 창출함으로써 달성된다. 그러나 그 과정에서 국가는 인격화된다. 페이스북에서 국가는 프로필 페이지와 프로필 사진을 게시하며 콘텐츠를 좋아하고 공유할 수도 있다. 또한 개인은 다른 사용자처럼 온라인으로 국가와 상호작용할 수 있다. 예를 들어, 소셜미디어 사용자는 댓글로 국무부 페이스북 페이지에 태그를 달거나, 질문하거나, 게시물에 응답할 수 있다. 따라서 국가는 디지털 자아의 특성을 습득한다. 다시 말해 소셜미디어를 통해 국가 온라인브랜드(iBrand)를 만들고 관리하는 것은 셀피 외교의 한 형태이거나 외교관이 국가의 디지털 자아를 만드는 것이다.

셀피 외교를 통해 외교부와 외교관은 디지털 사회의 가치와 규범을 지킬 수 있다. 이것은 국가의 활동, 목표, 성취에 대한 정보를 지속해서 공유함으로써 달성된다. 개방에 대한 의지를 보여주고, 디지털 경제의 기반이 되는 알고리즘을 제공하기 때문에 모든 디지털 사회 구성원들에게 정보 공유가 필요하다. 게다가 외교관들은 국가 셀피로 국제적 사건들을 언급함으로써 외교 절차에서 비밀의 베일을 벗어버리고, 투명성에 대한 의지를 보여줄 수 있다. 투명성은 모든 사람이 소셜미디어 분야의 규범과 논리를 채택하도록 보장하는 장치이다. 따라서 모든 디지털 사회 구성원에게 국가도 이러한 약속이 필요하다. 마지막으로 국가 셀피를 할 때, 외교관은 국가 차원에서 디지털 자아의 특성을 획득하도록 돕는데, 이는 디지털 사회에서 "화폐는 자아이고 금본위제는 개방성과 투명성"이라는 스토르(2018)의 주장을 뒷받침한다.

요약하면, 소셜미디어를 사용하여 국가 온라인브랜드(iBrand)를 만들고 관리하는 것은 셀피 외교의 한 형태이다. 이것은 소셜미디어에서 국가가 디지털 자아의 특성을 획득함에 따라 인격화된다. 프로필 사진과 함께, 진정한 목소리를 가지고 다른 디지털 개인과 교류할 수 있다. 셀피 외교를 통해 개별화된 국가는 글로벌 및 지역 사건에 대해 언급하고, 특정 가치와 신념에 대한 헌신을 보여준다. 결과적으로 국가는 브랜드가 되고, 브랜드는 셀피가 되고, 셀피는 인격화된 국가가 된다. 그러나 모든 형태의 국가 브랜딩과 마찬가지로 셀피 외교에도 한계가 있다.

셀피 외교의 한계

셀피 외교는 외교관에게 국가 온라인브랜드(iBrand)를 관리하고 소셜미디어 시장에서 경쟁할 수 있는 기회를 제공하지만 셀피 외교는 여전히 몇 가지 제한점을 가지고 있다. 첫째, 국가 셀피는 인식된 현실과 일치해야 한다. 국가 이미지와 국가 정책의 차이가 클수록 셀피의 신뢰성이 떨어진다. 신뢰가 부족한 셀피는 디지털 대중에게 거부당할 수 있어 국가의 정당성 위기를 초래할 수 있다. 마찬가지로 외교관은 국가에 대한 묘사와 글로벌 미디어의 묘사 사이에 발생할 수 있는 차이와 싸워야 한다. 언론에서 잔혹한 독재로 낙인찍힌 국가는 국가적 자애를 대표 이미지로 홍보할 수 없다. 한 국가의 자기 묘사와 그 국가에 대한 미디어의 묘사 사이의 이러한 격차는 신뢰성 격차를 유발한다. 한 가지 주목할만한 예는 2016년 실패한 쿠데타 시도 이후 에르도안 정부의 소셜미디어 캠페인으로, 국가에 대한 음모 때문에 교사와 공무원의 대량 체포가 필요하다고 주장했다. 이 캠페인은 정부 탄압에 대한 언론의 묘사와 너무 동떨어져 "에르도안의 복수"에 대한 언론의 서사를 반박하는 데 실패했다(7장 참조).

또한 소셜미디어 시장에서 경쟁하려면 전 세계 및 역내 사건이 발생했을 때 국가 이미지를 관리해야 한다. 디지털 대중은 사건이 발생하는 즉시 이에 대해서 알고 싶어 한다. 그러나 일관된 목소리가 유지되려면 사건과 그에 따른 정책이 국가 이미지를 고려하여 운영되어야 한다. 다시 말해, 사건에 대한 해석과 표현은 국가가 준수하는 가치와 규범에 바탕을 두어야 한다. 국가 이미지는 변화하거나 구체화하는 데 시간이 걸리는 인지적 도식인 만큼 일관된 목소리를 유지하는 것이 필요하다.

셀피 외교도 디지털 상호작용과 장기적 관계 구축에 대한 의지가 요구된다. 국가에 대한 사람들의 태도는 개인적인 경험으로 형성되기 때문이다. 디지털 대중의 질문과 의견에 대해 적절한 대응을 하지 않으면 부정적인 경험을 하게 되고, 그로 인해 그들은 특정 국가에 대해 더 부정적인 시각을 갖게 될 수 있다. 반대로, 외교관들이 적극적으로 질문과 의견에 반응하고, 정보를 제공하고, 비판에 대해서 대응하는 것은 긍정적인 온라인 경험을 통해 외국에 대한 긍정적인 시각으로 이어질 수 있다. 그러나 이 책의 다른 파트에서 주장하였듯이 외교관들과 디지털 대중 간의 온라인 상호작용은 잘 이뤄지지 않는다.

소셜미디어를 활용한 국가 이미지 관리에도 과거에 대한 반영이 있어야 한다. 그 이유는 디지털 사회가 선과 악, 친구와 적 사이의 분명한 이분법의 시대를 동경하는 사회이기 때문이다. 디지털 사회는 유동적이다(Bauman & Lyon, 2016). 새로운 행위자들이 국가의 지배력에 도전하는 테러리스트 집단이든, 세계 지배력을 재확립하려는 국가든 영향력을 행사하려는 새로운 형태의 권력이 매번 등장한다. 디지털과 유동적인 세계에서 혁명적 아이디어는 쉽게 국경을 초월하고 오랜 전통이나 가치에 대해 경쟁하는 반면, 국내와 해외의 경계선은 점차 모호해진다. 어느 한 국가도 기후 변화에 맞서거나 금융 변동으로부터 자신을 온전히 보호할 수 없다. 이러한 불안정한 분위기 속에서 디지털 사회의 구성원들은 전통적 속성이 존중되던 과거의 친숙한 시간을 동경한다. 국가의 과거를 바탕으로 한 이미지 구성은 현재를 이해할 수 있게 한다.

셀피 외교의 현재 관행을 분석하기 위해 이 장에서는 두 가지 사례 연구를 할 것이다. 첫 번째는 트럼프 시대 미국의 셀피 활동이다. 국무부의 온라인브랜딩(iBranding) 활동에 집중하여 사례 분석을 진행한 결정은 도널드 트럼프의 대통령 당선이 미국의 온라인 이미지에 어떤 영향을 미쳤는지 평가하려는 시도에서 비롯되었다. 이전 연구에서는 오바마 대통령 재임 중 미국의 셀피를 조사했다(Manor, 2017; Manor & Segev, 2015). 그러나 행정부의 변화는 새로운 정책을 자세히 검토하고, 새로운 우선순위가 형성되고, 새로운 외교적 어조가 채택됨에 따라 국가 이미지의 변화를 가져올 가능성이 있다. 따라서 행정부의 변화는 새로운 국가 셀피의 출현을 알릴 수 있다. 따라서 트럼프 행정부의 미국 셀피 분석은 셀피 외교에 대한 종단적 분석을 제공한다.

두 번째 사례로는 폴란드의 역사적 이미지를 재창조하려는 폴란드 외교부의 시도를 살펴보겠다. 특히, 폴란드 외교부는 트위터를 사용하여 제2차 세계대전 중 폴란드 땅에서 자행된 나치의 잔학 행위에서 벗어나려고자 시도하였다. 폴란드는 역사적인 이미지를 다시 그리면서 현대적인 셀피를 재창조하려고 할 수 있다. 예를 들어, 폴란드의 역사적인 셀피는 현재 폴란드가 원하는 가치와 규범을 준수하고 있음을 보여주기 위해 사용될 수 있다. 역사적 상처가 미래에 영향을 미치기 때문에 과거는 국가 셀피의 중요한 구성 요소일 수 있다. 70년이 지난 후에도 독일의 국가 이미지는 홀로코스트 당시의 만행과 떼려야 뗄 수 없는 연계가 될 것이다.

다음 섹션에는 트럼프 대통령 시절 미국의 셀피 분석 내용을 먼저 살펴보겠다.

트럼프 시대의 미국의 셀피

2015년 Manor와 Segev는 미국의 셀피를 분석했다. 연구자들은 "브랜드 아메리카의 위기"를 감안하여 미국을 연구 대상으로 결정했다. 냉전에서 승리하면서 미국의 브랜드는 민주주의와 자유의 가치와 연결되고, 이미지는 인권 증진과 연결되었다. 그러나 부시 행정부의 테러와의 전쟁, 이라크와 아프가니스탄의 침공, 관타나모 수용소에서 수감자들에 대한 고문 혐의, 교토 기후 협약에 대한 미국의 거부는 미국의 이미지에 엄청난 부정적인 영향을 미쳤다. 전 세계적으로 미국은 탐욕스럽고 이기적이며 반이슬람 군국주의 제국으로 여겨졌다(Quelch & Jocz, 2009).

미국 국가 브랜드의 위기는 일련의 여론 조사에서 분명하게 나타났다. BBC World Service가 2007년에 실시한 여론 조사는 조사에 참여한 모든 국가에서 응답자 2명 중 1명이 미국이 세계에서 부정적인 영향을 미치고 있다고 평가하는 것으로 나타났다. 유사하게, Pew Research Center는 2002년과 2004년 사이에 영국과 스페인과 같은 가장 가까운 동맹국과 파키스탄과 인도네시아와 같은 우호적인 이슬람 국가들 사이에서 미국에 대한 이미지가 좋지 않다는 것을 발견했다(BBC, 2007; Fullerton, Kendrick, Chan, Hamilton, & Kerr, 2007). 그러나 버락 오바마의 당선은 많은 사람들에게 미국의 이미지를 바꾸고 미국의 국가 브랜드를 긍정적인 가치 평가와 연관시킬 기회로 환영받았다(Quelch and Jocz, 2009).

따라서 Manor and Segev(2015)는 국무부가 새로운 미국 셀피를 만들어서 국가 이미지를 관리하는 작업에 몰두할 것이라고 가정했다. Manor와 Segev는 주제 분석을 활용하여2013년 12월에 국무부가 게시한 63개의 페이스북 게시물과 112개의 트윗을 분석했다. 분석 결과 미국의 셀피를 구성하는 네 가지 주제가 드러났다. 첫 번째 주제는 아랍 및 이슬람 세계와 미국의 관계를 개선하는 데 중점을 두었다. 여기에서는 이스라엘과 팔레스타인 간의 평화 조약을 협상하려는 미국의 노력, 이란의 핵 야심에 맞서기 위해 무력보다는 외교를 사용하려는 미국의 약속, 아랍 독재에 대한 미국의 공개적인 비판을 강조했다.

두 번째 주제는 미국의 도덕적 리더십을 다루었으며 미국이 외국 지도자와 외국에 분쟁 기간 동안 민주적 절차를 유지하고 민주적 개혁을 촉진할 것을 촉구하는 트윗과 게시물이 포함되었다. 국무부는 또한 신생 민주주의 국가와 자연재해 피해자를 위한 미국의 재정 지원을 게시했다. 세 번째 주제는 미국의 군사력을 다루었다. 특히 Manor와 Segev는 미군에 대한 언급이 전반적으로 부족하다는 것을 발견했다. 미국의 이라크 주둔은 한 게시물에서만 언급되었는데, 그 게시물의 내용은 군인들이 지뢰를 제거하는 데 개(dog)가 어떻게 도움이 되는지 보여주는 것이었다. 북대서양조약기구(NATO)는 여러 게시물과 트윗에서 언급되었지만 군사 동맹이 아닌 국제 평화 유지 기구로 차별화되었다.

마지막 주제는 미국의 경제 리더십이었다. Manor와 Segev는 청정에너지에 대한 미국의 지원과 전 세계의 녹색 에너지 이니셔티브에 대한 기여, 두 경제를 부양할 미국과 EU 간의 새로운 무역 협정에 관한 내용으로 소셜미디어 콘텐츠가 구성되었다. 미국과 EU의 무역 협정은 2008년 금융 위기 이후 유럽 경제에 발생한 피해를 고려할 때 특히 중요했다. 따라서 미국은 기후 지향적 경제를 주도하는 국가로 그려졌다.

Manor와 Segev는 국무부가 미국을 경제적으로 책임감 있고 기후 지향적인 초강대국으로 차별화하고, 가치에 따라 외교를 하고, 이슬람 세계와 의미 있는 관계를 구축하는 데 노력한다고 결론지었다(Manor & Segev, 2015). 이 셀피는 부시 시절 미국의 이미지와 정반대였다. 2016년 Manor는 국무부의 페이스북 페이지에서의 미국의 셀피를 재검토하고, 국무부가 게시한 국가 셀피의 일관성 정도를 조사했다. 국가 브랜딩은 장기적인 과정이고 국가 브랜드가 인지적 메커니즘이라는 점을 고려할 때 국가가 성공적으로 이미지를 관리하고 명성에 영향을 미치기 위해서는 일관된 해설이 필요하기 때문이다.

Manor는 146개의 페이스북 게시물을 분석한 후 2016년 셀피가 네 가지 주제로 구성되어 있음을 발견했다. 이 주제는 미국의 국가적 가치가 정책에 어떻게 영향을 미치는지 나타내고 있었다. 예를 들어, 미국의 이야기는 다양한 집단, 종교, 문화, 정체성이 모여 '솔직하고 존경스러운 대화'를 하는 것이라고 한 게시물은 언급했다(Manor, 2017). 이는 민주주의의 근간인 종교적 관용, 다문화주의, 열린 대화라는 미국이 품고 있는 가치를 분명히 한 것이다. 미국의 민주적 가치 증진은 신생 민주주의 국가에 대한 미국의 지원을 설명하는 게시물에서 분명히 하였다. 미국의 종교적 관용에 대한 지지는 "종교적 관용을 위한 투쟁은 21세기를 정의할 것"이라는 존 케리 국무장관의 성명에서 뚜렷이 드러났다. 마지막으로 미국이 시리아 난민을 지지하고 수용하는 과정에서 다문화주의에 대한 지지도 분명하게 나타냈다.

이 게시물은 시리아 난민 수용과 같은 일상적인 사건이 국가 셀피에 통합되고 국가 가치를 차별화하는 데 어떻게 사용될 수 있는지 보여준다. 또한, Manor는 미국의 도덕적 리더십이 외교에 대한 협력적 접근에 의존하고 있음을 발견했다. 2016년 1월 한 달 동안 미국은 인신매매에서부터 시리아 난민 지원, 종교적 관용 증진에 이르기까지 전 세계적인 문제를 해결하기 위해 동맹국과 협력할 계획을 발표하였다.

두 번째 주제는 세계와의 교류에 초점을 맞췄다. 이 주제와 일치하는 게시물은 무력보다는 외교와 연대를 통해 위기를 해결하려는 미국의 의지를 나타냈다. 오바마 대통령은 국정연설에서 이란 핵 위기를 해결한 국가들의 연합, 에볼라 확산 방지를 도운 국가들의 연대, 다에시를 반대하는 글로벌 연합에 초점을 맞췄다. Manor(2017)는 "오바마의 발언은 독단적인 행동을 포기하고, 다양한 글로벌 문제에 대해 다른 국가와 협력을 시도하는 국가로 미국을 이미지화하는 데 기여한다."라고 결론지었다. 이 주제의 다른 게시물들은 미국의 포용 의지가 이란 협상에서의 외교적 돌파구, 쿠바와의 관계 재확립, 미국과 태평양 지역 11개국 간의 환태평양경제동반자협정(Trans-Pacific Partnership) 체결로 이어졌음을 보여주었다. Manor는 심지어 "교류"이라는 단어가 미국 외교관, 지도자, 대변인들에 의해 수많은 외교적 주도권을 언급하며 반복적으로 사용한다는 점을 발견했다.

미국의 셀피로 구성된 세 번째 주제는 테러와의 전쟁이었다. '다에시(Daesh)에 대항하는 글로벌 연합'을 중심으로 한 일방적 전쟁과 미국 외교관들이 대테러 활동을 조율한 다자간 회담을 강조하기보다는 '테러와의 전쟁'을 협력적으로 묘사한 게시물들이다. 또한, 게시물은 다에시와 테러는 종교적 신앙에 기반을 둔 단체, 국가, 비국가 행위자들의 광범위한 연합에 의해서만 물리칠 수 있다는 존 케리의 발언을 강조했다.

마지막 네 번째 주제에는 "기후 지향 경제"에 대한 미국의 약속을 강조하는 게시물이 포함되었다. 케리 장관은 국무부의 페이스북 페이지에 게시된 한 블로그 게시물에서 2015년 미국 외교의 주요 성과에는 "노동자와 환경을 보호"하는 환태평양경제동반자협정(TPP) 무역 협정과 치열한 외교적 교류를 통한 중국의 파리 기후협정 서명 의지라고 밝힌 것이라고 하였다. 다른 게시물은 기후 지향적 경제 개발을 지원하는 것을 목표로 외국에 대한 미국의 재정 지원을 나타냈다.

Manor는 "국무부는 미국을 가치에 따라 행동하고 대화와 국제 교류를 통해 기후 변화와 같은 글로벌 문제를 해결하는 데 전념하는 외교적 초강대국으로 묘사하고 있다."라고 결론지었다. 따라서 2016년 셀피는 2013년 Manor와 Segev가 식별한 셀피와 매우 흡사했다. 이 셀피는 미국을 가치에 따라 인도되고 이슬람 세계와의 외교적 관계 구축에 전념하는 기후 지향적 초강대국으로 묘사했다.

따라서 오바마 행정부 동안 미국 외교관들이 미국의 일관된 국가 셀피를 작성하여 부시 대통령 행정부에서 만들었던 미국의 이미지를 부정했다고 주장할 수 있다. 부시는 교토 의정서 서명을 거부했지만, 오바마의 미국은 기후 지향 경제를 주도했다. 부시가 테러와의 전쟁을 "당신은 우리와 함께 아니면 테러리스트와 함께"(Bush, 2001)라고 표현했지만, 오바마 대통령의 미국은 광범위한 연합을 통해 테러와 싸웠다. 부시가 이슬람 세계를 소외시키지만, 오바마의 미국은 이슬람 세계와 손을 잡았다. 부시가 군사력으로 이끄는 동안 오바마는 외교로 주도하였다. 따라서 과거는 오바마 대통령 시절 미국의 셀피에 없어서는 안 될 요소였다. 미국의 셀피 역시 '교류'라는 용어를 사용하고 일련의 이슈에 초점을 맞춘 독특한 톤을 가지고 있다. 따라서, 셀피는 소셜미디어 시장에서 성공적으로 경쟁할 수 있는 온라인브랜드(iBrand)를 만들어냈다.

이제는 2017년 7월 국무부 페이스북 페이지로 돌아와 트럼프 대통령 시대 미국의 셀피를 살펴보자. 다시 한 번 주제별 분석을 통해 미국의 현재 셀피를 특성화하고 도널드 트럼프 당선 이후 셀피가 얼마나 변했는지 분석하였다. 7월 한 달간 게시된 총 70개의 게시물을 분석하였는데, 1단계 분석에서는 25개의 게시물을 검토하여 주제별로 분류하였다. 예를 들어, 여러 게시물은 카타르와 인접 국가 간의 합의를 중재하려는 미국의 시도에 초점을 맞췄다. 따라서 "협상"이라는 주제가 명확해졌다. 다른 그룹의 게시물은 "테러와의 전쟁"이라는 주제에 속하는 테러와의 전쟁 시도를 다뤘다. 이 분석 단계에서 총 6개의 주제가 식별되었다. 다음 단계에서는 분류 프로세스의 유효성을 확인하기 위해 20개의 추가 게시물을 검토했다. 이 단계는 여러 주제의 통합으로 이어졌다. 예를 들어, 경제 협상과 무역 협정을 다루는 게시물은 "미국의 비즈니스는 비즈니스"라는 주제로 그룹화되었다. 주제별 분석을 통해 70개의 게시물 모두가 4개의 주제로 분류된 것을 확인하였다. 모든 게시물은 2017년 7월에 수집하여, 2018년 1월에 분석하였다.

미국의 셀피를 구성하는 첫 번째이자 가장 널리 퍼진 주제는 트럼프의 미국을 글로벌 외교 중재자로 묘사한 "위대한 협상가"였다. 이 주제를 구성하는 게시물은 카타르와 인접 국가 간의 걸프 분쟁을 해결하려는 미국의 시도를 다뤘다. 러시아와 우크라이나 간의 긴장 완화를 위한 미국의 시도, 이스라엘과 팔레스타인 정부 간의 적극적 외교적 중재, 시리아에서 휴전을 중재하려는 시도, 그리고 남수단에서의 전투를 끝내려는 조치들이었다. 이 주제의 게시물은 특히 렉스 틸러슨(Rex Tillerson) 국무장관이 수행한 미국 외교 활동의 적극성에 초점을 맞추었다. 2017년 7월 한 달 동안 틸러슨은 카타르와의 분쟁을 해결하기 위해 걸프 지도자들과 6번의 회의를 개최했으며, 우크라이나 관리들과도 여러 차례 회의하였다. 이 회의에서 틸러슨은 우크라이나의 영토 보전을 위한 미국의 지원을 약속하고 "우크라이나 정부가 우크라이나의 경제적, 정치적, 군사적 회복력을 강화할 개혁을 계속 시행할 것"을 촉구했다.

다른 게시물에서는 러시아와 긍정적인 관계를 맺으려는 미국의 반복적인 시도를 다루었다. 여기에는 트럼프 대통령과 푸틴 대통령의 만남과 양국 간의 "관계를 긴장시킨 양자 문제를 해결할 장기적인 해결책을 모색"하는 것을 목표로 하는 미국과 러시아 정책 입안자들 간의 후속 협상이 포함되었다. 틸러슨 장관은 지난 7월 프랑스 독일 러시아 정부와 대립하는 임무를 맡은 우크라이나 협상 특별대표를 임명했다. 2017년 7월에 국무부의 전체 게시물 중 35%가 전 세계의 미국 외교 중재 내용을 다루는 것이었다.

국무부 전체 게시물의 25%를 차지하는 두 번째로 주제는 "미국의 도덕적 리더십"을 보여주는 것이었다. 이 주제를 포함하는 게시물은 에볼라 발병 퇴치를 위한 미국의 해외 원조 프로젝트, 개발도상국의 식량 안보를 강화하기 위한 미국의 원조 프로그램, 언론인의 생명을 보호하고 언론의 자유를 증진하려는 미국의 헌신, 넬슨 만델라의 비전에 따라 인도적 교도소 설립을 도울 계획을 공표하고, 전 세계 국가의 민주적 개혁을 촉구하는 내용이었다.

특히 이 주제의 많은 게시물은 일상적인 국제 사건에 목소리를 내고, 이러한 사건을 국가 셀피에 통합하는 데 사용하였다. 예를 들어, 국무부는 중국의 민주화 개혁을 요구한 후 감옥에서 사망한 중국 활동가 류샤오보의 죽음을 공식적으로 애도했다. 국무부는 중국 당국에 샤오보의 아내를 석방하고 정치적 박해를 중단할 것을 촉구했다. 이를 통해 국무부는 민주주의 가치에 대한 미국의 의지를 보여주었다. 또 다른 게시물에서 국무부는 인권과 법치주의를 훼손하는 터키의 대규모 체포를 규탄했다. 터키에 대한 직접적인 책망은 전 세계에서 인권을 보호하려는 미국의 헌신을 드러냈다. 마지막으로 국무부는 러시아가 여호와의 증인을 체포하고 종교의 자유를 제한한다고 비난했다.

그러나 국무부는 오바마 재임 중 찍은 미국 셀피와 달리 트럼프의 미국이 옹호할 가치를 명확히 밝히지 않는 쪽을 택했다. 사실 2017년 셀피에는 도덕적 모범을 보이는 국가로서의 미국 전체가 빠져 있었다. 국무부는 미국의 가치가 행정부의 외교 정책을 어떻게 인도하는지 보여주기 위해 미국의 자체적인 이야기나 미국의 역사를 동원하지 않았다. 더욱이 국무부는 글로벌 사건에 대해 논평할 때 가치나 규범을 언급하지 않았다. 미국 국무부는 민주주의 개혁가들의 죽음을 한탄하면서 미국이 도전을 받을 때 민주주의를 지지할 것이라고 언급하지 않았다. 마찬가지로, 국무부는 터키의 인권 침해에 대해 논평할 때 인권이 미국의 도덕적 기준의 일부라고 주장하지 않았다.

7월에 게시된 전체 게시물의 23%를 포함하여 세 번째로 널리 퍼진 주제는 "테러와의 글로벌 전쟁"이었다. 중요한 것은 이 주제의 단 3개의 게시물에서만 다에시(Daesh)에 반대하는 글로벌 연합에 대해 언급했다는 것이다. 이 게시물 중 하나는 다에시로부터 모술(Mosul)의 해방을 언급하며, 다에시 자금 조달 및 인력 모집을 방해하려는 연합의 시도를 강조했다. 다른 두 개의 게시물은 다에시 반대 연합을 "역사상 가장 큰 연합"으로 규정하고 에티오피아, 터키 및 UAE를 포함한 회원국을 드러내는 데 주력하였다. 오바마의 셀피처럼 국무부는 미군이나 미군의 활동사진을 공유하지 않았다. 특히, "세계 테러와의 전쟁"이라는 주제를 구성하는 대부분의 게시물은 다에시보다는 이란에 중점을 됐다. 이 게시물에서 이란은 테러리즘의 최대 수출국이자 세계적인 위협으로 묘사되었다. 한 미국 국무부의 게시물은 "ISIS가 헤드라인을 장식하는 동안 이란은 여전히 테러 지원국 1위를 유지하고 있다."고 주장하였다.

국무부는 이란이 핵협정을 준수하고 있다는 점을 지적하면서도 테러 관련 활동을 통해 이란이 협정 정신을 훼손하고 있다고 주장했다. 7월 한 달 동안 국무부는 또한 이란에 1994년 아르헨티나의 유대인 공동체 건물 폭탄 테러에 대한 조사를 지킬 것을 촉구하고 이란의 탄도 미사일 프로그램에 관련된 개인에 대한 제재를 발표했다. 이에 미국 국무부는 이란의 테러 활동을 군사 활동과 결부시키고 이 둘을 분리할 수 없다고 주장했다. 이 주장은 이란 협정이 지역적 야망이 아니라 이란의 핵 프로그램에만 초점을 맞춰야 한다는 오바마 백악관의 주장을 부정하는 것이다(Bjola & Manor, 2018). 이란에 대한 부정적인 묘사는 광범위한 "우선 외교" 정책의 일환으로 이란과 건설적인 대화에 참여하겠다는 미국의 약속을 강조한 오바마의 셀피와는 확연히 달랐다.

"테러와의 세계 전쟁"이라는 주제를 구성하는 게시물은 오바마 국무부가 발표한 것과는 완전히 달랐다. 2016년 셀피에서 국무부는 세계 연합을 요르단, 카타르, UAE를 포함하는 미국과 아랍 및 이슬람 세계 사이의 새로운 관계로 묘사하기 위해 큰 노력을 기울였다. 이 국가들은 오바마 국무부 페이스북 게시물에서 반복적으로 언급되었다. 반면 트럼프 국무부는 연정 내에서 아랍이나 이슬람 국가의 역할을 강조하는 것을 삼가고, 단지 한 게시물에서만 언급했다. 또한 2016년 국무부는 신앙 기반 단체, NGO 및 기타 비국가 행위자를 포함하여 다에시에 맞서 싸우는 추가 파트너의 역할을 강조했다. 트럼프 국무부는 테러와의 전쟁을 비국가 행위자나 추가 파트너를 포함하지 않은 미국의 온전한 노력으로 묘사했다. 마지막으로 오바마의 셀피는 유엔 안전보장이사회와 NATO를 포함한 테러와의 전쟁을 위한 다자간 포럼에서 미국의 주도권을 종종 강조했다. 트럼프 셀피는 2017년 7월에 다자간 조직을 언급하지 않았다.

트럼프 셀피에서 확인된 네 번째이자 가장 빈도가 적은 주제는 "미국의 비즈니스는 비즈니스다."라는 문구였다. 이 주제는 미국의 외교 정책이 본질적으로 경제적 번영과 연결되어 있다고 묘사한 게시물로 구성되었다. 예를 들어, 2017년 7월 한 달 동안 렉스 틸러슨(Rex Tillerson) 국무장관은 사우디아라비아와 터키를 방문했다.

틸러슨 장관은 사우디 외무장관을 만나 상호 '안정, 안보, 금융 번영'을 논의했고, 터키에서는 '세계 에너지 안보'와 금융 안보에 대한 논의를 시도했다. 마찬가지로 경제 문제와 무역 협정은 트럼프 대통령과 다른 세계 지도자 간의 만남을 묘사한 페이스북 게시물에서도 자주 언급되었다. 트럼프 대통령은 테레사 메이(Theresa May) 영국 총리를 만나 "우리는 무역 협정을 진행하고 있다. 양국 모두에 유익하므로 우리는 그 일을 아주, 아주 빨리 끝낼 것으로 생각한다."라고 말했다. 트럼프 대통령과 싱가포르 총리의 만남을 설명하는 또 다른 게시물에서는 두 정상이 동남아시아의 새로운 무역 거래에 초점을 맞추고 있다고 밝혔다.

이 주제의 다른 게시물에서는 금융 시장을 개혁하고 경제 성장에 대한 장애물을 제거해야 할 필요성을 다루었다. 그러한 게시물 중 하나는 미국과 EU가 "정부의 개입을 줄이고" 경제 확장을 허용한 25년간의 공개협정을 축하했다. 트럼프 대통령은 에마뉘엘 마크롱(Emanuel Macron) 프랑스 대통령과의 공동 기자회견에서 경제 성장을 가로막는 관료주의를 타파하고 상호적이고, "우리 노동자들에게 공정한" 무역 협정을 검토할 필요가 있다고 강조했다. 같은 기자회견에서 트럼프는 강한 연합이 프랑스와 미국 문명이 금융 및 테러 분야에서 수많은 도전을 극복하는 데 도움이 될 것이라고 말했다. 특히 금융 주제는 가장 널리 퍼진 주제였으며 2017년 7월 국무부가 게시한 모든 게시물의 17%로 구성되었다.

중요한 것은 트럼프 시대의 미국 셀피는 새로운 언어를 사용한다는 것이다. 2016년 국무부가 "관계"라는 단어를 광범위하게 사용했지만, 트럼프 국무부는 일상적으로 "제재"라는 단어를 사용했다. 금융 제재는 이란의 핵 야망, 베네수엘라 독재, 시리아의 화학무기 사용, 남수단 내전 등 많은 외교 정책 과제에 대한 구제책이었다. 또한 오바마 행정부는 기후 지향적 경제를 선도하겠다고 밝혔지만, 트럼프 행정부는 글로벌 지속 가능성에 대해 한 번만 언급했으며 기후 변화의 위험이나 세계화가 환경에 미치는 영향에 대해서는 언급하지 않았다.

국무부 게시물에서 트럼프 대통령의 지배력은 오바마 대통령보다 훨씬 덜 두드러졌다. 트럼프의 발언이 페이스북에 게시되었을 때, 국무부는 정부 관료주의를 줄이고, 서방 국가의 국경을 보호해야 할 필요성에 초점을 맞추면서 미국의 현재 셀피를 보완했다. 대통령은 또한 국내외를 막론하고 적들을 극복할 수 있는 서양 문명의 능력에 대해 언급했다.

요약하면, 트럼프 시대 미국의 셀피는 테러 위협을 근절하고 세계 경제 위기를 중재함으로써 경제적 이익을 확대하는 데 전념하는 금융 강대국의 셀피이다. 미국의 외교는 더는 교류와 대화에 의존하지 않고, 이란의 묘사에서 분명히 알 수 있듯이 경제적 자극과 제재에 치중되어 있다. 그러나 무엇보다 미국이 독단적으로 나서고 있다는 것이다.

다자간 조직, 군사 동맹 및 비국가 행위자와의 연합이 거의 필요하지 않았다. 트럼프 행정부의 셀피는 더는 이슬람 세계와의 관계 개선, 이전의 적과의 교전, 환경 보호 또는 더 협력적인 형태의 외교 채택에 초점을 맞추지 않는다는 점에서 오바마 행정부의 미국과 상당히 달랐다. 사실 트럼프 행정부의 테러와의 전쟁은 부시 시대와 비슷하다. 미국이 다시 한 번 이슬람 국가인 이란에 정책을 집중하기 때문이다. 여전히 세계에 원조를 제공하고 있지만, 미국은 이제 가치나 도덕에 의해 인도되는 것으로 묘사되지 않는다. 그러므로 미국은 도덕적 기준이 아닌, 스스로 자국의 국경과 이익을 확보하려는 고독의 요새이다. 이 셀피는 트럼프의 외교 정책의 기둥인 "미국 우선주의"와 공명하는 것이다.

트럼프 행정부의 미국 셀피가 오바마 행정부의 셀피와 다르다는 사실은 놀라운 일이 아니다. 행정부가 바뀌면 외교 정책 우선순위와 한 국가가 목표를 달성하기 위해 사용하는 외교 도구도 바뀌기 때문이다. 그러나 미국의 국가 브랜드는 미국 대통령의 정체성과 관계없이 오랫동안 특정 가치와 연관됐다. 실제로 미국은 건국 이후 민주주의, 자유, 자유 기업 체제의 가치를 주장하는 정치적 모범을 보여 왔다. 이 세 가지 중 오직 자유 기업 체제만이 현재 미국의 셀피에서 존재한다.

국제 무대에서 도덕성이 정당성을 낳기 때문에 가치는 외교에서 중추적인 역할을 한다. 인권이나 종교적 관용과 같은 긍정적 가치를 증진하는 것으로 보이는 국가는 외교 정책 목표에 대한 국제사회의 반대에 직면할 가능성이 작다(Van Ham, 2013). 더욱이 바람직한 가치와 규범을 고수함으로써 국가는 더욱 쉽게 권력을 행사할 수 있다(Mor, 2012). 현재 미국 셀피는 미국이 이제는 도덕적 기준이 아니며, 명확한 도덕 규범에 따라 인도되지 않음을 시사한다. 이러한 셀피는 시간이 지남에 따라 디지털 대중이 미국을 도덕적 리더가 아닌 비즈니스 리더로 간주하여 미국이 외교 정책 목표를 달성하는 데 방해로 작용할 수 있다.

현재의 미국 셀피는 트럼프라는 브랜드가 미국의 국가 브랜드에 영향을 미치는 '후광 효과'의 대표이기도 하다. 트럼프 브랜드와 마찬가지로 미국은 이제 재정적 레버리지를 사용하여 다른 국가와의 관계를 관리한다. 트럼프 브랜드와 마찬가지로 "관계"가 아닌 "제재"로 바꾸면서 폭력적인 수사학을 사용하고 해외 이익을 확보하기 위해 거래의 기술을 활용한다. 트럼프라는 브랜드가 많은 국가에서 인기 있는 브랜드가 아니라는 점을 고려할 때 현재의 미국 셀피는 디지털 대중을 더욱 소외시킬 위험이 있다.

최근 역사를 통해서 미국의 국가 브랜드는 지속적인 군사 활동으로 얼룩져왔다. 1960년대에는 베트남 전쟁, 1980년대에는 라틴 아메리카의 게릴라 전사들의 지원, 21세기에는 테러와의 전쟁에서 드론을 사용하였다. 오바마 셀피와 마찬가지로 트럼프 시대 미국의 셀피는 미국의 군사력 활동에 주목하지 않는다. 이런 의미에서 미국의 국가 브랜드는 북한에 핵미사일을 발사할 수 있는 매우 큰 빨간 버튼이 책상 위에 있는 트럼프 브랜드와 다르다. 미국의 셀피는 더는 규범과 가치에 초점을 맞추지 않지만, 폴란드의 셀피는 과거에 대한 인식을 바꿔 폴란드 국가 브랜드를 바람직한 규범과 다시 연관시키려고 시도한다. 이 셀피는 다음 섹션에서 살펴보고자 한다.

폴란드의 역사적 셀피

폴란드 외교부는 지난 10년 동안 엄청난 디지털 입지를 구축해 온 디지털 플랫폼에 대서 잘 알고 있다. 외교부는 2009년 처음으로 트위터를, 페이스북은 2010년부터 운영하였다. 2016년 Manor는 폴란드 외교관과의 인터뷰에서 외교부가 폴란드 국가 브랜드의 홍보를 위해 페이스북을 정확히 사용하고 있으며, 이후 폴란드의 과학적, 문화적, 경제적 성과를 다루는 게시물들을 접하게 되었다. 트위터 및 유튜브와 같은 기타 소셜미디어 플랫폼은 외국 국민, 폴란드 디아스포라 및 해외 미디어를 대상으로 하는 공공외교 활동에 사용된다. 또한, Manor는 폴란드 외교부에서 디지털 활동을 감독하는 책임이 있는 대부분 사람이 전직 기자, 미디어 전문가 및 홍보 전문가라는 사실도 알게 되었다. 2015년까지 이들은 150개의 트위터 계정, 74개의 페이스북 페이지, 38개의 유튜브 채널 및 중국 소셜미디어 플랫폼 웨이보(Weibo)의 계정으로 구성된 소셜미디어 제국을 관리하고 있다.

폴란드 공공외교 디지털화의 원동력 중 하나는 폴란드의 역사적 이미지를 관리하려는 욕구이다. 이미 2015년에 폴란드 대사관과 폴란드 외교부는 제2차 세계대전 중 나치의 잔학 행위에서 폴란드의 역할에 대한 인식을 바꾸기 위해 상당한 디지털 자원을 투입했다. 폴란드의 역사적 이미지 관리는 제2차 세계대전과 관련된 언론 기사를 모니터링하고 "나치 수용소"를 "폴란드 수용소"로 잘못 표기한 기자들을 바로 잡는 것으로 이뤄진다. 예를 들어, 2015년 7월 16일, 아일랜드 주재 폴란드 대사관은 트위터를 통해 아일랜드 심사관에게 아우슈비츠를 "나치 사형수 수용소"가 아닌 "폴란드 사형수 수용소"로 언급한 기사를 수정할 것을 요구했다. 다른 때에는 폴란드 대사관에서 이 수용소를 "폴란드를 점령한 나치 수용소"라고 호칭할 것을 요구하였다. 예를 들어, 2017년 2월 27일 워싱턴 주재 폴란드 대사관은 "폴란드 강제 수용소"라는 용어를 사용했다는 이유로 뉴욕 타임즈에 공개적으로 문제 제기를 하였다. 대사관은 트윗에서 해시태그 '#WordsMatter'를 사용했다. 2017년 7월, 캔버라 주재 폴란드 대사관은 인기 있는 호주 뉴스 웹사이트에 아우슈비츠를 "폴란드 수용소"로 언급한 내용을 수정하라고 요구했다. 2017년 한 해 동안에만 10개 이상의 폴란드 대사관과 영사관이 전 세계의 신문과 출판물에 대한 철회 또는 수정을 요구했다. 2012년 폴란드 외교부는 "홀로코스트에 대한 폴란드의 책임 주장에 관한 거짓 진술에 반대하는" 실행 중인 캠페인의 일부로서 "Truth About Camps"라는 전용 트위터 계정을 시작하여 폴란드의 역사적 이미지를 관리하는 데 추가 자원을 투자했다.

따라서 폴란드의 셀피 외교 활동은 두 가지 별개의 활동에 초점을 맞춘 것으로 보인다. 폴란드 외교부는 페이스북에서 주로 문화 및 과학적 성취를 다루는 폴란드의 현대 셀피를 관리한다. 트위터에서는 폴란드의 역사적인 셀피를 관리하고 있다. 폴란드 외교부가 폴란드의 역사적인 셀피를 관리하는 데 그토록 많은 자원을 투입하는 이유가 궁금할 수도 있다. 이 장에서는 두 가지 가능한 답변을 제시한다. 첫째, 폴란드와 나치 강제 수용소 간의 역사적 연관성은 폴란드의 현대 브랜드에 변함없이 영향을 준다. 사람들은 폴란드를 자유주의적 가치와 연관시키기보다 증오, 비인간성, 잔인성, 사디즘과 연관시킬 수 있다. 이러한 가치는 모두 국제사회가 환영하는 가치와 반대되며, 이는 폴란드가 외교 정책 목표를 달성하는 데 방해가 될 수 있다. 폴란드는 제2차 세계대전의 공포로부터 거리를 둠으로써 다문화주의와 민주주의의 가치와 연결될 수 있다.

둘째, 이미지와 셀피의 시대에 한 나라의 과거는 현재 못지않게 중요하다. 과거는 현재를 이해하는 데 사용되기 때문이다. 디지털 사회는 과거의 단순함과 이분법을 갈망하고, 따라서 과거를 기반으로 현재를 이해하는 사회이다. 홀로코스트의 도덕적 흠을 과거에서 제거함으로써 폴란드는 현재의 정당성을 높이고 "나쁨" 또는 "악"에서 "선" 또는 정의로 이동할 수 있다. 이것은 세계 무대와 EU에서 점점 더 자세히 조사되고 있는 폴란드 우파 정부의 중요한 목표일 수 있다.

폴란드 외교부는 역사적 이미지를 관리하기 위해 나치와 폴란드의 관계를 보여주는 새로운 셀피를 배포하려고 했다. 이 셀피에 따르면 폴란드는 1939년에 정복된 최초의 국가였으며, 나치의 잔학 행위에 가장 먼저 희생된 나라이다. 셀피에 따르면 나치 정권이 폴란드 인구를 상대로 극악무도함을 표출하고, 폴란드를 독일 제국에 봉사할 노예의 땅으로 상상했다는 내용이 담겨 있다. 또한 이 셀피는 폴란드 유대인들이 모두 폴란드 시민이었기 때문에 나치가 폴란드를 공격한 또 다른 측면이라고 주장하기도 한다.

폴란드의 역사적인 셀피는 2017년 1월에 워싱턴 주재 폴란드 대사관이 게시한 유튜브 비디오에서 가장 잘 드러난다. 이 비디오는 "독일 나치 수용소에 대한 진실"이라는 자막으로 시작한다. 이 캡션은 2016년 옥스퍼드 사전 올해의 단어인 '탈진실(post-truth)'을 의도적으로 언급한 것으로 생각할 수 있다. 자막은 이 동영상이 시청자에게 이제 희귀한 상품인 진실을 제공할 것이라고 추론하게 한다. 따라서 "독일 나치 수용소에 대한 진실"이라는 자막은 폴란드 대사관에 정당성을 부여하고, 나아가 역사적 주장에 정당성을 부여하는 수사적 장치 역할을 한다.

다음 영상에는 "말이 중요합니다."라는 캡션이 나온다. 이것은 "가짜 뉴스" 및 "대안적 사실" 현상에 대한 언급일 수 있으며, 다시 신뢰성을 확립하기 위한 수사적 장치이다. 그러나 "말이 중요하다."라는 캡션 뒤에 이어 곧바로 시각적 요소가 나온다. 즉, 가장 악명 높은 나치 강제 수용소인 아우슈비츠의 입구를 그린 그림이다. 이는 진실에 대한 해석일 뿐이라는 점에서 나치 수용소에 대한 진실을 아직 접하지 못했다는 것을 관객에게 시사하는 것이다. 이 논쟁은 "말이 중요하다, 우리는 항상 이것을 듣는다. 그런데 왜 제2차 세계대전 독일의 강제 수용소에 대해 논의할 때 같은 내용이 적용되지 않는 이유는 무엇입니까?"라는 내레이션에 의해서 더욱 심화한다.

동영상의 내레이션은 "폴란드에서만 300만 유대인을 포함하여 600만 시민을 잃었다."라고 나온다. 폴란드가 나치 독일의 희생자였으며 폴란드도 나치 정권의 잔혹한 폭력으로 고통받았다는 폴란드의 주장을 강조한다. 나치 수용소에서 죽은 유대인은 단순한 유대인이 아니라 폴란드 시민임을 강조하는 내용이 계속된다. 동영상에서 주장은 폴란드를 "히틀러의 침묵하는 공범자"로 묘사하는 역사적 설명을 반박한다. 따라서 이 동영상은 폴란드 셀피를 홍보할 뿐만 아니라 폴란드에 대한 기존의 내러티브도 부정한다.

드로잉에서 사진으로의 전환은 유대인의 조직적인 전멸이 언급될 때 다시 나타난다. 강제 수용소에 있는 아이들의 그림을 사진으로

그림 8.1 그림에서 사진에 이르기까지

전환하는 장치는, 아직 과거와 타협하지 않은 국가로서의 폴란드에 대한 또 다른 역사적 서사를 부정하기 위한 것이다. 폴란드가 과거를 피하지 않는다고 주장하는 것은 강제 수용소에 있는 유대인의 이미지이다. 오히려 사실과 역사적 정확성을 통해 그것을 다룬다. 이때 어린이 이미지를 사용하는 것은 시청자가 대사관 메시지를 편견없이 받아들이도록 하는 감정적 반응을 불러일으키려는 시도라 할 수 있다.

다음으로 시청자는 "점령된 폴란드 영토"라는 캡션과 함께 나치 강제 수용소의 위치가 포함된 폴란드 지도가 나타난다. 지도는 신뢰할 수 있는 역사적 유물로 인식되기 때문에 지도 사용은 폴란드 대사관의 주장에 신빙성을 더한다. 내레이션에 따르면 나치는 "폴란드 점령지"에 학살 수용소를 설치하여 유대인을 체계적으로 학살했다(**그림** 8.2).

그림 8.2 점령된 폴란드의 나치 강제 수용소 지도

마지막으로 사진을 통해 진실을 주장하고 지도를 통해 그 신뢰성을 입증한 후 폴란드 대사관은 주요 주장을 한다. 언론인은 일상적으로 "폴란드 땅의 독일 수용소" 대신 "폴란드 수용소"라는 용어를 오용한다는 것이다. 동영상에는 "폴란드 수용소는 없다."라고 주장하며, 오해의 소지가 있는 언어가 홀로코스트로 사망한 수백만 명의 비극을 가린다고 설명하며, "그냥 의미론이 아닙니다. 그것은 역사적 완전성과 정확성의 문제입니다."라고 주장한다. 이런 식으로 대사관은 폴란드의 역사적인 셀피를 재구성하려고 시도하기보다는 유대인의 기억을 위해 싸우는 자신을 묘사한다.

특히 영상에는 홀로코스트에서 사망한 사람들의 부상에 대해서 언론인이 모욕하므로 신뢰할 수 없고 부도덕한 것으로 묘사하는 방식으로 언론인을 비난한다. 따라서 이 동영상은 전 세계에서 알려진 미디어에 대한 공격을 반영하고 잠재적으로 위험한 내러티브, 즉 특정 국가 또는 지도자에 대해 의도적으로 대중을 편향시키는 "가짜 뉴스" 미디어의 보도에 대해 비판한다.

유튜브 동영상 외에도 @TruthAboutCamps 트위터 채널에서 공유되는 콘텐츠는 폴란드 총리의 성명서부터 홀로코스트 희생자를 기리는 행사에 이르기까지 다양하다. 그리고 트위터 계정은 전 세계 폴란드 대사관에서 게시한 모든 콘텐츠를 리트윗한다. 예를 들어, 2018년 1월 27일 스위스 주재 폴란드 대사관은 유대인에게 위조 여권을 발급하여 나치로부터 도망칠 수 있도록 한 스위스 외교관을 추모했다. 대사관 트윗은 #HolocaustRemembrance 해시태그로 끝이 났다. 따라서 폴란드 외교부와 대사관은 폴란드를 제2차 세계대전의 잔학 행위로부터 거리를 두게 할 뿐만 아니라 폴란드를 홀로코스트로 사망한 사람들을 기억하고 과거의 실수를 반복하지 않으려는 노력과 연계시킨다.

2017년 국제 홀로코스트 현충일(International Holocaust Remembrance Day)을 앞두고 오스트리아, 독일, 노르웨이, 포르투갈, 스페인에 있는 폴란드 대사관과 영사관은 모두 트위터를 통해 "폴란드 죽음의 수용소"라는 문구를 사용한 신문에 기사 철회를 요구했다. 외교부는 이 모든 활동을 폴란드어로 리트윗했다. 사실 @TruthAboutCamps 트위터 계정에 게시된 콘텐츠 대부분은 폴란드어로 되어 있다. 이는 트위터 계정이 국내 및 해외 시청자 모두를 대상으로 함을 시사한다. 영어 트윗은 폴란드의 역사적인 셀피를 재창조하는 데 초점을 맞출 수 있지만, 폴란드어 트윗은 폴란드 시민에게 외교부가 중요한 국가적 대의를 옹호하고 있음을 보여줄 수 있기 때문이다.

실제로 폴란드와 나치의 잔학 행위 사이의 연관성은 폴란드에서 중요한 국내 문제이며, 이는 제2차 세계대전에서 폴란드의 역할을 잘못 대표하는 사람들을 기소하는 최근 법안에 의해 분명해졌다(John, 2018). 폴란드의 역사적인 셀피를 재창조하는 대의를 옹호하고 신문을 적극적으로 모니터링하고 출판물 철회를 공개적으로 요구함으로써 폴란드 외교부는 자체적으로 국내 지지층을 구축할 수 있을 것이다. 세계화로 인해 외교부의 역할이 감소했다는 점에서 이것은 매우 중요하다. 세계화가 진전됨에 따라 정부 부처들은 지구적인 문제에 대한 글로벌 해결책을 조율해야 하는 요구에 직면하고 있다. 보건, 에너지, 환경 및 농업 부처는 모두 외국 동료들과 협력한다. 따라서 외교부는 국가의 모든 외교 문제를 관리하는 독점권을 상실하였다. 이러한 상실을 상쇄하고 정부 내에서 자신의 영역을 보호하기 위해 많은 외교부가 디지털 기술을 활용하여 국내 지지세력을 만들려고 한다. 캐나다와 같은 일부 외교부는 신속하고 효율적인 영사 지원을 우선으로 제공한다. 영국 외교부(FCO)는 세계 사건을 설명하고 영국에 미치는 영향을 설명하는 해석된 결과를 제공한다. 폴란드의 외교부는 국내 명분을 옹호하는 데 초점을 맞추고 있는 것으로 보인다. 이번 논의에서도 Spry(2018)와 마찬가지로 공공외교의 디지털화가 국내 공공외교의 출현을 일으켰다는 것을 유추할 수 있다.

결론

이 장에서는 외교부의 국가 브랜딩 활동을 살펴보았다. 주요 주장은 디지털 플랫폼을 사용하여 국가 브랜드를 생성, 수정 및 관리하면 디지털 자아의 특성을 지닌 개별화된 국가가 출현한다는 것이다. 다른 페이스북 사용자와 마찬가지로 국가에도 프로필 페이지, 프로필 사진, 좋아요 및 싫어요 기능이 있으며 다른 사용자와 상호 작용할 수 있다. 그래서 국가가 브랜드가 되고, 브랜드가 셀피가 되고, 셀피가 인격화 상태가 된다. 따라서 셀피 외교는 국가 이미지 또는 브랜드를 관리하기 위한 디지털 플랫폼의 사용 및 인격화된 디지털 상태의 후속 출현과 관련된 용어이다.

이 장에서 소개된 셀피 외교의 개념화는 기술 및 사회적 프리즘의 혼합으로 설명할 수 있다. 사회적 프리즘 관점에서 외교관은 이제 디지털 플랫폼을 활용하여 글로벌 디지털 대중에게 보급될 수 있는 국가 브랜드를 만든다. 이때 외교관은 디지털 사회의 논리와 규범을 수용한다. 기술 프리즘이 주장하는 것처럼, 브랜드 관리를 위해 페이스북을 사용하는 것은 외교관들이 지속적인 정보 공유, 고유한 어조의 채택, 진정한 디지털 자아의 생성을 포함하는 페이스북의 논리를 채택하는 경우에만 발생할 수 있다. 따라서 셀피 외교는 디지털 플랫폼을 사용하려는 외교관의 열망과 활용된 디지털 기술의 논리를 유지한 결과이다. 그러나 Manor와 Soone(2018)이 주장했듯이 셀피는 개성이나 독창성을 중시하는 것이 아니라 순응의 도구이다. 셀피를 통해 국가는 국제사회가 중시하는 가치와 규범을 준수하고 있음을 보여준다. 이것은 폴란드의 역사적인 셀피에서 가장 분명하게 나타났는데, 폴란드를 제2차 세계대전의 잔혹함에서 멀어지게 하고 폴란드 브랜드를 다문화주의 및 다양성의 가치와 연계시키는 데 기여할 수 있다.

폴란드가 과거에 집중한 것도 셀피가 디지털 사회의 향수를 불러일으키는 성격을 가장 분명하게 드러낸다. 디지털 사회는 유동적인 사회이지만 구성원들은 전통적으로 선과 악을 분리한 이분법을 갈망한다. 제2차 세계대전이나 냉전의 이분법이 그랬다. 폴란드는 과거를 새롭게 함으로써 "나쁘다."라는 의미보다는 "선하다."라는 의미를 획득하려고 할지도 모른다.

트럼프 시대 미국의 셀피 분석은 행정부의 변화가 국가 셀피의 변화로 이어지는 과정을 보여준다. 새로운 행정부가 새로운 외교 정책 목표, 수단 및 우선순위를 채택하는 것은 놀라운 일이 아니다. 더욱이 현재 미국의 셀피는 트럼프 대통령의 셀피와 공명하는 듯하다. 국무부는 미국이 거래의 기술, 일방적 행동 및 이익 창출에 전념하는 것으로 표현한다. 이처럼 미국 스스로 만들어내는 이미지와 세계 언론이 묘사하는 미국의 이미지 사이의 신뢰도 격차는 상대적으로 작다. 따라서 디지털 대중은 부시 시대에 미국이 민주주의에 대해 말하면서도 무력으로 행동했던 것처럼 미국의 셀피에 이의를 제기하거나 거부할 수 없었다. 그러나 트럼프 시대의 미국 셀피는 60년의 미국 공공외교를 부정하는 것처럼 보인다. 미국은 더 이상 세계의 도덕적 표준 방향성이 아니라 경제적 이익 창출을 중요시하는 CEO와 같다. 고독(또는 회의실)이라는 요새 안에 위치하여 동맹, 연합 또는 다자간 포럼이 필요하지 않다.

그러나 미국의 셀피는 일상적인 사건이 국가 셀피에 통합되는 방식을 보여주었다. 렉스 틸러슨(Rex Tillerson) 국무장관의 국빈 방문은 종종 미국의 재정적 이익을 증진하는 것으로 묘사되는 반면, 트럼프 대통령과 세계 정상 간의 양자 회담은 무역 협정과 금융 시장의 규제 완화에 대한 성명으로 끝이 났다. 이런 식으로 셀피는 일상적으로 나타난다. 이것은 국가가 네트워크 시대에 자신을 재확인할 수 있어 중요하다. 2장에서 논의된 바와 같이 네트워크화된 사회는 국가 기관이 위쪽으로는 EU와 같은 초국가적 실체로, 아래쪽으로는 디지털 사용자 네트워크로, 그리고 바깥쪽으로는 NGO 및 시민 사회 조직으로 이동하는 사회이다(Copeland, 2013). 그러나 셀피 외교를 통해 국가는 일상에서 자신을 투영할 수 있다. 디지털 플랫폼을 통해 국가는 일상적인 사건에 대해 논평하고 일상적인 의식(예: 추억의 목요일)에 참여하며 시민들과 소통한다. 따라서 국가는 글로벌 정상회담이나 국제 스포츠 행사가 아닌 일상생활에 활력을 불어넣는다. 이것은 국가가 네트워크 시대와 국가 기관의 감소 시대에 자신의 존재를 재확인하는 데 도움이 될 수 있다.

중요하게도 폴란드 사례 연구는 외교부의 디지털 활동을 관리하는 사람들의 신원이 공공 교의 디지털화에 어떻게 영향을 미치는지 보여준다. 2015년 Manor는 폴란드 외교부의 디지털 활동이 외교관이 아닌 소셜미디어 전문가와 홍보 전문가에 의해 관리된다는 사실을 발견했다. 이는 브랜딩 논리를 외교부에 도입하고 브랜드 관리를 중요한 공공외교의 목표로 선정한 것으로, 이는 새로운 작업 방식과 가치로 이어졌다.

Constance Duncombe(2017)는 국가가 "자신을 나타내는 방식

과 다른 방식으로 인식된다."고 믿을 때 "인정 투쟁"에 참여할 수 있다고 주장했다. 이러한 투쟁의 일환으로, 국가는 다른 방식으로 대표되고 인정되어야 하는 것을 다른 사람들에게 설득하려고 노력할 수 있다. 소셜미디어를 활용하여 국가는 자신을 대표할 수 있는 "우리" 대 "그들" 이분법을 만들 수 있다. 이 장에서는 폴란드가 트위터를 사용하여 폴란드와 나치 독일 사이에 역사적인 이분법을 만들어 그러한 "인정 투쟁"에 참여하는 방법을 설명하였다.

Causey와 Howard(2013)는 소셜미디어 도달 범위를 늘리려는 외교관의 노력이 디지털 대중과의 상호작용을 촉진하기 위한 진정한 시도인지, 아니면 전통적인 공공외교 목표를 위한 새로운 이미지 도구인지에 대해 질문하였다. 국가 이미지 관리 욕망부터 정부의 국내 안건, 디지털 사회의 규범 준수 필요성, 디지털 기술을 뒷받침하는 논리 채택 등 외교관이 더 많은 지지자를 끌어들이려는 시도에 영향을 미치는 요소가 무수히 많다는 것을 이번 장에서 보여준다. 그러나 지지자들을 끌어들이지 않고서는 외교관들이 공공외교를 할 수 없다는 것을 기억하는 것도 매우 중요하다.

특히, 이 장에서는 분석을 외교부의 셀피 활동으로 제한하고 디지털 대중이 이러한 셀피에 참여하는 방법을 평가하지 않았다. 이 장에서는 국가의 명성보다는 국가 이미지를 살펴보았다. 향후 연구에서는 디지털 대중이 국가 셀피를 받아들이거나, 경쟁하는 방식을 살펴봐야 한다. 이는 디지털 대중의 피드백을 평가하여 달성할 수 있다. Olubukola Adesina(2017)가 언급한 대로 디지털 기술은 디지털 대중과의 직접적이고 매개되지 않은 상호작용을 가능하게 하므로 중요하다. 이러한 상호작용에는 공개 피드백이 포함된다. 가장 기본적인 수준에서 디지털 대중의 피드백은 외교관이 메시지를 조정하여 디지털 영향 범위를 늘리는 데 도움이 될 수 있다. 다음 단계에서 피드백은 국가 이미지와 정체성 주장을 관리하는 데 기여할 수 있다. 가장 높은 수준에서 디지털 대중의 피드백은 정책 수립에 정보를 제공할 수 있고 또 그래야 한다.

다음 장에서 살펴보겠지만 외교부는 브랜드를 만들고 관리하는 유일한 기관이 아니다. 디지털 시대에 홍보대사도 온라인브랜드(iBrand)로 변모해야 한다.

참고문헌

Adesina, O. S. (2017). Foreign policy in an era of digital diplomacy. *Cogent Social Sciences*, 3(1), 1297175.

Anholt, S., & Hildreth, J. (2005). Let freedom and cash registers ring: America as a brand. *Place Branding*, 1(2), 164–172.

Aronczyk, M. (2008). 'Living the brand': Nationality, globality, and the identity strategies of nation branding consultants. *International Journal of Communication*, 2, 25.

Aronczyk, M. (2013). *Branding the nation: The global business of national identity*. New York: Oxford University Press.

Bauman, Z., & Lyon, D. (2016). Remoteness, distancing and automation. In Z. Bauman & D. Lyon (Eds.), *Liquid surveillance* (pp. 76–99). Cambridge: Polity Press.

BBC. (2007). Poll: World view of United States role goes from bad to worse. *BBC World Service*. Retrieved from http://www.bbc.co.uk/pressoffice/pressreleases/stories/2007/01_january/23/us.shtml.

Bjola, C., & Manor, I. (2018). Revisiting Putnam's two-level game theory in the digital age: Domestic digital diplomacy and the Iran nuclear deal. Cambridge *Review of International Affairs*, 31, 1–30.

Causey, C., & Howard, P. N. (2013). Delivering digital public diplomacy. In R. S. Zaharna, A. Arsenault, & A. Fisher (Eds.), *Relational, networked and collaborative approaches to public diplomacy* (pp. 144–156). New York, NY: Taylor & Francis.

Copeland, D. (2013). Taking diplomacy public: Science, technology and foreign ministries in a heteropolar world. In R. S. Zaharna, A. Arsenault, & A. Fisher (Eds.), *Relational, networked and collaborative approaches to public diplomacy* (pp. 56–69). New York, NY: Taylor & Francis.

Cull, N. J. (2008). Public diplomacy: Taxonomies and histories. *The Annals of the American Academy of Political and Social Science*, 616(1), 31–54.

Duncombe, C. (2017). Twitter and transformative diplomacy: Social media and Iran–US relations. *International Affairs*, 93(3), 545–562.

Fan, Y. (2010). Branding the nation: Towards a better understanding. *Place Branding and Public Diplomacy*, 6(2), 97–103.

Fullerton, J. A., Kendrick, A., Chan, K., Hamilton, M., & Kerr, G. (2007). Attitudes towards American brands and brand America. *Place Branding and Public Diplomacy*, 3(3), 205–212.

Goffman, E. (1990). *The presentation of self in everyday life*. London, UK: Penguin Books.

Grossman, S. (2015, November). Finland is launching a special set of national emoji. *Time*. Retrieved from http://time.com/4100041/finland-national-emoji/.

Gudjonsson, H. (2005). Nation branding. *Place Branding*, 1(3), 283–298.

John, T. (2018, February). Poland just passed a Holocaust bill that is causing outrage. Here's what you need to know. *Time*. Retrieved from http://time.com/5128341/poland-holocaust-law/.

Kaneva, N. (2011). Nation branding: Toward an agenda for critical research. *International Journal of Communication*, 5, 25.

Kotler, P., & Gertner, D. (2002). Country as brand, product, and beyond: A place marketing and brand management perspective. *Journal of Brand Management*, 9(4), 249–261.

Lodge, C. (2002). Success and failure: The brand stories of two countries. *Journal of Brand Management*, 9(4), 372–384.

Manor, I. (2016). Are we there yet: Have MFA s realized the potential of digital diplomacy? *Brill Research Perspectives in Diplomacy and Foreign Policy*, 1(2), 1–110.

Manor, I. (2017). America's selfie—Three years later. *Place Branding and Public Diplomacy*, 13(4), 308–324.

Manor, I., & Segev, E. (2015). America's selfie: How the US portrays itself on its social media accounts. In C. Bjola & M. Holmes (Eds.), *Digital diplomacy theory and practice* (pp. 89–108). Oxon: Routledge.

Manor, I., & Soone, L. (2018, January). The digital industries: Transparency as mass deception. *Global Policy*. Retrieved from https://www.globalpolicyjournal.com/articles/science-and-technology/digital-industries-transparency-mass-deception.

Mor, B. D. (2012). Credibility talk in public diplomacy. *Review of International Studies*, 38(2), 393–422.

Natarajan, K. (2014). Digital public diplomacy and a strategic narrative for India. *Strategic Analysis*, 38(1), 91–106.

Papadopoulos, N., & Heslop, L. (2002). Country equity and country branding: Problems and prospects. *Journal of Brand Management*, 9(4), 294–314.

Quelch, J. A., & Jocz, K. E. (2009). Can brand Obama rescue brand America? *The Brown Journal of World Affairs*, 16(1), 163–178.

Skuba, C. (2002). Branding America. *Georgetown Journal of International Affairs*, 3, 105–114.

Spry, D. (2018). Facebook diplomacy: A data-driven, user-focused approach to Facebook use by diplomatic missions. *Media International Australia*, 168(1), 62–80.

Storr, W. (2018). *Selfie: How the West became self-obsessed*. London: Picador.

Szondi, G. (2008). *Public diplomacy and nation branding: Conceptual similarities and differences*. Clingendael: Netherlands Institute of International Relations.

Transcript of President Bush's Address. (2001, September 21). *CNN*. Retrieved from http://edition.cnn.com/2001/US/09/20/gen.bush.transcript/.

Van Ham, P. (2008). Place branding: The state of the art. *The Annals of the American Academy of Political and Social Science*, 616(1), 126–149.

Van Ham, P. (2013). Social power in public diplomacy. In R. S. Zaharna, A. Arsenault, & A. Fisher (Eds.), *Relational, networked and collaborative approaches to public diplomacy* (pp. 17–28). New York, NY: Taylor & Francis.

9장 대사 활동의 디지털화

> 우리는 사랑받지 못했다. 우리는 미워하지도 않았다. 우리는 단지 달콤하게 무시되었다.
>
> '대사들(The Ambassadors)', 헨리 제임스

역사를 통틀어 기술 발전은 대사들의 역할에 영향을 끼쳤다. 19세기까지만 해도 외국 법원과 국가의 대사는 "특명전권대사"였는데, 이는 그들이 자국의 군주를 대신해서 협상하고 심지어 그들의 이름으로 조약에 서명할 수 있는 권한을 부여받았다는 것을 의미한다. 대사들에게는 국가를 대신하여 의사 결정과 조처를 할 수 있는 모든 권한이 부여되었다(Roberts, 2017). 이 권한은 당시의 통신 기술인 말을 타

고, 바다를 통해 목적지에 도착하는 데 며칠 또는 몇 주가 걸리는 서신을 고려하여 대사들에게 주어졌다. 정보가 먼 거리를 이동하는 속도가 느렸던 것을 고려할 때, 외교적인 의사 결정은 대사의 특권이었다. 그러나 19세기 중반 전신기의 발명은 대사들의 기능과 역할에 지대한 영향을 끼쳤다. 전신은 정부가 수도에서 세계정세를 관리할 수 있게 했다. 정보가 전 세계를 빠른 속도로 돌면서 조약과 협상의 세부사항은 전신을 통해 국가 행정부가 있는 수도로 전달될 수 있었고, 거기서 대응이 공식화되어 대사에게 다시 전달될 수 있었다. 이처럼 외교적인 의사 결정은 대사로부터 외교부(MFA)로 이전되었다.

대사들은 한때 그들이 가지고 있던 권력이 기술 발전으로 박탈되었기 때문에 갑자기 아주 평범한 자신을 발견했다. 그러나 전신은 대사를 불필요하게 만들지 않았다. 반대로 대사는 여전히 Corneliu Bjola(2013년)의 용어를 쓰기 위해 외국과의 우호·적대 관계를 관리하는 임무를 맡았다. 외교부가 외교 정책을 공식화하는 동안 정책을 수용할 수 있는 환경을 조성하는 책임은 대사에게 있었다. 또한 대사는 국가 간의 관계를 발전시키고 유지하는 책임이 있었다. 이것은 국가 지도자, 정치인, 여론 형성자 및 상류층과 긴밀한 개인적 관계를 형성함으로써 달성할 수 있었다. 그에 못지않게 중요한 것은 대사들이 정치스캔들, 전쟁 소문, 새로운 정치 지도자의 등장, 대중의 의제를 지배하는 이슈를 포함하여 정책 결정에 필요한 정보를 제공하기 위한 정보를 수집하고 분석하는 책임이 있었다.

20세기 동안 정보 통신 기술(ICT)의 발전은 대사의 역할에 다시 한 번 영향을 미쳤다. 1940년대까지 세계 지도자들은 정기적으로 전화로 서로 의논할 수 있었고, 외교부의 정책 입안자들은 외국의 동료들과 지속해서 교류할 수 있었다. 따라서 두 정부 간의 중재자로서의 대사의 역할은 더욱 줄어들었다. 게다가 교통 기술의 발전으로 정상 외교가 가능해진 것은 세계 정상들이 정기적으로 만나 조약을 협상하고, 연합을 구성하고, 무역 협정을 논의하고, 공동의 위협에 대한 연합 대응을 공식화할 수 있다는 것을 의미했다. 따라서 세계 지도자들은 외교의 무대를 차지했다. 그러나 대사는 여전히 무대 뒤 외교의 대가였다. 깜박이는 카메라 앞에서 세계 정상들이 서명한 협정의 세세한 부분을 처리한 것도 대사였고, 국제 정상회담에서 발생하는 문제와 갈등을 해결한 것도 대사였다. Piki Ish Shalom은 "외교관은 국가 간 관계의 백스테이지 관리자이다. 국제 관계의 바다가 잔잔하게 유지되도록 뒤에서 노력하는 사람들이다."라고 기술하였다(Ish Shalom, 2015, p. 10).

공공외교의 디지털화는 권력이 외교부에서 대사관으로, 그리고 이어서 대사로 다시 이동하는 것을 보여준다. 세계 지도자들이 외교의 무대에서 자신의 존재를 주장했을 수도 있고 외교부가 외교적 의사 결정을 책임지는 동안 대사관은 공공외교의 다섯 가지 영역에서 자신을 재확인했다. 디지털 기술은 대사관이 외국 인구와 의사소통하고, 주요 청중 및 엘리트와 관계를 구축하고, 국가 이미지를 관리하는 능력을 향상하게 시켰다(Archetti, 2012; Metzgar, 2012; Seo, 2013). 중요한 것은 외교 커뮤니케이션을 현지 청중의 고유한 특성에 맞게 조정하는 책임이 대사관에 있다는 것이다. 4장에서 논의한 바와 같이 공공외교 디지털화의 두 번째 단계에서는 메시지가 특정 청중의 특성에 공감하는 맞춤형 커뮤니케이션이 더욱 강조되었다. 소셜미디어 사이트를 통해 대사관은 외교 정책 메시지를 현지 청중의 규범, 가치, 관심 및 문화에 맞출 수 있다. 예를 들어, 워싱턴 주재 프랑스 대사관은 미국 디지털 대중의 규범과 가치, 양국 간의 역사적 관계 및 미국인이 프랑스를 인식하는 방식을 고려하면서 프랑스 외교 정책을 홍보하였다. 맞춤형 커뮤니케이션에 대한 중요성이 높아짐에 따라 외교부에서 대사관으로 권한이 이동했다.

Sabrina Sotiriu(2015)가 주장하는 바와 같이, 대사관은 이제 외교부의 정책 수립 프로세스에 기여할 수 있는 디지털 플랫폼에서 가치 있는 정보를 수집하는 임무도 맡고 있다. 외교관들이 디지털 플랫폼을 중요한 정보 출처(A)로 여기게 된 것은 아랍의 봄* 기간 동안 소셜미디어의 사용이 제한적이었기 때문이다(A. Lutyens, personal communication, July 10, 2018). 디지털 플랫폼에서 대화와 토론을 지켜봄으로써 외교관은 사회적 대화를 지배하는 문제, 정부에 대한 시민의 태도, 여론을 형성하는 사건과 문제에 대한 독특한 통찰력을 얻을 수 있었다. 따라서 온라인 대화를 모니터링하는 것은 국가의 기질과 외국 정부 및 체제의 안정성을 평가하는 수단이 된다. 곧 외교관들은 소셜미디어 플랫폼, 뉴스 웹사이트 및 인기 블로그, 심지어 수많은 사용자에게 메시지를 보낼 수 있는 메시징 애플리케이션 왓츠앱(WhatsApp)에서 공개 대화를 분석하기도 하였다(G. Lampe, personal communication, June 26, 2018). 그리고 소셜미디어 사이트는 한 국가가 다른 국가의 인구에 의해 인식되는 방식에 대한 통찰력을 제공했다. 예를 들어, 런던의 리투아니아 대사관은 영국 대중이 논쟁의 여지가 있는 것으로 여기는 리투아니아 정책을 식별하기 위해 트윗에 대한 댓글과 그들의 감정을 분석하였다. 그런 다음 이러한 정보를 리투아니아 외교부로 보내 정책 수립 프로세스에 통합할 수 있었다. 오늘날 이스라엘, 폴란드, 뉴질랜드 및 미국 대사관은 일상적으로 디지털

---

* 〈역자 주〉 아랍의 봄: 2010년 튀니지에서 아랍·중동 국가 및 북아프리카 일대로 확산된 반정부 시위운동.

플랫폼에서 수집한 정보를 통합하여 외교부에 보고한다(A. Lutyens, personal communication, July 10, 2018; Israel MFA, 2017; Manor, 2016).

대사관과 대사로 권력을 다시 옮기는 것은 온라인에서 귀중한 정보를 수집할 수 있는 새로운 능력과 본질에서 연결되어 있다. Wichowski가 말했듯이 정보는 의사 결정을 내리는 힘이다. 위협 식별, 아군과 적의 맵핑, 합작 투자의 조정을 가능하게 한다. 따라서 정보는 정부의 가장 귀중한 외교 정책 자산이다(Wichowski, 2015, p. 59).

그러나 연구에 따르면 대사관의 디지털 플랫폼 사용은 디지털화에 대한 대사의 태도에 의존하는 경우가 많다. 디지털 플랫폼을 자산으로 여기는 대사가 이끄는 대사관은 공공외교 활동에서 디지털 플랫폼을 활용할 가능성이 더 크다. 그러한 대사관은 또한 혁신적인 방식으로 디지털 기술을 사용할 가능성이 더 크다(Manor, 2016). 반대로, 디지털 플랫폼을 부담으로 여기는 대사가 이끄는 대사관은 온라인에서 비활성화될 가능성이 크다. 따라서 대사는 이제 디지털 게이트키퍼 역할을 한다. 이러한 이유로 외교부들은 종종 대사관에 특별 디지털 교육을 제공한다. 예를 들어, 핀란드 외교부에서 각 대사는 해외로 파견되기 전에 일대일 디지털 교육을 받는다. 반면, 이스라엘 외교부에서는 대사가 임무에 이르기까지 몇 주 동안 집합적으로 교육을 받기도 한다(ibid.). 아직 구조화된 교육 프로그램을 만들지 않은 리투아니아 외교부조차도 핵심 해외국가 수도에 임명된 대사관에 디지털 교육을 제공한다(R. Paulauskas, personal communi cation, July 25, 2018).

그러나 대사는 공공외교 목표를 달성하기 위해 디지털을 사용할 수도 있다. 디지털 존재감을 형성함으로써 대사는 외국 시민과 상호 작용하고 자국의 이미지에 영향을 미치며, 언론인, 블로거, 시민 언론인을 포함한 오피니언 메이커와 디지털 관계를 형성할 수 있다. 더욱 중요한 것은 홍보대사가 디지털 도구를 사용하여 지지자들이 주변 세계를 이해하도록 도울 수 있다는 것이다. 외교 정책 전문가로서 대사는 지지자를 위해 세계 이벤트를 해석하고, 지역 및 글로벌 프로세스가 서로 영향을 미치는 방식을 설명하며, 글로벌 행위자의 행동을 설명할 수 있다. 대사는 또한 팔로워를 위한 정보를 선별하여 과도한 정보가 넘쳐나는(Too Much Information)의 디지털 황무지를 탐색하는 데 도움을 줄 수 있다. 마지막으로 대사는 디지털 대중을 자신의 국가, 문화, 가치 및 규범에 드러내 두 국가 간의 연결 고리를 구축할 수 있다.

대사의 역할에 디지털화가 미치는 영향에도 불구하고 대사가 공공외교 목표를 위해 디지털 기술을 활용하는 방법을 조사한 연구는 거의 없었다. 또한 대사가 디지털 대중을 끌어들이고 대사관의 디지털 범위를 확장하는 데 도움이 되는지 조사한 연구도 거의 없었다. 마지막으로 현재까지 대사가 디지털 도구를 활용하여 진정한 디지털 존재감을 구축하는지와 방법을 조사한 연구도 없었다. 이번 장은 이 세 가지 간극을 해결하는 것을 목표로 한다. 이를 위해 먼저 대사가 대사관의 디지털 도달 범위에 이바지하는 정도를 평가한다. 다음으로 이 장에서는 대사가 공공외교 목표를 위해 디지털 플랫폼을 사용하는 방법을 보여주는 세 가지 사례 연구를 제시하겠다. 마지막으로 홍보대사가 디지털 대중을 끌어들일 수 있는 독특한 브랜드를 만드는 방법을 탐구하고자 한다. 다음 섹션에서는 대사의 디지털 도달 범위에 대한 정량적 분석을 제시하고자 한다.

대사의 매력

대사의 디지털 매력은 직급과 장인 정신에서 비롯될 수 있다. 대사는 이제는 예전처럼 특별하고 전권적이지 않지만, 그들의 직업에는 여전히 어느 정도의 위신이 수반된다. 대사는 여전히 외국에서 자국의 유일한 대표자이며, 그들은 자국의 정부를 대신하여 발언할 권리를 갖고 있다. 그리고 자국과 수도에서 가장 높은 권력층에 접근할 수 있다. 그들은 국제 협상 테이블에 자리할 수 있고, 국가 비밀과 기밀 정보에 접근할 수 있으며, 대사의 직함에는 여전히 탁월함이라는 평가가 함께한다. 게다가 그들은 정치인이 아닌 정부 소속의 공무원으로 세계 각 지역에서 근무하면서 국제외교로 출세를 하였다. 대사는 언론 홍보 담당자가 아니라, 세계 평화의 수호자로서 여전히 신뢰와 정당성의 아우라를 갖춘 전문가의 역할을 하고 있다. 따라서 국제 정세에 대해서 배움을 얻고자 하는 사람들은 이 외교 전문가에게 의지할 수 있다.

대사의 매력은 또한 그들의 기술에서 비롯한다. 대사는 복잡한 외교 정책 문제를 비전문가의 용어로 설명할 수 있는 전문가이다. 따라서 디지털 대중에게 국제 사건에 대한 설득력 있는 분석을 제공할 수 있다. 또한 대사는 국제 정세를 글로벌 체스판으로 보는 데 익숙하다. 체스판의 한 부분에서 행동이 다른 부분에서 즉각적인 반응으로 이어지는 것이다(Slaughter, 2017). 따라서 대사는 디지털 대중이 한 국가의 정책이 다른 국가의 정책과 우선 순위에 즉시 영향을 미치는 세계적으로 상호 연결된 세계의 작동을 이해하는 데 도움을 줄 수 있다. 국제 사회가 새로운 형태의 권력이 끊임없이 출현하는 유동적인 세계라는 점을 고려할 때 그러한 감각적인 경험에 대한 수요는 크다. 예를 들어, 미국은 여전히 초강력의 힘을 갖고 있지만, 새로운 지배 국가의 행동을 고려할 때 강대한 힘을 충분히 행사할 수 없다. 더욱이 지역 갈등은 이제 전 세계적인 영향을 미치고 그 반대의 경우도 마찬가지이다. 이는 크림반도의 위기가 미국과 러시아 사이의 세계적 위기로 변질하였을 때 분명히 나타났다. 마지막으로, 신구 강대국은 지역 문제에 대한 영향력을 지속해서 주장하려고 시도하여 상충하는 이해관계의 복잡함으로 이어진다. 예를 들어, 시리아 내전에서는 시리아, 러시아, 이란 군대가 미국과 사우디아라비아의 지원을 받는 반군과 싸웠다. 이처럼 유동적이고 상호 연결된 세계에서 대사는 디지털 공공외교 세계를 이해하고자 하는 사람에게 안내자 역할을 할 수 있다(Bauman & Lyon, 2016).

특히, 대사는 국제 정상회담과 협상 자리를 하고 있다. 따라서 그들은 대중에게 외교의 내부 작동에 대한 "비하인드 룩"을 제공할 수 있다. 또한 대사는 특정 외교 영역에 대한 심층적인 지식을 가지고 있다. 세계 무역 기구 대사는 세계가 직면한 도전에 대해 잘 알고 있을 것이다. 유엔(UN) 인권이사회 대사는 NGO 및 유엔 기관의 활동에 대한 통찰력을 갖게 되며, 따라서 기업의 CEO 또는 NGO 이사는 디지털 플랫폼에서 대사를 팔로워하면서 중요한 지식을 얻을 수 있을 것이다. 마지막으로 대사는 디지털 플랫폼에 자신의 스타일과 감각을 가져와 독특하고 진정한 목소리를 낼 수 있다. 이것은 공식 의전으로 인해 부담이 과중한 은미하고, 대중적이지 못한 디지털 팀이 운영하는 대사관 공식 계정보다 디지털 대중에게 더 매력적일 수 있다.

따라서 대사의 직급과 기술은 주변 세계를 이해하려는 시민부터 언론인, 정치인, 외교 커뮤니티의 기타 구성원, 시민 사회 단체, NGO 및 비즈니스 리더에 이르기까지 다양한 디지털 대중을 끌어들일 수 있다. 이렇게 함으로써 대사는 대사관의 디지털 도달 범위를 늘리고 대사관이 상호 작용하는 청중을 다양화할 수 있다. 디아스포라는 공식적인 대사관 디지털 계정에 몰려들 수도 있지만, 저널리스트들은 대사들과 교류하는 것을 선호할 수도 있다. 대사가 대사관의 디지털 도달에 기여하는 정도를 조사하기 위해 이 장에서는 대사관과 대사가 끌어들이는 트위터 팔로워 수를 계산했다. 다른 디지털 플랫폼보다 트위터에 집중하기로 한 결정은 외교부가 트위터를 정보 수집 도구로 보지만 페이스북은 관계 관리 도구로 간주한다는 사실에서 비롯되었다(Bjola, 2018). 대사의 디지털 매력이 그들이 공유하는 정보와 그들이 제공하는 분석에 달려 있다는 가정을 생각할 때 트위터는 페이스북이나 링크드인 및 인스타그램과 같은 다른 디지털 플랫폼보다 이 분석과 더 연관이 깊다.

4개의 샘플을 사용하여 대사의 대사관 디지털 도달 기여도를 계산했다. 모든 대사관과 대사의 트위터 계정은 2018년 6월 동안 액세스 및 분석되었다. 이 중 첫 번째 계정은 33개 런던 소재 대사관과 대사의 트위터 계정으로 구성된다. 런던은 영국에서 트위터의 높은 보급률과 런던의 외교 커뮤니티가 디지털 플랫폼에 대해서 열심히 수용했다는 사실을 감안하여 선택하였다. 대부분의 런던 소재 대사관은 디지털 방식으로 존재하며 많은 대사관이 트위터에서 활동하고 있다(Manor, 2017). 런던 표본에 포함된 대사관과 대사는 세계 지역 및 디지털 기술의 차별화 측면에서 다양한 표본을 만들고자 하는 바람을 바탕으로 선정되었다(Wn Dijck, 2017). 런던의 분석 결과는 표 9.1를 통해서 확인할 수 있다.

표 9.1에서 볼 수 있듯이 런던 샘플에 있는 대부분의 대사는 대사관의 디지털 범위에 크게 기여하는 것으로 나타났다. 대사관의 디지털 도달 범위에 대한 기여도가 10% 미만인 대사는 단 8명뿐이다(오스

표 9.1 런던에 본부를 둔 대사들의 대사관과 디지털 도달에 대한 기여

국가	대사의 팔로워 수	대사관의 팔로워 수	디지털 도달 범위에 대사가 기여한 정도(%)[a]
Afghanistan	32,455	5659	85
Argentina	1425	3878	27
Australia	7640	9451	45
Austria	146	3155	4
Bolivia	489	296	62
Canada	3128	15,705	17
Cyprus	14,924	936	94
Denmark	668	7117	9
Estonia	182	2697	6
Finland	344	7096	5
Gabon	469	357	57
Georgia	2050	1018	67
Germany	2509	11,060	18
Greece	461	9781	5
Iran	8013	228	97
Ireland	2402	26,282	8
Israel	16,538	58,040	22
Japan	1040	13,413	7
Jordan	508	561	48
Latvia	1539	1468	51
Lebanon	283	140	67
Lithuania	2154	2515	46
Malawi	1398	2139	40
Namibia	761	536	59
Netherlands	1659	9533	15
Norway	1610	4067	28
Qatar	8423	22,197	28
Russia	23,310	81,337	22

국가	대사의 팔로워 수	대사관의 팔로워 수	디지털 도달 범위에 대사가 기여한 정도(%)[a]
Rwanda	1643	5929	22
Slovakia	2179	2100	51
Slovenia	197	2823	67
Sweden	4125	6831	38
USA	25,149	57,384	30
평균	5146	11,386	36

[a]대사와 대사관의 추종자 수에 대한 백분율. 분석 결과에는 대사와 대사관을 동시에 팔로우하는 사용자를 구분하지 않음.

트리아, 덴마크, 에스토니아, 핀란드, 그리스, 아일랜드, 일본, 슬로베니아). 이에 비해 대사관의 영향력이 50% 이상인 10명의 대사가 있다(아프가니스탄, 볼리비아, 키루스, 가봉, 조지아, 이란, 라트비아, 레바논, 나미와, 슬로바키아). 따라서 이 대사는 대사관보다 더 많은 트위터 팔로워를 끌어들인다. 또한 대사관의 영향력이 80% 이상인 대사도 3명이나 되는 것으로 나타났다(아프가니스탄, 키프로스, 이란). 런던에 기반을 둔 대사가 대사관의 전체 디지털 도달 범위에 대한 평균 기여도는 36%이다. 그러나 대사가 끌어들이는 평균 트위터 팔로워 수는 대사관보다 현저히 낮다는 점에 유의해야 한다. 결론적으로 런던 샘플의 결과는 대사가 대사관의 디지털 도달 범위를 크게 늘릴 수 있음을 시사한다.

대사의 대사관 디지털 도달 가능성을 추가로 테스트하기 위해 30개 워싱턴 소재 대사관의 추가 샘플을 분석했다. 영국의 경우와 마찬가지로 워싱턴은 미국에서 트위터의 높은 보급률과 대사관 및 외교관의 높은 활용으로 인해 선택되었다. 또한 워싱턴 D.C.의 대사관은 글로벌 외교에서 미국의 중요성을 고려하여 많은 직원을 두는 경향이 있다. 이는 대사의 디지털 존재를 관리하는 데 도움을 줄 수 있는 더 많은 직원이 존재하는 것으로 해석된다. 디지털 분야에 많은 활동이 더 디지털 팔로워를 낳기 때문에 워싱턴 샘플이 런던 샘플보다 훨씬 더 결정적인 결과를 제공할 것으로 예상된다. 워싱턴 분석의 결과는 **표 9.2**를 통해서 확인할 수 있다.

표 9.2 워싱턴에 본부를 둔 대사들의 대사관에 대한 디지털 도달 기여

국가	대사의 팔로워 수	대사관의 팔로워 수	디지털 도달 범위에 대사가 기여한 정도(%)[a]
Afghanistan	53,050	55,352	49
Australia	188,628	16,254	92
Austria	2853	4607	38
Canada	6150	9450	39
Cuba	11,891	6683	64
Denmark	4907	21,773	18
Finland	1728	9072	16
France	43,489	37,215	54
Georgia	3007	5635	35
Germany	9693	38,027	20
Iceland	1174	4029	23
Indonesia	581	16,903	3
Ireland	17,411	22,816	43
Israel	71,161	186,416	28
Jordan	6963	55,893	11
Latvia	1457	2675	35
Libya	1498	692	68
Lithuania	1339	1339	50
Mexico	7017	16,115	30
Netherlands	2503	37,942	6
New Zealand	3529	390	90

국가	대사의 팔로워 수	대사관의 팔로워 수	디지털 도달 범위에 대사가 기여한 정도(%)[a]
Norway	4562	11,922	28
Qatar	34,736	17,134	67
Rwanda	10,350	6844	60
Saudi Arabia	282,292	99,309	74
Slovakia	688	1586	30
Sweden	2156	20,838	9
Switzerland	3863	5860	40
Turkey	26,117	13,529	66
UK	10,064	58,154	15
평균	27,162	26,148	40

[a]대사와 대사관의 추종자 수에 대한 백분율. 분석 결과에는 대사와 대사관을 동시에 팔로우하는 사용자를 구분하지 않음.

가정대로 워싱턴 샘플은 대사관의 디지털 도달 범위에 대한 대사의 실질적인 기여를 훨씬 더 잘 나타낸다. 대사관의 도달 범위에 대한 기여도가 10% 미만인 대사는 단 3명(인도네시아, 네덜란드, 스웨덴)인 반면, 워싱턴 샘플의 대사 중 1/3은 대사관의 도달 범위를 50% 이상 증가시킨다는 결과가 나타났다(호주, 쿠바, 프랑스, 리비아, 리투아니아, 뉴질랜드, 카타르, 르완다, 사우디아라비아, 터키). 따라서 워싱턴 샘플의 대사 중 3분의 1이 대사관보다 더 많은 트위터 팔로워를 끌어들인 결과가 나타났다. 워싱턴에 기반을 둔 대사가 대사관의 전체 디지털 도달 범위에 대한 평균 기여도는 40%이다. 특히, 대사의 평균 디지털 도달 범위는 대사관의 평균 디지털 도달 범위보다 큰 것으로 나타났다.

런던과 워싱턴 샘플의 결과는 모두 대사가 도달 범위를 늘리고 대사관의 디지털 존재에 기여할 수 있음을 보여준다. 또한 런던과 워싱턴 샘플 모두 대사의 디지털 매력을 입증한다. 그러나 트위터의 높은 보급률과 영국과 미국의 외교 커뮤니티의 채택을 고려할 때 이러한 분석 결과를 다른 국가로 일반화는 조심해야 한다. 따라서 이 장에서는 덴마크와 네덜란드의 두 외교부에 있는 대사관과 대사의 트위터 도달 범위를 비교했다. 이러한 샘플은 단일 미국과 영국의 수도에 있는 대사관 중심의 비교를 넘어 국가 간 비교를 가능하게 한다.

덴마크와 네덜란드 외교부에 집중하기로 한 결정은 둘 다 최근에 디지털화 프로세스를 더욱 촉진하기 위한 조치를 취했다는 사실에서 비롯된다. 덴마크 외교부의 경우에는 기술 산업과의 고령화 관계를 담당하는 기술 대사의 임명이 포함되었다(Danish MFA, 2017). 영국, 미국(캘리포니아) 및 중국에 사무소를 두고 있는 기술 대사는 복잡한 문제에 대한 혁신적인 솔루션을 찾기 위해 기술 회사와 네트워크 및 파트너십 구축을 담당한다. 네덜란드 외교부는 최근 "디지털 플랫폼에 대한 정보를 모니터링 및 분석하고 이러한 정보를 사용하여 정책 결정에 정보를 제공하는 뉴스룸"이라는 제목의 핵심 소셜미디어 기구를 출범하였다(Newsroom, 2015). 2018년에 네덜란드 외교부는 공공외교 및 디지털화의 미래에 대한 이틀 간의 토론을 위해 수백 명의 외교관, 미디어 전문가 및 학계를 모은 디지털 외교 캠프도 개최하였다. 따라서 덴마크와 네덜란드 외교부는 디지털 활동에 집중하여 대사가 디지털 플랫폼에서 활동하도록 동기를 부여할 것이라고 가정하였다.

둘째, 이 장에서는 네덜란드와 덴마크 외교부를 집중 조명한 것은 둘 다 디지털화 프로세스를 시작한 지 오래되었음에도 디지털 활동에 대한 조사를 한 연구가 거의 없었기 때문이다. 네덜란드 외교부는 2009년에 디지털 기반을 구축했고 덴마크는 2013년에 디지털 기술을 활용했다. 마지막으로 두 외교부 모두 부유하고 큰 국가의 외교부와 비교할 때 제한된 자원을 활용할 수밖에 없음을 고려하여 선택되었다. 제한된 자원으로 인해 대사관과 대사는 디지털 플랫폼을 공공외교 활동을 강화하는 수단으로 활용하도록 동기를 부여될 수 있다. **표 9.3** 및 **9.4**는 네덜란드 및 덴마크 샘플의 결과를 나타낸다.

표 9.3 네덜란드 대사의 자국 대사관과 디지털 도달에 대한 기여

국가	대사의 팔로워 수	대사관의 팔로워 수	디지털 도달 범위에 대사가 기여한 정도(%)[a]
Bulgaria	2624	2439	52
Cuba	1203	409	75
Hong Kong	1896	1889	50
Hungary	2007	646	76
Indonesia	2423	6854	26
Israel	367	1360	21
Kenya	5730	2820	67
Libya	7159	2630	73
Macedonia	3692	5673	39
Mexico	1734	2429	42
Munich	1085	533	67
Palestine	440	371	54
Philippines	658	674	49
Serbia	2307	2606	47
Singapore	1973	2193	47
South Africa	3353	10,678	24
Sweden	835	756	52
Uganda	1853	3587	34
United Kingdom	1695	9553	15
United Nations in New York	23,221	2998	89
USA	2503	37,942	6
평균	3274	4716	48

[a]대사와 대사관의 추종자 수에 대한 백분율. 분석 결과에는 대사와 대사관을 동시에 팔로우하는 사용자를 구분하지 않음.

표 9.4 덴마크 대사의 자국 대사관과 디지털 도달에 대한 기여

국가	대사의 팔로워 수	대사관의 팔로워 수	디지털 도달 범위에 대사가 기여한 정도(%)[a]
Australia	701	511	58
Croatia	402	737	35
Egypt	762	1890	29
EU	310	3573	8
France	979	1180	45
Geneva	2612	4596	36
Germany	1166	988	54
India	3724	1695	69
Ireland	1083	791	58
Japan	1958	46,358	4
Netherlands	820	94	90
Poland	791	803	50
Saudi Arabia	1418	78	95
UK	667	7117	9
United Nations in New York	3361	18,525	15
USA	4907	21,772	18
평균	1604	6919	42

[a]대사와 대사관의 추종자 수에 대한 백분율. 분석 결과에는 대사와 대사관을 동시에 팔로우하는 사용자를 구분하지 않음.

네덜란드 샘플을 수집할 때 대사관 외에 트위터에서 활동하는 네덜란드 대사는 21명에 불과하다는 사실이 확인되었다. 대부분의 해외 국가 수도에서 네덜란드의 디지털 존재는 대사의 트위터 채널이나 대사관의 채널로 제한된다. 그러나 표본에 포함된 평균적인 네덜란드 대사는 대사관의 디지털 도달 범위를 48%까지 확장한다. 표본에는 대사관의 디지털 도달 범위에 대한 기여도가 10% 미만인 대사가 단 한

명(미국)인 반면 기여도가 50%를 초과하는 대사는 9명(불가리아, 쿠바, 홍콩, 헝가리, 케냐, 리비아, 뮌헨, 팔레스타인, 유엔 뉴욕)이다. 따라서 네덜란드 표본은 트위터 보급률이 상대적으로 낮은 국가(이스라엘 및 팔레스타인) 또는 인터넷 보급률이 상대적으로 낮은 국가(케냐, 리비아 및 우간다)에서도 대사가 디지털 플랫폼에서 대사관의 범위를 크게 확장할 수 있음을 시사한다.

덴마크 대사가 대사관의 디지털 도달 범위를 평균 42% 확장했기 때문에 덴마크 표본의 결과에서도 똑같이 결정적 역할을 하는 것으로 나타났다. 평가된 16개 대사관 중 6개 대사관에서 덴마크 대사의 기여도가 50% 이상이다. 그러나 네덜란드 외교부의 경우와 마찬가지로 대사관 외에 트위터에서 활동하는 덴마크 대사는 16명에 불과해 놀라울 정도로 낮은 수치를 보였다.

요약하면, 이 섹션에 제시된 결과는 대사가 대사관의 디지털 범위를 크게 늘리고 공공외교 활동에 기여할 수 있음을 보여준다. 대사는 디지털 플랫폼을 사용하여 디지털 대중과의 유대를 강화하고 통찰력, 분석, 정보, 큐레이션 및 국제 외교에 대한 "비하인드 소식"과 같은 부가가치를 제공한다. 다음 섹션에는 대사가 디지털 기술을 활용하여 자신의 디지털 팔로워를 만드는 방법을 보여주는 세 가지 사례 연구를 살펴보도록 하겠다.

사라지는 외교의 백스테이지

20세기 대부분의 기간 외교는 철의 장막 뒤에서 이루어졌다. 외교관들이 단체 사진 촬영을 위해 포즈를 취하는 경우가 많은데, 이는 외교적 논의 전후에 찍은 것이다. 외교 자체는 여전히 고귀한 귀족과 호텔의 내부 성역이나 역사적인 홀의 닫힌 문 뒤에서 이루어졌다. 따라서 외교의 무대(또는 외교가 표현된 영역)와 외교의 백스테이지(또는 외교가 수행된 영역)를 구분할 수 있었다(Shimazu, 2014). 1960년대에 외교의 백스테이지에서 통신기술의 침입이 시작되었다. 최초로 텔레비전 카메라를 통해서 시청자들이 거의 실시간으로 외교적 논의를 목격할 수 있게 한 것은 이 10년이었다. 쿠바 미사일 위기 당시 유엔 주재 미국 대사 아들라이 스티븐슨과 러시아 측 상대인 발레란 조린의 외교적 충돌을 TV로 방송한 때도 마찬가지였다. 쿠바에서 소련의 탄도 미사일에 대한 스티븐슨의 폭로는 유엔에 앉아 있는 외교관들과 저녁 뉴스 시청자들 모두를 놀라게 했다.

1970년부터 1990년대까지도 외교의 백스테이지에 대한 언론의 개입은 계속되었지만 여전히 외교관에 의해 조작될 수 있었다. 만약 외교관들이 카메라의 존재가 외교적 노력에 도움이 될 것이라고 믿을 때만 외교 현장을 언론인에게 비공개로 허용하였다. 외교관들이 카메라가 외교적 노력을 약화시킬 수 있다고 생각한다면 언론은 배제되었다. 이처럼 언론은 외교적 압력을 가하는 도구로 사용되었다. 1990년 평화협상 중 좌절한 제임스 베이커 미 국무장관이 이스라엘 대표단의 부정적인 접근 방식을 질책하면서(Friedman, 1990) 다음과 같이 말했다. "지금과 같은 부정적인 접근과 대화방식을 고수한다면 평화는 없을 것이다. 그래서 우리의 좋은 이스라엘 친구들의 적극적인 믿음과 적극적인 노력이 필요할 것이다. 만약 그러한 상황 변화가 빨리 안 된다고 한다면, 레빈 씨에게 말하는데 이스라엘에 계신 모든 사람은 국무부의 전화번호가 1-202-456-1414라는 것을 알아야 한다. 평화에 대해 진지하게 생각하실 때는 우리에게 전화하길 바란다." 베이커의 질책은 의도적으로 저녁 뉴스 시기를 고려하였고, 이스라엘을 중동 평화의 장애물로 묘사할 것이라는 언론을 고려한 발언이다.

세기의 전환기에 있었던 두 가지 사건은 외교관들에게 외교의 백스테이지에서 카메라를 허용해야 한다는 압력을 증가시켰다. 첫 번째는 CNN과 24시간 뉴스 채널의 출현으로 뉴스 기사, 이미지 및 폭로의 지속적인 공급이 필요했다. 뉴스에 대한 언론의 굶주림을 충족시키기 위해 외교관들은 카메라가 외교의 백스테이지를 엿볼 수 있도록 허용했다. 1999년 평화 정상회담에서 에후드 바라크 이스라엘 총리와 파루크 아샤라 시리아 외무장관이 빌 클린턴 대통령과 회담하는 모습을 담은 사진이 그러한 경우이다. 카메라에 포착된 친밀감은 진짜가 아니었다. 미디어 관음증자에게 외교의 내부를 살펴보고 끊임없는 뉴스에 대한 요구를 충족시키기 위해 잘 연출된 순간이었다.

외교의 백스테이지에서 침해된 두 번째 사건은 디지털 사회의 도래였다. 2장에서 자세히 설명했듯이 디지털 사회의 가치와 규범은 디지털 사회 구성원에게 요구되는 행동을 강요한다. 디지털 사회가 추구하는 규범은 개방성과 진정성이다. 또한, 한때 사적으로 이루어졌던 모든 것이 이제 공개적으로 이루어져야 해서 디지털 사회에서는 비밀이 허용되지 않는다(Bauman & Lyon, 2016). 이러한 요구는 디지털 사회의 재정적 논리와 알고리즘으로 분석하고 기술 회사에서 수익을 창출할 수 있는 정보의 꾸준한 흐름을 제공해야 할 필요성에서 비롯된다. 모든 게시물, 댓글 및 공유는 디지털 사용자에 대한 지식을 생성하는 데 사용할 수 있는 작은 정보이다. 기업이 개인의 온라인 경험을 맞춤화하고, 제품을 판매하고, 개인의 삶의 관심사에 맞게 광고를 맞춤화할 수 있게 하는 것은 정보이다. 디지털화 과정의 일환으로 외교관과 외교 기관도 한때 사적이었던 것을 공개했다. 외교관이 디지털 대중을 끌어들이고, 이러한 대중과 관계를 구축하고, 그들이 세상을 보는 방식을 형성하기를 원한다면 외교관은 외교에서 비밀의 베일도 벗겨야 한다. 이러한 이유로 대사는 이제 디지털 플랫폼을 사용하여 온라인 대중에게 외교의 백스테이지를 보여준다.

Causey and Howard(2013)는 디지털 미디어가 외교의 백스테이지 노출을 촉진하기 때문에 외교를 복잡하게 만든다고 말했다. 그러나 이 장에서 검토한 사례 연구에서 알 수 있듯이 외교관은 여전히 외교의 백스테이지 노출 범위를 제한할 수 있다. 투명한 외교의 초기 사례 중 하나는 2014년 1월에 개최된 제네바 2차 회의였다. 러시아와 미국이 공동 후원한 제네바 회의는 시리아 정부와 시리아 반군 간의 직접 협상을 통해 시리아 내전을 해결하는 것을 목표로 했다. #Geneva2 해시태그를 팔로우하는 트위터 사용자는 회의실 내 외교관들의 협의를 라이브 트윗하는 동안 외교의 백스테이지에 직접 액세스할 수 있었다. 예를 들어, 영국과 러시아의 외교관은 회의실에 모인 다양한 대표단의 이미지를 트윗하여 트위터 사용자에게 누가 협상 테이블에 앉게 되었는지 알렸다(**그림 9.1**).

이어 외교관들은 각 대표단의 입장을 트위터에 올렸다. 유엔 팔레스타인구호활동기구(UN Palestine Relief and Aid Work Agency for Palestine)의 한 트윗은 반기문 유엔 사무총장의 말을 인용해 "모든 시리아인들이 말할 수 없는 인간의 고통을 끝내기 위해 여기 모인 당신을 주목하고 있다."는 트윗을 하였다. 시리아 주재 미국 대사관은 트윗에서 존 케리 국무장관이 바샤르 아사드 대통령과 그를 지지한 사람들이 더 이상 시리아 전체와 지역을 인질로 잡을 수 없다고 말한 것을 인용했다. 카타르 외교부는 "우리의 의무는 국민을 속이지 않고 절망의 움직임에 굴복하지 않도록 만드는 것이다."라는 장관의 언급을 인용했다. 따라서 트위터 팔로워는 협상실에 누가 대표이고, 그들의 입장이

그림 9.1 2014 제네바 2 회의에 모인 대표단(출처: https://twitter.com/mfa_russia/status/425913644925210624?ref_src=twsrc%5Etfw%7Ctwcamp%5Etweetembed%7Ctwter-m%5E425913644925210624&ref_url=https%3A%2F%2Fdigdipblog.com%2F2014%2F04%2F02%2Fdigital-diplomacy-what-is-it-good-for%2F)

무엇이며 어떤 솔루션이 논의되고 있는지 알게되었다(Manor, 2014). 팔로워들은 또한 **그림 9.2**의 트윗에서 볼 수 있듯이 협상장 내에서 백채널 협상이 진행되는 모습을 시각적으로 엿볼 수 있었다. 그래서 외교의 백스테이지가 더욱 대중적으로 노출이 되었다.

제네바 사례 연구는 두 가지 이유로 중요하다. 첫째, 외교의 투명성 제고가 새로운 현상이 아님을 보여준다. 디지털화가 외교관의 업무 루틴과 의사소통 규범에 미치는 영향은 이미 2014년에 구체화하고

그림 9.2 제네바 2 회의의 백채널 협상(출처: https://twitter.com/StateDept/status/425996642504818688?ref_src=twsrc%5Etfw%7Ctwcamp%5Etweetembed%7Ctwter-m%5E425996642504818688&ref_url=https%3A%2F%2Fdigdipblog.com%2F2014%2F04%2F02%2Fdigital-diplomacy-what-is-it-good-for%2F)

있었다. 그러나 제네바에서 나오는 대부분의 트윗은 대사가 아니라 외교부가 작성한 것이다. 이처럼 제네바 사례 연구는 MFA 및 개별 외교관의 디지털화 프로세스가 서로 다른 속도로 진행될 수 있음을 보여준다.

요즘 대사들은 팔로워에게 외교의 무대 뒤에서 접근할 기회를 제공하기 쉽다. 한 가지 주목할 만한 예는 2018년 3월 영국의 유엔 상임대표가 된 영국 외교관 카렌 피어스(Karen Pierce)다. 2015년 5월 트위터에 가입한 피어스는 다자외교의 내부 회랑 안에서 트윗을 일상적으로 게재한다. 새로운 직책을 맡은 이후 피어스의 트위터 활동을 분석한 결과 그녀가 네 가지 유형의 트윗을 게시하는 것으로 나타났다.

첫 번째는 이러한 외교 회의의 이미지와 함께 유엔 안전보장이사회의 회의에 대한 간략한 업데이트를 포함한다. 이러한 트윗을 통해 디지털 대중은 세계에서 가장 권위 있는 외교 포럼 중 하나에 실시간으로 액세스할 수 있다. 2018년 7월 13일에 게시된 그러한 트윗 중 하나는 다음과 같다. "우리는 잔혹한 행위를 무시하지 않음으로 평화를 추구한다. 오늘 @UNSC 주도의[유엔 안전보장이사회] #UNSC 결의안은 "갈등을 부추기는 무기의 흐름을 제한"하고 "측량할 수 없는 고통을 일으킨 2명의 개인에 대해 제재함으로써 #남수단 국민을 보호하기 위해 고안되었다." 트윗에는 남수단에 대한 안전보장이사회 결의안에 찬성 투표하는 피어스Pierce와 다른 유엔 상임 대표들의 이미지가 포함되어 있다. 5월 15일에 게시된 비슷한 트윗은 팔레스타인 시위대와 이스라엘 간의 폭력적인 충돌로 인한 팔레스타인 인명 손실을 비난했다. 가자지구 국경에 있는 이스라엘 방위군 폭력에 대한 대사의 단호한 규탄에는 유엔 안전보장이사회가 희생자들을 추모하는 침묵의 순간을 관찰하는 이미지가 함께 게시되었다(**그림 9.3**).

피어스가 게시한 또 다른 유형의 트윗은 유엔 안보리의 분쟁 지역 방문에 초점을 맞추고 있다. 예를 들어, 2018년 5월, UN 안전보장이사회 상임대표의 버마를 방문할 때, 그 해 초 고향을 떠나야 했던 로힝야족의 인도주의적 곤경을 평가한 여러 트윗을 게시했다. 한 트윗에는 버마 북부 상공을 비행하는 헬리콥터에서 찍은 영상을 게시하며 "오늘 #UNSC가 #버마의 북부 #라카인을 방문했다. 상공에서 바라보면 파괴의 규모가 명확히 드러난다. #로힝야 위기"라는 문구를 올렸다.

그림 9.3 안보리 회의실에서의 카렌 피어스 트윗(출처 https://twitter.com/KarenPierceUN/status/996405221369753600)

18,000명 이상의 트위터 사용자가 본 이 비디오는 디지털 대중에게 안보리의 해외 임무와 활동에 대한 통찰력을 제공했을 뿐만 아니라 디지털 대중이 버마에서 벌어지고 있는 상황을 인도주의적 재난으로 해석할 수 있는 프리즘이나 프레임을 제공했다. 같은 날에 피어스는 두 개의 이미지가 포함된 트윗을 게시했다. 하나는 안전보장이사회와 버마

관리들과의 회의이고 다른 하나는 군인들과의 회의였다. 트윗의 내용은 안전보장이사회가 버마에게 로힝야족이 집으로 돌아갈 수 있는 여건을 조성하고 그들에 대한 폭력을 철저히 조사하도록 압력을 가했다고 밝혔다. 따라서 디지털 대중은 외교적 논의 과정에 실시간으로 액세스할 수 있었다.

세 번째 유형의 트윗에는 안보리 회원국이 발표한 언론 성명이 포함되었다. 2018년 4월 22일의 그러한 트윗 중 하나는 안전보장이사회가 시리아의 상황을 논의했으며, 위기에 대한 정치적 해결책을 찾고, 시리아의 화학무기 사용 가능성을 해결하기 위한 시도를 다시 활성화할 필요가 있다는 데 동의했다고 밝혔다. 이 트윗에는 디지털 장치의 카메라로 캡처한 간단한 언론 성명이 수반되었다. 따라서 상임대표의 디지털 팔로워는 언론과 일반 대중에 전달될 정보에 선제적으로 직접 접근할 수 있었다. 디지털 대중에게 외교 협정에 대한 직접 액세스를 제공하는 이 트윗은 디지털화가 미디어, 외교관 및 세계 시민 간의 전통적인 관계를 어떻게 변화시켰는지 보여준다. 외교관은 이제 미디어를 우회하고 전 세계 대중에게 뉴스와 프레임을 직접 전달할 수 있게 되었다.

마지막으로, 피어스Pierce는 외교의 인간적 요소를 포착한 트윗을 자주 게시한다. 이러한 트윗에는 일반적으로 상임대표가 동료들과 의논하거나, 동료들과 웃거나, 다자외교에서 휴식을 취하는 모습, 새로운 직책에 임명된 동료를 축하하는 이미지로 구성된다. 이러한 트윗은 디지털 사회의 관음증을 만족시킬 수 있는 외교에 대한 "비하인드 스토리"를 제공하는 역할을 한다. Causey와 Howard(2013)는 진정성이 공식 커뮤니케이션과 비공식 커뮤니케이션 사이의 균형으로 정의되는 디지털 지원 활동의 핵심이라고 주장했다. 피어스Pierce는 그 균형을 아주 훌륭하게 맞추는 것 같다.

큐레이션 정보

2장에서 살펴본 것처럼 디지털 사회는 개인이 매일 TMI(too much information)의 공세에 직면하는 사회이다(Miller & Horst, 2017). 디지털 사회 구성원은 친구가 게시한 모든 상태 업데이트 또는 소셜미디어 플랫폼에서 추천하는 모든 기사를 읽을 수 없으며, 유명인이 게시한 모든 동영상이나 트위터 세상(Twitterverse)에 존재하는 인기 있는 모든 이미지 파일(GIF)을 볼 수도 없다. 사회적 프리즘의 관점에서 볼 때 디지털 사회 구성원은 디자인의 홍수에 떠밀려서 살아간다. 개인의 디지털 경험을 맞춤화하고 도달하는 정보를 걸러내는 알고리즘은 TMI라는 일상의 정보 파도 가운데서도 개인의 디지털 경험을 맞춤화하고 도달하는 정보를 필터링하는 도구가 될 수 있다. 따라서 알고리즘은 개인이 자신과 관련이 있거나 관심 있는 것만 보고 접근이 가능하게 한다.

대사는 또한 디지털 사회 구성원이 TMI의 공해를 가로질러 길을 찾도록 도울 수 있다. 대사는 국제 문제에 대한 전문 지식과 지식을 바탕으로 팔로워를 위한 신뢰할 수 있는 정보 출처를 식별하고, 특정 간행물 및 언론 매체를 추천하고, 통찰력 있는 분석을 공유하고, 중요한 뉴스 기사 또는 정책 브리프를 강조하고, 사실과 허구를 구분할 수 있다. 정보를 선별함으로써 대사는 팔로워가 자신을 둘러싼 세상을 이해하도록 도울 수 있으며, 중요하게는 잘못된 정보와 대체 사실의 흐름을 막는 데 도움이 될 수 있다.

정기적으로 팔로워를 위한 정보를 관리하는 대사는 David

O'Sullivan 미국 주재 EU 대사가 있다. 대사는 2014년 10월에 트위터에 가입했으며 2018년 8월 기준으로 8,000명 이상의 팔로워를 확보했다. 2018년 4월과 8월 사이에 미국 주재 EU 대사가 게시한 트윗을 분석한 결과 오설리번(O'Sullivan)은 거의 매일 정보 큐레이션을 수행하는 것으로 나타났다. 4월부터 8월까지 오설리번(O'Sullivan)은 "Today's Must Read" 또는 "Today's Must Watch"라는 제목의 많은 트윗을 게시했다. 이 트윗은 그의 팔로워에게 EU와 미국 간의 미래 무역 관계에 관한 EU 관리의 성명, 대서양 양측의 안보를 강화하는 방법에 대한 EU와 NATO의 공동 성명, 무역을 다루는 워싱턴 포스트의 의견 기사를 언급했다. 미국이 EU 수입품에 부과한 관세, 그리고 "적자와 흑자의 이면에 있는 경제적 현실에 대한 명확한 설명"을 제공하는 New Tork Times 기사가 있었다. 기타 "필독(Must reads)" 리스트에는 미국 및 해외에서 EU 관리 또는 EU 대사가 작성한 의견이 포함되었다.

대사의 트윗은 팔로워들에게 관련성 있고 중요한 뉴스에 대한 일일 추천을 제공하는 역할을 하였지만 미-EU 무역 문제에 초점을 맞추는 경향이 있었다. 2018년 8월 3일에 게시된 한 트윗은 추종자들에게 EU 외무장관의 성명을 언급했다. 또한 트윗은 EU 외무장관의 말을 인용해 "끔찍하게 예측할 수 없고 전략이 없는 세상에서 우리(EU)를 예측 가능하고 신뢰할 수 있는 파트너로 믿을 수 있다."고 언급하였다. 이 트윗은 대사가 팔로워들이 주변 세계를 이해할 수 있도록 정보를 선별한다는 것을 보여준다. 예측할 수 없는 세상에서 트위터 사용자는 EU를 신뢰할 수 있는 파트너로 간주해야 하는 것으로 판단하게 한다.

특히 2018년 O'Sullivan은 무역 문제에 중점을 둔 반면, 2015년 오설리번의 정보 큐레이팅 활동은 그리스 경제를 안정시키기 위한 EU의 조치에 중점을 두었다(Manor, 2015). 이처럼 대사관은 디지털 플랫폼을 활용하여 EU에 가장 중요한 문제를 식별하고 트위터 팔로워를 위한 의제를 설정하는 것으로 보인다. 현재 대사는 특정 언론인을 추천하기도 한다. 예를 들어, 2018년 4월 2일 오설리반은 소셜미디어 사이트의 개인 정보를 규제하려는 EU의 시도를 다루는 미국 연방통신위원회(FCC) 의장인 톰 휠러(Tom Wheeler)가 발행한 논평을 팔로워에게 소개했다. 이 트윗은 신뢰할 수 있는 정보 출처를 식별했을 뿐만 아니라 EU를 캠브리지애널티카(Cambridge Analytica)* 이후 시대에 소셜미디어 사용자의 개인 정보 보호를 보장하기 위한 투쟁에서 주도적인 세력으로 묘사했다. 따라서 이러한 종류의 트윗은 긍정적인 프레임 또는 프리즘을 만들어 대사관 팔로워가 EU를 볼 수 있도록 한다.

마지막으로 대사는 종종 "진실"과 "사실"이라는 단어를 사용하는 트윗을 게시했다. 2018년 7월 17일에 게시되고 **그림 9.4**에 표시된 그러한 트윗 중 하나에는 EU 자동차 산업이 미국 경제에 혜택을 주는 방법에 대한 "유용한 사실"이 포함되어 있다. 6월 10일 또 다른 트윗에는 "관세의 진실? 미국은 현재 330개의 개별 제조된 EU 제품에 15% 이상의 개별 관세율을 부과하고 있다. 그러나 미국 기업이 EU에 제품을 판매할 때 이러한 관세 정점은 45개에 불과하다." 마찬가지로, 신문 기사에 대한 또 다른 추천은 "사실은 유럽이 미국의 최고의 무역 파트너임을 보여준다."라는 말로 시작되었다.

사실과 진실의 수사학은 우연이 아니다. 오히려 대사와 그가 추

---

* 〈역자 주〉 영국의 정치컨설팅회사이다. 페이스북-케임브리지 애널리티카 정보 유출 사건(영어: Facebook-Cambridge Analytica Data Breach)은 2018년 초에 케임브리지 애널리티카 회사가 수백만 페이스북 가입자의 프로필을 그들의 동의없이 수거해서 정치적 선전을 하려는 목적으로 사용했다는 사실이 세상에 밝혀지면서 일어난 사회적 물의 및 정치적 논쟁이다. 이 사건으로 인해 개인 정보에 대한 이해와 인식이 높아졌고, 기술 관련 기업들의 데이터 사용에 대해 엄격한 규제를 요청하는 분위기가 생겼다.

그림 9.4 트위터 팔로워를 위한 EU 대사의 정보 큐레이션(출처: https://twitter.com/EUAmbUS/status/1019228571120828416)

천하는 콘텐츠를 디지털 플랫폼을 가로질러 퍼지는 "가짜" 또는 거짓 뉴스 및 대체 사실과 분리하는 역할을 한다. 진실과 사실을 주장함으로써 대사는 팔로워를 위해 큐레이팅한 정보에 자신의 명성과 지위를 부여한다. 이것은 오설리반이 식별한 정보 소스에 의미 있게 참여하려는 팔로워의 의지를 증가시킬 수 있다. 특히, 사실과 진실의 수사학을 사용함으로써 대사는 또한 EU와 진실 사이에 긍정적인 연관성을 만들어 미국에서 EU의 이미지를 다시 한 번 관리할 수 있다.

데이비드 오설리반(David O'Sullivan)의 디지털 활동은 그가 대표하는 정치적 실체인 EU를 고려할 때 중요하다. EU 공공외교의 디지털화는 다른 국가의 외교부와 비교할 때 이례적일 수 있다. 이는 EU의 외교부인 대외활동국이 2010년에야 설립되었기 때문이다. 따라서 EU의 공공외교는 다른 외교부와 달리 디지털 시대에서부터 시작하게 되었다. 따라서 유럽외부조치서비스(External Action Service)는 외교 활동에서의 방송에서 새로운 커뮤니케이션 패러다임으로의 전환 필요성, 위험을 감수하는 커뮤니케이션 관행의 채택, 새로운 업무 루틴의 생성, 그리고 새로운 부서의 설립을 포함하는 전반적인 디지털 전환의 갈등과 성장을 위한 난관을 피할 수 있었다. 그러나 EU 디지털 활동은 또한 다른 외교부에서는 일반적이지 않은 문제에 직면해 있다. 최근 옥스퍼드 대학에서 열린 회의에서 언급되었듯이 EU 외교 공동체는 28개 회원국 모두의 입장을 대변해야 한다. 이렇게 하면 EU의 디지털 팀이 어떤 사건이 전개되고 있는 시점에서 특정 논평을 하거나, 실시간 외교의 실행도 못하게 된다. 또한 디지털 팀은 회원국 간에 합의를 얻은 문제만 처리할 수 있다. 이는 온라인에서 다룰 수 있는 문제의 다양성을 실질적으로 제한하고 디지털 팀이 디지털 대중이 논의하고 있는 논쟁의 여지가 있는 문제를 해결하는 것을 차단하게 한다. 동유럽의 권위주의 정권의 부상과 같은 최근 EU 내부의 균열은 디지털 대중이 명확성과 분석을 더 필요로 할 수 있는 시기에 EU 디지털 커뮤니케이션을 더욱 방해할 수 있다.

그러나 정치적 행위자로서의 EU의 비전을 실현할 수 있는 것은 디지털 플랫폼을 통해서다. EU 휘장이 새겨진 단일 트위터 계정을 사용함으로써 28개 회원국은 한 목소리로 말하고 일관된 단일 외교 정책을 추진하며 글로벌 이벤트 및 행위자에 대한 단일 관점을 제공한다.

따라서 EU가 다른 국가처럼 될 수 있는 것은 디지털 플랫폼에서 이루어진다. 디지털 활동은 부처 차원에서 방해를 받을 수 있지만 디지털화의 이점을 충분히 활용할 수 있는 것은 대사 차원이다. 오설리반의 사례 연구에서 알 수 있듯이 EU 대사는 디지털 플랫폼을 활용하여 일관된 외교 정책을 촉진하고 EU에 가장 중요한 문제를 식별하여 EU의 꿈을 실현할 수 있다.

차별적인 온라인브랜드

2015년 6월 6일 칼럼니스트 마린 다우드(Maureen Dowd)는 뉴욕타임즈에 "파리로부터의 강렬한 사랑(From Paris, with Tough Love)"라는 제목의 기사를 기고했다. 이 기사는 제라르 아르노(Gerard Arnaud) 주미 프랑스 대사의 트윗을 다뤘다. 2018년 8월 기준으로 트위터 팔로워가 43,000명 이상인 아르노는 미국에서 인기 있는 대사 중 한 명이다. 그의 인기는 그가 다루는 문제나 통찰력에서 비롯된 것이 아니라 그가 트위터에서 채택한 어조에서 비롯된다. 이 책의 2장에서는 온라인브랜드(iBrand)의 출현에 대해 논의했다. 디지털 사회에서 모든 구성원은 디지털 대중의 관심을 두고 경쟁하는 브랜드에 불과하다고 주장했다. 이를 위해 개인은 뚜렷한 외모, 어조, 언어 및 관심사를 갖춘 진정한 디지털 존재감을 개발한다.

아르노는 브랜딩 천재이다. 다우드는 뉴욕타임즈에 기고한 기사에서 "더욱 주목할만한 점은, 그가 불협화음과 초연결사회에, 고착된 기존 외교의 틀을 흔든 비전형적 외교, 새로운 형태의 디지털 외교를 출연시킨 것이다."라고 썼다. 아르노가 발명한 새로운 형태의 외교는 솔직함, 무뚝뚝함, 직접성을 특징으로 하는 외교이다. 프랑스 대사는 말을 잘 하지 않으며, 의전, 외교적 에티켓, 이중적인 약속의 부담을 느끼지 않았다. 아마도 가장 확실한 예는 프랑스가 느슨한 총기 규제로 인해 테러 공격의 피해자라는 도널드 트럼프의 주장에 대한 응답으로 대사가 게시한 트윗일 것이다. 프랑스 대사는 트위터에 "이 메시지는 인간적 품위가 없다는 점에서 역겹다."라고 트럼프를 언급하며 "남의 불행을 이용하는 자(vulture)"라는 단어를 추가했다.

그러나 트럼프에 대한 공격이 트위터에서 아르노의 독특한 어조를 보여주는 유일한 예는 결코 아니다. 2015년 3월 3일 대사는 핵무기 프로그램과 관련하여 서방 열강과 이란 간의 협상에 대해 연설했다. 아르노는 자신의 미국 동료에게 매우 실망스럽게도, "이란. 우리는 거래를 원하고, 그들은 거래가 필요하다. 전술과 협상 결과에 이러한 비대칭성을 반영해야 한다."라는 트윗을 통해서 미국의 협상 입장을 비판했다. 그는 2014년 트윗에서 "2003년 이라크 침공은 이라크인과 국제사회가 여전히 대가를 치르고 있는 완화되지 않은 재앙"이라고도 했다.

프랑스 대사가 자기 생각을 말하는 정책 영역은 중동뿐만이 아니다. 2015년 6월 그는 그리스 금융 위기와 관련된 트윗을 게시하여 "일부 영역에서 반그리스 정서가 쏟아지는 것보다 더 불쾌한 것은 없다. 그리스는 우리의 지원과 이해가 필요합니다."라고 하였다. 하루 후 그는 미국이 유럽 지도자들의 전화를 해킹하고 있다는 주장에 대해 논평하면서 "미국에서는 국가안보국(NSA)이 동맹국 장관들을 염탐하고 있다는 사실에 아무도 신경을 쓰지 않는다는 것이 놀랍다. 높은 도덕성을 유지해달라."고도 하였다. 보다 최근에 아르노는 신문 및 잡지 기사에 대한 논평을 시작했다. 2018년 8월 'Foreign Affairs' 매거진이 지난 70년은 평화의 시대였다고 트윗했을 때 대사는 "70년의 평화? 인도차이나 전쟁, 한국, 베트남, 방글라데시, 아프가니스탄, 이라크/이란, 4개의 아랍/이스라엘 전쟁 외 다수의 전쟁이 있었고, 수백만 명이 사망했습니다. 이 제목은 나쁜 농담입니다."라고도 논평하였다.

마지막으로, 프랑스 대사는 팔로워에게 미국 금융 시스템의 근본적인 논리와 세계에 대한 재앙적인 영향을 상기시키고자 하는 경향을 보인다. 2018년 8월 8일 아르노는 영국의 EU 탈퇴 결정을 이끈 사건에 대해 언급하고 "블루칼라 노동자와 중산층에 대한 신자유주의 정책의 경제적 결과를 잊지 말자."라고 트윗했다. 이후 대사는 자신이 읽고 있던 책 "추락: 금융 위기 10년이 세상을 바꾼 방법"에 대해 트윗했다. 책에 대한 아르노는 "전반적으로 인상적이고 전문적이지만 간단히 이해할 수 있는 결론은 욕심이 분출"이라고 요약을 하였다. 탐욕은 월스트리트에서 좋은 의미로 간주한다. "미국의 최고의 관심 사항은 비즈니스이다(America's Business is Business.)"라는 점을 고려할 때, 신자유주의에 대한 아르노의 트윗은 그의 직설적이고 직접적인 어조의 또 다른 예이다. 뉴욕타임즈는 취재를 하면서 아르노에게 왜 트위터에서 직선적이었느냐고 물었을 때 대사라는 지위가 백악관에 영향을 주는 방법이 제한적이기 때문에 이러한 직설적인 화법을 통해서 영향력을 행사하고자 한다는 답변을 하였다. 따라서 아르노는 트위터를 사용하여 자신이 트위터 열렬한 팬인 버락 오바마 대통령의 관심을 끌고자 하였다.

뉴욕타임즈의 마린 다우드(Maureen Dowd)는 "위계질서와 예의는 더 이상 외교에서의 중요한 규범이 안될 것이다. 지라드 아르노(Gerard Arnaud)는 소셜미디어 시대의 첫 번째 위대한 대사이다. 트위터가 소란스러운 민주주의와 즐거운 참수가 가득한 디지털 프랑스 혁명의 영역이라면 프랑스 대사인 아르노는 '바리케이드' 캠프로 망명했다." 다우드의 결론은 대사가 디지털 프롤레타리아트에 합류한 후 그들의 디지털 어조를 채택했다는 것이다. 그는 이제는 엘리트의 일원처럼 트윗하지 않으며, 그들의 규범과 예의에 얽매이지 않는다. 그러나 기술 프리즘의 관점에서 볼 때 그것은 아르노가 단순히 매력적인 온라인브랜드(iBrand)를 만들었다고 주장할 수 있다. 국가 정책을 설명하고, 디지털 대중과 교류하고, 세계 사건에 대한 관점을 형성하고자 하는 모든 대사는 먼저 디지털 대중을 자신의 소셜미디어 프로필로 끌어들여야 한다. 그렇게 하려면 대사는 국가 원수부터 유명 인사, 유튜브 스타 및 소셜미디어 유명인에 이르기까지 다른 모든 온라인브랜드(iBrand)와 반대되는 소셜미디어 시장에서 경쟁해야 한다. 아르노가 이런 경쟁에서 부각 될 수 있었던 것은 그가 공유한 콘텐츠가 아니라 그가 선택한 뚜렷한 음색과 스타일이 있었기 때문이다. 수많은 대사와 외교관들 사이에서 그는 두각을 나타내며, 그의 브랜드는 다른 모든 사람을 압도한다. 신자유주의 경제학을 완강히 거부한 일부 사람들에게는 디지털 사회의 신자유주의 논리에 대한 그의 수용이 놀랍다.

반드시 뒤따라야 할 질문은 대사의 온라인브랜드(iBrand)가 미국에서의 프랑스 공공외교 활동에 기여하는가 하는 것이다. 이 질문에는 두 가지 답이 있다. 아르노의 스타일은 지식 커뮤니티 또는 외교와 매우 관련이 있는 커뮤니티에서 팔로워를 끌어들일 수 있게 해주었다. 2018년 7월 이 장을 위해 수행된 분석에서는 미국에 주재하는 프랑스 대사가 글로벌 및 미국 언론 매체에 얼마나 주목을 받았는지 조사했다. 분석에는 Manor와 Pamment(2019)가 처음 집계한 트위터 뉴스 계정 538개의 샘플이 포함됐다. 샘플에는 글로벌 뉴스 에이전시(예: AFP), 글로벌 뉴스 채널(예: CNN, Sky News), 글로벌 신문(예: New York Times, Le Monde), 잡지(예: The Economist, Der Spiegel), 저명한 신문 편집장, 유명 신문 및 인터넷 언론사 편집자, 외교 특파원 등이 포함

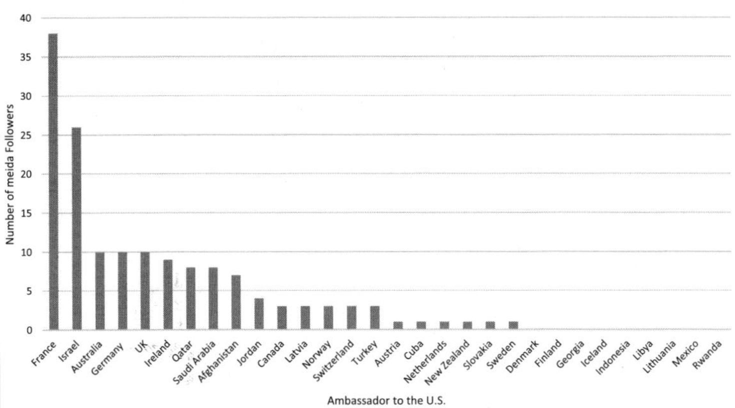

그래프 9.1 트위터에서 대사에게 팔로워 한 뉴스방송사와 저널리스트

된다. **그래프** 9.1에는 30명의 주미 대사를 팔로우하는 뉴스 채널 수가 포함되어 있다.

그래프 9.1에서 볼 수 있듯이 프랑스 대사는 트위터에서 가장 많은 언론 매체와 언론인을 끌어들였다. 조사에 포함된 대사는 평균적으로 5개의 언론사와 언론인의 관심을 끌여들었지만, 아르노는 글로벌 언론사(프랑스24·CNN), 워싱턴포스트·뉴욕타임스(NYT) 칼럼니스트, 르몽드 등 프랑스 출판사 소속 작가 등 38명의 팔로워를 자랑한다. 언론을 끌어들임으로써, 아르노는 기자들이 프랑스의 정책에 대한 그의 주장을 채택함에 따라 저명한 신문의 보도에 영향을 미칠 수 있었을 것이다. 따라서, 그는 프랑스의 외교 정책을 수용하는 환경을 조성할 수 있을 것이다.

그래프 9.2에서 알 수 있듯이 아르노는 트위터의 전체 팔로워 측면에서 인기 있는 미국 대사 중 한 명이기도 하다. 이 장의 앞부분에 소개된 28명의 대사 샘플 중 프랑스 대사는 40,000명 이상의 팔로워를

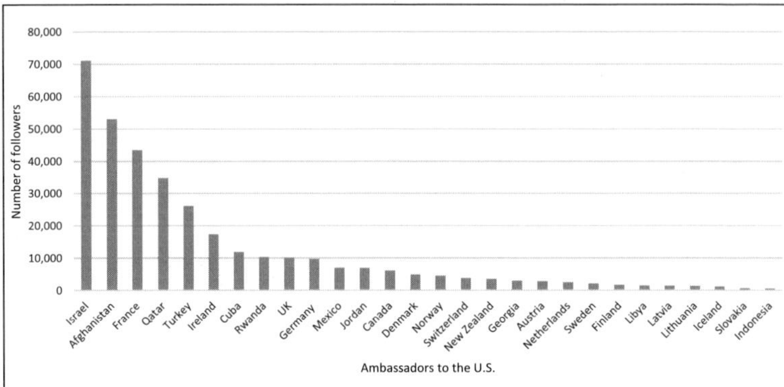

그래프 9.2 미국 대사의 트위터 팔로워 숫자

보유한 3위이다. 2018년 8월 FollowerWonk 애플리케이션을 사용하여 아르노의 트위터 팔로워에 대한 지리적 위치 분석은 그가 전 세계 디지털 청중을 끌어들이는 것으로 나타났다. 프랑스 대사는 프랑스, 영국, 미국에 대규모 팔로워 거점을 두고 있으며, 아프가니스탄, 호주, 오스트리아, 독일, 이란, 이라크, 이스라엘, 이탈리아, 일본, 모로코, 폴란드, 루마니아, 스페인, 중남미에 중형 팔로워 거점을 두고 있다. 그는 또한 러시아, 한국, 북아프리카에서도 작은 팔로워를 보유한 것으로 나타났다.

그러나 아르노의 온라인브랜드(iBrand)는 인기 있는 상품이지만 반드시 공공외교 목표를 촉진하는 것은 아니다. 미국의 가치와 정책에 대한 대사의 공개적인 비판, 미국 대통령을 "남의 불행을 이용해 먹는 자(vulture)"로 부르는 그의 행적과 전반적으로 무뚝뚝한 태도는 읽는데 재미를 줄 수 있지만, 다른 실제적인 이익은 그다지 많지는 않다. 실제로 미국의 디지털 대중은 아르노가 프랑스의 외교 정책 목표를 수용하고, 세계 사건에 대한 그의 서술에 주목하게 하며, 그의 메시지로 인해서 미국이 글로벌 이슈에 의미 있게 관여하는 것을 방해하는 것에 대해 분노를 느낄지도 모른다. 아르노는 2015년 5월 트위터를 통해 "말하기 어렵다는 것을 알지만 이라크 침공은 실수였다. 한번 말하면 마음이 놓인다."고 말했다. 이 트윗들에 대한 댓글은 꽤 부정적이었다. 한 사용자는 "1917년과 1941년에 프랑스를 돕기 위해 어떤 것도 한 것은 잘못이었다."라고 말했다. 다른 사람은 "부디 2차 세계대전 동안 알제리에서의 핵실험과 선박 침몰에 대한 트윗을 볼 수 있기를 기대한다. 프랑스의 잘못을 한번 들어보자!"라고 쓰기도 하였다. 세 번째 트위터 사용자는 프랑스가 2차 세계대전 당시 나치에 대한 상징적인 저항에도 불구하고 항상 안도감을 느꼈다고 말했다. 아르노 브랜드가 프랑스 국가 브랜드에 부정적인 영향을 미치고, 나아가 프랑스가 디지털 수단을 통해 공공외교 목표를 진전시키는 것까지 막고 있다고 볼 수 있다. 요약하자면, 대부분의 디지털 사회 구성원과 마찬가지로 아르노는 자극적인 방식을 사용하여 디지털 대중의 시선을 사로잡았다. 소셜미디어 파놉티콘의 모든 구성원과 마찬가지로, 그는 관심을 끌기 위해 자신의 디지털 행동을 스스로 조절한다. 그러나 다음 질문은 자극적인 방식이 언제 국가의 공공외교를 위태롭게 하기 시작하느냐는 것이다.

결론

기술은 항상 대사의 역할에 영향을 미쳤다. 전보와 같은 일부 발전은 외교적 의사 결정이 외교부로 이한되면서 대사의 권한을 축소시켰다. 교통의 발전과 같은 다른 기술은 대사가 외교의 최전선에서 백스테이지로 이동하게 하였다. 공공외교의 디지털화는 권력이 외교부에서 대사관으로 다시 이동함에 따라 대사가 잃어버린 역할의 많은 부분을 되찾게 되었다. 이제 외국 청중의 고유한 특성에 맞게 공공외교 메시지를 조정하고 정책 수립 과정에 정보를 제공할 수 있는 정보 수집 도구로 디지털 플랫폼을 활용하는 일을 대사관이 담당한다. 권력이 대사관으로 옮겨감에 따라 대사로도 옮겨졌다.

대사는 디지털 기술을 사용하여 대사관의 공공외교 활동을 강화할 수도 있다. 이 장에서 설명했듯이 전 세계의 대사들은 대사관의 디지털 범위에 상당한 기여를 하고 있다. 영국이나 미국, 네덜란드와 덴마크의 외교부에서 대사는 대사관의 디지털 청중을 늘리고 다양화하는 디지털 자산으로 간주될 수 있다. 디아스포라와 국외 거주자는 대사관의 디지털 프로필을 따라갈 수 있지만, 대사는 언론인, 오피니언 메이커 및 정치인과 같은 엘리트를 끌어들일 수 있다. 그러나 이 장에서는 또한 네덜란드와 덴마크의 외교부에서 대사관 외에 트윗하는 대사의 수가 상대적으로 적다는 것을 발견했다. 이는 제한된 디지털 리소스 또는 대사가 대사관의 관심을 끌 것이라는 믿음에서 비롯될 수 있으며 그 반대의 경우도 마찬가지이다. 이러한 접근 방식은 대사의 특색 있는 매력과 위신을 기반으로 하지 못하며, 따라서 외교부의 공공외교 활동을 제한한다.

2013년에 데릴 코플랜드(Daryl Copeland)는 미래의 외교관을 활동가이자 분석가이자 연금술사로 꿈꿨다. 그는 편안하고 쉽게 수영할 수 있고, "물에서 나온 물고기처럼 대사관 담 너머 사람들의 바다에서 결코 펄쩍 뛰지 않는다. 많은 사절들과 달리 이 후보는 동료들과 어울리기보다 사람들과 섞이는 것을 선호한다."(Copeland, 2013, p. 62). 이 장에서 분석한 세 명의 대사는 디지털화 과정이 연령이나 연공서열에 관계없이 모든 외교관의 규범, 가치 및 업무 루틴에 꾸준히 영향을 미치고 있음을 보여준다. 디지털화는 디지털 세계에서 성인이 된 디지털 원주민에게만 국한되는 과정이 아니다(Prensky, 2001). 이 장에서 검토한 대사와 같은 디지털 이민자는 디지털 기술을 채택하고 일상 활동에 통합했다. 그러나 세 가지 사례 연구는 대사가 다른 목적을 위해 디지털 기술을 사용할 수 있음을 보여준다. 영국의 유엔 주재 대표는 트위터를 사용하여 외교의 백스테이지를 더욱 잠식하고, 디지털 관음증자들에게 무대 뒤에서 볼 수 있는 정보를 제공한다. 미국 주재 EU 대사는 추종자들을 위한 정보를 선별하는 동시에 이 초국가적 기관이 한 목소리로 말하고 일관된 외교 정책을 갖고 있으므로 EU의 꿈을 실현한다. 마지막으로, 프랑스 대사는 트위터를 사용하여 미국 지도자들의 관심을 끌고 있다. 그러나 세 곳 모두 대사관 벽에서 나와 팔로워에게 외교관의 임무와 세계 사건에 대한 영향을 맥락화하고 조명하는 프리즘을 제공한다.

각 대사는 또한 디지털 사회를 지배하는 논리의 다른 측면을 나타낸다. 영국 상임대표는 디지털 사회의 투명성과 개방성의 규범을 채택했다. 세계에서 가장 권위 있는 외교 포럼인 유엔 안전보장이사회의 심의는 공개되고 유엔 안보리의 대외 활동은 거의 실시간으로 온라인으로 중계된다. 따라서 비밀리에 수행되는 모든 작업은 이제 공개적으로 이루어지며 투명성과 개방성의 가치는 모든 디지털 사용자의 마음에 더욱 깊이 새겨진다. 그러나 상임대표는 또한 디지털 사회의 논리와 외교적 목적의 균형을 유지한다. 20세기 내내 그래왔듯이 카렌 피어스(Karen Pierce)는 추종자들에게 안전보장이사회에 대한 견해를 제공하지만 카메라가 이사회 회의장을 떠나면 상임대표들 사이에서 일어나는 민감한 심의에 대해서는 공개하지 않는다.

미국 주재 EU 대사는 추종자들이 너무 과도한 정보라는 위험한 바다를 항해하도록 돕는다. 대사는 중요한 뉴스 항목, 신뢰할 수 있는 미디어 소스 및 통찰력 있는 분석의 형태로 추종자들을 위한 정보를 선별한다. 또한 대사는 진실과 사실의 수사학을 사용하여 실제 뉴스와 "페이크" 또는 거짓 뉴스를 구별하여 디지털 대중이 온라인 뉴스 항목의 황무지를 훑어볼 수 있도록 돕는다. 마지막으로 대사는 디지털 대중에게 실시간 분석을 제공한다. 2015년에 대사는 그리스 경제를 구해야 할 필요성에 초점을 맞추었고, 2018년에는 무역 관세의 위험성에 초점을 맞추었다.

프랑스의 사례 연구에 따르면 대사라도 신자유주의적 소셜미디어 시장에서 경쟁하려면 온라인브랜드(iBrand)를 개발해야 한다. 그의 브랜드는 전통적인 외교관의 개념에 반대하는 브랜드이다. 트위터에서 프랑스 대사는 직설적이며 심지어 공격적이기 때문에 이 장의 시작 부분에 인용된 헨리 제임스(Henry James)의 소설에 나오는 주인공처럼 달콤하게 무시당하지 않도록 한다. 고위 외교관에 대한 디지털 대중의 예상에서 벗어남으로써 대사는 특히 언론인과 미디어 조직 사이에서 상당한 팔로워를 끌어들일 수 있었다. 그러나 그의 거친 말투는 미국의 가치와 역사에 대한 빈번한 공격을 감안할 때 공공외교 활동을 방해할 수도 있다. 다음 질문은 언제 온라인브랜드(iBrand)가 공공외교의 목표에 반하는가 하는 것이다. 온라인브랜드(iBrand)가 소셜미디어 시장에서 성공하면서도 한 국가의 외교 정책을 수용할 수 있는 환경을 조성하는 데 실패할 수 있을까? 프랑스 대사의 예는 외교적 예의와 소셜미디어 팬덤 사이에서 균형을 유지해야 함을 시사한다. Causey and Howard(2013)가 주장한 것처럼 외교관은 이제 한편으로는 더 개방적이고 투명할 것으로 기대되지만 다른 한편으로는 여전히 기존의 외교적인 규범과 질서를 유지해야 하는 의무를 갖는다.

그러나 아르노는 미국 트위터 사용자와 프랑스 관객 모두에게

시선을 고정했을 가능성이 있다. Sotiriu(2015)가 주장했듯이 대사는 이제 소셜미디어 사이트를 사용하여 집에 있는 디지털 청중과 소통한다. 이러한 활동은 공공외교의 디지털화가 국내 공공외교의 활동을 활성화하고 있음을 다시 한 번 보여준다. 소티류(Sotiriu)는 또 대사들이 소셜미디어 사이트를 사용하여 동료들과 의사소통함으로써 외교 커뮤니티를 온라인으로 이동시킨다고 주장했다. 따라서 아르노의 온라인브랜드(iBrand)는 세 명의 다른 관객을 목표로 하고 있을 가능성이 있다.

마지막으로, 이 장에서는 디지털 사회의 논리가 외교관이 자신의 기술을 개념화하는 자기 서사 또는 은유에 영향을 미치고 있음을 다시 한 번 보여주었다. 이 장에서 드러난 자기 서사는 실시간 외교이다. 디지털 대중은 이제 발생하는 글로벌 이벤트에 대해 배우기를 기대한다. 그들은 온라인 미디어 조직의 활동을 통해 이것에 익숙해졌다. 전개되는 이벤트에 대해 논평하는 자극은 외교부에도 스며들어 새로운 가치, 규범 및 작업 루틴으로 이어졌다. 업무 루틴 측면에서 대사는 이제 디지털 대중이 액세스할 때 정보를 공유한다. 영국의 유엔 상임대표가 스마트폰 카메라를 사용하여 안전보장이사회 보도자료나 유엔 안전보장이사회 투표가 진행되는 동안 이미지를 배포하는 경우가 그렇다. 마찬가지로 EU 대사는 매일 정보를 관리하는 동시에 온라인에 게시되는 EU 기관 및 관리에 대한 분석을 공유한다. 규범적 관점에서 정보에 대한 외교관의 인식도 바뀌었다. 전통적으로 외교관들은 정보가 힘이라고 믿고 정보를 숨겼다. 하지만 이제 외교관은 정보를 공유하여 디지털 대중을 끌어들이고 세계 사건과 행위자에 대한 인식에 영향을 미친다.

이전 장과 달리 이번 장에서는 외교 기관이 아닌 외교관에게 초점을 맞췄다. 따라서 디지털화가 공공외교의 기관과 실무자에게 영향을 미치는 과정임을 입증했다. 다음 장에서는 이 책 전반에 걸쳐 공유된 통찰력과 결과에 대한 논의와 공공외교 디지털화의 미래에 대한 개요를 담았다.

참고문헌

Archetti, C. (2012). The impact of new media on diplomatic practice: An evolutionary model of change. *The Hague Journal of Diplomacy*, 7(2), 181–206.

Bauman, Z., & Lyon, D. (2016). *Liquid surveillance: A conversation*. Cambridge: Polity Press.

Bjola, C. (2013). Understanding enmity and friendship in world politics: The case for a diplomatic approach. *The Hague Journal of Diplomacy*, 8(1), 1–20.

Bjola, C. (2018). *Digital diplomacy and impression management. Presentation*. London: Canada House.

Causey, C., & Howard, P. N. (2013). Delivering digital public diplomacy. In R. S. Zaharna, A. Arsenault, & A. Fisher (Eds.), *Relational, networked and collaborative approaches to public diplomacy* (pp. 144–156). New York, NY: Taylor & Francis.

Copeland, D. (2013). Taking diplomacy public: Science, technology and foreign ministries in a heteropolar world. In R. S. Zaharna, A. Arsenault, & A. Fisher (Eds.), *Relational, networked and collaborative approaches to public diplomacy* (pp. 56–69). New York, NY: Taylor & Francis.

Dowd, M. (2015, June). From Paris, with tough love. *The New York Times*. Retrieved from https://www.nytimes.com/2015/06/07/opinion/sunday/maureen-dowd-from-paris-with-tough-love.html.

Friedman, T. (1990, June). Baker rebukes Israel on Peace Terms. *The New York Times*. Retrieved from https://www.nytimes.com/1990/06/14/world/baker-rebukes-israel-on-peace-terms.html.

Ish-Shalom, P. (2015). King diplomacy for perpetual crisis. *The Hague Journal of Diplomacy*, 10(1), 10–14.

Lampe, G. (2018). *Understanding US digital diplomacy* [In person].

Lutyens, A. (2018). *Investigating New Zealand's model of democratized public diplomacy* [In person].

Manor, I. (2014, April 2). *Digital diplomacy—What is it good for* [Blog]. Retrieved from https://digdipblog.com/2014/04/02/digital-diplomacywhat-is-it-good-for/.

Manor, I. (2015, August 9). *Developing best practices for ambassadors on Twitter* [Blog]. Retrieved from https://digdipblog.com/2015/08/09/developing-best-practices-for-ambassadors-on-twitter/.

Manor, I. (2016). Are we there yet: Have MFA s realized the potential of digital diplomacy? *Brill Research Perspectives in Diplomacy and Foreign Policy*, 1(2), 1–110.

Manor, I. (2017, March 23). *How embassies managed the London terror attack* [Blog]. Retrieved from https://digdipblog.com/2017/03/23/how-embassies-managed-the-london-terror-attack/.

Manor, I., & Pamment J. (2019). Towards prestige mobility? Diplomatic prestige and digital diplomacy. *Cambridge Review of International Affairs*.

Metzgar, E. T. (2012). Is it the medium or the message? Social media,

American public diplomacy & Iran. Global Media Journal, 12(21), 1.

Miller, D., & Horst, H. A. (2017). The digital and the human: A prospectus for digital anthropology. In H. A. Horst & D. Miller (Eds.), *Digital anthropology* (pp. 3–38). London: Bloomsbury Academic.

Ministry of Foreign Affairs of Denmark. (2017). *Denmark names first ever tech ambassador*. Retrieved from http://um.dk/en/news/newsdispl ay page/?newsid=60eaf005-9f87-46 f8-922a-1cf20c5b527a.

Newsroom [Lexis Nexis]. (2015, November 23). *141215 Newsroom presentative NL* [Video File]. Retrieved from https://www.youtube.com/watch?v=y4nESFy3FB4.

Paulauskas, R. (2018). *Understanding Lithuania's digital diplomacy model* [In person].

Prensky, M. (2001). Digital natives, digital immigrants part 1. *On the Horizon*, 9(5), 1–6.

Roberts, I. (2017). *Satow's diplomatic practice*. Oxford: Oxford University Press.

Seo, H. (2013). The "Virtual Last Three Feet": Understanding relationship perspectives in network-based public diplomacy. In R. S. Zaharna, A. Arsenault, & A. Fisher (Eds.), *Relational, networked and collaborative approaches to public diplomacy* (pp. 157–169). New York, NY: Taylor & Francis.

Shimazu, N. (2014). Diplomacy as theatre: Staging the Bandung conference of 1955. *Modern Asian Studies*, 48(1), 225–252.

Slaughter, A. M. (2017). *The chessboard and the web: Strategies of connection in a networked world*. New Haven: Yale University Press.

Sotiriu, S. (2015). Digital diplomacy: Between promises and reality. In C. Bjola & M. Holmes (Eds.), *Digital diplomacy theory and practice* (pp. 33–51). Oxon: Routledge.

Van Dijk, J. A. (2017). Digital divide: Impact of access. *The International Encyclopedia of Media Effects*, 1–11.

Wichowski, A. (2015). 'Secrecy is for losers': Why diplomats should embrace openness to protect national security. In C. Bjola & M. Holmes (Eds.), *Digital diplomacy theory and practice* (pp. 52–70). Oxon: Routledge.

10장 공공외교의 디지털화에 대한 논의

> 당신의 아내와 딸을 숨기십시오. 식료품도 숨기십시오.
> 유럽의 위대한 국가가 오고 있습니다.
>
> 랜디 뉴먼(Randy Newman)

1814년 9월, 유럽의 군주들은 그들의 세계를 개조하기 위해 비엔나로 모였다. 시민들의 호기심 어린 시선으로부터 멀리 떨어진 호프부르크 제국 궁전의 복도 깊숙한 곳에서 루트비히 판 베토벤의 열정을 배경음악으로 군주들은 유럽대륙을 조각으로 나눴다. 이것은 비밀 협상과 이산 외교가 지배하는 어제의 세계였고, 제1차 세계대전이 발발할 때까지만 이어졌다. 그 이유는 1차 세계대전을 촉발한 비밀 동맹

이후 미국 대통령 우드로 윌슨(Woodrow Wilson)이 "개방된 외교 계약(open covenants of diplomacy)"이라는 새로운 비전을 공식화했기 때문이다(Bjola, 2014).

모든 비밀 협상이 누출되어 공개되었다면 비엔나 의회가 어떻게 끝났을지 상상하기 어렵다. 오스트리아가 러시아 요리를 농민의 음식으로 여긴다는 사실을 대중이 알게 된다면 오스트리아 황제가 러시아 차르를 어떻게 대면할 수 있었을까? 덴마크 왕이 어떻게 바이에른 왕과 식사를 할 수 있었을까? 개방 외교가 의회의 해법을 끌어낼 것인가? 아니면 전쟁까지? 세상은 다시 한 번 "아내와 딸을 숨기고 식료품도 숨겨라. 유럽의 위대한 나라들이 오고 있다."라는 랜디 뉴먼(Randy Newman)의 외침을 들을 수 있었을까?

비엔나 의회 이후 거의 200년이 지났고 외교의 투명성이 높아졌음에도 불구하고 2010년 위키리크스(WikiLeaks)가 25만 개의 미국 내부 외교 전문을 발표했을 때 미국 국무부의 핵심 세력이 두려움을 느끼게 만들었다(Causey & Howard, 2013). 1996년과 2010년 사이에 작성된 폭로 내용에는 세계 지도자와 정부에 대한 미국 외교관의 솔직한 평가가 포함되어 있었다. 일부에서는 투명한 거버넌스를 위한 중요한 단계로 환영받았지만, 미국 외교관들은 이를 실패이자 미국 국가 안보에 대한 위협으로 간주했다. 힐러리 클린턴 국무장관은 "국제사회, 동맹과 파트너십, 세계 안보를 지키고 경제적 번영을 촉진하는 대화와 협상에 대한 공격"이라고 말했다. 조 리버만(Joe Lieberman) 전 상원의원과 같은 다른 의원들은 누출을 "미국의 국가 안보에 대한 공격과 책임이 있는 사람들의 손에 피를 묻히는 터무니없고 무모하고 비열한 행동"이라고 평가했다(Harnden, 2010; Sheridan, 2010).

당혹감을 넘어 일부 외교관들은 디지털 시대에도 계속해서 자신의 역할을 수행할 수 있을지 의아해했다. 노출의 위험 때문에 외교관은 외교부에 대한 보고서를 검열해야 하므로 중요한 분석을 제공하는 능력이 손상된다. 더욱이, 노출의 위협은 외교관이 외국 정부 내의 정보원으로부터 정보를 수집하는 능력을 손상할 것이다. 디지털 시대는 이미 외교관의 대표성 및 정부 간 커뮤니케이션 채널에서의 역할을 축소했다(Archetti, 2012). 이제는 분석가로서의 역할도 축소하겠다는 위협이 더해지고 있다.

그러나 2018년부터 재검토된 위키리크스(WikiLeaks)는 MFA가 디지털 기술을 수용하고 새로운 형태의 공공외교를 탄생시킨 긍정적인 사건으로 볼 수 있다. Janice Gross Stein(2011)이 제안한 것처럼 언론인, 외국 평론가, 학계 및 외국 정치인은 모두 위키리크스를 통해서 폭로된 문서에서 알게 된 미국 외교관의 분석 퀄리티에 놀랐다. 미국 외교관들은 주재국의 전문가로 부상하여 주변에서 일어나는 정치적, 문화적 변화에 대한 심층적인 설명을 제공하였다. 예를 들어, 튀니지 주재 미국 외교관들은 벤 알리 대통령 지배의 상황이 바뀌고 있다고 분명히 말했다. 1년 후, 그는 아랍의 봄 반란으로 조국을 떠났다.

위키리크스에서 현대 외교관의 모델이 등장했다. 외교관은 이제 의사소통과 대표성을 독점하지 못할 수 있지만, 외교관은 의사결정자에게 글로벌 사회를 이해하는 데 도움이 되는 정보, 분석 및 예측을 제공할 수 있는 외교 정책 전문가로 입지를 갖고 있다. 위기가 만연하고, 오랜 국가가 혼란에 빠지고, 동맹의 중요성이 특정 지역에서 다른 지역으로 이동하는 시기에 그러한 분석은 아주 중요하다. 그리고 영국 총리가 단순히 프랑스인 동료에게 전화를 걸 수 있고 영국 외무부(FCO)가 Sky News를 통해 시리아의 사건을 지켜볼 수 있는 것이 사실이지만 지도자와 외교부(MFA)는 여전히 그들의 외교관이 제공한 정보와 분석에 의존하고 있다. 국가적 프리즘을 통해 세계 사건을 해석하는 독특한 임무를 부여받은 것이 외교관들이다(Copeland, 2013). 위키리크스는 21세기에도 외교관이 불필요하지 않다는 것을 보여주었다.

커지와 하워드Causey& Howard(2013)는 위키리크스의 여파로 외교부의 보수적인 문화가 더욱 보수적으로 변했다고 주장했다. 예를 들어 미국 국무부는 외교관들에게 적절한 보안 허가 없이 위키리크스 전자문서를 읽는 것은 처벌받을 수 있는 범죄로 경고하고 있다. 그러나 2018년의 관점에서 보면 상황이 달라졌다. 이 책에서 보여주듯이 디지털화 과정에서 외교부는 디지털 기술에 대한 위험 허용 수위를 점점 더 확대하고 있다. 가짜에 대한 두려움은 실수에 대한 기대로 대체되었다. 트롤*에 대한 공포가 디지털 실험에 자리를 내주었고, 하향식 명령 구조가 네트워크 사회에 적응했다. 2010년 위키리크스 스캔들 이후 전 세계의 외교관들은 디지털 사회의 요구, 디지털 기술의 수용성, 그리고 공공외교 목표들 사이에서 균형 잡힌 활동을 계속해오고 있다. 위키리크스는 디지털화 과정을 중단하지 않았다. 오히려 위키리크스는 진화의 중추적인 순간이었다. 이는 FCO 디지털 부서의 전 책임자인 휴 엘리엇(Hugh Elliot)이 "디지털 실수의 반감기는 매우 짧습니다. 우리는 이제 외교관이 실수도 하고, 실수로부터 배우고, 나아가기를 기대합니다."(이스라엘 MFA, 2017)라는 언급이 최고의 예시가 된다.

위키리크스에 이어 국무부 및 기타 외교부 내부 인사들은 정보가 자유로워지기를 원한다는 것을 깨달았다. Alexis Wichowski(2015)가 주장했듯이, 정보가 격리되면(스웨덴 활동가의 가능한 도움을 받

---

* 인터넷 토론방에서 남들의 화를 부추기기 위해 보낸 메시지.

아) 스스로 자유로워질 것이다. 이러한 인식은 공개되는 정보와 공개 시점을 통제하려는 외교부의 욕구를 감안할 때, 공공외교의 투명성을 높이는 길을 열었다. 이러한 투명성의 동기는 여전히 정보의 흐름을 관리하려는 시도일 수 있지만 "개방된 외교 언약"이라는 윌슨의 비전을 향한 중요한 단계로 간주 될 수 있다. 실제로 2010년 이후 국무부 및 외교부의 정보 공유 관행을 극적으로 변경되었다. 제네바 2차 시리아 회의의 국제회의는 트위터를 통해 전 세계 시청자들에게 생중계되었고, 이란 핵 협정은 온라인으로 공개되어 권한 있는 디지털 대중이 비판하고 토론할 수 있었다. 이러한 사례들은 위키리크스가 가능케 한 보다 개방적인 형태의 외교를 향한 도약과 공공외교의 가속화된 디지털화를 보여준다.

마지막으로, 위키리크스는 디지털화의 위험성을 보여주었지만, 그 이점들 중 일부를 보여주었다. 위키리크스는 수많은 디지털 활동을 동반했다. 주변 세계에 관심이 있는 디지털 대중과 그것을 지배하는 정부는 온라인에서 전자문서와 그 영향에 관해 토론했다. 디지털 대중이 세계 문제에 대해 의견을 갖고 있으며 이러한 의견을 표현하기를 원한다는 것을 외교부에 입증한 것은 이 뜨겁고, 장기간에 걸쳐 통찰력 있는 토론이었다. 따라서 위키리크스는 독백에서 대화 중심의 공공외교로의 느린 전환을 촉진했을 것이다.

그러나 이 책이 주장하듯이 공공외교의 디지털화를 이해하기 위해서는 개별 사건이나 개별 기관에 고정될 수 없다. 오히려 먼저 디지털 사회의 논리를 이해하고 각 외교부가 고유한 디지털화 프로세스 속에 있음을 인식해야 한다. 이 책의 주요 발견과 결론은 다음 섹션에서 검토하겠다.

세 가지 소박한 목표

이 책의 첫 번째 목표는 공공외교 수행에 대한 디지털 기술의 영향을 이해하고 연구하기 위한 새로운 개념적 틀을 제공하는 것이었다. 이 프레임워크는 디지털 기술이 외교관이 그들의 전문 영역을 개념화하기 위해서 사용하는 은유 또는 자기 서사뿐만 아니라 외교부의 규범, 가치 및 작업 루틴에 영향을 미치는 장기적인 프로세스와 관련된 "공공외교의 디지털화"라는 용어에 뿌리를 두고 있다. 따라서 공공외교의 디지털화는 규범적, 절차적, 개념적 차원을 갖는다. 또한 이 책의 개념적 프레임워크는 각 외교부가 수많은 조직적, 국가적 및 글로벌 요인의 영향을 받는 고유한 디지털화 과정 속에 있다고 주장한다.

이 책의 두 번째 목표는 먼저 디지털 사회를 특징짓지 않고서는 '공공외교의 디지털화'를 이해할 수 없다는 것을 보여주는 것이었다. 공공외교는 이제 디지털 사회에 속한 사회적 존재, 즉 디지털 기술에 의해 근본적으로 재편된 사회에 의해 실천되기 때문이다. 더욱이 공공외교는 이제 디지털 사회의 구성원들을 반대편에서 실행된다. 디지털 사회의 논리와 문화가 외교부로 확산하는 것은 외교관을 통해서이다. 따라서 현대 공공외교를 분석하려면 디지털 사회 구성원의 기대뿐만 아니라 디지털 사회의 가치와 규범을 고려해야 한다.

3~5장에서 검토한 사례 연구는 디지털화가 실제로 장기 프로세스이며 외교부가 디지털이거나 디지털이 아닌 이분법적인 상태로 존재하지 않는다는 것을 보여주었다. 오히려 그들은 기존의 업무 방식, 확고한 규범, 오랜 신념에 도전하는 근본적인 변화의 과정에 있다. 이 장에서는 10년에 걸친 공공외교의 디지털화 과정을 설명하고 외교관과 대중 간의 디지털 상호작용의 각 행위가 디지털화 과정을 어떻게 형

성했는지 설명했다. 2007년 스웨덴 당국은 디지털 대중과의 커뮤니케이션에 대한 모든 통제권을 포기하고 가상대사관을 설립하려고 시도했지만, 2018년까지 외교부는 격리된 형태의 참여로 전환되어 외교관이 디지털 상호 작용에 대한 통제력을 유지할 수 있게 되었다. 트위터 Q&A 세션도 마찬가지였다. 이러한 방식으로 외교부는 실시간 상호 작용에 대한 디지털 대중의 요구, 외교부의 위험 불내성 문화 및 "새로운" 공공외교의 목표 사이에서 균형을 이루는 행동을 수행했다. 시간이 지남에 따라 시행착오의 과정을 통해 외교관은 독백에서 격리된 대화로 전환하여 디지털 대중과의 관계를 육성하는 데 필요한 조건을 만들기 시작했다. 디지털화가 하나의 과정이기 때문에, 격리된 참여는 곧 열린 대화로 대체될 수 있다.

3장에서는 또한 주미 이스라엘 대사와 이스라엘 주재 EU 대사의 소셜미디어 Q&A 세션을 분석했다. 이 두 경우 모두 문제에 직면하였을 때, 대사는 욕설과 비난의 악재에도 불구하고 소셜미디어 사이트에 남아 디지털 대중과 소통했다. 이러한 사례는 디지털 대중과 상호 작용과 또는 참여하려는 대사의 진정한 열망을 보여준다. 그러나 남아 있는 질문은 그러한 상호 작용의 목표가 무엇인가? 대사들은 외국 사람들과의 관계를 발전시키기 위해 소셜미디어를 계속 사용했는지, 아니면 소셜미디어 사용자의 세계관에 영향을 미치기를 바랬을 수도 있다. 이 책은 해당 대사를 인터뷰하지 않았기 때문에 이 질문에 대한 확실한 답을 제시할 수 없다. 그러나 이 책에서 수행된 인터뷰와 분석된 사례 연구는 모두 디지털 대중과 상호 작용하고 관계를 발전시키려는 외교관의 욕구와 외국 국민의 세계관에 영향을 미치는 확고한 규범 사이에 큰 충돌이 있음을 시사한다. 여기서 다시 이 책은 디지털화가 이분법적 상태가 아니라 과정이며, 외교관이 더 큰 대화와 참여를 향한 궤도에 있을 수 있음을 발견한다.

마지막으로, 3장은 공공외교의 디지털화가 외교기관과 외교계를 도는 다른 사회기관 모두에 영향을 미친다는 것을 발견했다. 이것은 특히 미디어에 해당한다. 외교관과 디지털 대중 간의 초기 디지털 상호 작용은 소셜미디어 사용자가 외교관을 거부했기 때문에 미디어 조직에서 모두 재앙과 당혹감으로 분류되었다. 이러한 당혹감은 언론인들이 디지털 기술이 공공외교에 미치는 영향을 인식하지 못하면서 언론의 무지에서 비롯되었다. 오늘날 언론인들은 트윗과 게시물을 정부의 공식 커뮤니케이션으로 간주하고, 외교관과 대중 간의 상호 작용은 심층 분석의 대상이 된다.

4장에서는 외부적 충격도 디지털화 과정에 영향을 미친다는 것을 보여주었다. 크림 사태와 러시아가 크림 반도에서 발생하는 현실을 경쟁하기 위해 디지털 플랫폼을 사용한 것은 관계 구축이라는 "새로운" 공공외교 목표에서 영향력 행사라는 전통적인 목표로의 변화를 가져왔다. 따라서 이 장에서는 공공외교의 디지털화를 두 단계로 구분했다. 두 단계 사이의 주요 차이점 중 하나는 타깃 커뮤니케이션 모델에서 맞춤형 커뮤니케이션 모델로의 전환이었다. 이러한 변화는 앞서 언급한 디지털 관계를 만들고자 하는 외교관의 욕망과 영향력을 얻으려는 외교관의 확고부동한 목표 사이의 갈등을 상징한다. 맞춤형 메시지가 디지털 퍼블릭의 욕구와 욕망를 충족시키는 의미가 있기 때문이다. 이러한 메시지는 공공의 가치, 규범, 역사 및 국가적 서사와 일치하기 때문에 더 영향력이 있다.

또한 4장에서는 디지털 사회의 논리가 현대 공공외교 연구에 정보를 제공해야 하는 이유를 설명했다. 전통적인 공공외교의 관점에서 볼 때 러시아 대사관이 오바마 대통령의 '레임덕 트윗'을 게시하기로 한 결정은 말이 되지 않는다. 러시아 외교관들은 이 메시지가 영국 대중의 공감을 얻지 못하고, 대사관과 영국 국민 간의 유대를 강화하는 데 도움이 되지 않으며, 영국 외교 정책의 변화로 이어지지 않을 것임을 분명히 알고 있었다. 따라서 트윗은 영국에서 러시아 외교 정책의 수용에 도움이 되지 않을 것이다. 그러나 디지털 사회의 관점에서 볼 때 이 트윗은 대사관에서 채택한 iBrand의 일부에 불과했다. iBrand는 불꽃 튀는 수사, 뻔뻔한 언어, 비외교적인 어조로 특징지어진다. 이 iBrand를 통해 대사관은 다른 모든 대사관과 차별화되며 디지털 유저와 언론의 관심을 끌고 있다. 따라서 대사관의 발언은 디지털 사회의 모든 구성원이 사후 감시의 관심을 끌기 위해 곡예 축제를 채택해야 함을 증명합니다(Manor & Soone, 2018).

러시아 대사관의 브랜드는 러시아를 부드러운 표현을 하지 않거나 혹은 외교 용어 뒤에 숨지 않는 국가로 묘사하는 것을 목표로 하므로 전략적이다. 러시아는 일반인에게 솔직하게 말한다. 따라서 러시아 브랜드는 브렉시트(Brexit)의 정서와 영국이 "전문가가 충분하다."는 느낌을 반영한다. 마지막으로, 이 트윗은 대중 매체의 주목을 받았고, 10개국의 뉴스 기사와 많은 영국 간행물에 등장했다. 따라서 외교관, 외교 기관 및 세계 지도자가 미디어가 외교 정책 우선 순위를 지시하도록 하기보다는 미디어의 의제에 영향을 미치는 방향으로 디지털 플랫폼을 활용하는 "반대 CNN" 효과의 상징이다(Gilboa, 2005a, 2005b; Robinson, 1999). 따라서 러시아 대사관과 도널드 트럼프는 유사한 논리와 유사한 전술을 구사한다.

4장에서 확인된 논쟁 중심의 공공외교에서 내러티브 기반의 공공외교로의 전환은 디지털 사회의 논리가 외교부의 작업 루틴에 어떻게 영향을 미치는지 예시한다. 디지털 사회는 개인이 매력적인 자기 서사를 작성해야 하는 사회이다(Storr, 2018). 이 내러티브는 다양한 디지털 프로필과 개인을 다양한 목적으로 홍보하는 데 사용된다. 링크드인(LinkedIn)의 내러티브는 구직에 사용되는 반면, 페이스북(Facebook)의 내러티브는 사회적 인정을 얻는 데 사용된다. 서사적 논리는 전 세계의 외교 기관에서 채택되었다. 로렌스 프리드먼(Lawrence Freedman, 2014)은 크림 위기를 회고하면서 "최근 몇 년 동안 성공적인 전략의 필수 전제조건으로 '내러티브'에 대한 논의가 많았으며, 특정 행동에 대한 정당성을 제공할 뿐만 아니라 미래에 대한 기대치를 생성하여 다른 사람, 친구 및 상대방이 새로운 상황에 적응하도록 돕는다. 단어를 통해서 위기의 프레임을 만들고 그 핵심을 확인할 수 있다."고 하였다.

내러티브는 구조와 의미를 제공하기 때문에 중요하다. 영원한 위기의 상태로 가속화되는 것처럼 보이는 세계에서 외교관, 내러티브는 디지털 대중이 세계 사건을 이해하고 안정감을 조성하는 데 도움을 줄 수 있다. 그러나 4장에서는 외교관들이 이제 내러티브 경쟁에 참여하고 있음을 보여준다. 그러한 경쟁을 하는 동안 진실과 현실이 다투게 되며, 아마도 전 세계의 많은 사람이 느끼는 불안과 불확실성이 커질 수 있다. 크림 공화국이 존재하기도 하고 존재하지 않기도 하고, 시리아가 해방되거나 혹은 포격을 받아 복종하게 된 세계는 더 이상 헤아릴 수 없는 세계이다.

2017년 5월 미국 공공외교 자문위원회는 "공공외교가 인터넷에서 살아남을 수 있는가?"라는 제목의 보고서를 발표했다. 4장에서는 다른 질문을 제기한다. 인터넷이 공공외교에서 살아남을 수 있습니까? 다중 현실을 생성하고 내러티브 경쟁에 참여하기 위해 디지털 플랫폼을 사용하는 외교부는 불안의 감정을 부채질하며, 불안은 사회적 갈등, 정치적 극단, 정부에 대한 신뢰 상실로 이어지는 과정으로 이어진다.

5장에서는 사회적 은유, 내러티브 및 인지된 위협이 특정 외교부의 디지털화 프로세스에 어떻게 영향을 미칠 수 있는지 조사했다. 따라서 규범, 가치 및 은유가 외교관을 통해 외교부로 확산되는 방법의 대표적인 예시를 제시한다. 소셜미디어 에코 체임버를 민주주의의 실패와 러시아 하이브리드 전쟁의 두려움으로 보는 관점은 외교부의 새로운 디지털 이니셔티브로 이어졌다. 이러한 이니셔티브의 대부분은 관계 구축보다 전략적 커뮤니케이션에 중점을 둔다. 그러나 이 장에서는 다양한 외교부가 다양한 방식으로 위협에 대처하는 경향이 있음을 보여주었다. 영국 외무부(FCO)가 블로그를 활용하여 시리아 내전을 설명하고, 러시아 허위 정보의 영향을 제한하는 동안 이스라엘 외교부는 알고리즘 기능을 개발하려고 했다. 따라서 이 장에서는 디지털화가 서로 다른 외교부에서 서로 다른 방향과 다른 속도로 발전하는 고유한 프로세스임을 설명하였다.

이 장에서는 또한 외교관의 다양한 디지털 기술 활용을 분석했으며 소셜미디어 사이트에만 초점을 맞추지는 않았다. 현재 디지털 기술이 공공외교에 미치는 영향을 조사하는 연구 는 외교관의 트위터, 페이스북 및 기타 사이트 사용에 대부분 초점을 맞추고 있다 (Hocking & Melissen, 2015; Melissen & de Keulenaar, 2017). 그러나 외교관은 왓츠앱(WhatsApp) 메시징 활용 프로그램에서 위키(Wiki)에 이르기까지 다양한 디지털 기술을 활용한다. 이 책은 외교관의 웹 기반 플랫폼, 스마트폰 애플리케이션, 알고리즘, 블로그스피어 활용을 분석하여 현재 연구를 확장한다. 외교관이 사용하는 디지털 기술의 다양성은 외교부의 혁신적이고 민첩하며 독창적인 특성을 나타낸다. 10년 동안 외교관들은 세계 최초의 가상대사관을 설립하고, 공유 소셜미디어 캠페인을 수행하고, 개인화된 스마트폰 애플리케이션을 만들고, 자체 알고리즘을 개발한다. 이러한 예는 외교부가 구식의 하향식 명령 구조에 최적화로 인해 21세기 외교에서 중요한 역할을 하지 못하는 구식 유물이라는 일반적인 견해를 부정한다(Copeland, 2013).

중요하게도, 일부 외교부는 디지털 대중을 거짓 정보에 쉽게 조종되고 러시아 선전의 마법에 빠진 어린이가 마술 피리의 선율에 맞춰 행진하는 순진한 청중으로 간주하는 것 같다(Pamment, Nothhaft, Agardh-Twetman, & Fjallhed, 2018 ; Tucker et al., 2018). 이러한 견해는 외교관이 디지털 대중과 상호 작용하려는 의지를 제한할 뿐만 아니라 잘못된 방향으로 인도하기도 한다. 디지털 대중은 지능적이고, 정보가 풍부하며, 자기 세계를 형성하는 사건과 행위자를 이해하려는 욕구에 따라 움직인다. 이를 위해 그들은 건강하고 다양한 뉴스 항목을 채택하고, 정치적 성향을 부정하는 웹사이트를 방문하고, 온라인으로 정부 대변인에게 반박하기도 한다. 외교관들은 디지털 대중을 중시하고 그들의 의견을 존중하게 될 때에만 관계적인 목표를 향해 디지털 기술을 활용할 수 있을 것이다. 신뢰와 존중은 온라인이든 오프라인이든 관계의 기초이기 때문이다.

5장에서는 공공외교의 디지털화 분석은 기술적, 사회적 프리즘을 모두 채용함으로써 가장 잘 달성할 수 있다고 설명했다. 영국의 외무부(FCO)가 자체 블로그를 사용하고 러시아의 시리아 내전 개입을 설명하는 대사의 명성은 사회적 행위자가 목표를 달성하기 위해 디지털 기술을 활용하는 사회적 프리즘을 보여준다. 기술 프리즘은 기술 설계가 외교부의 공공외교 활동을 결정함에 따라 디지털 자산을 통해 거품을 터트린 이스라엘의 결정을 가장 잘 설명한다.

마지막으로 5장에서는 디지털 허위 정보 및 선전에 맞서기 위한 다양한 접근 방식을 조사했다. 일부 외교부와 정부는 시민들에게 정확한 정보에 접근하고, 디지털 플랫폼에서 "가짜" 또는 거짓 뉴스를 식별하는 방법을 가르치는 미디어 활용 능력 프로그램에 투자하기로 했다. 이러한 역량은 또 다른 형태의 공공외교 자원으로 활용될 수 있다. 국가는 유대를 강화하고 외국 인구와의 관계를 심화하기 위한 수단으로 디지털 전문 지식 및 미디어 활용 능력 프로그램을 다른 국가와 공유할 수 있다. 현재 영국 정부는 발트해 외교부와 정부에 디지털 지원을 제공함으로써 이 접근 방식을 채택한 것으로 보인다.

3장부터 5장까지는 디지털 사회의 가치와 규범이 외교관과 그 기관에 미치는 영향을 보여주었다. 미국 국무부의 알렉 로스(Alec Ross)와 재러드 코헨(Jared Cohen)은 트위터 유명인사가 됨으로써 디지털 사회의 논리를 미국 외교관들의 마음에 새겨넣었다. 열린 것은 좋은 것이고 닫힌 것은 나쁜 것이라는 그들의 진술과 진정성이 핵심이라는 그들의 믿음(Lichtenstein, 2010)은 디지털 사회를 정의하는 가치, 즉 개방성, 진정성 및 신자유주의의 전형을 보여준다. 디지털 사회에서는 공공외교를 포함한 알고리즘에서 정보를 쉽게 사용할 수 있도록 비공개로 수행된 모든 작업을 공개적으로 수행해야 한다(Bauman & Lyon, 2016). 하마스(Hamas) 테러 활동의 Q&A 세션은 디지털 사회에서 모든 행위자가 진정성 있고 고유한 iBrand를 형성해야 함을 설명한다. 하마스와 다에시(Daesh)를 구분하는 디지털 사용자를 구별하는 것은 iBrand의 진정성이다. 맞춤형 공공외교는 디지털 플랫폼의 고유한 관심, 욕구 및 패턴을 충족하는 온라인 경험을 디지털 대중에게 제공해야 하는 외교부의 필요성을 보여준다. 디지털 대중은 엔터테인먼트, 뉴스 및 정보에 대한 액세스가 모두 알고리즘적으로 관심과 흥미에 맞춰 조정되는 사회에 익숙해졌기 때문이다. 마지막으로, 이스라엘의 P2P(peer-to-peer) 외교(Attias, 2012)는 반유대주의의 필터 거품을 터뜨릴 수 있는 디지털 브리지 또는 소셜미디어 사용자를 매핑하는 데 도움이 될 수 있는 알고리즘에 대한 절대적 믿음을 보여준다. 따라서 알고리즘은 외교의 실패가 아니라 외교의 무기이다.

6장은 공공외교의 디지털화 과정을 해설하고 차트화하는 것에서 가능한 결과를 분석하는 것으로 전환했다. 공공외교 연구 전체의 다양화라는 이 책의 세 번째 목표가 가장 가시적으로 드러난 것은 6장에서였다. 또한, 6장에서는 외교관과 디지털 대중 간의 대화 참여를 측정하기 위한 새로운 모델을 소개하고자 했다. 5개의 아프리카 외교부와 4개의 리투아니아 대사관을 분석한 결과, 외교관과 디지털 대중 간의 대화 참여가 여전히 드문 것으로 나타났다. 이 발견은 2011년과 2018년 사이에 수행된 다수의 연구와 일치한다(Bjola & Jiang, 2015; Bjola & Manor, 2018; Clarke, 2015; Comor & Bean, 2012; Hocking & Melissen, 2015; Kampf, Manor, & Segev). , 2015; Manor & Crilley, 2018; Metzgar, 2012).

그러나 6장은 아프리카 외교부가 추종자들에게 아프리카와 세계의 사건을 이해할 수 있는 독특한 국가적 프리즘을 제공한다는 것을 발견했다. 또한 디지털 대중은 이제 아프리카 국가의 외교 목표, 이니셔티브 및 성과에 대한 광범위한 정보에 액세스할 수 있다. 민주화된 공공외교라는 뉴질랜드 특유의 비전이 느리지만 진전되고 있는 것은 아닐까 싶다. 또한, 정량적 분석에 따르면 아프리카 외교부는 외교관이 관심을 두고 있는 문제를 식별하여 디지털 대중과의 토론 의제를 설정할 수 있다. 이러한 활동은 시간이 지나면 상호 관심사에 대한 쌍방향 대화로 이어질 수 있다. 마지막으로, 이 장에서는 리투아니아 대사관의 페이스북 프로필이 디아스포라 질문에 답변하고, 커뮤니티 이벤트에 대한 정보를 제공하는 데 사용된다는 것을 발견했다. 이러한 결과는 모두 외교관과 디지털 대중 간의 대화 참여가 느린 속도로 진행되고 있음을 시사한다.

특히, 리투아니아와 아프리카 국가는 공통의 도전 과제를 공유하고 있다. 바로 큰 규모로 세계적으로 흩어져 있는 디아스포라이다. 리투아니아 외교부는 디아스포라를 외교적 자산으로 간주하지만 아프리카 국가는 재정적으로 디아스포라에 의존하고 있다. 4개의 리투아니아 대사관을 분석한 결과, 대사관이 디아스포라 행사를 조직하고 디아스포라와 출신 국가 간의 정서적 유대를 강화하는 데 중추적 역할을 한다는 것을 알 수 있었다. 페이스북은 대사관에서 OECD 가입, 문화적 성취 기념, 리투아니아 독립 축하와 같은 국가적 성취를 축하하기 위해 디아스포라를 초청하는 데 사용된다. 따라서 디지털 기술은 리투아니아의 경계가 국외 영역으로 확장됨에 따라, 그리고 시민권의 개념이 물리적 위치와 분리됨에 따라 재영토화의 효과를 가져왔다. 따라서 공간은 외교관에 의해 조작되고, 무의미해진다.

5개의 아프리카 외교부에 대한 분석은 그들이 디아스포라 문제를 거의 다루지 않거나, 의도적으로 디아스포라를 타깃팅으로 하는 경우가 거의 없음을 시사하는데, 이는 디아스포라가 아프리카의 많은 국가의 재정 안정에 기여한다는 점을 고려 할 때 놀라운 사실이다. 그러나 디지털 플랫폼이 출신 국가를 비난하고, 디지털 활동을 방해하고, 외교적 목표를 달성하는 것을 방지하는 데 사용될 수 있으므로 아프리카 외교부가 디아스포라와 상호 작용하는 것을 조심할 수 있다. 에리트레아(Eritrean) 디아스포라도 마찬가지였다(Bernal, 2014). 아프리카 외교부의 경우 디지털 기술은 국가와 디아스포라 사이의 경계선이 명확하게 표시되는 탈영토화 효과를 가져왔다. 리투아니아와 아프리카 외교부 간의 상반된 결과는 공공외교의 디지털화 과정이 모든 외교 기관에 걸쳐 균일하지 않다는 것을 다시 한 번 보여준다.

7장에서는 디지털 기술을 활용하여 전통적인 외교의 한계를 극복하려는 외교부의 시도를 다루었다. 이 장에서 사용된 이론적 프리즘은 시간과 공간을 극복하려는 디지털 사회의 욕망이 원거리 외교와 같은 새로운 외교 관행으로 이어진다는 것을 보여준다. 스웨덴, 미국, 이스라엘 및 팔레스타인의 가상대사관에 대한 사례 연구는 거리가 외교관의 관계 능력을 제한할 수 있음을 시사한다. 자신의 시야에 있는 것에 대해서만 도덕적 책임을 느끼는 무인 항공기 운영자처럼 외교관은 시야에 있는 디지털 대중과만 상호 작용할 수 있다. 따라서 팔레스타인 외교관은 멀리 떨어진 이란인과 교류하지 못하는 미국 외교관과 달리 이스라엘 이웃과 디지털 방식으로 교류할 수 있다. 이 장에서는 또한 외교관들이 세계에 내러티브 또는 프레임을 보급하려는 시도를 조사했다. 터키 외교부의 분석은 디지털 사회는 어떤 누구를 가만히 기다려주지 않는다는 것이다. 실시간으로 사건을 프레임 구성을 하지 못하고, 디지털 대중의 기대에 부응하지 못하는 사람들은 디지털 대중에 영향을 미칠 권리, 세계 사건에 대한 이해를 상실한다. 따라서 이 장은 시간과 공간이 디지털 시대에도 전능함을 발견하는데, 거리는 디지털 참여를 막을 수 있지만, 시간은 되돌릴 수 없다.

팔레스타인의 가상대사관은 갈등이 격화되는 가운데 공공외교를 실천하려는 시도라는 점에서 독특하다. 외교 관계가 없지만 전쟁 상태가 아닌 미국과 이란과 달리 이스라엘과 팔레스타인은 다루기 힘든 갈등에 직면하고 있다. 이것은 팔레스타인 대사관이 테러리스트 가족에 대한 지원에서부터 팔레스타인 학교의 유대인에 대한 선동 혐의에 이르기까지 이스라엘 대중이 특히 논쟁적이라고 생각하는 문제를 다루지 않은 이유 중 하나일 수 있다. 이러한 문제들을 다루는 것은 대사관과 그 추종자들 사이에 이간질을 일으킬 수 있고 추종자들이 대사관의 관심을 포기하는 결과를 초래할 수 있다. 부정적이거나 논쟁적인 문제에 초점을 맞추기보다, 팔레스타인 대사관은 이스라엘인들에게 미래에 대한 신뢰할 수 있고 긍정적인 비전을 제시한다. 긍정적인 미래를 묘사하기 위한 팔레스타인 대사관의 시도는 평화협상이 시작하기 이전에 갈등이 있는 지역사회에서 평화를 상상해야 하는 문제이기 때문에 공공외교에서 디지털 기술을 정교하게 사용하고 있다. 그것이 바로 오슬로 평화 협정이 짧은 시간 동안 이룬 것이고, 팔레스타인의 가상대사관이 페이스북을 통해 달성하고 있는 것일지도 모른다.

8장에서는 미국과 폴란드의 셀피 외교 활동을 분석했다. 이 장의 주요 이론적 주장은 이미지 관리를 위한 디지털 플랫폼의 사용이 디지털 자아의 특성을 획득함에 따라 민족 국가를 개별화한다는 것이다. 프로필 페이지, 프로필 사진, 좋아요 및 싫어요가 있으며, 디지털 대중과도 상호 작용할 수 있다. 따라서 디지털 브랜딩 노력은 일상에서 국민 국가의 표현을 쉽게 하고 시민과 국가 간의 거리를 좁힌다. 트럼프 시대 미국의 셀피를 분석한 결과, 국무부가 미국을 세계의 CEO로 브랜딩하였다. 미국은 고독의 요새 안에 앉아 제재의 수사학, 거래의 기술, 규제 완화 정책을 채택하고 있다. 이 셀피는 트럼프 대통령의 셀피와 일치하지만 미국이 세계의 도덕적 나침반 역할에서 이익을 우선하는 이사회 의장으로 변화됨에 따라 60년 동안의 미국 공공외교를 부정하는 결과를 낳았다. 트럼프 대통령의 좌우명은 더 이상 "당신의 피곤하고 가난한 사람을 주십시오"가 아니라 "나에게 돈을 보여주십시오"이다.

국무부가 미국의 현재 자기 이미지를 관리하는 동안 폴란드 외교부는 역사적인 이미지를 관리한다. 폴란드의 역사적 접근 방식은 이미지가 최고를 지배하는 시대에 국가의 과거가 현재 못지않게 중요하다는 점을 시사한다. 폴란드가 홀로코스트와 계속 연관되어 있다면 도덕성이 세계 무대에서 정통성을 낮기 때문에 현재의 외교 정책 목표를 달성할 수 없을지도 모른다(Mor, 2012; Quelch & Jocz, 2009; Van Ham, 2013). 그러나 폴란드가 홀로코스트와 거리를 두면 다문화주의와 민주주의와 같은 긍정적 가치와 재결합할 수 있다. 따라서 개인 셀피와 마찬가지로 국가 셀피는 독창성과 개성을 나타내기보다는, 원하는 규범에 대한 적합성을 입증하는 데 사용되는 도구이다(Manor & Soone, 2018; Natarajan, 2014).

폴란드의 역사적인 셀피는 시간을 극복하려는 디지털 사회의 열망을 상징하기도 한다. Manuel Castells(2013)에 따르면, 시간의 극복은 삶의 사건을 역순으로 함으로써 얻어진다. 50대 직원을 관리하는 20대 기술 업체 CEO나 은퇴를 제2의 사춘기로 보는 경우가 그렇다. 폴란드 외교부는 과거를 현재로 소환하고 과거를 사용하여 폴란드의 현재 이미지를 형성함으로써 시간을 배열한다. 이러한 시간순서 해제의 중요한 구성 요소는 역사적인 사진과 지도를 사용하는 것이다. Susan Sontag(1990)가 주장했듯이 사진은 현대 사회에서 증거의 역할을 한다. 특정 사건이 실제로 발생했음을 입증하기 위해 법정에서 사용된다. 사진을 사용하여 과거를 설명함으로써 폴란드 외교부는 주장에 신뢰성을 부여한다.

그러나 폴란드 외교부(MFA)는 이미지, 사진 또는 비디오를 제작하는 유일한 곳이 아니다. 오히려 공공외교의 디지털화는 외교부를 시각적 내레이터로 변화시켰다. 이 과정은 디지털 사회의 논리로도 설명될 수 있다. 첫째, 시각 자료는 비교적 짧은 시간에 많은 양의 정보를 전달한다. 따라서 블로그, 동영상 블로그 및 상태 업데이트로 구성된 방대한 정보(Too Much Information)가 매일 제공되는 디지털 대중에게 정보를 전파하는 효과적인 방법이다(Miller & Horst, 2017). 둘째, 현대 사회에서 '보는 것이 믿는 것'이라는 점에서 시각은 영향력을 낳는다. 알레포(Aleppo)의 파괴 규모를 보여주는 트윗은 영국이 러시아와의 외교적 싸움에 대한 국내외 지지를 모으는 데 도움이 되었을 수 있으며, 포위된 크림 반도로 가는 러시아의 이미지는 러시아 소수 민족에 대한 증오 범죄에 관한 이야기를 퍼뜨리는 데 도움이 되었을 수 있다. 마지막으로 이미지는 디지털 콘텐츠의 입소문을 높여 외교관이 더 많은 청중과 상호 작용할 수 있도록 한다. 대중을 끌어들이지 않고는 외교관이 공공외교를 할 수 없으므로 이것은 중요하다.

폴란드 셀피를 분석한 결과 공공외교의 디지털화가 국내 공공외교를 낳았다는 사실도 드러났다. 폴란드 외교부는 폴란드 국가 목표 달성에 대한 외교부의 기여도를 입증을 위한 폴란드어 트위터 계정을 운영하고 있다. 그러나 폴란드 외교부만이 국내 선거구를 개발하는 것은 아니다. 글로벌화된 세계에서, 수많은 정부 부처들이 세계를 마주하고 동료들과 협력함에 따라, 외교부는 국가의 대외 업무를 관리하는 독점권을 잃는다. 외교부의 정부 내 영토 상실은 그들이 세계와 자국 시민을 모두 마주하는 새로운 전략을 채택하여 국내 선거구를 발전시킬 필요가 있었다. Global Affairs Canada와 같은 일부 외교부는 디지털 영사 지원의 전달에 초점을 맞추고 있는 반면, 인도와 같은 다른 외교부는 정책 개요와 국가 방문 요약을 시민들에게 직접 제공한다. 공공외교의 디지털화가 글로컬화된 공공외교로 바뀌고 있다는 사실이 드러났다. 외교부가 시민들을 핵심 목표 대상으로 삼을 수 있지만, 이 시민들도 자발적으로 외교부의 트위터 프로필에 모여들고, 국가 고유의 프리즘을 통해 세계 사건에 대해 배우기를 희망하는 것이다.

8장에는 셀피 외교의 한계에 대한 논의가 포함되어 있다. 그 중 하나는 셀프 이미지가 미디어가 어떻게 국가를 특징 짓는지와 관련이 있어야 한다는 것이다. 언론이 전쟁을 조장하는 국가로 분류된 국가는 평화로운 공존의 셀프 이미지를 홍보하기 어려울 수 있고, 내전으로 분열된 국가는 투자를 유치하는 셀프 이미지를 홍보하지 못할 수 있다. 따라서 한 국가의 자기 묘사와 언론의 묘사 사이에는 신뢰성 격차가 있다. 차이가 클수록 자기 이미지의 신뢰성이 떨어진다. 자기 이미지는 외국 이야기의 영향을 받을 수도 있다. 예를 들어 러시아는 리투아니아를 서유럽과 NATO의 지원 없이는 존재할 수 없는 실패한 국가로 묘사한다(R. Paulauskas, 개인 서신, 2018년 7월 25일). 리투아니아의 셀프 이미지는 이러한 부정적 묘사와 경쟁해야 한다. 그렇지 않으면 신뢰성 격차에 직면할 수도 있기 때문이다. 따라서 자기 이미지 외교는 단순한 국가 브랜드 그 이상이다. 실시간으로 사건에 대해 논평하고 언론이나 외국 정부와 같은 다른 주체의 내레이션에 대응하는 형태로 능동적으로 관리되는 국가 자아 이미지의 작성이다.

마지막으로 9장에서는 대사의 디지털화에 대해 살펴보았다. 이 장에서는 공공외교의 디지털화가 젊은 외교관이나 디지털 사회에서 태어난 사람들에게만 국한되지 않는다는 것을 발견했다. 디지털 기술의 채택은 디지털 사회의 논리와 마찬가지로 외교부의 최상위 계층의 규범, 가치 및 작업 루틴에 영향을 미쳤다. 특히, 이 장에서는 대사가 복잡한 외교 정책 문제를 설명할 수 있는 능력뿐만 아니라 지위와 위신으로 인해 대사관의 디지털 범위에 크게 기여할 수 있음을 발견했다. 이 장에서 대표되는 각 대사는 디지털 사회의 다른 가치 또는 규범을 나타냈다. 영국의 유엔 주재 대표는 개방성과 투명성의 가치를 표명했고, 주미 EU 대사는 정보에 대한 실시간 접근의 규범을 표명했으며, 프랑스 대사는 그를 다른 동료들과 차별화하는 온라인브랜드(iBrand)를 만들었다. 마지막으로 대사들이 디지털 플랫폼을 활용해 외교의 '백스테이지'를 침해하는 것은 디지털 사회의 요구를 충족시키기 위한 외교관의 요구를 대변한다. 외교에서 비밀의 베일을 제거하지 않는 외교관은 디지털 대중을 끌어들이지 못할 것이다.

이 책의 여러 장에서 분명히 드러난 한 가지 주제는 디지털 대중의 "듣기" 개념이었다. 경청은 공공외교를 다른 외교 관행과 구별 짓는 개념으로, 경청은 대중과 외국인에게 발언권을 주고 상호작용, 참여, 관계 형성을 촉진한다. 그러나 듣기는 다른 형태를 취할 수 있다. 이 책에서 확인된 한 가지 형태의 경청은 민주화된 공공외교에 대한 뉴질랜드의 독특한 비전과 관련이 있다(A. Lutyens, 개인 커뮤니케이션, 2018년 7월 10일). 이 경우 "경청"은 외교 정책을 수립할 때 디지털 대중의 의견과 태도를 고려하는 것과 관련이 있다. 리투아니아 외교부에서 "경청"은 소셜미디어 사이트를 사용하여 다른 국가의 대화를 모니터링하고 이러한 국가의 외교 정책 변화를 예측하는 것이다(R. Paulauskas, 개인 커뮤니케이션, 2018년 7월 25일). 오바마 행정부의 이란 협상 디지털 캠페인의 경우, '경청(listening)'은 팔로워 피드백을 통해 선거 운동 메시지를 '수정(tweak)'하고 의도된 청중에게 잘 반향을 일으키지 않는 메시지를 식별하는 것이었다(Bjola & Manor, 2018). 따라서 이 책에서는 경청도 의도에 따라 항상 영향을 받는다는 것을 발견하였다. 때로 경청은 양방향 상호작용의 과정과 관련이 있지만, 다른 때에는 더 영향력 있는 메시지를 만드는 것과 관련이 있다. 여기서 다시 '새로운' 공공외교의 목표와 전통적인 공공외교의 목표 사이의 갈등이 분명히 드러난다.

이 책에서 반복적으로 드러난 또 다른 주제는 공공외교의 디지털화가 공중(public) 중심 외교로 이어졌다는 점이다. 의도가 관계 구축이든 영향력이든, 이제 외교부와 공공외교를 실천하는 외교관을 차지하는 것은 "공중"이다. 때때로 대사관 소셜미디어 계정을 관리하는 디지털 네이티브 관리자는 공중을 더욱 가치 있게 여긴다(Manor & Kampf, 2019). 이들은 더 매력적인 콘텐츠를 만들기 위해 대중의 피드백에 의존한다. 다른 경우에 이 대중은 순진한 것으로 간주되고, 전략적 커뮤니케이션 이니셔티브의 경우와 같이 조작에 매우 취약하다. 게다가 어떤 경우에는 이 대중이 가시적이고, 페이스북 프로필이나 세컨드라이프(Second Life) 아바타의 형태로 드러난다. 다른 경우에는 이스라엘 외교관이 걸프 국가 시민들에게 트윗하는 경우와 같이 이 공중은 상상으로만 존재하는 때도 있다. 그러나 공공외교의 전통적인 목표 청중이라 할 수 있는 엘리트를 제외하면 거의 모든 경우에 공중은 공공외교의 중심이 된다.

이 책에서 확인된 세 번째 주제는 외교관과 외교부의 중재이다. James Pamment(2014), Manor and Crilley(2019)가 주장했듯이 외교부와 외교관은 미디어 기관의 논리와 업무 루틴을 채택했다. 미디어 기관과 마찬가지로 외교부는 현재 이슈, 이벤트, 행위자 및 정책을 거의 실시간으로 설명과 논평한다. 더욱이 뉴스 프레이밍의 경우와 마찬가지로 도덕성은 글로벌 무대와 디지털 대중 사이에서 합법성을 낳기 때문에 외교부 내레이션에서 중요한 역할을 한다. 예를 들어, 미국 국무부는 소셜미디어를 사용하여 동성 결혼에 대한 대법원의 판결이 평등과 인권에 대한 미국의 약속을 예시한다고 주장했다. 마찬가지로 터키 외교부는 2016년 실패한 쿠데타 시도를 에르도안 정부에 대한 공격이 아니라 민주주의와 그 핵심 가치에 대한 공격으로 규정했다. 외교부는 이제 다른 외교 행위자나 통신사가 퍼뜨리는 이야기를 모니터링하고, 이에 대응하려고 시도한다. 실제로 터키 외교부의 소셜미디어 공세는 터키 정부의 탄압에 대한 언론의 묘사를 “에르도안의 복수”로 반박하기 위한 것이었다. 외교부는 디지털 대중의 관심을 얻기 위해서 미디어 조직과 경쟁하고, 정보 게이트키퍼로서의 미디어 역할에 도전하기 위해 이러한 미디어 관행을 채택했다(Manor, 2016). 외교부는 자체 프레임을 만들고, 전파함으로써 외국 국민의 세계관을 형성하기 위해 미디어에 덜 의존하게 된다.

이 책에서 확인된 네 번째이자 마지막 주제는 디지털 활동과 오프라인 공공외교 목표 달성 간의 연관성이다. 이것은 종종 간과되는 중요한 연관성이다. 예를 들어, 많은 디지털 외교 연구에서는 디지털 영역을 오프라인 영역과 구별되는 것으로 취급한다. 그러나 이 책은 외교관, 대사관 및 외교부가 오프라인 목표를 달성하기 위해 디지털 기술을 사용한다는 것을 보여주었다. 워싱턴 주재 이스라엘 대사는 트위터 Q&A를 통해 2014년 이스라엘의 가자 전쟁에 대한 미국의 지지를 모으기를 희망했다. 영국 외무부(FCO)는 트위터 설문조사 질문을 사용하여 영국 대중에게 다에시Daesh 선전에 대응하는 활동에 대해 더 잘 알릴 수 있었다. 리투아니아 대사관은 디아스포라와의 유대를 강화하고 “인재 유출”을 반전시키기 위해 페이스북을 사용하는 반면, 주미 프랑스 대사는 미국 지도자들의 관심을 끌기 위해 냉소적인 어조를 디지털 공간에서 의도적으로 사용하였다. 향후 연구도 유사한 프리즘을 채택해야 하는데, 프리즘이 없다면 외교, 기술, 공공외교 사이의 진정한 관계를 밝혀낼 수 없기 때문이다. 다음 섹션에서는 이 책의 결론을 함께 묶고 미래 연구의 방향을 확인하고자 한다. 예를 들어, 비교 연구는 특정 요인이 다른 외교부에서 디지털화의 다른 프로세스로 이어지는 방법을 조사할 수 있다.

새로운 방향성

이 책에서 검토한 사례 연구를 통해 주어진 외교부에서 공공외교의 디지털화에 영향을 미치는 다수의 요소를 식별할 수 있다. 이는 **표 10.1**에서 확인할 수 있다.

표 10.1 외교부에서 공공외교의 디지털화에 영향을 미치는 요인의 예

영향 요인	챕터	외교부	사례
외교부 약속	2	미국	Alec Ross, Jared Cohen 및 Anne-Marie Slaughter는 개방성과 참여의 디지털 시대정신을 주도한다.
행정부의 변화	6, 7	캐나다, 미국	트뤼도 정부는 외교관, 디지털 통신에 대한 통제를 포기하고, 미국 국무부는 트럼프 행정부의 우선순위에 따라 미국 브랜드를 변경한다.
외부적 충격(상하향 변화)	3, 5	독일, 뉴질랜드	크림 위기는 독일 외교부에서 전략적 커뮤니케이션 단위의 구조 조정으로 이어지고, 아랍의 봄은 뉴질랜드 외교부에서 청취 및 보고를 위한 디지털 플랫폼 사용으로 이어진다.
디지털 적용(하상향 변화)	3	영국, 캐나다	미국과 영국 외교관은 다에시Daesh 관련 트윗을 공유하여 온라인 대화의 중심이 되며 영사 위기는 알고리즘을 "해킹"하는 캐나다 전술로 이어진다.
정부의 디지털 기술의 수용	2, 5	미국, 뉴질랜드	오바마 행정부의 열린 정부 이니셔티브, 뉴질랜드 부처를 디지털 플랫폼으로 이전
정부의 국내 의제	1, 7	폴란드, 노르웨이	폴란드와 홀로코스트 간의 연계를 금지하는 폴란드 법안은 자기 이미지 관리 외교로 이어지고, 해수위 상승은 노르웨이 외교부가 관련 NGO와의 네트워크로 확대
디지털 기술을 실험하려는 외무장관의 의지	2, 6	미국, 스웨덴	힐러리 클린턴 국무장관이 21세기 국정 기술을 수용하고, 칼 빌트 외무장관이 블로그를 개설

영향 요인	챕터	외교부	사례
디아스포라 정책	3, 5	리투아니라, 에디오피아, 인도	리투아니아인은 "인재 유출"을 역전시키고 디아스포라와의 유대를 강화하기 위해 페이스북 페이지를 디아스포라 게시판으로 바꾸고, 에티오피아 외교부는 디아스포라 커뮤니티를 위한 디지털 잡지를 발행하고, 인도 외교부MEA는 2세대 디아스포라를 위한 "Know India" 웹 기반 플랫폼을 출시
지리적 위치	5	뉴질랜드	유럽과 러시아와의 거리가 멀다는 것은 뉴질랜드 외교부가 전략적 커뮤니케이션에 중점을 두지 않는다는 것을 의미.
동맹국의 디지털 이동	5	뉴질랜드	뉴질랜드 외교부는 영국 및 미국에 이어 디지털 플랫폼에서 활동을 시작
외교부의 디지털 활동 책임자	6, 7	팔레스타인, 폴란드	관계 구축보다 브랜딩 활동에 더 집중할 수 있는 전직 기자 및 홍보 전문가가 이끄는 폴란드 부서, 이스라엘 사회와 상호작용위원회에서 운영하는 팔레스타인 가상대사관
대사관 소셜미디어 프로필을 관리하는 외교관 연령	5	캐나다, 뉴질랜드, 인도	대사관 소셜미디어 프로필을 관리하는 디지털 관리자는 팔로워 피드백에 맞게 콘텐츠를 조정하고, 팔로워 의견을 소중히 여기고, 팔로워 감정을 외교부 보고에 통합
새로운 외교 정책	3	이란	이란은 유엔 총회에서 소셜미디어를 사용하여 서방과의 관계에 대한 새로운 비전을 제시하고, 이란은 소셜미디어 캠페인을 통해 스스로를 폭력과 극단주의에 반대하는 세계 최고의 국가로 재명하였다.
국내 컨퍼런스 참가	3	이스라엘, 네덜란드	2016년과 2018년 이스라엘은 서비스 제공자로서의 외교부와 알고리즘 외교에 중점을 둔 두 번의 국제 회의를 개최했으며, 네덜란드 외교부는 2018년 디지털 캠프를 개최했다.
다른 행위자에 의한 내러티브 확산	5	리투아니아	리투아니아를 실패한 국가로 묘사하기 위해 디지털 플랫폼을 사용하는 러시아는 리투아니아 외교부가 온라인 활동을 시작하도록 동기를 부여한다.

공공외교의 디지털화에 관한 추가 연구를 원하는 학자는 비교 연구를 수행하기 위해 **표 10.1**에 참고할 수 있다. 예를 들어, 학자들은

기술에 대한 두 가지 정부 차원의 접근 방식을 비교하고, 이러한 다양한 접근 방식이 외교부의 디지털화 프로세스에 어떻게 영향을 미치는지 조사할 수 있다. 유사하게, 비교 연구는 서로 다른 국내 의제들이 공공외교의 디지털화를 서로 다른 궤적에 어떻게 두는지 분석할 수 있다. 학자들은 또한 외교부의 디지털 부서 책임자의 전문적인 배경이 외교관의 디지털 기술 활용에 어떤 영향을 미치는지 조사할 수 있다. 이러한 비교 연구는 모든 외교부를 단일 단위로 취급할 수 없다는 점을 인정하기 때문에 중요하다. 오히려, 각 외교부가 자체적으로 디지털화의 항해를 하고 있다는 사실을 인식해야 하며, 어는 조직 문화뿐만 아니라 수많은 국가 및 글로벌 요인의 영향을 받는다.

특히, 이 책의 주요 주장은 공공외교의 디지털화가 외교부의 업무 루틴, 규범 및 가치뿐만 아니라 외교관이 기술을 개념화하기 위해 사용하는 자기 서술 또는 은유에 디지털 기술이 영향을 미치는 방식과 관련이 있다는 것이다. 그러나 이 책은 디지털 기술과 외교부의 작업 루틴 사이의 관계가 항상 직접적인 것은 아니라는 것을 발견하였다. 때때로 정부의 공공외교 활동 방식은 디지털화 과정에 영향을 미친다. 예를 들어, 미국 국무부의 Public Diplomacy 2.0 이니셔티브는 '디지털 지원활동 팀(Digital Outreach Team)'의 창설로 이어졌다. 이 팀은 이슬람 인터넷 사용자와 대화하기 위해 아랍어 웹사이트를 방문한다. 따라서 이 활동는 디지털 대중에게 다가가는 새로운 작업 루틴으로 이어졌다. 그 뒤를 이은 규범은 디지털 대중에게 귀를 기울이는 것이다. 이 활동은 디지털 대중이 아닌 외교관이 대화하는 은유에 중점을 둔다(Hayden, 2012).

다른 경우에는 일국의 외교부 또는 정부에서 디지털 기술을 활용하면 다른 외교부에서 근본적인 변화가 발생한다. 예를 들어, 러시아가 디지털 플랫폼을 사용하여 크림 반도에서 발생하는 사건의 성격에 반대하는 서사를 퍼뜨리자 여러 외교부가 공공외교에 서사적 접근 방식을 채택하게 되었다. 새로운 작업 방식에는 세계 사건과 국가의 외교 정책을 해석하기 위한 서사를 사용하는 디지털 캠페인 활용이 포함되었다. 뒤따른 규범은 글로벌 사건이 디지털 대중에게 설명되고, 일관된 외교 정책을 계획하기 위해 다양한 외교 활동으로 연결될 수 있는 프리즘으로서의 서사 관점이었다. 러시아를 국제법을 일관되게 위반하는 국가이자, 아사드 정권이 화학무기를 면책 없이 사용하도록 허용한 도덕적으로 의심스러운 국가로 묘사한 영국 서사의 경우도 마찬가지다. 외교관들이 채택한 비유는 캠페인 메시지가 팔로워들의 피드백을 기반으로 "조정"될 수 있으므로 정교한 맞춤화 과정으로 평가할 수 있다. 서사 기반 공공외교의 다른 예로는 이란 대통령과 영국 총리가 2016년 유엔 총회에서 새로운 외교 정책 비전을 설명하기 위해 트위터를 사용하는 것을 들 수 있다.

그러나 디지털 기술의 행동 유도성은 디지털 기술의 설계를 통해서든 또는 그것이 유도하는 사회적 은유를 통해서든 외교부의 직접적인 변화를 초래할 수 있다. 알고리즘으로 인해 외교관이 영사 지원이 필요한 시민들에게 도달하지 못한다는 사실을 인식한 캐나다는 새로운 규범(알고리즘 한계를 극복하기 위한 디지털 전술 실험 등)과 새로운 작업 루틴(MFA 트윗에 유행 해시태그 사용 등)으로 직접 이어졌다. 그 후 캐나다 외교관들은 20세기에 사용된 선형 커뮤니케이션 모델이 아니라 알고리즘 커뮤니케이션 모델을 통해 21세기 공공외교를 개념화했다.

영국의 외무부(FCO)와 이스라엘의 외교부의 경우 사회 전반에 새로운 행동를 채택한 후 새로운 업무처리 방식을 도입하였다. 최근 몇 년 동안 소셜미디어 사이트에서 알고리즘 필터링의 부정적인 결과를 언급하기 위해 "에코 체임버" 및 "필터 버블"이라는 용어의 사용이 증가했다. 에코 체임버의 상황은 영국 외무부가 대중을 자체 블로그 영역으로 끌어들였고, 알고리즘 필터링은 중요한 역할을 하지 못하도록 한다. 또한, 에코 체임버 상황은 외교관들이 디지털 플랫폼 이용은 대중을 속이는 도구로 간주하는 새로운 규범으로 이어졌다. 이스라엘 외교부에서 필터 버블을 통한 사회적 행위는 모순된 정보를 도입하여 필터 버블을 터트릴 수 있는 디지털 연결 고리나 사용자를 식별하기 위해 네트워크 분석을 사용하는 것과 같은 새로운 작업 루틴으로 이어졌다. 이스라엘 외교관들은 차례로 알고리즘 외교의 방식를 채택했다. 이러한 예들은 외교관을 통해 사회적 관습, 방법, 규범이 어떻게 외교부로 확산하는지를 다시 한 번 보여준다.

또한, 디지털 기술은 다른 사회적 행위자들에게 권한을 부여함으로써 새로운 업무 루틴을 이끌어낸다. 예를 들어, 디지털 플랫폼을 통해 시민 언론인, 블로거 및 새로운 미디어 조직은 글로벌 이벤트를 특정 프레임으로 구성할 것이고, 이러한 프레임을 글로벌로 연결된 공공 영역에 전파할 수 있다(Clarke, 2015). 따라서 이러한 행위자는 디지털 대중이 자신을 둘러싼 세계를 이해하는 데 영향을 미칠 수 있다. 이로 인해 외교관은 디지털 플랫폼을 미디어 조직의 이벤트 프레임 형성 과정을 모니터링하고, 이러한 프레임을 무효화하는 경쟁 프레임 형성 경쟁을 구체화한다. 외교관은 미디어 행위자들과 경쟁해야 하는 상황에서도 거의 실시간으로 정보를 공개하게 되었다. 예를 들어, 일부 대사는 가장 소중한 소유물인 정보에 대한 부분적인 통제를 포기하면서 정보의 획득 이후 공개하기도 한다. 이후 외교관과 대사들이 채택한 실행 전략은 실시간 외교다.

마지막으로, 정부의 국내 의제는 외교부 규범과 일상의 변화로 이어질 수도 있다. 폴란드 정부가 폴란드를 제2차 세계대전의 잔학 행위로부터 멀어지게 하려는 시도는 국가 이미지 외교 활동과 국내 공공외교의 규범으로 이어졌다. **표 10.2**는 외교관의 규범, 가치, 업무 루틴 및 실행 전략에 영향을 미칠 수 있는 다양한 요소를 정리한다. 이들 각각은 공공외교 학자의 더 많은 관심이 있어야 한다. 예를 들어, 학자들은 사회적 관행이 외교관을 통해 어떻게 외교부로 확산하고 새로운 작업 루틴과 실행 방법으로 이어지는지를 평가할 수 있다. 반대로, 학자들은 한 정부 또는 외교부의 디지털 활동이 다른 정부 또는 외교부의 규범 및 기능적 변화를 초래하는 방법을 조사할 수 있다. 이는 외교부가 소셜미디어 사이트에서 서로를 자세히 모니터링하고, 서로의 디지털 기술 활용을 통해 배운다는 사실을 고려할 때 특히 흥미로운 연구 방법이다(Manor, 2016).

사회적 관행, 공공외교 이니셔티브, 디지털 기술의 열정이 모두 외교부에 영향을 미치지만, 이 책은 디지털 사회의 요구와 논리가 공공외교 활동을 형성한다고 주장했다. 예를 들어, 디지털 사회는 모든 것이 원거리에서 이루어지는 사회이다. 이러한 논리는 가상대사관을 사용하여 공간적 한계를 극복하고, 외교관이 원거리 해외 공중과 즉시 상호 작용할 수 있도록 하는 원거리 외교에 자리를 내주었다. 디지털 사회는 시공간을 끊임없이 파괴하는 사회이기도 하다. 그 후 외교관은 트위터를 사용하여 지구 전체를 단일 지지층으로 형성을 목표로 하는 글로벌 소셜미디어 캠페인을 시작한다.

표 10.2 외교부 작업 루틴, 규범, 가치 및 외교관의 자기 서사를 변화시키는 요인

챕터	외교부	영향 요인	업무 진행의 변화	새로운 규범과 가치	외교관에 사용하는 자기 서사 및 은유
2	미국	공공외교 2.0 이니셔티브 및 디지털 플랫폼을 사용하여 이슬람 세계와 상호 작용	국무부 디지털 지원팀 설립	디지털 대중에게 다가가고 경청하기	대화
3, 4	영국, 이스라엘, 이란	러시아가 디지털 플랫폼을 사용하여 크림 반도의 경연 대회에서 동유럽 국가를 실패한 국가로 묘사하는 내러티브를 확산	내러티브를 홍보하는 디지털 캠페인 만들기, 콘텐츠 사전 작성, 청중 피드백에 맞게 캠페인 메시지 조정	내러티브를 세계 사건이 서술되고 설명될 수 있는 프리즘으로 간주	맞춤
3	캐나다	알고리즘의 행동유도성	유행하는 해시태그를 사용하여 시민을 디지털 도달 범위를 증가시키는 경계 스패너로 간주	알고리즘을 "해킹"하기 위한 전술 실험	알고리즘 커뮤니케이션 모델
4	영국	에코 체임버의 알고리즘 필터링 및 사회적 은유	대사/고위 외교관의 증언에 의존하여 대중을 FCO 플랫폼으로 끌어들임	디지털 플랫폼을 대중을 속이는 도구로 보기	에코 체임버
4	이스라엘	필터 버블의 알고리즘 필터링 및 사회적 은유	네트워크 분석을 사용하여 디지털 브리지 식별	P2P 외교에 의존	알고리즘 외교
5	리투아니아	빅데이터 분석을 사용하여 정책 결정 정보 제공	외국의 디지털 대화를 모니터링하기 위한 수평적 "듣기" 팀 생성	소셜미디어 콘텐츠를 정책 수립 과정을 알려야 하는 외교적 보고로 간주	청취

챕터	외교부	영향 요인	업무 진행의 변화	새로운 규범과 가치	외교관에 사용하는 자기 서사 및 은유
6	이스라엘	디지털 플랫폼을 통해 여러 행위자가 세계 이벤트를 구성	다른 행위자의 프레임을 무효화하기 위해 미디어를 사용하여 다른 행위자의 프레이밍 모니터링	외교관과 미디어의 전통적인 관계에 도전	프레이밍 경쟁
7	폴란드	정부의 국내 의제	출판물과 신문을 감시하면서 철회를 요구하고, 그 나라의 역사적 이미지를 관리하여 오늘날의 이미지에 영향을 미치도록 하는 것	국내 공공외교의 한 형태로 국민과 소통	브랜드로서의 상태
8	영국, EU	기존 및 새로운 미디어 행위자는 디지털 플랫폼을 사용하여 전개되는 이벤트를 설명	대사는 정보에 액세스할 때 정보를 공유	정보 보관이 아닌 정보 공유	실시간 외교

표 10.3은 디지털 사회가 외교부의 작업 루틴, 규범 및 은유에 미치는 영향과 관련하여 각 장에 제공된 예를 요약한다. **표 10.3**은 공공외교의 디지털화 과정이 규범적, 개념적, 절차적 차원을 갖고 있음을 보여준다. 디지털 사회의 논리와 요구에 영향을 받는 각 차원은 학계

표 10.3 외교부 MFA 작업 루틴, 규범, 가치 및 외교관의 자기 서사를 변화시키는 요인

챕터	디지털 사회의 논리와 요구	규범적(규범과 가치)	절차(업무 루틴)	개념적(은유와 자기서사)
2	공간의 소멸	글로벌 지지층 추구	온라인 플랫폼에 모인 대중에게 다가가기(예: DOT는 "무슬림 Wdrld"와의 상호 작용을 모색함)	참여
3	독특하고 진정한 iBrand를 만들어 디지털 대중의 관심 경쟁	온라인 입소문 확보	고유한 온라인 톤 채택(예: 러시아 대사관의 레임덕 트윗)	디지털 실행
4	네트워크는 사회의 조직 구조로서 계층 구조를 대체	디지털 엘리트가 아닌 디지털 대중과의 네트워킹	연결된 개인과 네트워크 형성(예: 필터 거품을 터뜨리는 이스라엘 네트워크)	내트워크 외교
5	비밀리에 하는 모든 일은 공개적으로 전환	디지털 대중에 귀 기울이고 정책 이니셔티브 공유	협력적 정책 수립(예: 뉴질랜드 고유의 비전)	민주화된 공공외교
6	멀리 떨어져 있는 사회	전통 외교의 한계 극복	주요 미디어 환경을 우회하고 적국의 인구와 대화(예: 걸프만에 있는 이스라엘 가상대사관)	가상 외교
7	의미없는 렌더링 시간	현재를 이해하기 위해 한 국가의 과거를 이용	미디어에서 한 국가의 과거 묘사 관리(예: 폴란드의 역사적인 셀피)	브랜드로서의 상태
8	너무 많은 정보, 의도적으로 디지털 대중을 익사시킴	센스 메이킹	추종자를 위한 정보 큐레이팅(예: 주미 EU 대사)	실시간 외교

의 주목을 받을 만하다. 일부 학자는 디지털 사회가 외교관에게서 이끌어내는 규범과 가치를 밝히려고 할 수 있지만, 다른 학자는 디지털 사회의 요구가 외교관의 업무 루틴을 어떻게 형성하는지 평가할 수 있다. 이 책은 이 새로운 방향을 향한 첫걸음을 내디뎠다.

이 책은 또한 디지털 기술이 외교관의 기존 업무 방식과 규범에 도전한다는 점을 강조했습다. 그러나 학자들은 디지털 기술이 외교부의 공공외교 활동을 촉진하는 방식에 주의를 기울이고 싶어 할 수도 있다. 일부 기관은 현재 시급한 문제에 대한 솔루션을 대중참여를 통한 해법을 모색하기 위해 자체 위키wiki를 운영하는 반면, 다른 외교부에서는 왓츠앱(WhatsApp)을 사용하여 전 세계적으로 실시간으로 영사 조치를 조정한다. 따라서 공공외교의 디지털화는 디지털 기술이 외교부와 대사관의 능력을 증대시키는 과정에도 관련이 있다.

요약하면, 이 책은 "공공외교의 디지털화"가 공공외교 수행에 대한 디지털 기술의 영향을 연구하고 이해하기 위한 새로운 개념적 틀이 될 수 있음을 보여주고자 하였다. 이 장의 마지막 섹션에서는 이 책이 네 명의 주요 학자들이 제기한 도전에 어떻게 답했는지 살펴보겠다.

너무 오래, 이별, 다음에 또 만나다, 좋은 밤

제임스 팸먼트(James Pamment)의 요청에 따라 이 책은 "새로운" 공공외교 행위자(예: 연결된 대중, 시민 사회 단체)보다는 외교관 및 외교 기관의 활동에 대한 분석에 중점을 두었다. 이러한 행위자들도 디지털화의 근본적인 영향을 받았지만, 이 책은 지금까지 외교부에 대한 관심이 거의 없었기 때문에 외교 기관에 초점을 맞췄다. 더욱이, 학자들이 소셜미디어 사이트에서 MFA의 팔로워 수와 그들이 끌어들이는 언론인의 수를 분석하기보다는 MFA의 변화 과정을 지도화해야 한다는 팸먼트의 비판에 따라, 이 책은 심층 인터뷰, 내용 분석, 프레이밍 분석, 주제별 분석 등 전통적인 방법론을 사용했다. 이 책이 학자들이 아직 적절하게 다루지 않은 근본적인 다으의 질문에 답하기 위해 이러한 방법론이 필요하다. 외교부 MFA는 "참여"라는 용어를 정의한다. "외교부는 "참여"라는 용어를 어떻게 정의합니까?", "MFA는 페이스북에 어떤 유형의 콘텐츠를 게시합니까?", "대사관은 청취라는 용어를 어떻게 개념화합니까?, "그리고 "새로운 규범이 MFA의 의사소통 문화에 어떤 영향을 미쳤습니까?" 여기서도 이 책은 다른 학자들이 따랐으면 하는 예비적인 첫 걸음을 내디뎠다.

얀 멜리센(Jan Melissen)의 저서를 바탕으로 한 이 책은 공공외교 연구를 디지털 사회학과 인류학의 교차점에 두고 있다. 외교관은 사회적 존재이고 MFA는 사회적 기관이기 때문이다. 따라서 이 책은 디지털 기술이 외교 기관에 어떻게 영향을 미치는지 이해하고자 했던 것은 디지털 사회의 렌즈를 통해 이루어졌다.

이 책은 필립 시브(Philip Seib)의 작업을 바탕으로 실시간 외교의 실천이 어떻게 이루어지고, 공공외교의 수행 방식을 형성하는지 설명하고자 했다. 이 책은 실시간 외교가 기술 행위 유발성과 디지털 사회의 논리, 외교부의 규범 및 작업 루틴을 고상하게 연결하는 하나의 영역임을 발견한다. 디지털 사회는 디지털 기술이 공간을 소멸시키는 데 사용되기 때문에 실시간 사회이다. 차례로, 디지털 사회 구성원은 발생하는 세계 이벤트에 대해 배우라고 요구한다. 미디어 조직이 이러한 요구를 충족하기 시작하면서 외교관도 마찬가지였으며, 이는 디지털 단위의 설정에서 소셜미디어 사이트를 경쟁 구도로 보는 관점에 이르기까지 외교부에 많은 변화를 가져왔다.

마지막으로 코르넬리우 비욜라(Corneliu Bjola)의 부름에 응답하여 이 책은 사이버 비관론의 구덩이에 빠지지 않았다. 그보다는 디지털 기술이 공공외교 수행에 미치는 영향에 대한 솔직한 평가를 제공하고자 했다. 때때로 디지털 기술은 진정으로 공공 중심적인 공공외교 활동을 촉진하는 것과 같은 긍정적인 결과를 가져온다. 다른 때에는 디지털 기술이 허위 정보를 통해 공공 의제를 왜곡하는 데 사용된다. 또한 이 책은 온라인 외교와 오프라인 외교 사이의 관계를 검토하고 별개의 영역으로 취급하지 말라는 비욜라의 요청에 부응했다.

이처럼 이 책은 앞서 언급한 4명의 학자의 작품과 통찰에 따라 그들이 저자에게 제공한 것만큼 많은 생각을 할 수 있는 기회를 제공하기를 희망한다. 서론에서 말했듯이 이 책은 세 가지 목표를 가지고 있었다. 그것이 달성되었는지는 이제 페이지를 넘기고 공공외교의 디지털화에 관한 자체 연구를 시작하도록 초대받은 독자에 의해 결정될 수 있을 것이다.

참고문헌

Archetti, C. (2012). The impact of new media on diplomatic practice: An evolutionary model of change. *The Hague Journal of Diplomacy*, 7(2), 181–206.

Attias, S. (2012). Israel's new peer-to-peer diplomacy. *The Hague Journal of Diplomacy*, 7(4), 473–482.

Bauman, Z., & Lyon, D. (2016). *Liquid surveillance: A conversation*. Cambridge: Polity Press.

Bernal, V. (2014). *Nation as network: Diaspora, cyberspace, and citizenship*. Chicago, USA: University of Chicago Press.

Bjola, C. (2014). The ethics of secret diplomacy: A contextual approach. *Journal of Global Ethics*, 10(1), 85–100.

Bjola, C., & Jiang, L. (2015). Social media and public diplomacy: A comparative analysis of the digital diplomatic strategies of the EU, US and Japan in China. In C. Bjola & M. Holmes (Eds.), *Digital diplomacy theory and practice* (pp. 71–88). Oxon: Routledge.

Bjola, C., & Manor, I. (2018). Revisiting Putnam's two-level game theory in the digital age: Domestic digital diplomacy and the Iran nuclear deal. *Cambridge Review of International Affairs*, 31(1), 1–30.

Castells, M. (2013). *Communication power*. Oxford: Oxford University Press.

Causey, C., & Howard, P. N. (2013). Delivering digital public diplomacy. In R. S. Zaharna, A. Arsenault, & A. Fisher (Eds.), *Relational, networked and collaborative approaches to public diplomacy* (pp. 144–156). New York, NY: Taylor & Francis.

Clarke, A. (2015). Business as usual? An evolution of British and Canadian digital diplomacy as policy change. In C. Bjola & M. Holmes (Eds.), *Digital diplomacy theory and practice* (pp. 111–126). Oxon: Routledge.

Comor, E., & Bean, H. (2012). America's 'engagement' delusion: Critiquing a public diplomacy consensus. *International Communication Gazette*, 74(3), 203–220.

Copeland, D. (2013). Taking diplomacy public: Science, technology and foreign ministries in a heteropolar world. In R. S. Zaharna, A. Arsenault, & A. Fisher (Eds.), *Relational, networked and collaborative approaches to public diplomacy* (pp. 56–69). New York, NY: Taylor & Francis.

Freedman, L. (2014). Ukraine and the art of crisis management. *Survival*, 56(3), 7–42.

Gilboa, E. (2005a). The CNN effect: The search for a communication theory of international relations. *Political Communication*, 22(1), 27–44.

Gilboa, E. (2005b). Global television news and foreign policy: Debating the CNN effect. *International Studies Perspectives*, 6(3), 325–341.

Harnden, T. (2010, November). WikiLeaks: Hillary Clinton states WikiLeaks release is "an attack". *The Telegraph*. Retrieved from https://www.telegraph.co.uk/news/worldnews/northamerica/usa/8169040/WikiLeaks-Hillary-Clinton-states-WikiLeaks-release-is-an-attack.html.

Hayden, C. (2012). Social media at state: Power, practice, and conceptual limits for US public diplomacy. *Global Media Journal*, 11(21), 1–21.

Hocking, B., & Melissen, J. (2015). *Diplomacy in the digital age*. Clingendael: Netherlands Institute of International Relations.

Israeli Ministry of Foreign Affairs. (2017). *Digital diplomacy conference summary* (pp. 6–19). Retrieved from https://www.state.gov/documents/organization/271028.pdf.

Kampf, R., Manor, I., & Segev, E. (2015). Digital diplomacy 2.0? A cross-national comparison of public engagement in Facebook and Twitter. *The Hague Journal of Diplomacy*, 10(4), 331–362.

Lichtenstein, J. (2010, July). Digital diplomacy. The *New York Times*. Retrieved from https://www.nytimes.com/2010/07/18/magazine/18web2–0-t.html.

Lutyens, A. (2018). *Investigating New Zealand's model of democratized public diplomacy* [In person].

Manor, I. (2016). Are we there yet: Have MFA s realized the potential of digital diplomacy? *Brill Research Perspectives in Diplomacy and Foreign Policy*, 1(2), 1–110.

Manor, I., & Crilley, R. (2018). The aesthetics of violent extremist and counter violent extremist communication. In C. Bjola & J. Pamment (Eds.), *Countering online propaganda and extremism: The dark side of digital diplomacy*. Oxon: Routledge.

Manor, I., & Crilley, R. (2019). The mediatization of MFAs: Diplomacy in the new media ecology. *The Hague Journal of Diplomacy*.

Manor, I. & Kampf, R. (2019). Digital nativity and digital engagement: Implications for the practice of dialogic digital diplomacy.

Manor, I., & Soone, L. (2018, January). The digital industries: Transparency as mass deception. *Global Policy*. Retrieved from https://www.globalpolicyjournal.com/articles/science-and-technology/digital-industries-transparency-mass-deception.

Melissen, J. (2005). The new public diplomacy: Between theory and practice. In J. Melissen (Ed.), *The new public diplomacy: Soft power in international relations* (pp. 3–27). New York: Palgrave Macmillan.

Melissen, J., & de Keulenaar, E. V. (2017). Critical digital diplomacy as a global challenge: The South Korean experience. *Global Policy*, 8(3), 294–302.

Metzgar, E. T. (2012). Is it the medium or the message? Social media, American public diplomacy & Iran. *Global Media Journal*, 12(21), 1.

Miller, D., & Horst, H. A. (2017). The digital and the human: A prospectus for digital anthropology. In H. A. Horst & D. Miller (Eds.), *Digital anthropology* (pp. 3–38). London: Bloomsbury Academic.

Mor, B. D. (2012). Credibility talk in public diplomacy. *Review of International Studies*, 38(2), 393–422.

Natarajan, K. (2014). Digital public diplomacy and a strategic narrative for India. *Strategic Analysis*, 38(1), 91–106.

Pamment, J. (2014). The mediatization of diplomacy. *The Hague Journal of Diplomacy*, 9(3), 253–280.

Pamment, J., Nothhaft, H., Agardh-Twetman, H., & Fjallhed, A. (2018). *Countering information influence activities: The state of the art*. Lund University.

Paulauskas, R. (2018). *Understanding Lithuania's digital diplomacy model* [In person].

Quelch, J. A., & Jocz, K. E. (2009). Can brand Obama rescue brand America? *The Brown Journal of World Affairs*, 16(1), 163–178.

Robinson, P. (1999). The CNN effect: Can the news media drive foreign policy? *Review of International Studies*, 25(2), 301–309.

Seib, P. (2012). *Real-time diplomacy: Politics and power in the social media era*. New York, NY: Palgrave Macmillan.

Sheridan, M. B. (2010, November). Hillary Clinton: WikiLeaks release an 'attack on international community'. *The Washington Post*. Retrieved from http://www.washingtonpost.com/wp-dyn/content/article/2010/11/29/AR2010112903231.html.

Sontag, S. (1990). *On photography. London*, UK: Penguin Books.

Stein, J. G. (2011). Diplomacy in the digital age. In J. G. Stein (Ed.), *Diplomacy in the digital age: Essays in honour of Ambassador Allan Gotlieb* (pp. 1–9). Ontario: Signal.

Storr, W. (2018). Book six: The digital self. In W. Storr (Ed.), *Selfie: How the West became self-obsessed* (pp. 243–303). London: Picador.

Tucker, J., Guess, A., Barberá, P., Vaccari, C., Siegel, A., Sanovich, S., ..., Nyhan, B. (2018). *Social media, political polarization, and political disinformation: A review of the scientific literature*. Hewlett Foundation.

United States Advisory Commission on Public Diplomacy. (2017). *Can public diplomacy survive the internet? Bots, echo chambers, and disinformation* (pp. 2–91). Retrieved from https://www.state.gov/documents/organization/271028.pdf.

Van Ham, P. (2013). Social power in public diplomacy. In R. S. Zaharna, A. Arsenault, & A. Fisher (Eds.), *Relational, networked and collaborative approaches to public diplomacy* (pp. 17–28). New York, NY: Taylor & Francis.

Wichowski, A. (2015). 'Secrecy is for losers': Why diplomats should embrace openness to protect national security. In C. Bjola & M. Holmes (Eds.), *Digital diplomacy theory and practice* (pp. 52–70). Oxon: Routledge.

저자 일란 매너 Ilan Manor

이스라엘 출신의 공공외교 학자이다. 이스라엘 텔아비브 대학에서 통신학 학사 및 석사 학위를 받았으며, 옥스퍼드 대학교에서 박사를 취득하였다. 현재 텔아비브(Tel Aviv)대학과 벤구리온(Ben Gurion)대학에서 강의를 하고 있다. 2019~2121년 미국 남가주대학교(USC) 공공외교센터(CPD)에서 방문연구자(visiting fellow)로 경험이 있다. 외교학, 언론학, 사회학의 교차점에 있는 미디어 공공외교학 연구의 최전선에서 가장 혁신적이며 창의적인 동시에 이론적인 연구성과를 내고 있다. 공공외교 분야에 다양한 논문과 『아직은 있다. MFA가 디지털 외교의 잠재력을 실현했는가?』(2016), 『공공외교의 디지털화』(2019), 『공공외교와 불확실성의 정치(편저)』(2021)의 도서를 출판하였다. 구체적인 연구 배경과 업적은 'https://digdipblog.com/'에서 확인할 수 있다.

역자 채영길한국외대 미디어커뮤니케이션학부 교수, 미디어외교센터장

University of Texas at Austin에서 커뮤니케이션학 석사와 박사학위를 취득하였다. 한국연구재단의 지원으로 한국외국어대학교 미디어외교센터를 설립하고 현재 센터장으로 센터를 운영하고 있다. 한국공공외교학회 연구이사, 한국언론법학회 기획이사, 한국방송학회의 학술지 〈방송통신연구〉 편집이사로 활동하고 있으며 한국언론학회 글로벌커뮤니케이션연구회 회장을 맡고 있다. 또한, 언론시민단체인 〈민주언론시민연합〉의 공동대표로 활동하고 있다. 그의 현재 연구 관심사는 미디어 및 공공 외교, 저널리즘 연구, 글로벌커뮤니케이션, 그리고 공동체미디어와 시민미디어 분야에 초점을 맞추고 있다. 그의 논문은 Communication Monographs, Global Media and Communication, International Journal of Communication, Cyberpsychology Behavior and Social Networking, 한국방송학보, 한국언론학보, 한국언론정보학보, 커뮤니케이션이론 등 국내외 학술지에 다수 게재되었다. 저서로는 〈커뮤니티 미디어 이론과 실천〉, 〈한국의 저널리즘 이해〉, 〈현대사회와 미디어〉, 〈미디어 나우〉, 〈공공 외교와 커뮤니케이션〉, 〈데이터 테크놀로지와 커뮤니케이션 연구〉 등을 단독 또는 공동으로 저술하였다.

역자 이효복 한국외대 미디어외교센터 전임연구원, 박사

한국외대에서 광고학 박사 취득 이후, 현재 한국외대 미디어커뮤니케이션 연구소에서 한국연구재단 인문사회연구소 전임연구원, 한국외대 미디어커뮤니케이션학부 전임강사로 근무하고 있다. 서울시 도시브랜드담당관, 브랜드 컨설팅 분야에서 경력을 쌓았고, 한국외대, 한양대, 단국대에서 브랜드 관리, 마케팅커뮤니케이션, 국가브랜드, 미디어공공외교 등에 내용을 강의하였다. 브랜드커뮤니케이션, 공공브랜딩, 미디어공공외교 관련 연구에 관심이 있다. 최근 주요 연구성과는 '공공외교(공역)', '공공외교와 커뮤니케이션(공저)', '도시 지역(region)에 대한 감정 평가와 이용- 경험 차별성이 장소경쟁력 평가에 미치는 영향 연구(논문)', '국가에 대한 경험 방식과 지식이 국가이미지와 전반적 평가에 미치는 영향에 관한 연구(논문)' 등이 있다.

역자 전창영 한국컨텐츠진흥원, 박사

한국외대에서 언론학 박사학위 취득 이후, 한국외대 미디어커뮤니케이션 연구소 전임연구원을 거쳐 2022년 현재 한국콘텐츠진흥원 선임연구원으로 근무하고 있다. 데이터 저널리즘, 산업경제 계량모형에 관심을 갖고 연구를 수행하고 있다. 최근 주요 논문으로는 '대통령의 이미지 정서와 언론사의 뉴스사진 게이트키핑: 알고리즘을 활용한 포털뉴스 사진 정서 분석', '데이터 시대 저널리즘의 쟁점과 실천적 대안' 등이 있다.